탄허 선사의 사교 회통 사상

민족사 학술총서 73

탄허 선사의 사교 회통 사상

呑虛 禪師의 四敎 會通 思想

문광 지음

민족사

추천사

조계종 대종사, 동국역경원장,
금강선원장, 탄허기념박물관장

천시지생(天始地生)한 이래로 인문(人文)이 열려지면서
제불조사(諸佛祖師)의 가르침으로 불국정토(佛國淨土)가 이루어져
법계(法界)가 장청(長靑)하게 된 것이다.
큰 스승 만나기 어려운 말세근세(末世近世)에
이로(理路)가 명백(明白)하고 언전(言詮)이 간이(簡易)하신
탄허 큰스님.
현관(玄關)을 뛰어넘어 초출(超出)하시고
세간법과 출세간법에 자재(自在)하시며
오직 후세(後世) 중생을 위하여
인재양성(人才養成) 대원력(大願力)으로
수도원을 여시고 결사도량 개설하여 경전 강의로
역경사 양성하시고 역경으로 공부 길을 열어 주신
탄허 큰스님.

스님께서 열반에 드신 지 어언 37년,
스님을 모시는 마음 절절하지만 모두가 미진하여 답답할 뿐이었다.
이러한 때에 문광(文光) 스님이 찾아와
큰스님의 일생을 조명하고 사상을 선양하여
후세의 교훈을 삼겠다 발원하는 말을 듣고
어둠에서 깨어나는 듯했다.
스님의 족적이 희미해져 가는 지금
샛별이 조명하여 스님의 진면목이 밝게 빛을 발하게 되었다.
정혜(定慧)가 쌍융(雙融)하고 경지(境智)가 구적(俱寂)하신
스님의 사상(思想)을 일목요연(一目了然)하게 정리하고
유심삼교(遊心三敎)하시고 통지대승(通志大乘)하신
스님의 대원력을 미래의 지표로 제시해 말세의 횃불이 되게 정리한
문광 스님의 이 한 권의 책은
스님을 제대로 모시지 못한 답답한 마음을 뚫리게 했다.
노고하신 문광 스님께 한 게송(偈頌)으로써
다시 한번 거듭거듭 감사의 인사를 전하는 바이다.

근현대사의 큰 선지식 탄허 대종사!	近世末世 大智大善
천지를 밝혀 법의 기쁨 온 세상에 가득하고	澄水淸空 法喜滿天
스님 분상의 불세사업(不世事業)을	祖師分上 不世事業
문광이 세상에 밝혀내니 법 없는 법이로다.	文光明世 無法大法

몽견탄허기(夢見吞虛記)

공자는 늘 꿈에 주공(周公)을 보았다고 한다. 그러던 어느 날 "다시는 꿈에 주공이 보이지 않는구나[不復夢見周公]"라고 탄식을 하고는 자신의 쇠함을 예감했다고 한다. 망식(妄識)이 아닌 특별한 꿈도 더러 있는 법이다.

탄허 스님의 법문 CD를 처음 들은 지 19년, 스님을 연구 주제로 삼아 공부한 지 10년 만에 스님의 학술에 대한 연구서를 처음으로 출간하게 되었다. 돌이켜 보니 나의 40대 10년은 꼬박 탄허 스님과 함께 살아온 세월이었다.

작년 2019년 1월 21일, 나는 처음으로 꿈에서 탄허 스님을 만나 뵈었다. 그토록 고대했던 분이었는데, 박사 논문을 완성하고 나니 드디어 꿈에서 친견을 허락해 주신 것이다.

스님은 나에게 이름을 하나 지어 주고 글을 써 주겠다고 하시면서 이미 비단 천으로 배접이 된 두루마리 종이를 펼치셨다. 그리고는 "내가 글을 너무 많이 써서 요즘은 오른쪽 어깨가 아파서

왼팔로 글을 쓰고 있지." 하시며 왼손으로 붓을 들고 일필휘지로 글을 써 주셨다. 세상에 그런 필체는 본 적이 없는 아주 특별한 조형미를 갖춘 글씨체였다. '문을(文乙)'이라는 당호(堂號)와 그 의미를 기록한 기문(記文)이었다.

"앞으로는 세상이 완전히 바뀔 걸세. 갑을도치(甲乙倒置)의 시절이 오지. 을(乙)을 위한 강의를 하고 을(乙)을 위한 글을 쓰게. 을(乙) 속에 많은 인재들이 숨어 있을 걸세. 천하의 인재들을 찾아내어 이 나라의 훌륭한 인물들로 키워 주기 바라네."

꿈에서 깨어나 아무리 뒤져봐도 '문을(文乙)'이란 단어가 쓰인 용례를 찾아볼 수 없었다. 하늘의 별자리인 천을(天乙)과 태을(太乙), 비결서에 등장하는 궁을(弓乙)… 온갖 궁리를 해봐도 알기 어려운 새로운 말이었다. 탄허 스님께서 나를 통해 이 시대에 화두(話頭)를 던져 주신 것이 아닌가 생각되어 몽중설몽(夢中說夢) 같은 이야기지만 여기에 기록해 두기로 한다.

내가 출가하여 지금까지 마음껏 공부에 매진할 수 있게 된 것은 은사이신 각안 스님의 넓은 배려와 애정 덕분이다. 사숙이신 해인총림 방장 원각 큰스님께서도 많은 도움을 주시고 격려해 주셨다. 본사인 해인사 원당암과 보성 봉갑사의 모든 분들께 먼저 감사의 말씀을 드린다.

탄허 스님을 연구하면서 많은 것을 배웠다. 혼자 공부했다면 어찌 그 광활한 과정을 헤쳐 나왔겠는가. 7년 동안 항상 따뜻하게 가르쳐 주셨고 직접적으로 많은 도움을 주셨던 분이 혜거 큰스님이셨다. 탄허기념박물관과 금강선원에서 비로소 공부가 익어갈 수 있게 되었으니 참으로 감사하고 은혜로운 스승이시다.

탄허 스님의 법맥을 전강해 주시고 마음을 다해 부촉해 주셨던 통광 큰스님, 스님께서 남겨 주신 말씀들은 한마디도 잊지 않고 가슴속에 새기고 살고 있다. 그리고 항상 칭찬해 주시고 용기를 북돋워 주셨던 무비 큰스님, 궁금한 것이 있으면 무엇이든 여쭤 볼 수 있었던 각성 큰스님, 이 세 분 탄허 삼걸 큰스님들께 아낌없는 사랑을 받은 걸 보니 나는 참으로 복이 많은 것 같다. 앞으로 열심히 정진해서 큰스님들께 누가 되지 않는 후학이 되고 싶다.

보잘것없는 연구에 항상 깊은 관심을 보내 주시고 오대산이 마치 고향처럼 느껴지도록 환대해 주셨던 월정사 주지이신 정념 큰스님과 중앙승가대학교의 자현 스님, 그리고 오대산 문도회의 모든 어른 스님들께도 깊은 감사의 말씀을 전하고 싶다.

탄허 스님을 연구할 수 있었던 것은 교림 출판사의 서우담 선생님께서 모든 자료를 흔쾌히 제공해 주시고 수많은 중요한 말씀들을 해 주셨기에 가능했었다. 그리고 탄허불교문화재단의 전창렬 선생님, 명호근 선생님, 김동건 선생님, 그리고 민족사의 윤창화 선생님은 모두가 탄허 스님의 제자들로서 나의 스승이셨고 살아 있는 연구 자료이자 텍스트와 같은 분들이셨다. 그 은혜가 이루 말로 다할 수 없다.

그리고 동국대학교 경주캠퍼스의 김성철 교수님은 내가 탄허 사상 연구를 한 보람을 느낄 수 있도록 깊이 호응해 주시고 반겨 주신 선생님이시다. 나의 작은 소망을 한국불교학회의 큰 사업이

되도록 힘써 주셨고, 탄허 사상 연구가 앞으로도 큰 동력을 받을
수 있도록 견인해 주신 장본인이시다. 너무나도 감사드린다.

　한국학중앙연구원의 지도 교수이신 한형조 교수님께서는 항상
밝은 미소로 나를 믿음으로 지도해 주셨고, 논문 심사를 맡아주
셨던 최진덕 교수님과 전용훈 교수님께서도 항상 깊은 배려를 해
주셨다. 모교인 동국대학교에서 스승과도 같이 모시고 따랐던 종
호 스님과 한국불교사를 바로 보게 해 주신 고영섭 교수님을 모
시고 논문 심사를 했기에 그나마 이렇게 한 권의 책으로 완성을
볼 수 있게 되었다. 가르침을 주신 많은 선생님들께 다시 한 번 감
사의 말씀을 드린다.

　서문을 쓰자니 은혜를 입은 분들 외에 달리 떠오르는 생각이
없다. 금강선원과 화계사의 신도님들, 그리고 50년 공부해서 이제
야 첫 책을 내게 된 출가한 아들을 위해 매일 기도하고 계시는 속
가의 홀어머니께 감사의 마음과 건강하시라는 말씀을 전한다.

2020년 광복절에
낙산 아래 화엄학연구소에서
문광 삼가 쓰다

차 례

• 추천사 / 혜거(탄허기념박물관장) − 5
• 서언(序言) : 몽견탄허기(夢見呑虛記) − 7

제1장 연구의 연기(緣起) ································· 17

  1. 연구의 연기와 연구 목적 − 17
  2. 연구사와 연구 방법 − 23

제2장 회통 사상의 형성 : 학통과 법맥 ············· 39

  1. 출가 전의 학통과 사상 형성 − 39
  2. 출가 후의 법맥과 수행 과정 − 48

제3장 회통(會通)의 원리 : 선사상과 화엄 사상 ····· 55

  1. 회통의 의미와 전통 − 56
  2. 선사상(禪思想) − 62

1) 선 중심적 사유와 선사로서의 정체성 - 62

　(1) 선승(禪僧)의 면모와 수선(修禪)의 일상 - 62

　(2) 선관(禪觀)의 특징과 선수행의 강조 - 68

2) 보조(普照)와 한암(漢巖)의 계승 - 73

　(1) 돈오점수(頓悟漸修) 선양과 돈오돈수(頓悟頓修) 비판 - 73

　(2) 보조종조론(普照宗祖論) 계승과

　　　태고종조론(太古宗祖論) 비판 - 91

3) 사교 회통(四敎會通)의 근본 원리로서의 선(禪) :

　성(性)자리 - 94

3. 화엄 사상(華嚴思想) - 103

1) 일승 화엄(一乘思想) - 104

　(1) 화엄은 대승(大乘) 아닌 일승(一乘) - 104

　(2) 화엄만이 유일한 요의경(了義經) - 111

2) 성기 사상(性起思想) - 116

　(1) 『통현론(通玄論)』과 『청량소(淸凉疏)』의 재해석 - 116

　(2) 현대 한국 화엄 성기 사상(華嚴性起思想)의 초석 - 129

3) 무애 사상(無碍思想) - 134

4. 선교 회통(禪敎會通)과 향상일로(向上一路) - 145

1) 선교 회통 : 사교입선(捨敎入禪)에서

　　　　　선체교용(禪體敎用)으로 - 145

2) 향상일로 : 제일구(第一句)와

　　　　　말후일구(末後一句)의 제시 - 150

제4장 유(儒)·불(佛)·선(仙)·기(基, 기독교) 사교 회통 사상(四敎 會通 思想) ⸻⸻ 158

1. 역학(易學)과 선(禪)의 통철(洞徹) – 158
   1) 『주역(周易)』의 종지에 대한 선해(禪解) – 159
   2) 역학의 확장과 선역 회통(禪易會通) – 166
   3) 「주자태극도(周子太極圖)와 조동오위도(曹洞五位圖) 비교」 – 172
   4) 역학을 통한 서양철학 비판 – 181

2. 유학과 불교의 회석(會釋) – 188
   1) 공자(孔子)의 계승 : 호학(好學)과 불세사업(不世事業) – 188
   2) 유교의 돈법(頓法)과 대기설법(對機說法) – 192
   3) 유교 경전에 대한 유불회석(儒佛會釋) – 201
       (1) 『논어(論語)』의 극기(克己)와 문도(聞道) – 201
       (2) 『맹자(孟子)』의 성선(性善)과 구방심(求放心) – 209
       (3) 『대학(大學)』의 명덕(明德)과 치지(致知) – 217
       (4) 『중용(中庸)』의 중(中)과 성(誠) – 221
       (5) 『시경(詩經)』의 사무사(思無邪) – 226
       (6) 『서경(書經)』의 정일집중(精一執中) – 228

3. 노장과 불교의 융회(融會) – 232
   1) 『노자 도덕경(老子 道德經)』의 선주(選注) – 232
       (1) 선주의 중점 : 주석의 선별 – 233
       (2) 박서계(朴西溪) 주석의 활용 – 239

(3) 천선(天仙)과 일승(一乘)의 화회(和會) - 243

(4)「관묘장(觀妙章)」과 삼교융회(三敎融會) - 249

2)『장자 남화경(莊子 南華經)』의 역해(譯解) - 259

(1)『장자』와의 인연 - 259

(2) 역해의 특징 : 적극적 주해 - 264

(3)「내편(內篇)」에 대한 불선통석(佛仙通釋) - 274

가)「소요유(逍遙遊)」의 무기(無己) - 274

나)「제물론(齊物論)」의 물화(物化) - 278

다)「양생주(養生主)」의 연독(緣督) - 281

라)「인간세(人間世)」의 심재(心齋) - 285

마)「덕충부(德充符)」의 망형(忘形) - 287

바)「대종사(大宗師)」의 좌망(坐忘) - 291

사)「응제왕(應帝王)」의 혼돈(渾沌) - 295

4. 기독교와 불교의 화쟁(和諍) - 299

1) 기독교에 대한 광대한 포용 - 299

2) 학리(學理) 개척과 해석의 새 지평 - 306

3) 선적(禪的) 기독교관과 불기회통(佛基會通) - 310

(1) 성부(聖父, 하나님)와 법신(法身, 佛)의 회통 - 310

(2) 천국은 진리의 대명사 - 320

(3) 예수는 도통(道通)한 각자(覺者) - 323

(4) 예수의 근본 사상 - 326

가) 허심(虛心) - 326

나) 동자(童子) - 333

다) 좁은 문 - 337

    (5) 정신(正信)은 무소득(無所得)의 믿음 - 339

   4) 자각(自覺)의 종교(宗敎)와 종교의 자각 - 343

5. 사교 회통 사상의 종합적 정리 - 349

   1) 유·불·선·기 사교 회통 사상 요약 - 349

   2) 사교 회통 사상의 결실 : 역경결사와 교육불사 - 350

제5장 사교 회통의 미래학 : 간산 사상(艮山思想) ···· 362

1. 말세론(末世論) : 삼교(三敎)의 말법시대 해석 - 363

   1) 불교의 투쟁뇌고(鬪爭牢固) - 363

   2) 유교의 금수운(禽獸運) - 368

   3) 기독교의 종말론 - 374

2. 미래학 : 간방(艮方)의 미래상 제시 - 381

   1) 세계 변화의 조짐 - 381

   2) 미래 예지의 성격 - 384

   3) 지진 발생에 대한 예견 - 390

3. 『정역(正易)』의 해석 : 민족적 역학 - 396

   1) 김일부(金一夫)와 『정역』에 대한 평가 - 396

   2) 복희역(伏羲易)·문왕역(文王易)·정역(正易)의 비교 - 400

   3) 「일세주천율려도수(一歲周天律呂度數)」의 독자적 해석 - 406

   4) 세계 변화의 원인 : 이천칠지(二天七地) - 413

4. 말세의 용심(用心) : 발진귀원(發眞歸源)과

　　　　　　　　　　　　불생허망(不生虛妄) – 422

• 맺음말 : 탄허의 사교 회통 사상 – 427

• 참고 문헌 – 438

• 표·그림 차례 – 452

• 찾아보기 – 453

제1장 연구의 연기(緣起)

1. 연구의 연기와 연구 목적

탄허 택성(1913~1983)은 "종지(宗旨)가 없는 학문은 죽은 학문"[1]이라고 했다. 그에게 있어서 '종지'라 함은 출가의 궁극적 계기가 된 "도(道)란 무엇인가"[2]와 '문자 밖의 소식'[3]에 대한 의문과 관련된 것임에 틀림없다. 하지만 그는 언어와 문자가 끊어진 선(禪)의 세계에서만 소요(逍遙)한 것이 아니라 종지를 갖춘 '학문(學問)'의 세계에서 안거(安居)했다. 엄밀한 학문의 범주 안에서 종지를 설파했고, 학문의 종지를 드러내기 위해 역경삼매(譯經三昧)와 교육불사(敎育佛事) 속에서 평생 정진했다. 그의 삶은 몸소 '동양학의 종요(宗要)'와 '동양 사상의 제요(提要)'를 제시해 준 과정이었다고 할 수 있다.

탄허는 평소 "나는 당대(當代)의 일은 하지 않는다. 명전천추(名

---

1) 월정사·탄허문도회(편), 『방산굴법어』, 오대산 월정사, 2013, 124쪽.
2) 오대산문도회·탄허불교문화재단·교림(편), 『탄허대종사 연보』, 교림, 2012, 34쪽.
3) 월정사·김광식(편), 『방산굴의 무영수(하)』, 오대산 월정사, 2012, 207쪽.

傳千秋)하는 일만 하겠다"[4]며 자신의 역경불사(譯經佛事)에 대한 자신감을 피력했다. 그는 『화엄경』을 비롯하여 불교와 유교, 그리고 도교에 이르기까지 총 20종 80권[5]의 현토·역해의 저술을 남겼는데, 이는 세조 당시 간경도감을 설치하여 국책 사업으로 역경한 불전[6]보다 더 많은 경전을 혼자의 힘으로 번역한 미증유의 불사였다.[7] 또한 승속을 막론하고 수많은 교육 현장에서 강의와 강연을 통해 자신의 사상을 설파하였다. 이렇듯 탄허는 역경, 교육, 사상 방면에서 혁혁한 업적을 남긴 현대 한국불교사를 대표하는 선사이자 강백이며 사상가이다.

그러나 입적 후 35년이 흐른 지금까지 탄허와 관련하여 많은 학술 연구가 진행되었지만 주로 단편적인 성격이 강한 논문들이 많았고, 그의 학문 세계 전체를 조망한 종합적 연구와 세부 사상들에 대한 정밀한 연구는 아직 부족한 실정이 아닌가 생각된다.

---

4) 오대산문도회·탄허불교문화재단·교림(편), 앞의 책, 686쪽.
5) 탄허의 저작 편수에 대해서는 시각에 따라서 조금씩 다르게 언급되고 있다. 본 연구에서는 현토 역해와 저서를 총합하여 '20종 80권'으로 확정하기로 한다. 이에 대해서는 '제4장 5. 사교 회통 사상의 결실: 역경결사와 교육불사'에서 상술하기로 한다.
6) 간경도감은 세조 7년(1461)에 설치된 후 예종 대를 거쳐 성종 2년(1471)에 폐지될 때까지 11년간 존속되며 한글경전 간행을 전담했던 최초의 국가 기관이었다. 한문불서 약 30건과 언해본 불서 9건을 간행했다. 언해본은 『능엄경언해(楞嚴經諺解)』를 시작으로 『법화경언해(法華經諺解)』, 『선종영가집언해(禪宗永嘉集諺解)』, 『아미타경언해(阿彌陀經諺解)』, 『금강경언해(金剛經諺解)』, 『반야심경언해(般若心經諺解)』, 『원각경언해(圓覺經諺解)』, 『수심결언해(修心訣諺解)』, 『사법어언해(四法語諺解)』의 9건이다. 한글번역본만 보면 탄허의 18종은 간경도감 9건과 비교할 때 정확히 2배에 해당한다. 김무봉, 『불경언해와 간경도감』, 동아시아불교문화 제6집, 동아시아불교문화학회, 2010, 3~40쪽 참조.
7) 월정사·탄허문도회(편), 앞의 책, 7쪽. 제자 혜거의 「간행사」.

특히 박사학위 논문은 한 편도 상재된 것이 없어서 평생 '학해무변(學海無邊)'[8]을 외치며 학문의 바다에서 노닐었던 그의 학술 세계는 여전히 본격적인 연구를 기다리는 중이다.

필자가 처음 탄허의 학술에 대해 본격적으로 관심을 가지게 된 것은 2002년에 발행된 『동양사상 특강 CD』[9]를 구입해 들으면서부터이다. 유교와 도교를 중심으로 동양학을 연구하다가 불교에 막혀 출가한 사미승에게 종횡무진으로 유·불·선·기 4교를 회통하는 그의 강의는 마치 폭포수와도 같은 통쾌함과 청량감으로 다가왔다.

출가 전의 화두와도 같았던 '중(中)'과 '원통(圓通)'은 탄허의 강의를 들으면서 비로소 그 이치가 뚫리고 종지가 세워졌다. 그때부터 불교의 내전(內典) 전체와 노장학 및 역학의 교재는 그의 번역본을 기본 텍스트로 활용하게 되었다. 탄허를 본격적으로 학문적으로 접근하여 연구하기 시작한 것은 석사 논문의 주제로 유교의 『중용(中庸)』에 대한 한국과 중국의 선사들의 담론을 비교하여 연구하면서부터였다. 중국 명나라의 감산 덕청(憨山 德淸)과 우익 지욱(藕益 智旭), 한국 근·현대의 퇴옹 성철(退翁 性徹)과 탄허 택성(呑虛 宅成)의 '중(中)'에 대한 학문적 견해를 비교하면서 본격적으로 탄허를 연구하기 시작한 것이다.[10] 당시 탄허에 대한 연구가 생

---

8) 탄허가 평소에 휘호로 즐겨 썼던 구절로 서울시 자곡동 소재 탄허기념박물관에 상설 전시되어 있는 작품 가운데 하나이다.

9) 김탄허(강설), 『동양사상 특강(CD 18장)』, 교림, 2002.

10) 문광, 「한·중 선사들의 유가 중화설(中和說)에 대한 담론 비교연구: 감산(憨山)·

각보다 미진한 것에 놀랐던 기억이 있다. 20세기 한국불교사에서 가장 많은 저작을 저술했고, 수많은 제자들이 그의 사상을 계승했음에도 불구하고 그는 여전히 학계의 주목을 받지 못했고 연구의 대상에서 소외되어 있었다. 이러한 문제의식이 그의 사상과 학술을 계속 연구하게 된 연기(緣起)가 되었다.

입적 30주기인 2013년을 기점으로 오대산 문도회와 불교학계를 중심으로 지속적으로 학술대회가 개최되면서 다양한 논문들이 쏟아져 나왔고 연구가 점차 심화·확산되는 양상을 보이며 결과물이 축적되기 시작했다. 2013년 당시 필자는 그의 탄신 백주년을 기해서 '탄허학(呑虛學)'의 연구 원년으로 삼자고 제안하는 글[11]을 발표하기도 했다.

현재 우리나라에는 원효학, 퇴계학, 율곡학, 다산학 등과 같은 한국학의 다채로운 연구 분야가 존재하고 있다. 여기에 탄허학도 한국학의 한 연구 분야가 될 만한 충분한 소지가 있다고 본다. 복잡다단한 현대문명의 사회에서 신라·고려의 불학이나 조선의 유학 한쪽만 가지고는 지금 이곳의 '한국정신'을 논하기는 어려울 것으로 판단된다. 현대라는 시·공간 속에서 동서와 고금이 교직되고 온갖 사상과 주의가 쟁명하는 가운데 일제강점기와 한국전쟁, 산업화와 민주화를 거치며 한국사회는 매우 복잡하게 변모해 왔다. 지금 한반도는 동·서의 문화가 소통·융화하고 고(古)·신

지욱(智旭)과 성철(性徹)·탄허(呑虛)를 중심으로」, 연세대 중어중문학과 석사학위 논문, 2012(a).

11) 문광, 「탄허학의 골수와 종지」, 『문학·사학·철학』 제33호, 한국불교사연구소, 2013.

(新)의 사상이 회통·융합하는 지구상의 주요한 차크라에 해당한다고 볼 수 있다. 이러한 시점에 '한국의 정체성은 무엇인가', 혹은 '현대 한국정신의 총화(總和)를 함유한 사상가는 누가 있는가'라는 질문을 받았을 때 우리는 과연 어떤 명쾌한 답변을 내놓을 수 있을지 고민해 보지 않을 수 없다. 20세기 한국사상의 정수를 실존 인물에서 상징적으로 찾아본다고 할 때, 동서고금을 종횡무진(縱橫無盡)하여 광대실비(廣大悉備)하게 총합적 학술을 전개한 탄허야말로 '학(學)'이라는 칭호를 부여할 만한 불교계의 대표적 인물이 아닐까 생각된다.

그는 유·불·선 삼교의 동양의 전통 사상을 하나로 일이관지(一以貫之)하고, 여기에 기독교와 서양 사상까지 겸하여 융회관통(融會貫通)하였다. 게다가 인간의 영원한 과제인 심성(心性)의 수행을 선교(禪敎)의 겸수(兼修)라는 방법으로 제시하였으며, 인재양성을 위한 역경불사와 교육사업의 보살행까지 통섭하였다. 그러므로 이러한 광범위한 사상체계와 깊이를 갖춘 탄허야말로 불교계를 대표하는 학종(學宗)이라 해도 부족함이 없을 것이다. 이러한 탄허의 학술은 근본 종지가 막혀 갈피를 잡지 못하는 학인들에게는 막혔던 활로를 활짝 열어 줄 것이며, 물질만능의 세계에서 정신문화의 본질을 갈구하는 사회 전체에게는 본지풍광(本地風光)을 투득(透得)하게 만드는 힘을 줄 것이다.

이 저술은 천추(千秋)에 남을 일만 하겠다고 했던 그의 사상을 연구하는 하나의 작은 시작점에 불과하다. 19년 동안 그를 연구해 본 경험에 의하면 탄허는 쉽게 연구할 수 있는 성격의 인물이 아니었다. 한문 사전 하나 없이 하루 열 시간 이상 수십 년 동안 집필했던 그의 저술을 모두 따라 읽기조차 쉽지 않다. 유·불·선을 아우르는 방대한 동양학 경전의 구절들은 통째로 그의 머릿속에 저장되어 있다가 인연을 만나면 거침없이 쏟아져 나온다. 빠르게 내뱉었던 그의 다양한 강의 내용을 담은 테이프들은 활자화되지 못하고 여전히 먼지가 앉은 채로 후학과 지음자(知音者)를 기다리고 있다. 그의 사상의 핵심 요소들은 문헌 밖에 있는 강의 내용 속에 무진(無盡)으로 포진되어 있다. 앞으로 보다 많은 연구자들이 함께 동참하여 그의 자료들을 한곳으로 결집하고 정본화하는 작업에 착수해야 한다. 탄허학으로 불타오르길 바라는 작은 불씨를 전지(田地)에 내던지는 심정으로 이 글을 쓴다.

2. 연구사와 연구 방법

탄허를 연구함에 있어 기존 한국의 근현대 선사들과 비교할 때 가장 이목을 끄는 것은 그가 번역과 해설을 곁들인 방대한 학술 저작을 남겼다는 점이다. 그는 조계종 승가 교육의 중심 교재인 치문(緇門)·사집(四集)·사교(四敎)·대교(大敎)의 모든 교재를 현토·완역하였는데, 특히 『화엄경』 전체를 이통현 장자의 『통현론(通玄論)』과 함께 완역했다는 것은 유사 이래 전무후무한 일이다. 『통현론』은 유교와 도교의 방대한 동양학 관련 지식을 포함한 주석들이 많아 불교학만의 식견으로는 번역에 어려움이 많은 저술이다.

탄허는 불교의 경전에만 치우치지 않고 유교의 『주역』과 도교의 『노자』·『장자』까지 중요한 주석들을 총동원하여 현토·완역했다. 이는 기존의 강백들과 궤를 달리하는 행보로 번역의 내용만 보더라도 그의 회통지향적 사상 경향을 읽을 수 있다. 이처럼 불교 독존에 치우친 기존 승가의 태도를 지양하고 유교와 도교까지 사유 범주 안에 널리 통섭했다는 것은 매우 이채를 띠는 대목이다. 이와 관련하여 박금규 교수는 "불교에서 탄허보다 더 나은 사람이 있을 수도 있고, 유교에서 탄허보다 더 나은 선비가 있을 수도 있으며, 도교에서 탄허보다 더 나은 이가 있을 수도 있지만 유·불·선을 회통해서 총체적으로 결론을 내릴 수 있는 사람은 오직 탄허만이 유일할 것"[12]이라고 했는데 이는 매우 적확한 평가라 하겠

---

12) 월정사·김광식(편), 앞의 책(하), 101쪽. 박금규 교수와의 대담.

다. 성철(1912~1993) 역시 탄허 입적 후 보낸 조사(弔詞)에서 "화장찰해(華藏刹海)의 큰 옥돌이요 방산(方山)의 밝은 달이어라. 복희씨 고개 끄덕이고 노자는 자리 피하노라"[13]라고 찬탄한 바 있다. 화장찰해는 『화엄경』, 방산은 『통현론』, 복희씨는 『주역』, 노자는 『도덕경』을 의미하니 성철 역시 유·불·선 삼교에 대한 자유자재한 회통을 탄허 일생의 최고의 성취로 평가하고 있음을 알 수 있다.

하지만 탄허를 삼교 회통의 대가로만 국한시킨다면 그것은 탄허의 일면을 밝힌 것에 불과하다. 그의 편폭은 삼교 회통의 범위를 넘어서서 훨씬 넓기 때문이다. 칸트와 니체, 다윈과 마르크스를 논하고 서양철학을 동양 사상과 비교·분석하는 것은 그의 동양학 특강 첫날의 수업 내용이었다. 탄허는 기독교에 대해서 그 근본정신과 종지의 핵심이 동양 삼교의 근본과 다를 바가 없다고 했고, 예수를 석가와 공자와 동등한 성인으로 존경했다. 그는 역대 승려 가운데 가장 적극적인 태도로 기독교를 불교와 함께 거론하고 동양의 여러 사상과 회통한 인물이었다. 불교의 『화엄경』, 유교의 『주역』, 도교의 『노자』·『장자』와 함께 기독교의 「산상수훈」을 국민교육의 교재로 만들어 함께 가르쳐야 한다[14]고 강조함으로써 자신의 회통 정신을 사교로 확장해 나가며 동서 문명의 융합을 발원했다.

따라서 본 연구에서는 탄허 학술의 가장 두드러진 특징 가운데

---

13) 월정사·탄허문도회(편), 앞의 책, 603쪽.
14) 김탄허, 『피안으로 이끄는 사자후』, 교림, 2000, 206쪽.

하나라고 할 수 있는 그의 회통 사상을 본격적으로 연구하면서 유·불·선의 삼교 회통에 기독교와의 회통을 더하여 '유·불·선·기 사교 회통 사상'이라는 주제로 그의 사상에 대해 천착해 보고자 한다.

탄허는 동양 삼교에 대한 명칭으로 항상 '유·불·선'이라는 용어를 사용했다. 불교 승려라고 하여 굳이 '불·도·유'나 '불·유·도'와 같은 표현을 사용하지 않았으며, 도교에 대해서도 항상 '선(仙)'이라는 용어를 사용했다. 이는 탄허가 도교를 인식하는 자신만의 명확한 사유체계에서 연유한 것인데 필자 역시 그의 술어를 그대로 계승하여 본 연구에서 '유·불·선'이라는 용어를 일관되게 사용할 것이다.[15]

또한 그는 평소 '동양학' 혹은 '동양 사상'이란 용어를 사용해야만 하고 '동양철학'이라고 해서는 안 된다고 역설했다. 탄허는 1978년 오대산 월정사에서 열린 '유·불·선·화엄 동양 사상 특강'에서 '철학(哲學)'이라는 술어에 대해 설명한 바 있다. 근대 일본인들이 '지혜에 대한 사랑[愛知]'을 어원으로 하는 '필로소피'에 대한 역어로 '철학'이라는 술어를 사용하였는데 서양철학에서 말하는 애지(愛知)의 '지(知)'는 시공이 끊어지고 분별이 사라진 '진지(眞知)'가 아니라 분별망상이 붙어 있는 '망지(妄知)'이므로 동양학 혹은 동양 사상을 동양철학이라 하면 안 된다는 것이다. 그러면서 "동양은 유·불·선 전체가 생각이 붙어 있는 것을 아는 것으로 인정치 않는다"라고 단

---

15) '유·불·선'의 용어에 관한 내용은 Ⅳ-3장의 '노장과 불교의 융회'에서 상세히 다루기로 한다.

언한 바 있다.[16] 따라서 이러한 그의 뜻을 이어서 그의 사교 회통론도 '철학'이 아닌 '사상'으로 명명하고 사교에서의 생각이 끊어진 본질적인 공통 영역을 연구의 중심 대상으로 삼고자 한다.

다음으로 탄허 사상에 대한 연구사와 연구 자료들을 간략히 검토해 보고자 한다. 탄허를 연구하기 위한 일차자료로는 먼저 탄허 자신의 역저인 20종 80권의 현토·역해의 역저서(譯著書)를 꼽을 수 있을 것이다. 불교의 교학과 선학의 내전 과목들, 유교의 『주역』과 도교의 『노자』·『장자』에 대한 번역에서 기존의 주석을 배제하고 새롭게 주석서로 채택한 양상들은 그의 학문 태도와 사상 경향을 보여주는 중요한 자료가 될 수 있을 것이다. 주석을 하는 가운데 구절 중간에 주해의 형태로 자신의 주석과 사기(私記)를 개진한 것들이 있는데 이 또한 그의 사상을 잘 드러내 주는 핵심 내용들이 될 것이다.

탄허는 술이부작(述而不作)의 태도로 번역 이외의 일반 저술은 일삼지 않았다. 하지만 제자들의 간곡한 요청으로 학자나 기자들과의 대담을 모아 두 권의 책으로 엮어 출판한 적이 있다. 대담집과 강연록인 『부처님이 계신다면』[17]과 『피안으로 이끄는 사자후』[18]가 바로 그것인데 이들은 그의 사상의 전모를 날것으로 볼 수 있게 해 주는 중요한 문헌 자료가 된다.

---

16) 김탄허(강설), 앞의 CD(1).
17) 김탄허, 『부처님이 계신다면』, 교림, 2001.
18) 김탄허, 『피안으로 이끄는 사자후』, 교림, 2000.

사후에 오대산 문도회에서 편찬한 법어집 『방산굴 법어(方山窟法語)』는 상당법어와 대중법어, 게송과 서간문, 서문(序文)·비명(碑銘)·묘문(墓文)·기문(記文)과 대담 내용 등을 총망라하고 있어 그의 공식적인 대중법어와 문장들을 참고할 수 있는 기초적인 문헌 자료라 할 수 있다. 그리고 탄생 백주년을 기념하여 출간된 제자 서우담 선생의 『탄허대종사 연보』와 김광식 교수의 대담 증언집인 『방산굴의 무영수』는 탄허 관련 자료들이 집대성되어 있고 관련 인물들의 생생한 고증과 평가가 담겨 있는 것이어서 탄허 연구에 필수불가결한 자료들이라 하겠다.

그의 강의 내용을 담은 테이프나 CD, 그리고 동영상 자료나 증언들은 그의 사상을 연구하기 위한 중요한 내용들을 담고 있어서 매우 소중한 자료가 된다. 특히 1977년과 1982년에 2개월씩 두 차례에 걸쳐 진행되었던 '동양 사상 특강(유·불·선·화엄)'의 내용은 여러 형태의 음성 파일로 제작되어 유통된 바 있다. 『동양사상 특강 (CD 18장)』, 『화엄경 강의 테이프』[19], 『주역선해 강의 (테이프 22개)』[20], 『장자 강의 (CD 3장)』[21]과 『간추린 법문 (테이프 15개)』[22] 등

---

19) 김탄허(강의), 『화엄경 강의 테이프』, 신흥사, 1978.
20) 김탄허(강의), 『주역선해 강의 (테이프 22개)』, 교림, 1983. 탄허의 이 주역 강의 테이프는 시중에서 구할 수 없는 비매품으로 교림출판사 서우담 선생이 강의 당시 녹음한 것을 필자의 연구를 위해 특별히 제공해 준 것이다. 이 밖에도 탄허의 사상 연구를 위해 많은 자료를 제공해 주신 점 이 지면을 빌어 감사의 말씀을 드린다.
21) 김탄허(역해), 『장자남화경 (CD 3장)』, 교림, 2004. 이 CD는 탄허의 『장자남화경』의 역해본을 출판하면서 부록으로 장자 강의 내용을 함께 실은 것이다. 『동양사상 특강』 CD에 포함된 장자 강의 내용보다 분량이 많고 구체적인 강의 내용이 상세히 담겨 있다.
22) 김탄허(강해), 『탄허스님 간추린 법문 (테이프 15개)』, 교림, 1983. 이 '간추린 법문 테이프'는 교림출판사 서우담 선생의 편집본으로 탄허의 1978년과 1982년의 강연

이 있는데 필자는 이 음성 파일들 가운데 중요한 부분들을 활자화한 뒤 본 저술에서 인용문으로 많이 활용할 것이다. 특히 한 번도 문헌으로 정리되지 않은 탄허 강의의 음성 녹음 내용들은 중간에 생략하거나 편집하지 않고 되도록이면 원음을 그대로 인용하여 학술자료로서의 가치를 보존하고자 한다. 보다 본격적인 탄허 연구를 위해서는 아직도 문자화되지 않고 남아 있는 이 음성 파일 자료들이 녹취록 문헌으로 하루속히 정본화될 필요가 있다. 또 2012년에 발굴된 1982년의 「미국 홍법원 10주년 기념 세계평화 고승대법회 초청 법문」[23] 동영상은 탄허가 공식적인 자리에서 설법한 마지막 법문으로 그의 사상의 핵심 요지를 담고 있다는 점에서 중요한 사료적 가치가 있다.

이어서 지금까지 탄허를 주제로 연구된 성과들을 논문을 중심으로 간략히 살펴보자. 우선 탄허에 대한 연구는 입적 20주년과 30주년을 계기로 개최된 학술대회를 기점으로 많이 발표되었다.[24]

을 녹음한 테이프 총 300여 개 가운데 중요한 내용들만 선별하여 15개의 테이프로 요약하여 만든 비매품이다. 시중에 배포된 적 없는 강의 내용들 가운데 중요한 부분들만 따로 모아 간추린 것이다. 필자의 연구를 위해 기꺼이 제공해 준 것이다.

23) 문광(편), 「미국 홍법원 10주년 기념 세계평화 고승대법회 초청 법문」, 『탄허사상 특강』, 탄허기념박물관, 2014. 현재 아르헨티나에 살고 있는 한 교민이 1982년 탄허가 미국에서 법문할 당시 동영상으로 촬영하여 간직하고 있다가 2012년에 서우담 선생에게 기증한 것으로 이를 필자가 받아 적어서 문헌으로 만든 것이다.

24) 2003년 9월에 입적 20주기에 「탄허선사의 선교관」이라는 주제로 학술대회가 열린 바 있다. 2012년 4월에는 조계종 역사문화기념관에서 「오대산 화엄의 특징과 탄허의 원융사상」이라는 주제로, 2013년 4월에는 「탄허대종사의 인재양성과 교육이념의 시대정신」이라는 주제로 탄생 백주년과 입적 30주기를 맞아 학술대회가 열렸다.

그동안 탄허에 대해 가장 많은 연구가 이루어진 주제 영역은 역경과 교육을 통한 인재양성 분야와 생애 전반에 대한 것이다. 김광식[25]은 이 분야에서 가장 많은 논문을 발표하고 연구를 진척시킨 학자이다. 2003년 「김탄허의 교육과 그 성격」을 시작으로 오대산 수도원을 중심으로 한 교화활동, 교육이념과 시대인식 등을 중심으로 탄허의 생애 연구와 관련하여 많은 업적을 남겼다. 특히 논문 「오대산수도원과 김종후」를 비롯한 그의 탄허 연구는 근현대 한국불교사의 다양한 자료들을 수집하고 새로운 사실들을 발굴하여 이룩한 연구 성과물들이다. 탄허의 제자 윤창화[26] 역시 논문 「탄허 스님의 불전역경과 그 의의」와 「탄허의 경전번역의 의의와 강원교육에 끼친 영향」에서 경전 번역과 교육의 의의에 대한 연구를 꾸준히 진행해 왔다. 김호성[27]은 탄허의 역경불사를 '1인 결사'로 설명한 중요한 논문들을 잇달아 발표한 바 있다. 근현대 한국불교의 흐름을 '결사운동'의 측면에서 조명한 그의 저서 『결사, 근현대 한국불교의 몸부림』은 탄허의 역경결사를 봉암사 결

---

25) 김광식, 「김탄허의 교육과 그 성격」, 『정토학연구』 제6집, 한국정토학회, 2003; 「오대산 수도원과 김탄허-정혜결사의 현대적 변용」, 『탄허선사의 선교관』, 오대산 월정사, 2004; 「탄허스님의 생애와 교화활동」, 『탄허선사의 선교관』, 오대산 월정사, 2004; 「탄허의 시대인식과 종교관」, 『되돌아본 100년, 탄허』, 조계종 출판사, 2013; 「탄허의 교육이념과 그 정신」, 『미래를 향한 100년, 탄허』, 조계종 출판사, 2013; 「오대산수도원과 김종후」, 『민족불교의 이상과 현실』, 도피안사, 2008.
26) 윤창화, 「탄허스님의 불전역경과 그 의의」, 『탄허선사의 선교관』, 오대산 월정사, 2004; 「탄허의 경전번역의 의의와 강원교육에 끼친 영향」, 『미래를 향한 100년, 탄허』, 조계종 출판사, 2013.
27) 김호성, 「탄허의 결사운동에 대한 새로운 고찰」, 『한암사상』 제3집, 한암사상연구회, 2009; 「결사의 정의에 대한 재검토」, 『보조사상』 제31집, 보조사상연구원, 2009; 『결사, 근현대 한국불교의 몸부림』, 씨아이알, 2016.

사 등과 함께 근현대 한국불교사의 주요한 흐름으로 설명하여 탄허의 역경불사에 대한 새로운 관점과 시사점을 던져 주었다.

생애 연구에 있어서는 출가 이전의 전통학문의 수학과 가문·학통·보천교 등의 영향을 깊이 연구한 이원석의 「출가 이전 탄허의 전통학술 수학과 구도입산의 궤적」, 「한암중원과 탄허택성의 불연 −탄허의 출가 배경−」, 「한암·탄허의 출가행과 오대산의 교육전통」[28]이 전문성을 갖춘 좋은 논문이라 하겠다. 윤선태의 「탄허스님의 구도과정과 인재양성」[29]은 탄허의 전통 계승과 교육결사의 양 방면에 걸쳐 연구를 진행한 논문이다.

그 다음으로 많은 논문이 배출된 주제는 탄허의 삼교 회통 사상에 관련된 것으로 유교의 『주역』과 도교의 노장학과 관련된 연구들이 주종을 이루고 있다. 1993년에 발표된 박금규의 「김탄허의 삼교 회통 사상」[30]은 탄허에 대한 최초의 논문이자 삼교 회통을 처음으로 논의하기 시작한 논문이다. 고영섭[31]은 탄허의 역학

---

28) 이원석, 「출가 이전 탄허의 전통학술 수학과 구도입산의 궤적」, 『미래를 향한 100년, 탄허』, 조계종 출판사, 2013. ; 「한암중원(漢巖重遠)과 탄허택성(呑虛宅成)의 불연(佛緣) −탄허의 출가 배경−」, 『한국불교학회』 제79호, 한국불교학회, 2016. ; 「한암·탄허의 출가행과 오대산의 교육전통」, 『한국선학회 춘계학술대회 자료집』, 한국선학회, 2018.
29) 윤선태, 「탄허스님의 구도과정과 인재양성」, 『미래를 향한 100년, 탄허』, 조계종 출판사, 2013.
30) 박금규, 「김탄허의 삼교회통사상」, 『한국종교사상의 재조명』, 원광대출판부, 1993.
31) 고영섭, 「탄허택성의 노장관과 불교관」, 『문학·사학·철학』 제33호, 한국불교사연구소, 2013; 「탄허택성의 삼현관과 불교관」, 『미래를 향한 100년, 탄허』, 조계종 출판사, 2013. ; 「탄허의 주역관과 불교관: 주역선해 역주를 중심으로」, 『한국불교학』 제66집, 한국불교학회, 2013. ; 「탄허택성의 생애와 사상 −한국불교사적 지위와 한국불학사적 위상−」, 『되돌아본 100년, 탄허』, 조계종 출판사, 2013. ; 「한국의 불전번역과 불서간행」, 『문학·사학·철학』 제25·26호, 한국불교사연구소, 2011.

과 노장학에 대한 연구를 진행하여 주역관(周易觀), 삼현관(三玄觀), 노장관(老莊觀)과 불교관(佛教觀)을 비교하는 일련의 논문들을 발표해 왔다. 이와 함께 탄허의 생애와 사상, 불전번역과 관련된 논문들도 함께 발표하며 한국불교사에서의 탄허의 지위와 위상에 대한 다양한 연구 성과를 제시해 주고 있다. 최재목은 「탄허의 철학사상에 보이는 회통적 사유의 근저」[32]라는 논문을 발표하여 탄허의 회통 정신의 기반을 철학적으로 조명해 주었다. 필자 역시 탄허의 동양 삼교의 회통과 유교·도교에 대한 불교적 해석을 중심으로 연구를 진행하여 『주역』·『논어』·『노자』·『장자』에 대한 탄허적 해석에 대한 논문들을 발표해 왔다.[33]

탄허의 삼교 회통 사상에 대한 연구와 비교해 볼 때 탄허의 선사상과 화엄 사상을 비롯한 불교 사상을 전문적으로 연구한 성과는 비교적 부진한 상황이라 하겠다. 탄허를 대표하는 사상이라 할 수 있는 화엄 사상과 관련된 논문으로는 해주 스님의 「탄허택성과 화엄사상」[34]과 정병삼의 「한국화엄 사상연구와 탄허」[35]가 2004년에 처음으로 발표되었다. 그 이후 거의 10년 만에 임상

32) 최재목, 「탄허의 철학사상에 보이는 회통적 사유의 근저」, 『문학·사학·철학』 제 33호, 한국불교사연구소, 2013.
33) 문광, 「탄허선사 유불회통론의 '탄(呑)'적 가풍 연구」, 『문학·사학·철학』 제 28·29호, 한국불교사연구소, 2012(b). ; 「탄허학의 골수와 종지」, 『문학·사학·철학』 제33호, 한국불교사연구소, 2013. ; 「탄허택성과 동양사상 -『주역』의 종지와 『로』·『장』의 주해를 중심으로-」, 『한국불교학』 제78집, 한국불교학회, 2016(a). ; 「탄허선사의 유교 경전에 대한 불교적 해석 -『논어』를 중심으로-」, 『한국불교학』 제80집, 한국불교학회, 2017(a). ; 「탄허선사의 『장자』에 대한 불교적 해석」, 『불교학보』 제81호, 동국대 불교문화연구원, 2017(c).
34) 해주, 「탄허택성과 화엄 사상」, 『탄허선사의 선교관』, 오대산 월정사, 2004.
35) 정병삼, 「한국화엄 사상연구와 탄허」, 『탄허선사의 선교관』, 오대산 월정사, 2004.

희의 「탄허택성의 화엄사상」[36]이 발표된 바 있다. 해주의 논문은 탄허가 『현토역해 신화엄경합론』[37]을 완역한 뒤 강의했던 내용을 녹취하여 출판한 『탄허강설집』[38]을 중심으로 탄허의 화엄 사상을 분석한 것이다. 본격적으로 탄허의 화엄 사상을 다룬 최초의 논문으로 탄허 화엄학의 실체를 부분적이나마 처음으로 세상에 밝힌 중요한 논문이다. 정병삼의 논문은 한국화엄 사상사에서의 탄허화엄의 지위에 대해 논한 것이며, 임상희의 논문은 탄허의 화엄경관과 그의 통현화엄의 수용과 전개에 대해 논한 것이다. 그러나 탄허의 사상에서 화엄 사상이 차지하는 비중이 높고 연구 범위도 방대하다는 것에 비추어 볼 때 그의 화엄 사상에 대한 연구는 아직도 미진한 상태로 후속 연구를 기다리고 있는 중이다.

탄허의 선사상과 관련하여 처음으로 다룬 논문으로는 성본 스님이 탄허의 상당법어에 대해 집중적으로 연구한 「탄허 선사의 선사상 고찰」[39]과 무관 스님이 탄허의 선사상 전반에 대해 생애 전체를 종관하면서 논한 「탄허의 선사상」[40]이 있다. 이 두 논문 모두 2004년 탄허 입적 20주기 기념 학술대회에서 발표된 논문이다. 그러나 이후 탄허의 선사상에 관한 후속 연구는 한동안 이루어지지 못했다. 그의 선사상이 다시 주목받기 시작한 것은 근래의 일이다. 필자[41]는 탄허의 정체성은 선사라는 확신을 갖고 그의

36) 임상희, 「탄허택성의 화엄 사상」, 『되돌아본 100년, 탄허』, 조계종 출판사, 2013.
37) 김탄허(역해), 『신화엄경합론 (전23권)』, 교림, 2011.
38) 탄허장학회(편), 『탄허강설집-신화엄경합론1』, 불광출판부, 2003.
39) 성본, 「탄허선사의 선사상 고찰」, 『탄허선사의 선교관』, 오대산 월정사, 2004.
40) 무관, 「탄허의 선사상」, 『탄허선사의 선교관』, 오대산 월정사, 2004.
41) 문광, 「탄허택성의 선사상 연구 -역경관과 수행관을 중심으로-」, 『불교학보』 제

선사상을 역경관과 수행관을 중심으로 고찰한 바 있으며, 돈오점수와 정혜쌍수를 주장한 탄허와 돈오돈수와 간화독존을 주창한 성철의 선사상을 비교한 논문 「현대 한국 선사상의 두 지평: 성철의 '철(徹)'적 가풍과 탄허의 '탄(呑)'적 가풍」을 발표한 바 있다.

이 밖에 탄허의 미래 예지와 미래학에 관련된 주제를 다룬 논문들도 발표되기 시작하였다. 김성철은 「탄허 스님의 예지, 그 배경과 의의」[42]에서 탄허의 미래 예견을 종합적으로 분석하면서 '선의(善意) 가득한 당위의 미래학'으로 결론지었다. 자현 스님[43]은 「탄허 스님의 미래인식과 현대사회의 다양성」에서 탄허의 예지가 단순히 소강절과 김일부의 역학과 『정역』에 그치는 것이 아니라 불교의 핵심인 화엄과 선의 영지(靈知)와 깊은 관련이 있음을 주장했다. 이 밖에도 오대산의 원융전통과 탄허의 관계에 대한 논문과 탄허의 생애와 사상과 관련된 책과 논문들을 집필해 오고 있으며, 한암에서 탄허로 이어지는 오대산 가풍에 대한 저술과 학술대회 개최 등 활발한 선양사업을 주도하고 있다. 필자도 『정역』의 이치를 좀 더 깊이 분석하며 탄허의 말세관과 미래학을 분

76호, 동국대 불교문화연구원, 2016(b). ; 「현대 한국 선사상의 두 지평: 성철의 '철(徹)'적 가풍과 탄허의 '탄(呑)'적 가풍」, 『동아시아불교문화』 제27호, 동아시아불교문화학회, 2016(c).

42) 김성철, 「탄허스님의 예지, 그 배경과 의의」, 『되돌아본 100년, 탄허』, 조계종 출판사, 2013.

43) 자현, 「탄허스님의 미래인식과 현대사회의 다양성」, 『미래를 향한 100년, 탄허』, 조계종 출판사, 2013. ; 「오대산 문수화엄 신앙의 특수성 고찰」, 『되돌아본 100년, 탄허』, 조계종 출판사, 2013. ; 「탄허, 그 위대한 생애와 정신」, 『문학·사학·철학』 제33호, 한국불교사연구소, 2013. ; 『탄허-허공을 삼키다』, 민족사, 2013.

석한 논문[44]을 발표했다.

이 밖에 스승 한암의 사상과 비교하여 고찰한 논문으로 고영섭의 「한암과 탄허의 불교관−해탈관과 생사관의 동처와 부동처」[45]와 윤창화의 「한암과 탄허의 동이점 고찰」[46]이 있고, 탄허의 서예미학에 대해서 연구한 이동국의 「탄허 택성의 서예미학」[47]이 있다.

학위 논문에 탄허가 장·절에 포함된 것으로는 탄허의 화엄 사상을 언급한 임상희의 박사 논문인 「이통현의 화엄 사상 연구」[48]와 필자의 석사학위 논문[49]이 있다.

이와 같이 지금까지 탄허를 주제로 한 연구는 총 42편으로 편수로 보면 적은 수가 아니다. 하지만 문중 행사와 이벤트성의 학술 행사를 겸하여 즉흥적으로 발표된 논문들이 많아서 이력과 생애와 관련된 개론적 성격의 논문들이 다수를 차지한다. 반면 그의 사상을 장시간에 걸쳐 깊이 있게 집중적으로 조명한 논문들은 비교적 드물다. 그의 사상에 대한 깊이 있는 고찰이 미진했던 이유는 학문과 사상의 범주가 과도하게 넓어서 접근이 용이하지

---

44) 문광, 「탄허선사의 말세관과 미래학 −불교·유교·기독교의 말세론과『정역』해설을 중심으로−」,『원불교사상과 종교문화』, 제71집, 2017(b).
45) 고영섭, 「한암과 탄허의 불교관−해탈관과 생사관의 동처와 부동처」,『종교교육학연구』제26호, 한국종교교육학회, 2008.
46) 윤창화, 「한암과 탄허의 동이점 고찰」,『되돌아본 100년, 탄허』, 조계종 출판사, 2013.
47) 이동국, 「탄허 택성의 서예미학」,『문학·사학·철학』제33호, 한국불교사연구소, 2013.
48) 임상희, 「이통현의 화엄 사상 연구」, 동국대 불교학과 박사학위논문, 2008.
49) 문광, 앞의 논문(2012a).

않고, 자신이 직접 학술서나 연구 저작을 집필하지 않고 저술이 역주와 역해에 집중되어 있기 때문이다. 그마저도 역주에 자가주해(自家註解)를 조금씩 첨부하는 방식이므로 그의 사상을 깊이 연구하기 위해서는 번역서 곳곳에 숨어 있는 사상의 편린들을 추출하여 다시 학술적으로 정리하는 작업이 선행되어야 하는 어려움이 있었던 것이다.

그나마 탄허의 사상을 집중적으로 확인할 수 있는 가장 좋은 방법은 자신의 학설을 집중적으로 쏟아 내었던 강의 내용이 담긴 음성 파일을 중점적으로 연구하는 것이다. 하지만 이 역시 난해한 이유는 녹취된 음성 파일 가운데 중요한 언급들을 따로 문서화해야 하는 장기적이고 지난한 과정이 요청된다는 것이다. 본 연구에서는 그동안 연구되지 않고 사장되어 있던 탄허의 강의 내용을 최대한 문헌화하여 의미 있는 학설들을 대중에게 제시하는 방법을 사용할 것이다.

본 연구에서 다룰 세부 주제들을 간단히 설명해 보면 다음과 같다.

제2장에서는 탄허의 생애에 관해 논하되 출가 전의 학통과 출가 후의 법맥으로 나누어 그의 회통 사상이 형성되고 완성되어 간 과정을 중심으로 기술하고자 한다. 탄허의 총체적인 생애에 대한 연구는 이미 상세한 『연보』[50]가 출간되어 있고 관련 연구도 많

---

50) 오대산문도회·탄허불교문화재단·교림(편), 앞의 책.

이 진행되어 있다. 따라서 본 연구에서는 탄허의 전반적인 생애를 열거하여 기술하기보다는 회통 사상의 형성 과정을 중심으로 생애를 압축해서 검토하고자 한다.

제3장에서는 회통의 '근본 원리'라는 측면에서 선사상과 화엄 사상을 고찰해 볼 것이다. 탄허의 선사상과 화엄 사상이라는 주제는 그의 불교 사상의 핵심이라고 할 수 있으며 그 하나만으로도 많은 연구 논문이 산생될 수 있을 정도로 방대하고 깊은 영역이다. 본 연구는 사교 회통 사상을 밝히는 데 주안점을 두고 있으므로 그의 선사상과 화엄 사상의 핵심 내용을 정리하고 그것이 '회통의 원리'라는 측면에서 어떻게 활용되는지 구체적으로 검토해 보고자 한다.

선사상에서는 탄허의 선(禪) 중심적 사유와 선사로서의 정체성을 먼저 살펴보고 그의 선사상을 형성하는 데 큰 영향을 미친 보조(普照)와 한암(漢巖)의 사상을 계승한 내용을 고찰한다. 그리고 사교 회통(四教會通)의 근본 원리로 일관되게 입론했던 '성(性)자리'에 대한 담론을 중점적으로 살펴보고자 한다. 그의 선사상이 4교를 회통하는 데 어떻게 근본 원리로 활용했는지 살펴볼 것이다.

화엄 사상에서는 그의 화엄학이 기존 한국불교계의 주류라 할 수 있는 청량화엄(清凉華嚴) 중심의 경향을 탈피하여 통현화엄(通玄華嚴) 중심으로 전환하게 된 원인과 그 내용을 살펴보고 이것이 그의 회통 사상의 전개에 어떻게 작용했는지 밝힐 것이다. 또 화엄에서 그가 가장 중시했던 '성기(性起)'와 '무애(無碍)'의 원리가 유교, 도교, 기독교와 회통할 때 어떤 방식으로 작동하는지 원리적 측면을 고찰해 볼 것이다.

제4장에서는 본격적으로 유·불·선·기 4교 회통 사상의 실제를 논구할 것이다. 탄허는 유학사상 가운데 역학을 가장 중시하여『주역선해(周易禪解)』[51]를 따로 역해하였을 뿐 아니라 양적으로도 역학과 관련된 내용을 가장 많이 설파하였다. 따라서 역학을 유학과 별도로 나누어 논하고자 한다. 역학 이외의 나머지 사서삼경에 대한 그의 불교적 해석들은 그의 강의 녹음 파일을 주로 활용하면서 탐구하고자 한다. 여기에서 유학의 주요 개념들을 탄허가 어떻게 불교와 회석(會釋)하고 있는지 살펴보게 될 것이다.

노장 사상의 경우 우선『노자』와『장자』를 번역하면서 채택한 주석본들에 대한 상세한 분석을 통해 그의 노장관을 살펴보게 될 것이다. 그리고『도덕경(道德經)』은 제1장을 중심으로,『남화경(南華經)』은 내편 7편을 중심으로 불교적으로 해석한 실질적인 내용들을 면밀히 분석해 볼 것이다.

기독교와 불교의 화쟁(和諍)에 대해서는 종교인, 교수, 철학자들과 대담한 내용과 강의했던 자료들을 모아 이를 중심으로 불기회통(佛基會通)의 면모를 살펴보고자 한다.

제5장에서는 탄허의 연구에서 빼놓을 수 없는 그의 미래 예지와 관련된 내용과 민족적 역학정신을 '간산 사상(艮山思想)'이라는 이름으로 통합하여 다루고자 한다. 그의 말세론에 대한 해석과 지진 예견과 같은 미래학, 그리고『정역』에 대한 그의 독자적인 해

---

51) 우익 지욱(藕益 智旭)(저)/김탄허(역주),『주역선해 (전3권)』, 교림, 1996.

설 등을 살펴보고 향후 지구의 미래상과 간방(艮方)인 한국의 역할과 자세에 대한 탄허의 논지를 추적해 본다. 그의 미래학은 사교 회통의 결과에서 기인된 하나의 새로운 통찰력이다. 지금과 같은 융·복합 시대에 어떻게 동서사상을 융회하고 새로운 정신문명과 민족 사상을 정립해 나갈 것인가에 대한 그의 고민과 논리를 분석해 볼 것이다.

본 연구는 탄허의 사상적 측면에 중점을 맞추어 그의 학문체계가 종교와 사상을 초월하여 하나의 종지로 관통되는 총합적 특질에 대해 밝히고자 한다. 따라서 각기 독자성과 나름의 자기완결성을 가지고 별도로 존립할 수도 있는 선사상, 화엄 사상, 역학 사상, 유학 사상, 노장 사상, 기독교관, 간산 사상 등을 '4교 회통'이라는 하나의 얼개와 '심성(心性)'이라는 일관된 주제로 수렴시켜 연구를 진행하고자 한다. 이러한 과정을 통해 탄허의 학술과 사상이 전체적으로 거대한 하나의 유기적인 체계 속에서 전개되고 있음을 밝히는 것이 본 연구의 궁극적 목적이라 할 것이다.

제2장 회통 사상의 형성 : 학통과 법맥

1. 출가 전의 학통과 사상 형성

탄허는 전북 김제에서 부친 율재 김홍규(栗齋 金洪圭)와 모친 최재조(崔在祚) 사이에서 5남 3녀 중 차남으로 1913년 음력 1월 15일에 태어났다. 속명은 김금택(金金鐸)[1]이며, 자(字)는 간산(艮山)[2]이다. 부친은 보천교(普天敎)의 제2인자[3]이자 회계담당자인 목방도인(木方道人)[4]이었으며 독립운동에 자금을 지원하는 등 독립운동에 투신했고, 이를 인정받아 2005년 8월 15일 정부로부터 독립유공자 건국포장을 추서받았다.

---

1) '탁(鐸)'은 현재 사전에서는 '탁'의 발음 하나로만 통일되어 일원화되어 있지만 예전에는 '택'의 발음을 함께 사용하였다. 자현, 『탄허-허공을 삼키다』, 민족사, 2013, 26쪽.
2) 필자는 이 '간산(艮山)'이라는 자(字)에 주목했다. 그의 간방의식(艮方意識)과 민족사상을 Ⅴ장에서 '간산 사상(艮山思想)'이라고 명명한 것은 바로 어릴 때에 사용했던 '간산'이라는 자에서 명명한 것이다.
3) 탄허의 부친 율재 김홍규의 보천교 활동과 독립운동 관련 내용은 다음 논문을 참조. 이원석, 「출가 이전 탄허의 전통학술 수학과 구도입산의 궤적」, 『미래를 향한 100년, 탄허』, 조계종 출판사, 2013, 140쪽.
4) 원광대 교수 박금규는 탄허가 자신의 부친에 대해서 '보천교의 제2인자인 목방도인'이라고 칭했다고 증언했다. 월정사·김광식(편), 앞의 책(하), 102쪽.

탄허는 16세까지 10여 년간을 조부와 부친 등으로부터 유가칠서(儒家七書)를 비롯한 유학의 전 과정을 배웠다고 한다.[5] 독립운동으로 감옥생활을 한 부친의 옥바라지를 하면서 민족의식을 기르고 있던 중 17세[6]에 토정 이지함(土亭 李之菡, 1517~1578)의 16대 종손 집안에 성혼하여 충남 보령으로 가게 된다. 여기서 면암 최익현(勉庵 崔益鉉, 1833~1906)의 학통을 이은 이극종(李克宗)으로부터 유학을 배우면서 본격적으로 공부가 진척을 이루게 된다.[7] 당시 이토정 집안의 학통에 영향을 받아서『주역』을 집중적으로 공부하게 되었다고 한다.

면암은 화서 이항로(華西 李恒老, 1792~1868)의 제자이자 기호학파의 대표적인 인물이다. 출가 이후 탄허는 면암의 현손(玄孫)이자 성균관장을 지낸 최창규와 각별한 인연을 맺으며 의기투합했다. 탄허는 최창규가 면암의 현손이라는 사실을 알고 굉장히 만나보고 싶어했고, 집안 어른들에게 탄허의 얘기를 익히 들어 알고 있었던 최창규 역시 그와의 첫 만남부터 강한 인상을 받았다고 전한다. 둘은 면암의 사당인 충남 청양의 모덕사에서 함께 만나기도 했다.[8] 탄허는 입적하기 전에 제자들에게 유탁(遺託)을 남겨 최창규에게 비문을 부탁했으며 최창규는 「비명(碑銘)」에서 탄허를 '우리 동방의 태극'이라 극찬하며 "오선(吾先) 면암선생(勉庵先生)의

---

5) 오대산문도회·탄허불교문화재단·교림(편), 앞의 책, 31쪽. 이 무렵 탄허의 유학수학에 관해서는 이원석의 앞의 논문이 상세하다.
6) 『연보』에 의하면 14세인 1926년에 이미 충남 보령의 이토정의 종손 집안에 유학을 떠난 것으로 나온다. 위의 책, 32쪽.
7) 김탄허, 앞의 책(2000), 209쪽.
8) 월정사·김광식(편), 앞의 책(하), 29~35쪽, 최창규의 증언 참조.

사숙도통(私淑道統) 속에 우뚝한 그 전수세의(傳受世誼)"라 표현하여 면암의 도통연원임을 분명히 비문에 새겼다.[9] 이를 통해 볼 때 탄허는 출가 이후에도 스스로 면암 최익현의 유가 학통을 이어받았다는 의식을 분명히 간직하고 있었던 것을 확인할 수 있다.

탄허의 출가 전의 학통과 관련하여 반드시 거론해야 할 인물은 간재 전우(艮齋 田愚, 1844~1922)이다. 탄허의 유학 학통에 대해서 그간 알려진 바는 면암 최익현의 재전 제자인 이극종에게 유학을 공부했다는 설로 『연보』[10]가 대표적이다. '면암 최익현→간재 전우→이극종→탄허'의 학문 연원은 바로 탄허 자신이 제자들에게 누차 밝혔던 내용으로 제자 윤창화는 이극종이 간재 전우의 제자였다는 말을 20여 차례 이상 직접 들었다고 증언했다.[11] 김광식[12], 고영섭[13], 무관[14] 등의 논문에서는 이 내용을 그대로 받아들이고 있다.

반면 이원석의 경우에는 면암과 간재의 나이 차이가 11살에 불과하고, 이항로의 제자인 면암과 임헌회(任憲晦, 1811~1876)의 제자인 간재의 학통과 학술이 현격한 차이를 보이고 있으며, 면암의

---

9) 오대산문도회·탄허불교문화재단·교림(편), 앞의 책, 640~641쪽, 「해동국 탄허 대종사 비명(海東國 呑虛 大宗師 碑銘)」. "불유선(佛儒仙)에 관통(貫通)함은 인방(仁方)의 현묘(玄妙)요 법경상(法經常)에 신묘(神妙)함은 곧 오동(吾東)의 태극이라."
10) 오대산문도회·탄허불교문화재단·교림(편), 위의 책, 32쪽.
11) 필자가 윤창화와의 대화를 통해 직접 확인한 내용이다.
12) 김광식, 「탄허스님의 생애와 교화활동」, 『탄허선사의 선교관』, 월정사, 2004, 261쪽. ; 「탄허의 시대인식과 종교관」, 『되돌아본 100년, 탄허』, 조계종 출판사, 2013, 143쪽.
13) 고영섭, 「탄허택성의 생애와 사상 -한국불교사적 지위와 한국불학사적 위상」, 『되돌아본 100년, 탄허』, 조계종 출판사, 2013, 74쪽.
14) 무관, 「탄허의 선사상」, 『탄허선사의 선교관』, 오대산 월정사, 2004, 77쪽.

제자록에서 간재를 찾을 수 없다는 등의 이유로 면암과 간재가 사제 관계임을 규정하기는 쉽지 않아 보인다고 했다.[15] 필자 역시 『간재집(艮齋集)』에 실려 있는 간재가 면암에게 보낸 편지(「與崔勉庵益鉉」)와 면암이 대마도에서 순국했을 때 쓴 제문(「祭勉庵崔公益鉉文」)[16]을 읽어보았으나 면암과 간재가 사제의 연을 맺었다고 단정할 수 있는 구절을 발견하지는 못했다. 오히려 양자가 서로 대등한 선비의 입장에서 비판하기도 하고 인정하기도 하는 뉘앙스를 읽을 수 있을 뿐이었다.

하지만 이 정도의 정황만으로 탄허가 직접 자신이 면암-간재-이극종의 학통을 이었다고 말했던 내용을 전면 부인할 수는 없다. 10대 후반에서 20대 초반 사이에 스승 이극종에게 수학하며 들었던 내용이라 탄허의 기억에 착오가 있을 수도 있고, 이극종이 자신의 학통을 잘못 인식했을 가능성도 배제할 수는 없다. 하지만 이 역시 모두 확실한 근거가 없는 추정에 불과한 것이다. 실증할 수 있는 근거가 나오기 전에는 믿지 않는다는 '무징불신(無徵不信)'[17]의 원칙과 많은 자료를 참고하되 의심나는 것은 비워 둔다는 '다문궐의(多聞闕疑)'[18]의 정신에 입각해서 탄허의 유가 학통에 관련된 사항은 더 확실한 증거가 나오기 전에는 결론을 잠시 유보

---

15) 이원석, 앞의 논문, 146~152쪽, '면암·간재와 이극종의 학통 재고' 참조.
16) 전우(田愚), 『간재집(艮齋集)』, 민족문화추진회, 2004, 38쪽, 「여최면암익현(與崔勉庵益鉉)」, 249~250쪽, 「제면암최공익현문(祭勉庵崔公益鉉文)」.
17) 『논어』 「팔일(八佾)」, "子曰, 夏禮, 吾能言之, 杞不足徵也, 殷禮, 吾能言之, 宋不足徵也. 文獻不足故也. 足則吾能徵之矣."
18) 『논어』 「위정(爲政)」, "子曰, 多聞闕疑, 愼言其餘則寡尤, 多見闕殆, 愼行其餘則寡悔, 言寡尤, 行寡悔, 祿在其中矣."

해 두는 편이 나을 것으로 판단된다. 하지만 탄허의 스승 이극종이 면암의 학통을 이었다는 것과 간재의 가르침도 받았다는 사실은 거의 확실해 보인다. 탄허는 강의 도중 간재 전우의 일화를 공개한 적이 있었다.

> 얻었다니까 주먹을 쥔 떡을 얻은 것이 아니올시다. 한말에 유교의 호남학파를 대표하는 정간재 선생이 평소에 자기 제자들을 보고 그랬답니다. "자네들은 성인이 뭘 안다고 하니까, 꽉 쥔 주먹 속에 뭐가 들었는지 그런 것을 아는 걸 성인인 줄 아는가 본데, 그건 점쟁이가 아닌 거야." 그 양반 말이 그랬다고 해요. 주먹 속에 뭐가 들었는지 그것을 아는 건 점쟁이가 점쳐서 아는 거지, 성인이 아는 것은 생각이 생각 없는 자리로 돌아가는 것을 말합니다. 공부가 있는 소리 아닙니까?[19]

이는 탄허가 중국 송대 계환(戒環)의 『화엄요해(華嚴要解)』를 강의하던 도중 이종상도(二種常道) 가운데 '동진불염 이생상도(同塵不染 利生常道)'를 설명하면서 '말을 잊고 돈증하여[忘詮頓證]'라는 구절의 '증득했다'는 부분을 설명하면서 나온 말이다. 책에는 '정간재'라고 되어 있으나 이는 녹음 파일을 기록하는 가운데 생긴 오류로 간재 전우를 일컫는 '전간재(田艮齋)'라고 봐야 한다. 간재가 자기 제자들에게 했던 말이라는 것을 통해 이극종이 다른 제자들과 더불어 간재에게 직접 들었던 내용임을 충분히 유추할 수

---

19) 탄허장학회(편), 『탄허강설집-신화엄경합론1』, 불광출판부, 2003, 408~409쪽.

있다. 탄허가 간재의 문헌을 통해서 알게 된 사실이 아니므로 출가 전에 스승 이극종에게 간재와의 일화를 전해 들은 내용일 가능성이 크다. 즉 면암이 1906년 대마도에서 순국한 뒤 이극종이 간재에게도 학문을 배웠을 가능성이 있는 것이다. 간재의 문인록에서 이극종을 찾아볼 수는 없으나[20] 간재의 제자가 3천이었다는 말이 있으니 지방의 이름나지 않은 선비 이극종은 제자록에 등재되지 않았을 가능성이 있다고 봐야 한다. 여하튼 탄허의 스승 이극종은 이토정의 문손으로 면암과 간재에게 모두 배웠을 가능성이 농후하다.

탄허는 출가 전에 유학의 전 과정을 수학하고 노장학을 3년 동안 공부했는데 당시 유학과 노장의 경전을 천독 만독해서 책을 통째로 외워 버리는 것으로 유명했다고 한다. 본인 스스로는 머리가 나쁘다고 했지만 무조건 모든 것을 외워 버리는 송재(誦才)에 성실한 노력이 더해져 문리(文理)가 이미 터져 있었다. 속가 동생이자 오대산 문중에 출가하여 함께 수행했던 인허(印虛)는 출가 전의 탄허에 대해서 다음과 같이 기억했다.

그이는 좀 특별한 데가 있어서 항상 근본 자리를 알아야 한다고 강조했어. 도(道)자리를 아는 사람은 눈이 멀어도 천리만리를 본다는 거여. 소소한 것이라도 근본을 모르면 필요 없다고 말하곤 했지.[21]

---

20) 이원석, 앞의 논문, 151~152쪽.
21) 〈현대불교신문〉 2003.1.13.

탄허는 자신의 도를 닦는 정신이 유교에서 가져와서 절에서 커진 것[22]이라 했다. 그는 항상 젊은 유학자 시절에도 '도가 무엇인가' 하는 근본 자리에 대한 의문과 향념을 늘 품고 지냈다는 것이다. 그의 출가인연은 진정한 발심출가였던 것이다. 노장학을 공부하다가 '문자 밖의 소식'인 도에 막힌 탄허는 오대산으로 출가를 하게 되는데 이 무렵 공부했던 『노자』·『장자』는 향후 그의 회통 사상의 주된 기틀을 형성했다. 이 당시 이미 그는 기독교의 『성경』을 한문본으로 공부했었다고 하니 출가 전에 이미 사교 회통의 기반은 충분히 조성되어 있었다고 볼 수 있다.

탄허의 정신과 사상에 가장 많은 영향을 미친 인물로 그의 부친을 빼놓을 수 없다. 그가 민족종교인 보천교, 증산교, 동학, 김일부의 『정역』, 『정감록』 등의 신흥종교에 대해 일가견을 갖고 개방적으로 폭넓게 수용했던 이유는 바로 보천교의 중심인물로서 독립운동을 했던 부친의 영향 때문이다. 그는 출가 당시 보천교도가 입던 푸른색의 옷을 입고 보천교를 함께 믿던 권중백, 차도빈 두 명의 친구와 함께 같이 오대산으로 입산했다고 한다.[23]

탄허는 보천교 교주인 차천자(車天子, 본명 차경석車京石, 호 월곡月谷, 1880~1936)에 대해서도 자주 언급했는데,[24] 어린 시절 부친이 있었던 정읍의 보천교당에서 수학했던 경험이 그의 배일 민족 사상에 지대한 영향을 미쳤던 것으로 보인다. 민족적 주체의식 측

---

22) 김탄허, 앞의 책(2001), 215쪽.
23) 위의 책(상), 28쪽, 범룡의 증언 참조.
24) 동국대 교수 리영자는 "스님은 천지개벽이 온다고도 하셨고, 차천자 이야기도 많이 했어요"라고 증언한 바 있다. 월정사·김광식(편), 앞의 책(하), 91쪽.

면에서는 최제우의 동학과 강증산(姜甑山)의 증산교를 높이 살 만하다는 언급도 했었다.[25] 보천교당에서 수학하던 당시 강증산과 차월곡(車月谷)의 사상을 받아들이면서 동양의 삼교를 회통하는 사상적 경향을 전면적으로 수용하게 된다.

> 증산 선생은 그가 저술한 경에서 '천지의 허무한 기운을 받아서 선도(仙道)로 포태하고, 천지의 적멸한 기운을 받아서 불도(佛道)로 양생하고, 천지의 이적 기운을 받아서 유교(儒敎)로 목욕하고 띠를 두르고 산다.'고 하였습니다. 이것도 유·불·선이 한 덩어리가 된다는 말입니다.[26]

탄허는 "강증산 선생도 유·불·선이 합쳐질 것이라 했다"[27]라고 했고, "근래에 일백 년 이래에 가장 뛰어난 이인(異人)이라면 김일부 선생과 강증산 선생 두 분을 꼽고 싶은데 (……) 앞으로 다가올 시대에는 유·불·선이 하나로 통합된다고 했다"[28]라는 말을 하기도 하여 그의 유·불·선 회통 사상에 강증산과 그를 이은 보천교의 영향이 상당했음을 숨기지 않았다.

출가 이전 탄허가 물려받은 유학의 학통은 화담 서경덕(花潭 徐敬德, 1489~1546)에서 토정 이지함 계통으로 이어지는 처가의 학맥과 면암 최익현, 간재 전우에서 이극종으로 이어지는 학풍을

---

25) 김탄허, 앞의 책(2000), 63~64쪽.
26) 위의 책, 167쪽.
27) 위의 책, 196쪽.
28) 위의 책, 167쪽.

겸한 것으로 정리할 수 있겠다. 아울러 보천교 지도자였던 부친의 영향으로 독립정신과 민족정신이 투철해졌고 유·불·선이 향후에 통합된다는 믿음도 강해졌음을 확인할 수 있다.

탄허는 출가하여 승려가 된 뒤에도 유가 선비로서의 꼬장꼬장함을 버리지 못했다. 『화엄경』 원고를 마무리한 뒤 책으로 출판하지 못하고 있을 때에도 여느 스님들처럼 신도들에게 보시나 화주를 적극적으로 권하지 못했던 일화가 있는데 이는 스스로 밝혔듯이 유가 선비의 자세가 생활화되어 있었기 때문이라는 것이다. 그는 화주를 못하여 금전적인 문제를 해결하지 못하자 『원각경』만 외우고 있었다고 했다. 『원각경』 유통분에는 다른 경전들과는 달리 이 경전을 읽게 되면 재물이 항상 풍족하여 줄어들지 않는다는 '재보풍족 상불핍소(財寶豐足 常不乏少)'라는 구절이 있어서 그러했다는 것이다.[29] 단순히 시주의 은혜를 두려워해서 그러했다고 보기에는 일반적인 스님들과 많은 차이가 있다. 탄허는 평생 유가 선비로서의 신념이 강하게 몸에 배어 있었고 그의 골수에 선비정신이 깊게 자리 잡고 있었기 때문에 유교와 불교를 이질적으로 해석하지 않고 하나의 동양학의 영역 안에서 자재하게 회통했다고 볼 수 있다.

---

29) 김탄허(강해), 『탄허스님 간추린 법문 테이프(3)』, 교림, 1983.

2. 출가 후의 법맥과 수행 과정

탄허는 20대가 채 되기도 전에 유교의 한학 수련을 거의 마칠 즈음 노장 사상에 심취했다. 『장자』의 내용을 접하고서 난해한 문장은 돌파하였으나 도와 관련된 부분은 좀처럼 해결되지 않고 막혀 버렸다고 한다. 전국에 스승을 찾아 동분서주하던 차에 오대산에 한 도인이 있다는 말을 듣고 편지로 3년 동안 질문을 하며 서신으로 도학에 대한 궁금증을 풀게 되었는데 그 대상이 바로 상원사의 한암 중원[30](漢巖 重遠, 1876~1951)이었다.

경허 성우(鏡虛 惺牛, 1846~1912)의 전법제자였던 한암은 당시 유명한 선승이었지만 유·불·선의 경전에도 달통했던 바 탄허는 한암과 3년에 걸친 서신 왕래를 통해 많은 의문점들을 해결할 수 있었다. 당시 한암은 답신에서 "구학문이 파괴되는 때에도 문장의 기권(機權)과 의미가 참으로 고매하여 산중(山中)의 보장(寶藏)으로 여기겠다"[31]라고 극찬한 바 있다.

탄허는 22세 되던 1934년 9월 5일에 오대산 상원사에 주석하

---

30) 세간에 잘 알려지지 않은 일화로 탄허가 스승 한암의 법명인 '중원(重遠)'에 대해서 설명한 것이 있다. 탄허는 '중원'의 의미가 『논어』에서 증자가 말한 "임무는 막중한데 갈 길은 멀다"고 했던 '임중도원(任重道遠)'의 의미라고 했다고 한다. "증자가 말하길, 스승 공자로부터 물려받은 인(仁)을 내 책무로 삼으니 막중하지 않겠는가? 죽은 뒤에야 끝이 날 테니 아득히 멀지 않은가?"("曾子曰, 士不可以不弘毅, 任重而道遠. …… 仁以爲己任, 不亦重乎. 死而後己, 不亦遠乎."-『논어』「泰伯」) 이러한 증자의 탄식이 바로 스승 한암의 법명인 '중원'의 의미라는 것이었다. 제자 서우담에게 이 이야기를 해 주고는 붓으로 '임중도원'을 써서 주었는데, 이 휘호는 현재 필자가 물려받아 잘 간직하고 있다.

31) 오대산문도회·탄허불교문화재단·교림 편, 앞의 책, 38쪽, "當此舊學問破壞之時, 何其文辭之機權意味 何若是高邁耶. 並前書 留爲山中之寶藏耳."

고 있던 한암을 은사로 출가했다. 도학을 좀 더 깊이 배우기 위해 부인에게 잠시 오대산에서 공부하고 오겠다며 떠난 것이 영영 출가의 길이 되었다. 입산 당시 탄허는 한암에게서 글을 보지 말고 묵언 참선하라는 가르침을 받고 상원사 선원에서 참선정진을 했다. 그런 뒤 선정의 체험을 통해 그간 막혔던 내용들이 환해졌다고 한다. 이젠 글을 보지 않겠다고 하니 한암은 "너는 글을 좀 봐도 된다"라고 하면서 불교 경전을 순서대로 섭렵할 것을 권했다. 그때부터 탄허는 7년 동안 불교의 내전을 집중적으로 학습하게 되었다. 당시 최고의 강백이었던 석전 박한영(石顚 朴漢永, 1870~1948)에게 편지를 써서 배우러 가고 싶다는 뜻을 전했는데 박한영은 한암 선사가 계시니 굳이 자신에게 올 필요가 없다고 답했다고 한다. 이런 연유로 탄허는 상원사 선원 뒷방에서 경전을 선사인 한암에게 배우게 되었다.

1937년 강원도 유점사, 건봉사, 월정사 3본산 승려 연합수련소가 오대산에서 설립되어 탄허는 수련원의 강사가 되었다. 강의 전날 밤에 한암에게 가서 경전 내용을 석사하고 모르는 것은 질문했는데 스승은 듣고 있다가 문제점을 지적하고 질문들에 대해 자상하게 답해 주었다고 한다. 탄허는 당시 내전을 보면서 궁금한 점은 모두 한암에게 물어보아 의심이 나는 것이 없도록 했다고 한다.

탄허는 훗날 제자들에게 젊어서 스승 한암에게 배웠던 경전들은 조금의 주저도 없을 만큼 자신이 있는데 그때 공부하지 않았던 경전들은 환갑이 넘어서면서 비로소 의문이 완전히 없어졌다고 말했다고 한다.[32] 그만큼 탄허에게는 스승 한암의 학풍이 안목을 열어주는 데 결정적인 영향력을 미쳤다는 것을 알 수 있다.

당시 한학에 있어서는 이미 달통한 탄허인지라 낮에는 오대산 수련생들에게 경전을 강의했는데 24세의 강사가 한암의 인정을 받았다고 하여 전국에 소문이 자자했다고 한다. 탄허는 대중 앞에서 경전을 읽으며 강의하고 대중의 질문이 있으면 대답은 한암이 하는 방식이었다고 한다. 수련생들은 3본산에서 열 명씩 참가하여 대략 서른 명 가량이 되었는데 당시 고암, 영암, 서옹, 범룡 등이 그 자리에 있었다. 『화엄경』과 이통현의 『화엄론』을 보았는데 책이 없어서 중국 북경과 남경에 연락해서 겨우 10질을 구했고 목판본을 구해서 5~6명이 빙 둘러앉아서 보았다고 한다.

당시 『금강경』, 『보조법어』, 『육조단경』 등도 공부했는데 그때만 해도 현토하는 방법이 사람마다 모두 달랐는데 한암의 토가 가장 낫다고 해서 통도사의 어느 스님은 상원사에 와서 한암의 『육조단경』 현토를 그대로 베껴 가기도 했다고 한다. 범룡(梵龍, 1914~2005)에 따르면 『화엄경』 현토에 있어서 한암과 탄허의 현토는 서로 맛이 달랐다고 한다. 당시 탄허와 한암은 현토하는 방법을 두고 하루 종일 토론한 적도 있었다고 한다. 이때 불전의 현토와 해석에 대해서 일일이 담론하며 의문을 남김없이 풀었던 것이 훗날 그의 역경불사의 큰 자산이 되었다고 할 수 있다. 현토와 관련하여 당시 한암과 탄허의 강의를 들었던 대중들 가운데 한암이

---

32) 이 내용은 금강선원에서 혜거 스님으로부터 직접 들은 증언이다.

현토할 때면 한참 동안 고민하는 모습을 보이기도 했으나 탄허는 전혀 머뭇거림 없이 그대로 죽 읽어 내려가는 것이 인상 깊었다는 말(증언)을 남긴 경우도 있었다.

탄허는 이렇게 7년 동안 사교(四敎)와 사집(四集), 그리고 『화엄경』을 모두 읽고 『전등록(傳燈錄)』과 『선문염송(禪門拈頌)』까지 완독하여 불교의 이력 과정 전체를 마쳤다. 한암은 통도사의 경봉(鏡峰, 1892~1982)에게 조실로 초청을 받자 "탄허가 나보다 더 낫다"고 추천했을 만큼 탄허에 대한 칭찬을 아끼지 않았고, 탄허는 사람들로부터 '제2의 한암'이라는 말을 들을 정도로 한암의 사상을 그대로 전승했다. 탄허는 경허–한암으로 이어지는 선승의 가풍을 물려받았던 터에 『화엄경』도 중국 송대 이래로 선가에서 선호했던 『통현론』을 중심으로 읽었다. 이는 보조에서 한암으로 이어지는 사상의 연장선상에서 이해해야 할 것이다.[33] 보조에서 한암으로 계승된 정혜쌍수(定慧雙修)의 정신은 탄허에게 그대로 계승되어 한암 입적 후에 개원한 오대산 수도원의 원훈(院訓)에 그대로 적시되었다. 보조 지눌(普照 知訥, 1158~1210)의 선교겸수(禪敎兼修)의 가풍을 물려받은 한암의 영향으로 탄허는 주선종교(主禪從敎)를 주장한 선승들과는 달리 선(禪)과 교(敎)를 회통하는 사상을 명확히 확립하게 되었다.

탄허는 출가 이후 묵언 참선수행을 한 뒤 강사를 겸하며 7년 불교 이력 과정을 수학하고 났더니 노장 사상은 자득(自得)이 되

---

33) 탄허가 보조와 한암의 사상을 계승한 측면에 대한 자세한 상술은 Ⅲ-2의 '선사상'에서 다루고자 한다.

었다고 한다. "유교를 볼 때에는 잘 몰랐는데 불경을 보고 나서야 어린 시절 배웠던 유교와 도교의 책에 대하여 제대로 이해할 수 있었다"는 말을 들었다고 범룡은 회고했다.[34] 『장자』에 대한 주석은 이 무렵 이미 시작되었다고 전한다. 일본에서 유식학과 구사론을 공부하고 왔던 관응(觀應, 1910~2004)은 자신만만하여 『장자』에 대해서도 '내가 이만큼 배웠으니 한국에 가면 내가 제일이겠지' 하고 생각했다가 탄허를 직접 만나보고는 그의 대단한 경지에 놀랐다고 한다.[35]

탄허의 출가 이후의 회통 사상의 형성 과정을 다시 한 번 요약해 보면서 그 의미를 되새겨 보자. 탄허는 '문자 밖의 소식'을 깨닫고자 한암과의 3년간의 편지 왕래 끝에 상원사로 입산했다. 그는 구도의 열정으로 불문에 입문하였고 스승 한암은 수계 직후 곧바로 묵언 참선을 명했다. 1936년 삼본사 연합수련소의 개설로 인해 7년간의 이력 과정을 마치면서 선교를 겸수하고 정혜를 쌍수하여 불법의 대지(大旨)를 관통했다. 출가 이후 경허–한암으로 이어져 내려오는 선가의 법맥을 이어받아 교학의 내전을 선원에서 선사에게 배우게 되는데 이는 그의 불교 해석에 지대한 영향을 미치게 되었다. 모든 경전을 종지 중심으로 보게 되고 번역을 위한 주석서를 선택할 때도 간략하면서도 명징하게 근본 뜻이 드러나는 판본을 중시하는 성향을 나타내게 되었다. 선과 교의 관계 설정에서도 스승 한암의 영향으로 보조의 선교겸수와 정혜쌍수

---

34) 월정사·김광식(편), 앞의 책(상), 29쪽.
35) 위의 책, 27쪽.

를 주창하게 되고『화엄경』을 보는 안목 역시『청량소』보다 선적인 안목이 두드러지는『통현론』을 중시하게 되었다.

출가 전에 해결하지 못했던 노장학을 자득하면서 이때에 본격적으로 유·불·선 삼교 회통의 길에 들어선 것으로 보인다. 이때부터 탄허는 '배대(配對)친다'는 표현을 자주 사용[36]하며 유학과 노장학을 항상 불교와 회통하여 파악하는 학술을 전개해 나갔다. 당시 탄허는 한암의 허락을 받은 후에 대중들에게『장자』를 강의하기도 하고『장자』역주의 원고를 이미 집필하기 시작했다. 석주(昔珠, 1909~2004)는 현대 한국사상사에서 '탄허처럼 유·불·선에 통달한 이는 없었으며 그런 인물은 앞으로 나오기 쉽지 않을 것'[37]이라고 평가한 바 있는데, 한암의 회상에서 수행할 당시부터 이미 그 토대가 준비되고 있었던 것이다.

탄허의 출가 후의 수행 과정은 한암의 입적 이전과 이후로 크게 나누어진다고 볼 수 있다. 한암의 입적 이후 탄허는 한암의 유지를 받들어『신화엄경합론』을 비롯한 20종 80권의 역경불사에 몰입하였다. 오대산 수련원과 영은사 수련원에서 교육을 통한 인재양성에 나서면서 그 강의 교재로 사용하기 위한 목적에서 시작된 것이었다. 탄허의 회통 사상은 교육과 번역을 병행하면서 제자들에게 행해진 강의의 과정에서 본격적으로 펼쳐지기 시작했다.

탄허는 출가 이전부터 유가의 전통 학통으로부터 동양학의 기본 경전을 철저히 공부하여 대석학으로서의 바탕을 이미 형성했

---

36) 김탄허(강설), 앞의 CD(3~4).
37) 월정사·김광식(편), 앞의 책(상), 23쪽, 석주의 증언.

다. 출가 이후에도 한국불교를 대표하는 당당한 법맥을 이어받으면서 선과 교를 회통하고 불교의 핵심 종지를 중심으로 유·불·선 삼교의 동양 사상을 자유롭게 회통했다. 그의 학문에 대한 방대한 원력은 기독교와 서양철학에까지 미쳐서 동서양의 종교와 사상을 하나의 도로 관통시킬 수 있는 자신만의 관점을 세움으로써 회통론에 있어서 자성일가(自成一家)의 가풍을 형성했다고 할 수 있겠다.

제3장 회통(會通)의 원리 : 선사상과 화엄 사상

이 장에서는 선과 화엄이 탄허의 유·불·선·기 사교 회통의 근본 원리로 작동하고 있음을 고찰하고자 한다. 탄허의 선사상과 화엄 사상은 그 자체만으로도 탄허 사상의 중추를 형성하고 있다. 따라서 그의 선과 화엄에 대한 사상적 연구만으로도 별도의 분과가 되기에 충분하다. 하지만 본 연구의 주요 논제가 탄허 사상의 전체적 면모를 사교 회통이라는 측면에서 조망하는 것이므로 회통의 근본 원리로서의 선과 화엄만을 중점적으로 다루고자 한다. 이를 통해 그의 사교 회통론이 각기 개별적으로 떨어져 있는 단순한 사상의 총합이 아니라 본래 유기체적인 연기(緣起)의 관계로 융회되어 있음을 논구해 보고자 한다.

1. 회통의 의미와 전통

탄허의 사교 회통 사상을 논하기에 앞서 먼저 '회통'의 의미와 한국불교사에서의 회통의 전통을 잠시 언급하지 않을 수 없다. 탄허는 과연 어떤 의미체계로 '회통'이란 용어를 사용하고 있는지 그가 말하는 회통은 기존의 회통론과 어떠한 차이와 특징을 갖고 있는지 궁금하지 않을 수 없다.

하지만 아쉽게도 탄허는 문헌으로 기록된 자신의 역저서나 음성 녹음으로 남아 있는 그 어떤 강의에서도 '회통'을 정의하거나 그 의미에 대해 설명한 적이 없었다. 기존의 동양학과 불교학의 범주 안에서 논의된 여러 회통론을 구체적으로 거론하거나 자신만의 독창적인 회통론의 특질을 내세운 바도 없었다. 그에게 있어서 '회통'이란 말은 달리 설명을 필요치 않는 선험적이고 선재적인 당위적 언사에 해당하는 정도였다. 그는 전문적인 강단학자도 아니었고 분석적으로 의미를 집요하게 파고 들어가는 교학가도 아니었다. 규봉 종밀(圭峰 宗密, 780~841)이 '요간(料揀)'과 '회통'[1]에 대해 개념을 먼저 세우고 분석적으로 설명했던 것과는 달리, 유·불·선·기의 실질적인 문헌의 구체적인 맥락 속에서 적극적으로 '회통치는'[2] 것이 그의 주된 방식이었다.

동양학적 맥락에서 '회통'의 어원에 대해 살펴본다면 유교의 『주역』「계사상전」 제8장에 '관기회통(觀其會通)'이라 하여 '회통'이라

---

1) 신규탁, 『규봉종밀과 법성교학』, 올리브그린, 2016, 369~383쪽.
2) 탄허는 '회통친다', '배대친다'라는 용어를 강의에서 많이 사용했다.

는 용어가 언급되고 있다. "성인이 천하의 동(動)함을 보고서 그 회통함을 관찰하여 떳떳한 례를 행하며 말을 달아 길흉을 결단하였다"[3]는 문장에 '회통'이라는 용어가 사용되고 있다. 탄허는 『주역선해(周易禪解)』를 강의할 때 이 문장이 나왔을 때에도 그저 '회통'이라는 용어를 번역하고 넘어갈 뿐 '회통'에 대한 어떠한 해설도 부가하지 않았다.[4] 주자(朱子)는 『주역본의(周易本義)』에서 '회통'의 의미에 대해 다음과 같이 설명하고 있다.

> 회(會)는 이치가 모여 있어 빠뜨릴 수 없는 부분을 이르고, 통(通)은 이치가 행할 수 있어 막힘이 없는 부분을 이르니, 포정(庖丁)이 소를 해체할 때에 회는 힘줄과 뼈가 모인 곳이요, 통은 그 빈 곳인 것과 같다.[5]

『한어대사전(漢語大辭典)』에 '회통'을 찾아보면 '회합변통(會合變通)'과 '융회관통(融會貫通)'의 두 가지 의미가 있다고 설명하고 있다.[6] 위의 『주역』 「계사상전」 8장의 '관기회통'에 대한 공영달(孔穎達)의 소(疏)를 보면 '회합변통'의 의미로 설명하고 있다. 「계사전」에서의 '회통'의 의미는 '회합변통'의 의미라는 것이다. 하지만 사전

---

3) 『주역』 「계사상전」, 제8장, "聖人 有以見天下之賾, 而擬諸其形容, 象其物宜, 是故謂之象, 聖人 有以見天下之動, 而觀其會通, 以行其典禮, 繫辭焉, 以斷其吉凶, 是故謂之爻."
4) 김탄허(강의), 『주역선해 강의 테이프(8)』, 교림, 1983.
5) "會, 理之所聚而不可遺處, 通, 謂理之可行而无所碍處, 如庖丁解牛, 會則其族而通則其虛也." 김석진(역해), 『주역전의대전역해(周易傳義大全譯解)』, 대유학당, 2011, 1380쪽.
6) 漢語大詞典編輯委員會, 『漢語大辭典(5)』, 三聯書店 有限公司, 1990, 788쪽.

적 의미로 볼 때 '사교 회통'이라 할 때의 '회통'은『한어대사전』의 두 번째 뜻인 '융회관통'의 의미에 더 가깝다고 할 수 있겠다.

그렇다면 탄허의 '회통'은 어원이나 개념적 정의를 넘어서서 한국불교사의 전통에서 조금 더 면밀히 살펴볼 필요가 있다고 하겠다. 탄허의 회통 사상의 선하(先河)가 되는 것은 당연히 원효의 '화회(和會, 和諍 會通)'일 것이다. 원효가 '화쟁'이라는 용례를 직접 사용한 주요 텍스트는『십문화쟁론』,『금강삼매경론』,『열반경종요』가 있으며『대승기신론소·별기』,『미륵상생경종요』,『영락경소』 등에서도 화쟁 사상의 단초와 관련된 내용들이 발견된다. 일반적으로 원효의 사상을 대표하는 것으로 일심, 화회(화쟁 회통), 무애의 세 가지를 언급하는데 '화회'는 '회통'을 통해서 '화쟁'해 가는 것을 의미한다. 원효는 "먼저 권교를 모으고[先會權敎] 뒤에 실리를 통하게 함[後通實理]"[7]과 "먼저 글이 다른 것을 통하게 하고[初通文異] 뒤에 뜻이 같은 것을 모음(後會義同)"과 같은 방식으로 '회통'의 개념을 설명하고 있다.[8] 하지만 탄허는 '회통'에 대해서 원효와 같은 방식의 개념 정립을 하고 있지 않다. 다만 그가『대승기신론소』 등에 나타난 원효의 일심과 회통의 정신에서 깊은 영향을 받았을 가능성을 충분히 짐작할 수 있다.[9]

원효의 회통과 더불어 탄허에게 동양 삼교의 회통에 큰 영감을

---

7) 고영섭,「분황 원효의 화쟁회통 인식」,『불교학보』제81호, 동국대 불교문화연구원, 61쪽. 원효,『본업경소(本業經疏)』(『한불전』제1책, 511하-512상)에서 재인용.
8) 위의 논문, 61쪽. 원효,『열반경종요(涅槃經宗要)』(『한불전』제1책, 543하)에서 재인용.
9) 탄허는『대승기신론』에 대한 주석으로 줄곧 통용되어 왔던 중국의『현수소』를 쓰지 않고 원효의『해동소』를 활용하기 시작한 인물이다. 따라서 탄허가 원효에게 지대한 영향을 받았을 가능성을 충분히 예상할 수 있다.

불어넣어 준 사상가는 고운 최치원(孤雲 崔致遠, 857~?)이다. 탄허는 '포함삼교(包含三敎)'[10]의 대표적 인물로 최치원을 거론하면서 그가 「쌍계사 진감국사 비문」에서 "공자는 그 실마리를 열었고 석가는 그 극치를 다했다[孔發其端, 釋窮其致]"[11]라고 한 말이 매우 적절한 표현이라고 극찬한 바 있다. 최치원은 유교의 아국18현(我國18賢)으로 성균관(成均館) 대성전(大成殿)에도 봉안되어 있고, 한국도교의 비조로도 추앙받고 있으며, 불교에도 정통하여 그의 『사산비명(四山碑銘)』은 한국선종사를 밝혀 준 최고의 역작으로 평가될 만큼 유·불·선 삼교에 통달한 인물이었다. 그러한 최치원이 공자는 실마리를 열었고 석가가 그 극치를 다했다고 했으니 그 안목을 높이 샀던 것이다. 신라 시대에는 이 밖에도 유학과 노장학을 겸수하여 삼교를 융회했던 고승들이 많았으니 원광(圓光), 자장(慈藏), 원측(圓測), 의상(義相) 등이 그 대표적인 인물이라 하겠다.[12]

조선 시대의 함허 득통(涵虛 得通, 1376~1433)과 허응 보우(虛應 普雨, 1515~1565)의 사상이나 『삼가귀감(三家龜鑑)』을 지은 청허 휴정(淸虛 休靜, 1520~1604) 역시 회통 사상에 일가를 이

---

10) 최치원이 쓴 「난랑비 서문」에 나오는 표현이다. "鸞郎碑序文 國有玄妙之道 曰風流 設敎之源 備詳仙史 實內包含三敎 接化群生 且如入則孝於家 出則忠於國 魯司寇之旨也 處無爲之事 行不言之敎 周柱史之宗也 諸惡莫作 諸善奉行 竺乾太子之化也." 탄허는 연담 유일(蓮潭 有一, 1720~1799)이 「난랑비 서문」의 이 글을 '통관삼교(統貫三敎)'라 표현했다고 동양 사상 특강에서 강의했다. 김탄허(강설), 앞의 CD(5).

11) 위의 CD(5).

12) 서경전, 「한국에 있어서 유불도 삼교의 교섭 -화(和)를 중심으로-」, 『원불교사상』 제20집, 원불교사상연구원, 1996 참조.

룬 사상가들이다. 이러한 가풍은 한말의 경허 성우(鏡虛 惺牛, 1846~1912)로 이어져 한암을 거쳐 탄허의 법맥으로 이어져 내려왔다.

이 가운데에서도 탄허의 회통 사상에 특별히 영향을 미친 인물은 「현정론(顯正論)」을 지은 함허였다. 탄허는 동양 삼교의 회통 정신이 깃든 「삼교평심론(三敎平心論)」, 「이혹론(理惑論)」, 「현정론」을 『발심삼론(發心三論)』[13]이라 명명하고 출가수행자가 가장 먼저 공부하는 『초발심자경문』과 함께 편집하여 강원의 교재로 활용하였다. 『발심삼론』은 막 출가한 사미승에게 불교와 여타의 동양학이 양립되지 않고 근본이 불이(不二)하다는 것을 가르치기 위한 것이었는데 이는 그가 회통을 중시한 직접적 증거가 된다.

함허의 「현정론」에 등장하는 것으로 탄허가 평소 가장 즐겨 썼던 휘호이자 그의 회통 사상의 상징과도 같은 구절이 있으니 그것은 바로 "천하에 두 도가 없고 성인에게 두 마음이 없다[天下無二道, 聖人無兩心]"[14]는 언명이다. 탄허는 이 문구를 자신의 회통 사상을 대표하는 표어로 적극 활용했다. 그는 '회통'이라는 용어에 대한 개념적 분석이나 정의를 통해 회통론을 전개하지 않고 이 세상은 하나의 도가 있을 뿐이며 모든 성인의 마음은 일심이 있을 뿐이라는 사유를 통해 동서고금의 모든 사상을 회통시켰

---

13) 김탄허(역해), 『발심 · 삼론』, 교림, 2001.
14) "書者, 載道之具也, 弘化之方也, 見其書則知其道之可遵不可遵, 知其禮之可慕不可慕也, 其道可遵, 其禮可慕, 則豈以非吾所習而可棄之也. 君不聞乎, 天下無二道, 聖人無兩心, 夫聖人者, 雖千里之隔, 萬世之遠, 其心未嘗有異也." 득통 기화(得通 己和)(찬), 『현정론』(『한국불교전서』 권7), 동국대 출판부, 1986, 224쪽.

다. 이 '천하무이도 성인무양심'이란 말은 함허가 처음 사용한 것이 아니라 『순자(荀子)』「해폐(解蔽)」편에 처음으로 등장하는 구절이다.[15] 하지만 유불 회통을 위해 이 구절을 적극적으로 활용했던 함허를 통해 회통의 상징으로 자리 잡게 되었고, 탄허는 이를 적극적으로 계승하여 광대하게 회통론을 전개해 나가게 되었다.

이처럼 탄허는 한국 불교의 전통 가운데 면면히 내려오는 회통의 정신을 발전시켜 선과 화엄을 중심으로 선교(禪敎)를 회통하고, 동양의 삼교를 자재하게 융회시킨 다음 이를 확장하여 기독교와 서양 사상까지 확충해 나갔다. 탄허의 '천하무이도, 성인무양심'의 회통 정신은 유·불·선·기의 사교에 두 도가 없으며, 석가·공자·노자·예수가 두 마음이 없다는 깨달음의 표출이기도 했다. 성인에게 두 마음이 없다고 했던 이유는 일체 성인들이 공통적으로 무심삼매(無心三昧)를 자재하게 수용하여 인간 본유의 심성(心性)을 잃지 않고 잘 간직할 수 있기 때문이다. 일반적으로 종교나 사상을 비교함에 있어 다름을 주장하기는 쉽고 유사성을 발견하기도 어렵지 않으나 근본이 같다는 것을 철저히 깨닫는 것은 어려운 일이다. 탄허의 회통 사상의 본령은 근본이 본래 하나였음을 철저히 깨닫는 데에 있다고 할 것이다.

---

15) 『순자』「해폐」, "凡人之患, 蔽於一曲, 而闇於大理. 治則復經, 兩則疑惑矣. 天下無二道, 聖人無兩心. 今諸侯異政, 百家異說, 則必或是或非, 或治或亂."

2. 선사상(禪思想)

탄허 사상의 추기(樞機)와 요체(要諦)는 선교를 아우르는 불교 사상임에 의심의 여지가 없다. 겉으로만 보면 그가 강원의 교재들을 모두 번역했기 때문에 그의 사상의 핵심이 화엄 사상을 비롯한 교학사상이라고 단정 짓기 쉽다. 하지만 필자는 탄허 사상의 핵심 가운데 선사상 역시 매우 중요한 지위를 차지하고 있다는 점을 강조해 왔다.[16] 이 장에서는 탄허의 사상적 근저가 선사상임을 제시하고, 그의 선 중심적 사유를 바탕으로 선과 교를 회통한 양상을 구체적으로 살펴보고자 한다. 아울러 불교를 중심으로 유교·도교·기독교를 화회(和會)하는 원리로 그의 선관(禪觀)이 깊이 작동하고 있음을 고찰하고자 한다.

1) 선 중심적 사유와 선사로서의 정체성

(1) 선승(禪僧)의 면모와 수선(修禪)의 일상

탄허에 대해서는 매우 다양한 평가가 공존하고 있다. 대강백,

---

16) 필자가 이미 발표한 탄허의 선사상과 관련된 두 편의 논문은 다음과 같다. 문광, 「탄허택성의 선사상 연구 -역경관과 수행관을 중심으로-」, 『불교학보』 제76호, 동국대 불교문화연구원, 2016, 221~245쪽. ; 「현대 한국 선사상의 두 지평: 성철의 '철'적 가풍과 탄허의 '탄'적 가풍」, 『동아시아불교문화』 제27호, 동아시아불교문화학회, 2016, III장 332~333쪽. 여기에서 필자는 탄허 사상의 핵심이 선사상에 있음을 주장하였다. 여기에서는 이 논문들을 수정·보완하고 확대·확장하면서 선사상이 그의 회통 정신의 중심을 이루고 있음을 다시금 논증하고자 한다.

대학승, 사상가, 교육가, 대석학, 번역가 등의 평가는 대체로 그의 교육과 역경 방면에서의 그의 학문적 업적에 초점을 맞춘 것들이라 할 수 있다. 하지만 이 가운데에 그 어떤 하나의 측면만으로는 그의 다채로운 면목을 대별할 수 없다는 것에는 이견이 없을 것이다. 이와 아울러 그의 선사로서의 면모는 그를 연구함에 있어서 반드시 되짚어 볼 필요가 있는 부분으로 판단된다. 그의 선승으로서의 면목이 드러나게 될 때 낱낱이 흩어져 산재하던 탄허 사상의 실체가 비로소 그 본래의 모습을 정확히 드러내게 될 것으로 본다. 그가 평생 선사로서의 정체성을 확고하게 견지하고 있었던 것은 여러 정황들에서 드러나 있다.

우선 탄허가 경허에서 한암으로 이어진 한국 불교의 전통적인 선풍이 살아 있던 오대산 상원사에 출가했다는 점은 그의 일생을 관통하며 그를 선사로 자리매김하는 데 지대한 영향을 미쳤다고 볼 수 있다. 그는 출가하자마자 일체 경전과 문자를 보지 말고 묵언 참선하라는 한암의 가르침을 받았다. 도에 대한 깊은 학구열을 간직하고 출가한 약관의 청년에게 선사였던 스승은 학문이 아닌 선 수행으로 스스로 의문을 해결할 것을 지시한 것이다. 탄허는 출가하자마자 묵언 참선의 경험을 통해 평생 이어질 중 노릇의 중심축을 선(禪)에 맞추게 된 것으로 보인다. 그는 일평생 동안 새벽 1~2시에 일어나서 몇 시간 동안 참선을 하지 않고는 하루 일과를 시작하지 않았다고 한다. 아무리 바쁜 일이 있더라도 참선을 거르지 않았으며, 하루 10여 시간 이상 진행했던 번역의 과로도 새벽의 선정삼매의 힘으로 이겨냈다고 한다.[17] 이는 아마도 출가 직후 처음 맛본 선수행의 날카로운 증입(證入)에 힘입은 바 컸던 것으로 판단된다.

출가하자마자 맛본 묵언 참선의 선미(禪味)는 급기야 스승 한암에게 "에이, 이력 안 볼랍니다. 글 보려고 여기 온 것이 아닙니다"[18]라고 선언하기에까지 이르게 만들었다. 하지만 글을 볼 사람은 글을 좀 보아야 한다는 한암의 거듭된 부촉으로 경전 번역의 불사가 시작되기는 하였지만 처음에는 이조차 완강히 거부했다고 한다. 불교의 핵심이 선에 있음을 이미 깊이 체득하고 있었음을 엿볼 수 있는 대목이다. 스승 한암이 제자 탄허에게 경전을 볼 것을 권유했던 것은 마치 중국 위앙종을 창시한 위산 스님이 다른 수좌들에게는 경을 보지 못하게 하고서 제자 앙산 스님에게는 경 보기를 권했던 것과 유사한 상황이다. 앙산은 경을 보아도 보는 바 없이 보지만 다른 수좌들은 소가죽도 뚫는다고 말했던 위산의 말처럼 한암은 탄허가 경전을 보아도 집착하지 않고 선지(禪旨)를 중심에 두고 볼 수 있는 인재임을 알았다.

이렇게 시작된 불교 내전의 수련 과정 역시 강원이 아니라 선원에서 진행되었다. 이 점 역시 탄허가 일대시교를 선학의 관점으로 보게 만든 결정적인 요인으로 작용했다고 할 수 있다. 그는 경전을 강원에서 강백에게 배우지 않고 상원사 선원에서 선사인 한암에게 배웠다. 그리고 선원에 결제 들어온 대중들을 상대로 중강(中講)의 지위에서 경전을 강의하며 7년 동안 논강(論講)했다. 이

---

17) 김탄허, 앞의 책(2001), 218쪽.
18) 김탄허(강설), 앞의 CD(3).

는 그가 선 중심의 교학관을 형성하는 데 지대한 영향을 주게 된 주요 원인으로 추정된다.

이런 연유에서였는지 탄허의 최초의 번역 성과물은 선어록인 『육조단경(六祖壇經)』과 『보조법어(普照法語)』였고, 선서의 번역을 시작으로 뒤를 이어 본격적인 역경불사가 진행되었다.[19] 『화엄경』을 번역함에 있어서도 화엄 교학의 대표 주자로 알려진 청량 징관(清凉 澄觀, 738~839)의 『화엄경소초(華嚴經疏鈔)』를 중심으로 번역하지 않고, 송대 이래의 선사들이 애독한 이통현(635~730)의 『화엄론』을 중심으로 번역하고 화엄의 종지를 세웠다. 이뿐만 아니라 경전을 번역할 때 자구의 해석을 중점적으로 하기보다는 불교의 핵심 종지가 곧바로 드러날 수 있는 간략하고 간결한 주석서를 선택하여 역해하는 방법을 택했던 것 역시 선지(禪旨)를 직지(直指)하는 것을 중시한 선학의 영향 때문이었다.

탄허는 경전을 역해하면서 자신의 견해를 주석으로 피력하는 것을 극도로 삼갔다. 수많은 경전을 번역했으나 개인적 저술이나 저작을 일체 남기지 않았다. 오직 술이부작(述而不作)의 정신으로 순일무잡(純一無雜)했고, 제자를 지도하면서도 오직 종지(宗旨)를 중시하여 근본의 파악에만 힘쓸 뿐 일체 사장지학(詞章之學)은 힘쓰지 말 것을 당부했는데 여기에서도 그의 선사로서의 면모를 발견할 수 있다.

---

19) 탄허는 1959년에 『육조단경』은 원고를 탈고하여 1960년에 해동불교 역경원에서 간행되었고, 『보조법어』는 1960년에 원고를 탈고하여 1963년에 간행되었다. 오대산문도회 · 탄허불교문화재단 · 교림(편), 앞의 책, 673쪽.

이러한 탄허의 가풍에 비해 이례적인 것은 간화선의 지침서이자 종문(宗門)의 필독서인 대혜 종고(大慧 宗杲, 1089~1163)의 『서장(書狀)』에 대한 현토 번역에서는 자신의 역해 가운데 유일하게 '사기(私記)'를 부기했다는 점이다. 제목 또한 『대혜보각선사서병입사기(大慧普覺禪師書幷入私記)』라 하여 '병입사기(幷入私記)'를 제목에 넣고 자신의 선지(禪旨)를 여지없이 드러내 보였다. 간화선에 관해서만은 자신이 직접 사기를 첨가함으로써 본인이 경허와 한암을 이은 선맥의 계승자임을 자임하는 모습을 자신 있게 드러낸 것이다. 한암 문도회와 오대산 월정사에서도 탄허의 선사로서의 면모를 한층 강조하고 있다. 그의 법어집인 『방산굴 법어』[20]를 '탄허대선사 법어집'이라 명명함으로써 탄허의 정체성을 '선사'로 규정하고 있는 것이다. 이와 함께 생전에 인연이 있었던 반연들과 가까이에서 시봉했던 출·재가의 제자들의 증언을 모은 『방산굴의 무영수』를 살펴보면 증언자의 절대다수가 탄허를 강백이나 강사로서가 아닌 선사로 그를 기억하고 있다. 일평생 철저하게 지켜졌던 그의 수선(修禪)의 일상이 가까운 주위의 지인들로 하여금 그를 선사로 기억하게 만든 것이다.

탄허는 경전을 강의하거나 유·불·선 삼교 특강을 할 때엔 하루에 몇 시간이라도 강의하곤 했으나 법상에 상당하여 법을 설할 때는 극히 언설을 삼가고 전통적인 선풍 그대로 최상승의 법문만을 간략히 설파했다. 그의 법어집에 실려 있는 상당법어는 모두

---

20) 월정사·탄허문도회(편), 『방산굴법어』, 오대산 월정사, 2013.

10편[21)에 불과하여 그의 역저나 강의에 비교할 때 극히 소량이다. 언어와 문자가 끊어진 경지인 진여의 세계는 언설로 설파할 수 없는 것이기에 상당하여 법을 설하는 것에 대해서 지극히 부정적이었다. 이 역시 그의 본분납자로서의 면목을 그대로 보여주는 것이다. 이와 관련된 탄허의 설법을 들어보자.

경허 스님 말씀에 법상에 올라앉기 좋아하는 놈이 미친 사람의 한 사람이라 그랬어. 그런데 이 근년에 만공 스님 제자 박고봉 스님 같은 이가 자기 일생에 법상에 한 번도 올라앉지를 않았습니다. 그것은 그이가 법을 존중하는 의미에서. 이 법상에 올라앉는 것은 사실 금물이거든. 그냥 서서 강의를 한다든지 앉아서 좌담한다든지 이런 것은 자기 마음대로 얼마든지 할 수가 있는 것이지마는 법상에 올라가서 지껄여라 하면 사실 말을 할 것이 없는 것입니다.[22)

음성 녹음으로 남아 있는 하안거 결제법어의 일부이다. 종일토록 강의는 할 수 있을지언정 법상에서 법을 설하라고 한다면 한마디도 설할 바가 없다는 것이다. 법상에 올라가는 것 자체를 금물로 여기는 것은 법을 존중하는 의미라고 하여 철저한 본분종사로서의 대원칙을 제시해 주고 있다. 역대 조사의 양구(良久)와 유마(維摩)의 두구(杜口)가 보여주었던 언어도단(言語道斷)의 세계와

---

21) 앞의 책, 21~48쪽.
22) 김탄허(강설), 앞의 CD(18).

개구즉착(開口卽錯)의 본질을 강조한 핵심적인 선법문(禪法門)이라 할 만하다. 또한 이는 탄허가 선사로서의 정체성을 확고하게 뿌리 깊이 간직하고 있었음을 보여주는 것이다.

(2) 선관(禪觀)의 특징과 선수행의 강조

다음으로 탄허가 직접 밝힌 선의 정의와 목적, 그리고 분류 등을 통해 그의 선관의 특징에 대해 살펴보자.

탄허도 선의 '정의'에 대해 '생각하여 닦는다[思惟修]' 혹은 '고요히 생각한다[靜慮]'는 범어의 원의를 통해 설명한 적이 있다. 하지만 선을 "육단심(肉團心)·연려심(緣慮心)·집기심(集起心)과 같은 분별망상이 아닌 부처님 마음자리인 견실심(堅實心)을 보는 공부"라고 정의하면서 범어를 한역(漢譯)한 '사유수(思惟修)'나 '정려(靜慮)'에 담겨 있는 '생각한다'는 의미인 '사(思)'나 '여(慮)'의 의미보다는 오히려 '생각이 끊어지는 것'으로 정의할 수 있다고 했다.[23] 교(敎)는 팔만대장경을 배워 알고 생각하여 얻을 수 있는 것이지만, 선(禪)은 생각이 끊어져야만 부처님 마음에 합하는 것이라고 했다. 깨달았다는 것은 말이 끊어지고 생각이 끊어진 것이지 아직 언어와 사량이 끊어지지 않았다고 한다면 '여전히 꼬리가 덜 떨어진 것'[24]이라고 했다. 탄허는 세존의 49년간의 팔만대장경 설법 역시 필경은 선의 경지를 깨우쳐 주는 데에 그 본령이 있는 것이라 하

---

23) 월정사·탄허문도회 편, 앞의 책, 90~91쪽.
24) 김탄허, 앞의 책(2001), 27~28쪽.

여 '선'을 '불교의 핵심'이자 '만법의 근본'으로 강조했다.[25]

선의 '목적'은 '근본자성(根本自性)을 요달(了達)해서 마음의 생사인 망념을 끊어 버리는 것'으로 설명했다. '외형적인 생사의 해탈이 아니라 마음의 생멸을 없애는 것이 바로 선의 첫째가는 목적'[26]이라고 했고, '생명이 없는 본성(本性)을 크게 희롱하는 것이 근본적인 목적이 된다'[27]고도 했다.

선의 '분류'에 대해서는 규봉 종밀(圭峰 宗密, 780~841)의 분류 방식을 그대로 가져와서 외도선(外道禪), 범부선(凡夫禪), 소승선(小乘禪), 대승선(大乘禪), 여래선(如來禪), 최상승선(最上乘禪)으로 나누어 설명했다.[28]

이상에서 보듯 탄허는 선을 말과 생각이 끊어진 것으로 정의하고 이를 본래 생멸이 없는 본성과 자성을 요달하는 것으로 설명했다. 생사의 해탈 이전에 마음의 생멸이 철저히 끊어진 경지를 증득하는 것이 선의 근본 목적이며 선이야말로 불교의 핵심이자 만법의 근본이라 하였다. 탄허 사상의 핵심 중의 핵심은 바로 선이라 해도 과언이 아니다. 여기에서 거론된 선의 정의와 목적을 바탕으로 하여 탄허는 불교 내의 선과 교를 융회하고, 다양한 참선법과 수행법을 융섭하며, 불교 이외의 모든 사상과 종교를 회통하고 있다고 볼 수 있다.

다음 문장은 저술과 사색, 그리고 참선에 대한 탄허의 평소의

---

25) 김탄허, 앞의 책, 72쪽.
26) 월정사·탄허문도회 편, 앞의 책, 91쪽.
27) 김탄허, 위의 책(2001), 74쪽.
28) 김탄허, 앞의 책(2000), 28쪽.

생각을 단편적으로 잘 드러내 보여주는 것이다. 그의 선수행에 대한 실천의지가 강력하게 피력된 것으로 탄허의 선사상을 고찰하는 데 의미 있는 자료이다.

> 다언(多言)은 사자(士子)의 병이 되고 번문(煩文)은 도가(道家)의 해가 된다. 도(道)를 밝힌 말이라도 다언과 번문은 병이 되고 해가 되거든 하물며 도를 밝히지 못한 산설(散屑)의 잡화(雜話)야 말할 것이 있으랴. 나는 본래 근성이 노둔해서 문장지학에 힘쓸 여가가 없을 뿐 아니라 유시(幼時)로부터 유교 전통적인 도학가(道學家)에 투신하여 익혀 왔기 때문에 매양 고인의 난서부화(亂書付火)라는 훈계를 잠시도 잊지 않고 저술보다는 사색, 사색보다는 좌망(坐忘)을 노력해 왔다. 그리하여 단편적인 문자도 남겨 놓은 것이 없었던 것이다.[29]

제자들의 간청에 못 이겨 기자와 지식인들과의 대담이나 좌담을 책으로 엮어 출간하게 되었을 때 써 주었던 탄허의 서문 가운데 일부분이다. 문장 짓는 데 힘쓰지 않았다는 것은 성현의 말씀을 번역하고 전하는 것 이외의 개인적 저술에 힘쓰지 않았다는 담담한 회고이다. "저술보다는 사색, 사색보다는 좌망[30]을 노력해

---

29) 김탄허, 앞의 책(2001), 1쪽, 서문.
30) '좌망'은 『장자·대종사』에 나오는 술어로 마음이 쉬지 못하는 '좌치(坐馳)'의 반대술어이다. 혹자는 좌망을 두고 선가(禪家)에서 말하는 깊은 삼매나 선정의 세계보다는 낮은 단계로 치부하는 경향이 있으나 탄허는 그렇게 평가하지 않았다. 그는 좌망을 '기심(機心)이 몰록 쉬어 물아(物我)가 모두 공(空)한 고로 좌망이 된 것'이라 하였고 "선가에 좌선(坐禪)을 많이 주장하고 『유마경』에 '불필좌(不必坐)'라한 말씀도 역시 이를 의미한 것이니 『장자』 입언(立言)의 지(旨)가 원대하다"고 주

왔다"는 언설은 탄허의 정체성을 논할 때 필수적으로 언급해야 할 구절로 시사하는 바가 크다. 선수행을 자신의 근본으로 삼고 있다는 진술이기에 탄허 사상의 뿌리를 엿볼 수 있고 선사로서의 정체성을 확고히 자리매김하고 있음을 알 수 있다. 탄허 자신이 역경이나 교학의 측면보다 수선을 훨씬 본질적인 영역으로 생각하고 있었다는 점과 '참선'과 '좌망'을 동일선상에서 언급함으로써 은연중에 불선일치(佛仙一致)의 관점도 함축적으로 드러낸 언급이라 의미가 있다고 하겠다.

탄허는 17년의 노고 끝에 완결한 『신화엄경합론(新華嚴經合論)』의 서문에서 "마음으로 반조하지 않으면 경을 읽어도 아무 이익이 없다[心不反照 看經無益]"는 고인(古人)의 가르침을 언급하면서 "언어문자 밖의 종지는 언려(言慮)를 돈망(頓忘)한 자득의 경지가 아니고는 추측하지 못하는 것"[31]이라 일갈한 바 있다. 『화엄경』의 종취(宗趣) 역시 언어를 돈망한 자득의 경지라 하여 철저히 선의 입장에 입각하여 선수행을 병행할 것을 강조하고 있다. 실제로 그는 성현의 말씀을 번역한 것 이외의 저술은 번문으로 여겨 남기기를 극도로 꺼렸다. 법어집에 남아 있는 문장으로는 서문(序文)이나 비명(碑銘), 기문(記文)이나 서간문(書簡文) 정도가 남아서 전해지고 있다. 붓다가 무문자설(無問自說)이 드물었던 것처럼 탄허 역시 누군가 질문하지 않은 것에 대해서 먼저 설법하지 않았고 침묵 속에서 선정에 들기를 즐겼다고 한다.

석하여 좌망에 대해 높이 평가했다. 김탄허(역해), 앞의 책(2004), 414~415쪽.
31) 김탄허(역해), 『신화엄경합론 (1)』, 교림, 2011, 8쪽.

탄허는 1975년 10월부터 『신화엄경합론』의 완역을 기념하여 삼보법회에서 화엄 사상을 강의한 적이 있다. 제1권의 계환(戒環)의 「화엄요해(華嚴要解)」를 강의하다가 '초발심시변성정각(初發心時便成正覺)'의 대목을 설명하던 중 아래와 같이 팔만대장경은 모두 참선하라는 내용뿐이라며 선수행을 강조했던 적이 있다.

팔만대장경 경(經)이 전부가 참선하라는 소리인데 말입니다. 경 보면 참선 안 된다고 하는 것은 그건 이유가 뭡니까? 생각이 모두 착각이 되어 있다 이겁니다. 경 보면 참선 못 한다고 말하는 사람, 경 보면서 참선 안 하는 사람, 이유가 뭐냐 이거예요. 경에 참선하지 말라는 소리가 어디에 있습니까? 매번 참선하라는 소리밖에 없는데. 근본이 참선하는 노정기 아닙니까 경이라는 것이. 참선해 가는 길을 얘기한 거 아니에요? (……) 마음 닦으라는 소리 이외에 아무것도 없는 겁니다. 글자만 잘 보자는 게 아니에요. 이 경이라는 것이.[32]

팔만대장경 전체 교학이 참선하라는 가르침 외에 다른 내용이 없다는 것과 교학은 참선을 위한 노정기에 불과하다는 것이 이 강의의 요지이다. 경을 보는 것은 참선을 하기 위함이니 경을 보면 참선을 할 수 없다는 말도 망발이며, 참선을 하는 데 경전이

---

32) 김탄허(강의), 『화엄경 강의 테이프 (10)』, 신흥사, 1978. 위 인용문의 내용은 『신화엄경합론』 23권 가운데 1권을 탄허가 직접 강의한 내용으로 이 녹음 파일을 글로 풀어 출판한 책이 『탄허강설집』이다. 하지만 원본 테이프에 있는 이 내용은 책에는 빠져 있어서 필자가 보충한 것인데 책의 231쪽에 삽입하면 된다. 탄허장학회 편, 『탄허강설집』, 불광출판부, 2003, 231쪽.

방해가 된다는 것 역시 근본을 망각한 잘못된 견해임을 강조하고 있다. 여기에서 탄허가 교학을 보는 관점을 정확히 읽을 수 있으니 선수행으로 향하는 과정일 뿐이라는 것이다.

심지어 탄허는 제자를 향해 "사교과(四敎科)를 마치고 나서도 공부해야겠다는 생각이 없거나 참선하러 가지 않는다면 죽일 놈"[33]이라는 말까지 했다고 한다. 이렇듯 탄허는 제자를 가르칠 때에 항상 선(禪)이 불교의 근본이요 핵심이라는 점을 강조했고 이 신념을 평생 철저히 견지했다. 이러한 선 중심적 경향은 그의 선교관(禪敎觀)에 반영되어 선과 교의 관계 설정에 적극적으로 발현되었고, 역경관에도 적용되어 경전을 번역하고 주석을 선택하는 원칙과 기준에 활용되었다. 아울러 이러한 선을 중심에 둔 경향은 유·불·선·기 사교를 회통하는 원리에도 적극적으로 반영되어 나타났다. 즉 동양 사상과 성현의 학문은 모두가 오직 마음 하나 닦게 하기 위한 다양한 언교(言敎)에 다름 아니라는 '심성(心性)' 중심의 회통관으로 정립되어 간 것이다.

2) 보조(普照)와 한암(漢巖)의 계승

(1) 돈오점수(頓悟漸修) 선양과 돈오돈수(頓悟頓修) 비판

탄허는 보조 사상을 중시하였고 그로부터 많은 영향을 받았다.

---

33) 월정사 · 김광식(편), 앞의 책, 396쪽, 윤창화의 증언.

『보조법어(普照法語)』를 직접 역해하고 그 사상을 적극적으로 천양한 모습을 보이는데 이는 모두 스승 한암의 영향을 받은 것이다. 한암은 흩어져 있던 보조의 글들을 1908년에 한 권의 책으로 찬집·현토하여 1935년에『보조법어』라는 이름으로 세상에 처음으로 내놓은 장본인이었다. 이 책은 현재 우리가 보고 있는『보조법어』의 원형으로 그의 손에 의해 편집되어 지금의 모습이 된 것이다.

경허가 편찬했던『선문촬요(禪門撮要)』의 하권을 보면 보조의 저술인「수심결(修心訣)」,「진심직설(眞心直說)」,「권수정혜결사문(勸修定慧結社文)」,「간화결의론(看話決疑論)」이 실려 있다.[34] 한암은 여기에서 한 걸음 더 나아가 산재하던 보조의 글들을 한 권으로 다시 찬집·현토하여 1937년에『고려국 보조선사어록 찬집중간(高麗國 普照禪師語錄 纂集重刊)』을 펴낸다. 화주와 발간에 앞장섰던 이는 원보산(元寶山)이었고 서명은 상원사판『보조선사법어(普照禪師法語)』로 하였다. 같은 해 한암은 상원사판『금강경』도 원보산의 화주로 함께 발간했는데 자신이 서문인「중간연기서(重刊緣起序)」를 쓰고, 탄허에게 발문인「중간연기발(重刊緣起跋)」을 쓰도록 하였다. 이러한 정황으로 보아 상원사판『보조선사법어』의 발간에도 탄허가 현토를 비롯한 여러 방면에 실질적으로 관여했을 가능성이 높다. 한암의 현토본을 바탕으로 처음 한글로 번역된『보조법어』는 1948년에 발간된 연심사(鍊心寺)판『고려국 보조 국사법어(高麗國 普照國師法語)』로 이종욱이 번역하고 권상로가 교열한 것이다.

---

34) 경허 성우/ 이철교(역),『선문촬요』, 민족사, 2009.

1963년 탄허는 스승 한암의 현토에 직역하고 역해를 보완한 다음 법보원에서 『보조법어』를 출간했는데 현행 유통되고 있는 판본이 바로 이것이다. 보조선사어록 → 보조선사법어 → 보조 국사법어를 거쳐 '보조법어'라는 명칭으로 처음 정착된 것은 바로 탄허에 의해서이다. 이 책의 「서문」에서 탄허는 "『육조단경』과 『보조법어』는 조계종도(曹溪宗徒)의 필수적 교전(教典)"임을 분명히 했다.[35] 이는 육조 혜능(六祖 慧能)과 보조 지눌(普照 知訥)의 사상을 조계종의 근본정신으로 삼는다는 의미이며, 중국 조계산(曹溪山)의 보림사(寶林寺)와 한국 조계산(曹溪山)의 수선사(修禪社)를 직접 연계하여 '조계종'이란 종명으로 묶고 있는 것이다. 이 「서문」에서 탄허는 한암의 편집의도가 수선(修禪)의 차제(次第)에 입각한 것이라며 다음과 같이 설명하고 있다.

> 편차(編次)의 내용은 정혜결사(定慧結社)한 후에 수심(修心)하여야 할 것이며, 수심하는 데 있어서는 진망(眞妄)을 알아야 한다는 것이다. 그러므로 진심직설(眞心直說)이 그 다음에 있다. 그리고 진망을 가린 후엔 교리적으로는 화엄 종지를 의거해 닦아가고 선학적으로는 경절문활구(徑截門活句)를 참상(參詳)해 들어가라는 의미(意味)이다.[36]

한암은 보조의 사상에 대해서 결사(結社)와 수심(修心)을 거쳐

---

35) 김탄허(역해), 『보조법어』, 교림, 2005, 3쪽.
36) 위의 책, 5쪽.

진망(眞妄)을 가린 뒤에 교리적으로 화엄 종지를 닦고 나서 선학적으로 간화선을 참구하는 것으로 파악하였다. 경허의『선문촬요』는 '선문(禪門)'만을 논한 까닭에 화엄을 다룬「원돈성불론」이 없을 뿐만 아니라 편집 순서 역시 한암과 다르다. 한암은『보조법어』를 찬집할 때 더욱 심혈을 기울여 보조의 사상을 분석하고 심층적으로 파악하여 그의 사상의 핵심을 수행의 차제로 편집해 두었다. 한암이『보조법어』를 편집하고 현토한 뒤 후학들에게 유통시킨 것은 자신이 보조 사상에 깊은 영향을 받았으며 그의 사상에 절대적으로 공감했기 때문이다. 이런 측면에서 볼 때 한암은 근대 한국불교사에서 본격적으로 보조 사상을 연구하고 선양했던 거의 최초의 인물이라 해도 과언이 아닐 것이다.

한암의 이러한 가풍은 그대로 제자 탄허에게 이어져 계승되었다. 보조가 이통현의 화엄학을 중심으로 화엄 종지를 세웠던 것처럼 한암 역시 탄허에게『통현론』을 중심으로 화엄의 골자를 파악하게 했으며, 탄허의 불교 내전 수학이 끝이 나자『통현론』을 현토만이라도 해서 보급해 줄 것을 부촉했다. 탄허의『화엄경』번역이 애초에『통현론』에 대한 현토에서 비롯하여『화엄경』전체의 현토와 번역으로 확장된 것을 상기할 때 보조와 탄허의 인연을 맺어 준 이는 바로 한암이었다.

탄허가 스승 한암이 입적한 뒤 오대산 수련원을 세우면서 내건 원훈(院訓)[37]인 '신원견고(信願堅固)', '길라무범(吉羅無犯)'[38], '정혜

---

37) 오대산문도회·탄허불교문화재단·교림(편), 앞의 책, 52쪽.
37) 오대산문도회·탄허불교문화재단·교림(편), 앞의 책, 52쪽.
38) 길라무범이란 계를 잘 지니고 악행을 범하지 않는다는 뜻이다. 길라는 돌길라의

76   탄허 선사의 사교 회통 사상
76   탄허 선사의 사교 회통 사상

쌍수(定慧雙修)'의 세 조항을 보면 보조 사상에 깊은 영향을 받았음을 알 수 있다. '근대 최초의 교육결사(敎育結社)'[39]라는 평가를 받는 오대산 수련원의 원훈은 신(信)·계(戒)·정(定)·혜(慧)로 요약될 수 있다. 보조의 중심 사상인 정혜쌍수가 그대로 표현되어 있어 그의 정혜결사(定慧結社)의 정신을 그대로 이어받은 교육결사임을 알 수 있다. 게다가 지계(持戒)의 정신을 강조하며 삼학(三學)을 정립(鼎立)의 형태로 겸수(兼修)할 것을 강조하고 있다. 이는 보조가 『초발심자경문(初發心自警文)』의 「계초심학인문(誡初心學人文)」에서 계율에 대해 엄격하게 강조했던 내용과 밀접한 연관이 있다. 한암은 경허의 행장을 쓰면서 '화상의 법화(法化)를 배우는 것은 옳으나 행리(行履)만을 따르는 것은 스승 경허의 본래 의도가 아니다'[40]라고 했다. 즉 한암이 스승의 무애행 대신에 철저한 계율을 선택했던 점을 상기할 필요가 있다. 한암은 스승 경허의 행화(行化)보다는 보조의 지계(持戒)를 강조함으로써 계정혜 삼학[41]과 정혜쌍수를 주창했고, 탄허는 보조와 한암의 사상을 그대로 계승하여 자신의 근본으로 삼았음을 알 수 있다.

축약이며, 원어는 산스크리트로 두슈크리타(duṣkṛta)이다. 이 말을 음역한 것이 돌길라이다.

39) 앞의 책, 53쪽.

40) 한암문도회·월정사(편), 『한암일발록(漢巖一鉢錄)』, 민족사, 2010, 301쪽, 「선사경허화상행장」, "화상의 법화를 배움은 옳거니와 화상의 행리만을 보고 화상을 평론함은 옳지 못함이로다. 이는 다만 그 정법을 결택하여 법안을 갖추지 못함을 꾸짖을지어다. 그 행리만을 본받아 무애한 자와 또한 그 유위(有爲) 상견(相見)에만 집착하여 능히 마음 근원에 훤출히 사무치지 못한 자를 경책하노라."

41) 혜거, 「삼학겸수(三學兼修)와 선교융회(禪敎融會)의 한암사상(漢巖思想)」, 『정토학연구』 제8집, 한국정토학회, 2005.

오대산 수련원의 원훈에서 첫 번째인 '신원견고(信願堅固)' 역시 이통현-보조-한암으로 내려온 십신(十信)과 신만(信滿)의 강조라는 측면에서 그 연관성을 찾을 수 있다. 바른 믿음이야말로 수행의 가장 긴요한 근간이라고 했던 통현과 보조의 학통이 한암과 탄허에게 전해진 흔적이라 할 만하다. 탄허는 이통현-보조-한암으로 이어지는 십신과 초발심주(初發心住)를 중시했던 측면을 적극적으로 계승했다. 먼저 보조가 통현의 『화엄론』의 핵심을 절요한 『화엄론절요(華嚴論節要)』의 한 구절에서 그 대강을 살펴보자.

> 이 논이 밝힌 바를 살펴보면, 삼승(三乘)의 불과(佛果)는 십지(十地)의 뒤에 있지만 일승(一乘)의 불과(佛果)는 십신(十信)의 초심(初心)에 있다. 만약 입위(入位)를 잡아 말한다면 초발심주(初發心住)에 있고, 만약 십신(十信)의 초심(初心)에 들어가면 뜻 좇아 십주(十住)의 초심에 이르고 만약 주초(住初)에 들어가면 뜻 좇아 구경위(究竟位)에 이른다. 이와 같은즉 구박범부(具縛凡夫)는 처음에 바로 믿는 마음을 발하는 것이 가장 요긴한 문이 되는 것이다.[42]

보조는 『화엄론절요』[43]에서 삼승의 불과는 십지의 뒤에 있지만

---

42) "審此論所明, 三乘佛果, 在十地之後, 一乘佛果, 在十信初心. 若約入位言之, 在初發心住, 若入十信初心, 任運至十住初心. 若入住初, 任運至究竟位, 如是則具縛凡夫, 初發正信之心, 最爲要門." 보조사상연구원(편), 『보조전서』, 불일출판사, 1989, 406쪽. 탄허는 『보조법어』를 번역할 때 '임운(任運)'을 항상 '뜻 좇아'로 번역하고 있는데 필자가 위 번역문에서 탄허의 방식대로 번역한 것임을 밝혀 둔다.
43) 『화엄론절요』에 대한 박사논문으로는 다음 논문을 참조.

일승의 불과는 주초에 있음을 강조했다. 초발심주에 들기만 하면 마음대로 구경위에 이르게 되니 믿음을 발하는 것이 가장 중요하다고 역설한 것이다. 구경위에 드는 것은 믿음과 발심을 확고히 하는 것에 그 핵심이 있다는 견해이다. 탄허는 '발심'이란 '우주가 고(苦)의 덩어리라는 것을 철저히 아는 것'[44]이라 하며 그 중요성을 강조했다. 그가 대중을 교육하던 현장에서 가장 긴요하게 지송했던 구절은 바로 "발심과 성불, 이 둘은 다른 것이 아니니 이 두 마음 가운데 앞의 마음[發心]이 어렵도다"[45]라는 게송이었다. 이와 관련하여 『서장(書狀)』의 사기(私記)에서는 다음과 같이 자신의 견해를 제시한다.

> 본장대지(本狀大旨)는 스스로 신(信)하는 곳에 승해(勝解)를 내지 말게 함이다. 제칠지보살(第七地菩薩) 운운(云云)은 권교(權敎)의 행상(行相)을 말한 것이니, 권교에는 삼현(三賢, 십주十住·십행十行·십회향十回向)이 자량위(資量位)가 되고 제팔(第八) 부동지(不動地)에 이르러 비로소 견도위(見道位)가 되는 때문이거니와, 만일 실교도리(實敎道理)를 든다면 십신만심(十信滿心) 즉 초발심주(初發心住)에 변성정각(便成正覺)하는 견도(見道)의 위(位)가 되어 삼현 내지 십지(十地)·십일지(十一地)가 총(總)히 닦음이 없이 닦는 자량(資糧)의 위(位)가 되거니, 어찌 제칠지(第七

정희경, 「지눌의 『화엄론절요』 연구」, 동국대 불교학과 박사학위논문, 2016.

44) 김탄허, 앞의 책(2001), 159쪽.

45) 월정사·탄허문도회(편), 앞의 책, 139쪽, "發心畢竟二不別, 如是二心先心難." 탄허는 『열반경』에 있는 이 게송을 1971년 『초발심자경문』을 간행할 때 서송(序頌)으로 인용했다.

地)에 불지(佛智) 구하는 마음이 만족치 못한 견(見)이 있으랴.[46]

　탄허의 이 언급을 돈오점수론(頓悟漸修論)으로 풀어 보자. 삼승(三乘)의 권교에서는 삼현인 십주·십행·십회향을 자량위로 삼고 십지 가운데 팔지인 부동지가 될 때 비로소 견도위가 된다고 설한다. 하지만 일승화엄(一乘華嚴)의 실교(實教)에서는 십신만심인 초발심주를 견도위[頓悟]로 보고, 십행·십회향·십지·등각의 과정을 10바라밀의 만행(萬行)을 닦아 이타(利他)의 회향까지 동반하는 보살행의 실천인 자량위[漸修]로 본다는 것이다. 탄허는 초발심주를 견도위[돈오]로 본다는 일승의 화엄이 바로 진실한 실교이며, 8지인 부동지를 견도위로 보는 삼승의 교학은 방편인 권교에 불과하다고 설명하고 있다. 즉 화엄학의 골자인 '초발심시 변성정각'이라는 말이 돈오점수론의 핵심이 되는 것이다. 일승화엄에서는 누구나 본래 갖추고 있는 근본지(根本智)가 붓다가 이룬 불과(佛果)와 조금도 다르지 않음을 설하지만 이를 확실히 믿지 못하기에 삼승의 방편교학이 차례대로 시설되었다고 본 것이다.

　화엄학에서는 십신(十信)이 가장 중요한데 이는 닦는 것이 아니라 자신의 불성인 보광명지(普光明智) 자체를 완벽하게 믿기만 하면 되는 것이기에 수행의 위(位)로 치지 않는다고 본다.[47] 이 완전한 믿음에 대해 보조는 '자기의 무명분별이 본래 제불의 부동지

---

46) 김탄허(역해), 앞의 책(2012b), 337쪽, '答 嚴教授 子卿 (自信得處 不作勝解)의 大旨'.
47) 월정사·탄허문도회 편, 앞의 책, 80쪽.

(不動智)와 같다는 것을 믿는 것'[48]이라 설명했다. 탄허는 이에 대해 '일체 제불이 성불한 부처님의 과덕(果德)이 중생인 현재의 나의 우글거리는 번뇌 망상과 조금도 다르지 않다는 것을 확실히 믿는 것'[49]이라 설명한다. 종일토록 망상을 피워도 그 망상 피울 줄 아는 마음의 근본은 묘각의 불과와 조금의 차별도 없다는 것을 명확히 믿는 것이 깨달음의 시작이자 돈오점수론의 착안점이 된다. 이렇게 온전히 믿어서 조금의 의심도 없는 신만(信滿)이 되기만 하면 주초(住初)인 초발심주가 되어 곧 정각을 이루는 도리가 있다는 것이다.

탄허는 '초발심이 곧 정각'이라는 말은 오직 일승의 화엄학에만 존재하는 것으로 "다른 경에는 혹 퇴전하는 것이 있지만 이『화엄경』에서는 절대 퇴전이 없다"는 이통현의 말을 인용하여 화엄학의 독특한 경지를 설명하곤 했다. 평범한 박지범부(薄地凡夫)들도 이 도리를 믿어 대심중생(大心衆生)이 되어 '진리에 머물러 있다'는 의미의 '주(住)'에 이르기만 한다면 문득 정각을 이루게 된다는 것이다.[50] 탄허는 화엄의 십신(十信)을 바른 믿음[正信]이라고도 설명했는데 참다운 믿음은 믿는다는 것까지 끊어지고 주관과 객관이 완전히 끊어진 믿음이자 무소득의 믿음이라고 했다.[51]

돈오점수론의 핵심은 깨달음의 종착지에 있는 것이 아니라 대발심이 전제된 지속적인 수행에 있다고 볼 수 있다. 탄허 역시 '초

---

48) 김탄허(역해), 앞의 책(2005), 236쪽, "信自己無明分別之種 本是諸佛不動地也."
49) 김탄허(강설), 앞의 CD(14).
50) 월정사·탄허문도회 편, 앞의 책, 80~82쪽 요약.
51) 김탄허, 앞의 책(2001), 149쪽.

발심주인 십주의 초주가 되면 돈오'라는 보조의 견해에 이견이 없다. 하지만 어린아이도 어른과 똑같은 사람이지만 어른과 같은 힘이 없기 때문에 그 힘을 키우자는 것이 점수의 의미라고 설명한다. 육바라밀의 '반야바라밀'과 십바라밀의 마지막 '지(智)바라밀'의 차이는 힘의 차이와 완성의 차이로 육바라밀은 자리(自利)의 측면이라면 십바라밀은 이타(利他)의 측면이라고 설명한다.

이처럼 탄허는 보조와 한암을 계승하여 돈오점수를 주장해 왔다. 그렇기에 퇴옹 성철(退翁 性徹, 1912~1993)이 보조 사상을 신랄하게 비판하면서 돈오돈수만이 종문의 정법임을 강력하게 주장할 때 이를 몹시 못마땅해 했다고 한다.

> 스님은 성철 스님이 강조한 돈오돈수에 대해서는 비판적인 입장이었어요. 스님은 보조 지눌적인 입장(돈오점수)입니다. 그 당시에 성철 스님은 돈오돈수를 강조하고, 법맥도 태고국사를 강조하는 입장이었어요. 성철 스님은 『선문정로』를 출간하기 전에도 그런 말씀을 하셨지요. 그러나 탄허 스님은 돈오돈수는 문제가 있다고 말씀했어요. 탄허 스님은 "보조 국사의 정혜쌍수에 의지해서 공부를 해야 한다"고 하셨고 돈오점수적이고 화엄선(華嚴禪)적인 입장이었어요.[52]

탄허는 강의 도중에 돈오돈수만이 옳다고 주장하는 성철의 견해에 대해서 자기는 자신의 주장대로 남김없이 완전한 돈오돈수

---

52) 월정사 · 김광식(편), 앞의 책(하), 397쪽, 윤창화의 증언.

가 됐는지 물어보라면서 강력하게 반발했다. 그리고는 성철의 주
장을 아래와 같이 비판했다.

> 말도 안 되는 소리 자꾸 하고 있네. 그렇게 쓸데없는 고집을 하
> 지 말아야 돼. 단편적으로 자기 소견 하나만 가지고 주장할 필
> 요가 없는 거야. 자기 소견이지. 주장하는 게 모두 다르지. 그
> 러면 어디 자기는 돈오했나 그럼? 그렇게 주장하는 자기는 돈오
> 했나 물어봐. 자기도 돈오 못했다면 자기는 범부라고 해야지 왜
> 가르치고 있어. 자기만 돈오하고 다른 사람은 돈오 못했다는 이
> 소리 아니야? 말도 안 되는 소리 하고 있어.[53]

성철은 『선문정로(禪門正路)』에서 규봉과 보조의 돈오점수를 본
분종사들이 철저히 배격한 해오 사상(解悟思想)으로 단정하고 사
지악해(邪知惡解)인 지해(知解)라며 강력하게 비판했다. 특히 그는
보조가 만년에 돈오점수를 내용으로 하는 원돈신해(圓頓信解)가
선문(禪門)이 아님을 분명히 하면서도 시종 원돈 사상을 버리지 않
고 고수한 것은 겉으로는 선(禪)을 표방했으나 속은 교(敎)를 주체
로 삼은 '내교외선(內敎外禪)'으로 선문의 본분종사가 아니라고 힐
난했다.[54] 하지만 탄허는 강의 도중에 성철의 돈오돈수론에 대해
서 육조의 예를 들면서 격앙된 목소리로 아래와 같이 반박했다.

---

53) 김탄허(강설), 앞의 CD(12).
54) 퇴옹 성철, 『선문정로』, 장경각, 214쪽.

부처님 말씀이나 조사의 말씀을 부정을 하고서 다른 사람의 말, 그 사람의 말만 옳다고 하면은 나는 그건 모르겠어. 그건 모르겠으되 그렇다면 부처의 말씀이나 조사의 말씀을 연구할 까닭도 없는 것이지. 그렇지 않아? 부처의 말씀과 조사의 말씀을 증거를 댈 테니까 들어봐요. 부처의 말씀은 교리적 측면이라고 하니까 내 두고 조사의 말씀을 들어보자 이 말이야. 조사 중의 제일가는 조사 육조의 말씀에 의거해 보자 이거야 뭐라고 했나. 자꾸 왈가왈부 이 말이 옳니 저 말이 옳니 떠들지 말고 조사의 말씀에 의거해 보면 알 거 아니요.

육조가 남악 회양 선사와 문답이요. 남악 회양 선사가 육조의 제자로서 숭산에 있다가 육조를 찾아갔는데 "심마물(甚麼物)이 임마래(恁麼來)요?" 8년을 연마해서 "설사일물(說似一物)이라도 즉부중(即不中)"이라고 답을 한 거야. "또한 닦아 증득하는 것을 가차하느냐 않느냐[還可修證否]?" 물었잖아. 분명히 이치를 깨달았단 말이야. 그런데 닦아 증득하느냐 않느냐 하고 다시 물었다 말이야. 하니까 회양선사 답이여. "닦아 증득하는 법은 없지 않거니와 절대 물들지를 않습니다[修證不無 染汚即不得]" 그게 깨달은 자리 아니여. 망상에 절대 물들지를 않는다 이거야. 그게 깨달은 자리 아니야. 그렇지만 힘이 없으니까 수증하는 법이 있다 이거야. 그러니까 육조가 하는 말이 "물들래야 물들 수가 없다는 것 그것이 모든 부처님이 그렇게 호념하고 있는 바다 이거야[只是不染汚 諸佛之所護念]. 네가 또한 이와 같으니 나도 또한 이와 같다[汝亦如是 吾亦如是]" 무슨 잔소리 할 게 뭐여? 경은 경대로 교리라고 그만둔다고 하더라도 조사 선문도 이렇다

이 말이여. 그럼 『능엄경』에 "이치로는 몰록 깨달으니 깨달음을 아울러 해소하나 사(事)는 단박에 제거되지 않으니 차례를 거쳐서 다한다[理則頓悟, 乘悟竝消, 事非頓除, 因次第盡]"라고 이것도 똑같은 소린데 그건 경이니까 그만두자 이거야. 경은 차치해 놓고 조사의 말은 왜 이렇게 되어 있느냐 이 말이야.[55]

탄허는 육조 혜능이 돈오돈수를 주장했지만 남악 회양을 인가할 때 주고받은 법담을 살펴보면 돈오점수의 경향이 나타난다고 보고 성철의 견해에 대해 반박했다. 8년 만에 이치를 깨닫고 다시 찾아온 남악이 "설사 한 물건이라 해도 맞지 않다"고 대답하자 견처가 있음을 확인한 육조는 닦아 증득하는 바가 있는지 질문했다. 남악이 "수증하는 법이 없지 않으나 물들지는 않는다"는 답변을 하자 육조가 흡족해 했다. 탄허는 이 부분을 주목한다. 물들지 않는다는 것은 분명하게 깨달은 자리를 말하는 것으로 돈오를 의미하는 것이며 닦아 증득하는 법이 없지 않다는 것은 수증하는 법이 있다는 것으로 돈오 이후에도 힘이 부족하기 때문에 점수를 통해 수증해 나가는 법이 있다는 것으로 본 것이다. 망상에 물들지 않는 돈오의 깨달음이 먼저 있었으나 이후에도 닦아 증득하는 점수의 과정 역시 엄연히 존재한다고 주장하고 있는 것이다. 탄허는 조사 가운데 제일가는 조사인 육조와 남악의 거량에서 이를 확인하고 본분조사의 선문에 돈수만을 주장하는 것은

---

55) 김탄허(강설), 앞의 CD(12). 탄허가 돈오돈수를 논박한 실질적인 내용이므로 강의 내용을 생략하지 않고 있는 그대로 기록해 두었다.

잘못된 견해라고 지적하고 있다. 그는 오후보림(悟後保任)에 대해서도 다음과 같이 강의한 적이 있다.

> 깨달은 후에 일이 더 어렵다 이 말이지. 깨닫기 전에는 눈을 뜨지 못했기 때문에 봉사이기 때문에 바쁜지 모른다는 게지. 이치를 본 사람이 더 바쁘다는 거야 오히려. 그러니까 오후에 보림이라는 것, 깨달은 뒤에 얻은 진리를 보하기가 더 어렵다는 거야. 득이수난(得易守難)이라는 말도 있고. 얻기는 쉬워도 지키기가 더 어렵다. 『전등록』에 조사 경지에 간 이들이 오후(悟後)에 자취를 감춰 버린 이들이 많아. 그렇게 죽도록 정진만 하다가 갔어도 육신통에 다 능한 이는 없고, 육조 스님까지는 거의 다 육신통을 얻은 이지만, 육조 스님 이후의 다른 선사들은 육신통 가운데서 하나나 둘을 얻은 이들이 어쩌다 있지 그것도 없어. 쉽게 나오는 것이 아닙니다 그것이. 그러니까 자꾸 견성성불하면 부처와 똑같다는데 왜 신통을 내지 못하느냐 이렇게 떠드는데 갓난 어린애보고 말이야 왜 말 못하느냐 하는 것과 똑같지. 갓난 어린애가 애비랑 똑같지만 말을 할 줄 아냐 힘이 없는 걸. 육신통이라는 것도 성인의 말변사(末邊事)지만 근본은 아니지만은. 그것을 탐하면 못 쓴다고 경계한 것 아닌가. 왜 그것을 탐하면 못 쓰는고 하니 그것이 근본이 아니기 때문에 그것을 탐하게 되면 술객이 되고 마는 거라.[56]

---

56) 앞의 CD(12).

탄허는『전등록』에 조사의 경지에 간 이들이 분명히 이치를 깨달았음에도 불구하고 자취를 감추고 죽을 때까지 정진만 하며 보림했던 경우가 많다고 했다. 봉사와 같았던 깨닫기 전의 경계와는 완전히 다른 세계가 열렸음에도 불구하고 그 경지가 부처와 동일하지 않고 육조와 같이 육신통을 자재하지 못했던 조사 역시『전등록』에 부지기수라는 것이다. 이는 마치 어린아이가 어른과 동일한 사람이기는 하지만 아직 힘이 부족해서 온전한 어른이라고 할 수 없는 것과 같다고 보았다. 돈오돈수만으로 재단해 버리면『전등록』에는 육조와 같은 몇몇 조사 외에는 거의 등재될 수가 없다는 것이다. 견성이라는 것을 부처와 완전히 같은 경우에만 한정한다고 한다면 세상에 불법을 지도할 인물은 거의 찾아보기 힘들다는 것이다. 따라서 이치로써 먼저 눈을 뜨고 그 이후 오후 보림의 과정을 더욱 깊이 배가하여 보림의 정진을 통해 힘을 얻어 완전한 구경각의 경지로 나아가는 과정을 설정해 두어야 한다고 본 것이다. 즉 돈오돈수가 맞는 이론이기는 하지만 돈수가 마무리된 인물은 석가나 육조와 같이 거의 찾아보기 힘들기 때문에 돈오돈수 하나만으로는 끝까지 수행해 나가는 정진의 일관된 과정을 가르침으로 베풀기 어렵다는 것이다. 돈오점수는 쉽게 돈오라고 인가하여 공부를 마쳤다는 생각에 막행막식하게 하는 이론이 아니라 돈오돈수가 되는 그날까지 한 치의 빈틈도 없는 수행으로 일관하게 만들기 위한 것이라는 의미이다.

천만의 말씀. 분명히 안목은 떴다 이거야. 분명히 보긴 봤다 이

거다. 그렇지만 힘은 하나도 없다 이거야. 왜 힘이 없느냐. 막행
한다는 그 자체가 벌써 힘이 없는 거거든. 습기에 끄달려서 막
행하는 거 아니야? 그렇다고 그이가 이치를 못 봤다고 이러지
는 못하잖아요. 왜? 전국 수좌가 박고봉 앞에 가면 절절맸다 이
거야 누구든지. 그러면 어떻게 이치를 못 봤다 그러느냐 말이야
그이를 보고. 돈오하면 다 됐으니까 돈오하면 금방 석가모니와
똑같이 됐으니까 닦을 게 없다는 그런 소리가 어디 있어. 어느
교리에 그런 소리가 있냐 이 말이야.[57]

　탄허가 돈오점수를 선양하고 돈오돈수를 비판한 이유는 끝까
지 철저하게 닦아야 함을 강조하기 위함이었다. 그가 돈수를 부
정한 것이 아니다. 돈수는 그야말로 어렵다는 것을 강조하기 위함
이며 돈오점수를 통해 돈오돈수에 도달하자고 주장하고 있는 것
이다. 하지만 돈오돈수를 주장하는 측에서 돈오점수는 틀렸고 돈
오돈수만이 옳다고 한다면 그것 역시 큰 오해라는 것이다.
　탄허가 돈오돈수를 말하지 않은 것이 아니다. 그는 축기돈(逐機
頓)과 화의돈(化義頓)을 구분하여 설명하면서 화의돈에 대해 육조
스님과 같이 과거 전생으로부터 부처님의 교화를 받아 닦아 오다
가 깨친 경우라고 설명했다. 육조 스님의 경우에는 신통도 자재하
여 돈오와 돈수까지 완전히 마쳐 바른 신통을 간직한 드문 경우
라고 하였다. 탄허는 "『전등록』 30권에 육신통을 구비한 조사는

57) 앞의 CD(12).

한 분도 없었다. 오직 부처님만이 육신통이 있을 뿐이다"[58]라고 말하기도 했다. 돈오돈수까지 모두 마친다는 것은 육신통 가운데 누진통까지 남김없이 구비하여 일체의 신통을 현성할 수 있는 부처님 같은 분을 말하는 것이다. 육조 스님 정도가 되어야 겨우 돈오돈수를 논할 수 있다는 것이다. 즉 탄허는 돈오돈수를 제창하지 못해서가 아니라 『전등록』 전체를 뒤져보아도 부처님이나 육조 스님의 경지인 돈수의 경지까지 도달한 이를 찾아보기 어려우니 돈오점수를 통해 돈오돈수로 향하게 하는 것이 바른 수행법을 펼치는 것이라고 본 것이다. 따라서 앞에서처럼 '이치를 본 뒤가 더욱 바쁘며 이치를 터득한 조사들이 한 번 산 속에 들어간 후 나오지 않은 분들이 많았다'[59]라는 언급이 있었던 것이다.

여기에 탄허의 돈수관이 드러나는데 성철의 돈오돈수관과는 시각의 차이가 있는 것을 알 수 있다. 돈오점수는 쉽게 돈오를 인가하려는 것이 아니라 구경의 견성이 어렵다는 것을 실감하고 묘각까지 도달하기 위해서 끝까지 방임하지 않고 수행을 마치고자 하는 용맹정진의 태도이지 돈오의 격을 떨어뜨리고 돈오를 쉽게 말하려는 것이 결코 아니라는 것을 알 수 있다. 이처럼 탄허의 돈오점수론도 돈오돈수론을 주장하는 것과 동일한 엄격함과 엄밀함이 존재한다. 돈오돈수를 쉽게 주장할 수 없는 것은 돈수는 극히 어려우며 역대 조사들 가운데에서도 극히 일부만이 그 경지에 도달했기 때문이라는 것이다.

---

58) 김탄허, 앞의 책(2000), 29~30쪽.
59) 위의 책, 30쪽.

실제 『선문염송』을 보면 '마조(馬祖)의 제자로서 선지식(善知識)의 반열에 오른 제자가 84인이 되는데 대기(大機)와 대용(大用)을 얻은 이가 몇이나 되는가' 하는 위산(潙山)의 질문에 앙산(仰山)은 '백장(百丈)이 대기를 얻었고 황벽(黃蘗)이 대용을 얻었을 뿐 나머지는 모두 창도지사(唱導之師) 정도밖에 되지 않는다'라고 답변하여 스승 위산의 인정을 받고 있는 대목이 보인다.[60] 조사선을 대표하는 마조의 경우에도 그의 눈 밝은 제자 84인 가운데 대기와 대용을 얻은 이는 고작 백장과 황벽 등의 몇 명에 지나지 않는다는 것은 돈수가 그만큼 어려운 것이며 조사들 가운데에도 여전히 돈오점수의 과정에 있는 경우가 다수임을 확인할 수 있는 대목이다. 그렇다고 해서 마조의 제자 84인 가운데 몇 명만을 선지식이라 하고 나머지를 무시하지도 않으며 돈수가 되지 않았음에도 불구하고 84인의 선지식을 양성했다고 하는 마조를 제대로 점검하지 않았다고 탓하지도 않는다. 탄허의 입장에서는 선문의 본분종사가 모두 돈수만을 주장했다는 것은 지나치다고 판단할 만한 충분한 근거들이 있었던 것이다.

탄허가 오직 선만을 거론하는 돈오돈수가 아닌 돈오점수를 강조한 것은 화엄과 선을 회통한 선교 회통의 의지가 강했음을 확인할 수 있는 대목이다. 즉 돈점론에 있어서도 탄허는 선교를 회통하고자 하는 자신의 근본적인 관점을 밀고 나간 것이 확인된

---

60) "潙山問仰山, 百丈再叅馬祖竪拂因緣, 此二尊宿意旨如何. 仰山云, 此是顯大機之用. 潙山云, 馬祖出八十四人善知識, 幾人得大機, 幾人得大用. 仰山云, 百丈得大機, 黃蘗得大用, 餘者盡是唱道之師. 潙山云, 如是如是." 혜심·각운/김월운(역), 『선문염송 염송설화(2)』, 동국역경원, 2005, 326쪽.

다. 그가 화엄학에 입각하여 초발심주인 견도위를 돈오로 설정한
보조와 한암을 계승한 것은 발심을 중시하고 점수를 강조하여 궁
극인 구경각으로 인도하기 위함이었다고 보인다. 탄허의 이러한
돈점관은 스승 한암의 회상에서 내전 이력과 선수행을 닦은 과정
에서 계승된 것이다. 돈수론이 '깨달음'에 방점을 둔다고 한다면
점수론은 '닦음'에 방점을 둔다고 할 수 있다. 이러한 탄허의 돈점
관은 평생 경전을 번역하고 교육을 통해 인재를 양성하고자 했던
그의 교육정신과 상통한다고 하겠다. 필자가 볼 때 돈오점수와 돈
오돈수도 결국은 깨달음을 닦아 나가는 하나의 과정상의 문제일
뿐 서로 회통하고 융회해야 한다. 돈오점수와 돈오돈수의 어느
한쪽만을 취할 사항은 아니라는 본다.[61]

(2) 보조종조론(普照宗祖論) 계승과 태고종조론(太古宗祖論) 비판

탄허는 종조론(宗祖論)에 대해서 한암의 뜻을 계승하여 조계종
의 종조를 보조 국사로 모실 것을 주장했다. 1981년 「한암 선사
생신재 105주기 상당법문」에 그 상세한 정황이 자세히 남아 있
다.

---

61) 필자는 이미 탄허의 돈오점수와 성철의 돈오돈수를 현대 한국 선사상의 두 지평
　　으로 설정하여 성철의 '철(徹)'적 관점과 탄허의 '탄(呑)'적 관점으로 그 특징을 나
　　누어 설명했다. 성철의 핵심 사상인 '중도(中道)'와 탄허의 핵심 사상인 '회통(會
　　通)'을 결합하여 돈점논쟁을 화쟁하여 현대라는 시대적 요구와 대중의 근기에 맞
　　는 새로운 돈점관을 제시해야 될 때가 되었음을 주장한 바 있다. 문광, 앞의 논문
　　(2016c), 345~346쪽.

지금 우리나라 건국한 이래로 불교 종을 조계종이라고 명명을 하고서 종조를 누구를 모셔야 옳으냐? 조계종이라면 보조 국사가 타당한 것이다. 보조 국사가 조계종을 창설했던 것입니다. 그러니까 조계종으로 종명을 한다면 보조 국사로 종조를 모시는 것이 옳다.[62]

　탄허는 종단의 종명을 조계종으로 정한다면 보조 국사를 종조로 모시는 것이 당연하다고 보았다. 이는 스승의 종조관을 계승한 것인데 한암의 종조관에 대한 탄허의 설명을 들어보자.

한암 스님께서 그전에 종정으로 계실 때에 여기 월정사 주지스님 지암 스님이 그때 종무총장(현재의 총무원장)으로 계실 때 한암 스님에게 조계종으로 했는데 종조를 누구를 해 모셔야 옳으냐 물었습니다. 스님 말씀이 "종조를 보조 국사로 모셔라." 그런데 권상로 스님, 김포광 스님이 그때 동대 교수로 원로인데 그분들한테 가서 물으니까 "태고보우 국사로 모셔야 옳다." 이렇게 말을 했습니다. 그러니까 지암 스님 생각에 그이들은 학술 전문가이니까 아무래도 역사를 그이들이 더 잘 알지 않겠는가. 그래서 총독부 기관지에 대서특필로 "조계종 종조는 태고보우 선사다." 하고 발표해 버렸습니다. 그렇게 해 버리니까 스님께서는 지나간 일은 생각하지 않습니다. 원체 공부가 높으신 분이 돼서. 그냥 임시 역정을 내시고 화를 내시다가도 금방 생각이 전혀 없

---

62) 김탄허(강설), 앞의 CD(12), 「한암선사 생신재 105주년 상당법문」.

습니다. 언제 역정 냈던가 생각이 없습니다. "에이 그만둬 버리라."고 방치해 버리시더만. "그렇게 되어 버린 것 어떻게 하겠느냐." 그것이 바로 비구·대처 싸움의 원인이 된 것입니다. 대처승 측에서는 "태고보우 국사가 옳다", 비구승 측에서는 "보조 국사가 옳다", 미미한 것이 결론이 나지 않고 있습니다. 어떤 것이 종조가 옳다 그르다 하는 것이 말입니다. (……) 일류 역사가들인 최남선 씨나 황의돈 씨들도 역사적으로 볼 때 종명을 조계종으로 할 때는 보조 국사가 옳다고 주장하는 것입니다.[63]

탄허의 법문에 따르면 당시 종정이었던 한암에게 총무원장격인 지암이 조계종의 종조에 대한 질문을 했을 때 한암은 보조 국사를 추천했다. 하지만 지암은 태고 국사로 종조를 발표했고 한암은 이 사실을 알고 잠시 역정을 냈다고 한다. 이 법문은 탄허가 한암의 보조종조론을 계승했다는 점을 확인시켜 주는 자료이다.

한암은 1930년에 《불교》지에 「해동초조에 대하여」라는 글을 기고하여 종조론을 피력한 바 있다. 한암은 도의국사를 초조로 하고 범일국사–보조 국사를 거쳐 각엄존자–구곡 각운–벽계 정심 등으로 조계종의 연원을 정할 것을 주장하면서 조계종은 태고 국사의 연원이 아니라고 단언했다.[64] 한암은 '태고 국사를 중흥조라 하는 것은 가능하나 조계종의 초조(初祖)라고 하기에는 적당치 않다'[65]라는 견해를 견지했다. 보조 국사를 조계종의 종조로 하지

---

63) 김탄허, 앞의 CD(12).
64) 한암문도회·월정사(편), 앞의 책, 74~89쪽.
65) 위의 책, 79쪽.

못한다면 태고 국사 역시 종조로 삼을 수 없다는 생각으로 구산 선문의 도의 국사를 종조로 삼아 육조(六祖)와 서당(西堂)을 이은 계보로 조계종의 종통을 정리하고자 한 것이다. 한암과 탄허는 한국불교의 특성과 조계종의 근본 사상이 선교를 회통하는 데에 있으며 교는 버리고 오직 선만을 강조하는 데에 있지 않다는 점에서 일치했다. 종조론에까지 탄허의 선교 회통의 정신은 일관되어 나타나고 있음을 확인할 수 있다.[66]

3) 사교 회통(四敎會通)의 근본 원리로서의 선(禪): 성(性)자리

탄허는 항상 불교의 최고봉은 『화엄경』이고, 유교의 최고봉은 『주역』이며, 도교의 최고봉은 『노』·『장』이라 하며 이를 '동양의 3대 서' 혹은 '동양의 3대 골칫거리'라는 말을 하곤 했다.[67] 그가 『화엄경』, 『주역』, 『노자』·『장자』를 모두 번역한 이유는 국민 전체를 대상으로 성인의 학설을 필수과목으로 한 도의교육의 교재로 활용하기 위해서라고 했다.[68] 그는 불교를 보다 돋보이게 하기 위한 방

---

66) 필자는 탄허가 스승 한암이 보조 국사의 후신이라고 생각했던 몇 가지 정황을 토대로 아래 논문에서 '보조후신한암설(普照後身漢巖說)'을 제기한 바 있다. 한암의 생일이 보조의 제사일인데 이에 대해 탄허는 매우 깊은 의미 부여를 하고 있고, 보조와 한암이 좌탈입망의 형태로 동일하게 입적했던 점도 부각시키고 있다. 게다가 조계산과 오대산에 보조와 한암이 심어 놓은 지팡이가 나무로 잘 자라고 있다고 했다. 필자는 보조와 한암을 끊임없이 동일선상에서 설명하는 탄허의 설명 방식이 바로 한암이 보조의 후신임을 간접적으로 드러내기 위함이라고 주장했다. 자세한 내용은 다음 논문을 참조하기 바란다. 문광, 앞의 논문(2016c), 340~345쪽.
67) 김탄허, 앞의 책(2000), 271쪽.
68) 위의 책, 272쪽.

편으로 때로는 『주역』을 들이대고 때로는 『장자』를 인용하고 기독교의 「산상수훈」도 인용한다고 했는데, 이는 자기 자식 중매를 스스로 들지 못하는 이치와 같다고 설명하곤 했다.[69] 즉, 최고의 경지인 불교로 이끌겠다는 궁극적인 목적을 가지고 유·불·선·기의 사교를 회통시켰던 것이다. 이와 관련하여 『도덕경』의 교정을 마지막까지 함께 보았던 제자 박완식의 증언을 들어보자.

> 교정을 보면서 스님에게 배운 점이 있다면 3단 논법으로 회통을 치는 것이었습니다. (……) 회통치는 분은 탄허 스님을 처음 봤어요. (……) 지금도 모든 경전을 그렇게 요약하고 회통쳐서 말할 수 있는 사람은 없을 거예요. 간혹 사람들을 만나 보면, 탄허 스님을 흔히 『장자』에 능통하다고 말하는 사람들이 있어요. 그렇게 평하는 사람이 있어요. 실제로 탄허 스님은 『장자』에 대한 말씀을 많이 하셨지요. 그렇지만 항상 결론에 가서는 불교로 회통쳐요. 그렇게 회통치는 것을 다른 사람에게서는 못 봤어요.[70]

결론에 가서는 항상 불교로 회통을 쳐서 요약했다는 증언은 탄허가 항상 근본을 불교에 두고 유학·노장학·기독교를 자유롭게 넘나들었다는 것을 의미한다. 탄허는 청허 휴정(淸虛 休靜)이 『선가귀감(禪家龜鑑)』의 맨 마지막 부분의 주석에서 고조사(古祖師)의 말이라고 인용했던 '유교는 뿌리를 심는 것[儒植根]이요, 도교

---

69) 김탄허, 앞의 책, 271쪽.
70) 월정사·김광식(편), 앞의 책(하), 359쪽.

는 뿌리를 북돋아 주는 것[道培根]이며, 불교는 뿌리를 뽑는 것[釋拔根]'[71]이라는 말을 자주 인용하곤 했다. 그는 이 구절을 「삼장사 법당 중창비기(三藏寺 法堂 重創碑記)」[72]에서도 사용할 정도로 평소에 삼교를 회통할 때마다 즐겨 사용했었다. 삼교가 동일하게 근본을 힘쓰지만 심고 북돋는 것은 점진적이나, 뿌리를 뽑고 보면 심고 북돋을 여지 자체가 없을 것이므로 삼교 사이의 우열이 저절로 드러난다고 했다. 탄허가 불교를 근본에 두고 여타의 사상을 회통했던 불교 우위적 회통론의 성격이 은근히 드러나는 대목이라 하겠다.

탄허는 진리가 하나라는 것을 강조하기 위해 '한 근본이 우주 만유요, 우주 만유가 한 근본'이라는 '일본만수 만수일본(一本萬殊 萬殊一本)'[73]의 사상이 동양학의 핵심임을 강조했다. 이를 불교에서는 우주 만법은 하나로 돌아간다는 '만법귀일(萬法歸一)'로 설명하고, 유교에서는 정미롭고 한결같이 해서 중도를 잡는다는 '정일집중(精一執中)'으로 표현하며, 도교에서는 하나를 얻으면 만사가 끝난다는 '득일만사필(得一萬事畢)'로 요약한다고 했다.[74]

탄허는 일관되게 "성현의 학문은 심성(心性)일 뿐[聖賢之學 心性而已]"[75]임을 강조했다. 그는 학술적으로 볼 때 세상에 펼쳐진 수

---

71) 김탄허, 앞의 책(2001), 238쪽.
72) "淸虛所謂 一法中 儒之植根 道之培根 釋之拔根者 是也." 오대산문도회·탄허불교문화재단·교림(편), 앞의 책, 105쪽.
73) 김탄허, 앞의 책(2001), 194쪽.
74) 문광(편), 「미국 홍법원 10주년 기념 세계평화 고승대법회 초청 법문」, 『탄허사상 특강』, 탄허기념박물관, 2014, 179쪽.
75) 우익 지욱(저)/김탄허(역주), 앞의 책(1), 28쪽.

천만 권의 학설을 간추려 보면 '심성', 즉 마음 심(心) 자와 성품 성(性) 자 두 글자 가지고 이야기한 것에 불과하다고 했다.[76)

불교에서는 '명심견성(明心見性)' 마음을 밝혀서 성(性)을 본다, 마음이라면 총체적 명사이고, 성이라고 하면 마음의 본체를 말하는 것입니다. 유교에서는 '존심양성(存心養性)' 마음을 두어서 성을 기른다. 도교에서는 '수심연성(修心練性)' 마음을 닦아서 성을 단련한다. '심성(心性)' 두 글자를 가지고서 이야기한 것은 유·불·선이 같지만 유교에서는 '존양(存養)', 둘 존(存) 자 기를 양(養) 자, 도교에서는 '수련(修練)', 닦을 수(修) 자 단련할 련(練) 자, 불교에서는 '명견(明見)', 밝을 명(明) 자 볼 견(見) 자, 그러면 존양과 수련과 명견이라는 그 술어에서 벌써 유·불·선의 심천은 드러나고 있는 것입니다.[77)

여기에서 탄허가 '심성' 두 글자로 유·불·선 삼교 전체를 회통하고 있음을 알 수 있다. 그는 '심성'이라는 두 글자도 종국에는 '성'이라는 한 글자로 수렴된다고 보아 "'성자리'를 타파하는 것이 견성"[78)이라는 견해를 제시했다. 이 '성자리' 하나 타파하게 되면 부처가 되고, 이 '성자리' 하나 매(昧)하게 되면 중생 노릇을 하게 된다는 것이다. 여기에서 특기할 만한 것은 탄허가 기존의 선학(禪學)에서는 찾아보기 힘든 '성자리'라는 용어를 특별히 자주 언급

76) 문광(편), 앞의 책, 180쪽.
77) 위의 책, 180쪽.
78) 김탄허, 앞의 책(2001), 237쪽.

하며 사교를 회통하는 핵심적인 술어로 사용하고 있다는 점이다. 강연과 대담을 엮은 법어집인 『부처님이 계신다면』을 보면 '성자리' 라는 표현을 무려 22회나 사용하고 있음을 볼 수 있다. '성자리' 라는 표현은 고금의 수많은 용어 가운데 탄허가 가장 중점적으로 사용하고 있는 술어이다.

> 진리라는 것은 모양이 끊어졌다는 말입니다. 온갖 대명사가 다 나오지만 대명사는 달을 가리키는 손가락과 같은 것입니다. 어리석은 사람은 달을 가리키면 달은 안 보고 손가락만 봅니다. 결국 대명사란 표현하기 위한 방법이기 때문에 때에 따라서 다른 술어로 표현하는 것입니다. 그러면 '하나님'이라는 대명사, '도'라는 대명사, '진리'라는 대명사 등 온갖 대명사가 많이 나오지만 때에 따라서 그 대명사가 나오는 것이고, 다만 그 물건, 즉 '성자리' 하나를 지적하기 위해서 이렇게 많은 대명사가 나온 것입니다.[79]

탄허는 진리를 표현하는 대명사가 부지기수로 많이 있지만 그 모든 대명사들은 '성자리' 하나를 지적하기 위한 것이라고 하여 '성자리'라는 술어에 특별한 의미를 부여하고 있다. 실제로 그는 이 '성자리'라는 술어가 유교의 '통체일태극(統體一太極)', 도교의 '천하모(天下母)', 화엄학의 '최청정법계(最淸淨法界)', 선의 '최초일구자(最初一句子)', 기독교의 '성부(聖父)'와 말만 다르지 그 현묘한 실상은

---

79) 김탄허, 앞의 책, 236~237쪽.

동일하다고 하였다.[80] 그는 '성자리'라는 표현을 압도적으로 많이 사용하였으며 이 밖에 '도자리', '마음자리'와 같이 '자리'라는 표현을 즐겨 사용하였다.

> 도인이나 성인은 무엇을 자기 '몸'으로 생각하는 것일까? 몸 밖의 몸, 육신 밖의 육체를 지배하는 정신, 좀 어렵게 말하면 시공이 끊어진 자리, 그걸 자기 몸으로 안다. 시공이 끊어진 자리란 죽으나 사나 똑같은 자리, 이 몸을 벗으나 안 벗으나 똑같은 자리, 우주가 생기기 전의 시공이 끊어진 자리, 생사가 붙지 않는 자리란 뜻이다. 부처란 바로 이 '자리'를 가르쳐 주기 위해 오셨다.[81]

탄허는 불교에서 가장 중시하는 표현 가운데 하나인 '성'에 '자리'라는 말을 붙여서 자신만의 독특한 용어로 상용(常用)했다. '진성(眞性)', '자성(自性)', '본성(本性)', '불성(佛性)' 등 '성'이 들어가는 용례는 불교에서 낯설지 않은 표현으로 탄허 역시 문헌에서는 '자리'라는 표현을 덧붙이지 않고 사용하였다.[82] 예를 들면 『장자』의 역해에서 '영성(靈性)'에 대해서 설명하며 "영성은 분별이 붙지 못하는 영지(靈知)의 성(性)이며 영지는 왕양명이 말한 양지(良知)"[83]라고 했지만, 문헌이 아닌 평상시의 대담에서는 '양지(良知)자리',

---

80) 김탄허, 앞의 책(2000), 274쪽.
81) 오대산문도회·탄허불교문화재단·교림(편), 앞의 책, 290쪽.
82) 문헌상에서 '자리'라는 단어를 붙여서 쓴 경우는 드물다. 『장자』의 역해에서 '대도(大道)의 자리'라는 표현을 쓴 경우는 있다. 김탄허(역해), 앞의 책(2004), 3쪽
83) 위의 책, 316쪽.

'각(覺)자리', '중(中)자리', '법신(法身)자리', '성부(聖父)자리' 등의 표현처럼 '자리'라는 말을 많이 사용하였다. '성자리'가 비록 문헌에서 사용된 용어는 아니라 하더라도 강의나 대담 등에서 워낙 방대한 영역에서 상용했고 그 사용의 횟수가 가히 압도적이라 다른 말로 대체가 불가능할 정도로 탄허의 특색을 잘 대변해 주는 표현이다. 따라서 본 연구에서는 탄허적 술어로 그대로 채용하여 그의 선사상의 한 특징으로 수용할까 한다.

  탄허는 "'성자리'를 각파(覺破)한 이가 바로 도통군자"라고 했는데, "성인은 성자리에서 마음을 쓰고 범부는 정(情)자리에서 마음을 쓴다"라고 했다. 심(心)이라는 말은 성(性)과 정(情)을 합한 말로써 성은 체(體)요 정은 용(用)이다. 이는 성리학에서 말하는 심통성정론(心統性情論)을 탄허가 그대로 가져와서 설명한 것인데 '성현의 학문은 심성(心性)일 뿐'이라고 했으면서도 '성'만 따로 떼어내어 '성자리'라고 특화시킨 것은 바로 감정과 욕망이 개입되어 있는 정(情)을 분리시킴으로써 유교의 학술과도 원활하게 회통하려고 했던 것임을 알 수 있다. 성리학에서는 심은 성·정이 결합된 의미로 성만이 마음의 근본 본체로 보기 때문이다. 탄허가 '심성'이란 용어보다 '성자리'라는 용어를 방대하게 사용했던 이유는 여기에 있었던 것이다. 그는 이 '성자리'에 대해서 매우 다양한 표현들로 설명하고 있다. '본래 명자(名字)로 얘기할 수 없는 자리',[84] '생사가 없는 자리', '생사가 끊어진 자리', '시간과 공간이 끊어진 자리', '망

---

84) 월정사·탄허문도회(편), 앞의 책, 495쪽.

상이 없는 자리', '아는 것이 끊어진 자리', '생멸심이 본래 끊어진 자리', '말이 끊어진 자리', '우주가 생기기 전의 자리', '시공이 끊어진 자리', '생사가 붙지 않는 자리', '이 몸을 벗으나 안 벗으나 똑같은 자리' 등등 '자리'라는 글자가 붙어 있는 모든 구절들이 바로 그가 항상 힘주어 말하는 '성자리'의 다른 표현들인 것이다. 탄허가 '성자리'의 의미로 회통한 사교의 술어들을 열거해 보면 다음과 같다.

〈표 1〉 탄허가 '성(性)자리'로 회통한 동일 범주들[85]

성(性)자리 = 도(道)자리= 불성(佛性) = 진성(眞性) = 자성(自性) = 본성(本性) = 영성(靈性) = 각(覺) = 마음의 본체 = 시·공간이 끊어진 자리 = 우주의 핵심체 = 우주 생기기 전 = 천지미분전 소식(天地未分前 消息) = 몸이 나기 전 = 현존 일념의 기멸(起滅) 이전의 경지 = 한 생각 일어나기 전 = 정(情)이 일어나기 전 면목 = 모든 생각이 끊어진 자리 = 문자 밖의 소식 = 언어·문자로 표현할 수 없는 것 = 49년 설법하고도 한마디도 설한 바 없는 자리 = 선악 시비의 분별이 붙을 수 없는 자리 = 당체가 본래 없는 것 = 모양이 끊어진 것 = 성인이나 범부나 똑같은 것 = 『열반경』의 사덕[四

---

85) '성자리'와 관련한 표는 문광, 앞의 논문(2012b), 151쪽의 내용을 기본으로 하여 첨가·보완한 것임을 밝혀 둔다.

德: 상락아정(常樂我淨)] = 유교의 인의예지(仁義禮智) = 『중용』의 중(中)과 미발(未發) = 『대학』의 지선(至善) = 『맹자』의 양지(良知), 『주역』의 통체일태극(統體一太極) = 『시경』의 사무사(思無邪) = 반고씨 이전 소식 = 『노자』의 천하모(天下母) = 『장자』의 혼돈(渾沌)과 물화(物化) = 『열자』의 태역(太易) = 선종(禪宗)의 최초일구자(最初一句子) = 원상(圓相) = 화엄(華嚴)의 최청정법계(最淸淨法界) = 기독교의 하나님(성부) = 우주창조주 = 『천부경』의 시무시(始無始)의 일(一)

탄허 선사상의 가장 큰 특징은 오직 '심성'을 강조하는 것이며, 그 핵심은 바로 '성자리'라는 용어로 압축될 수 있을 것이다. 이 장을 서술하는 목적은 탄허의 사교 회통 사상의 회통의 근본 원리가 바로 불교의 선사상과 화엄 사상에 있음을 밝히는 것이다. 그의 선사상에서 유·불·선·기 사교를 회통할 근본 원리로 추출할 수 있는 술어는 바로 '심성'과 '성자리'가 될 것이다. 위의 표는 탄허선의 요체가 된다고 할 수 있는 '성자리'와 동일 범주에 해당하는 것들을 한데 모은 것이다. '심성'과 '성자리'라는 선적 회통원리는 다음 장에서 다룰 화엄학의 '성기(性起)'와 '무애(無碍)'의 원리와 결합하면서 보다 넓은 회통론으로 확장되어 갔다고 할 수 있다.

3. 화엄 사상(華嚴思想)

탄허의 핵심 사상으로 화엄 사상을 꼽는 것은 너무나 당연한 일이라고 본다. 그는 44세에서 63세까지의 장년기를 『화엄경』의 번역에 모든 시간과 공력을 기울였다. 1956년 오대산 수도원의 교재로 사용하기 위해 번역을 시작한 지 10년 만에 역해를 완료하고 1975년에 18년 만에 『현토역해 신화엄경합론(懸吐譯解 新華嚴經合論)』 47권(양장 23권)을 간행하였다.

이는 실차난타 역(譯)의 80권본 『화엄경』과 이통현(李通玄) 장자의 40권본 『신화엄경론(新華嚴經論)』을 합본한 『화엄경합론(華嚴經合論)』에 대한 현토 역해본이다. 첫머리에 계환(戒環)의 『화엄요해(華嚴要解)』와 통현의 『화엄회석(華嚴會釋)』을 개설(槪說)로 두고, 끝부분에는 「보현행원품(普賢行願品)」, 청량 징관(淸凉 澄觀)의 『화엄현담(華嚴玄談)』, 보조 지눌(普照 知訥)의 『원돈성불론(圓頓成佛論)』을 추가해 놓았다. 청량 국사의 『화엄경소초(華嚴經疏鈔)』 150권[86]은 산삭(刪削)한 번역문만 쌍행(雙行)으로 역문(譯文) 사이에 배치했다. 부족하다고 생각되는 부분은 자신의 주석을 『소초』 뒤에 표시 없이 붙여 두었다.

이차돈 순교 이래의 최대의 불사[87]라는 평도 들었으나 정작 본인은 "하루 저녁 푹 잠을 자고 난 기분으로 『화엄경』을 썼다"[88]고

---

86) 『화엄경소(華嚴經疏)』 60권과 이에 대한 주석을 붙여 해설한 『화엄경수소연의초(華嚴經隨疏演義鈔)』 90권을 말하며, 통상 『화엄경소초』 150권이라 부른다.
87) 김탄허, 앞의 책(2000), 251쪽, 청담 스님의 평가.
88) 위의 책, 271쪽.

말했다. 하루 14시간씩의 원고삼매 속에서 원고지 6만 3천여 장을 써내려 간 것이다.

1) 일승 사상(一乘思想)

(1) 화엄은 대승(大乘) 아닌 일승(一乘)

탄허는 『화엄경』을 강의할 때마다 반드시 첫머리에 '일승경전(一乘經典)'임을 강조했다. 『화엄경』은 대승경전이 아니라는 것이다. 자신의 강의를 듣는 순간 『화엄경』이 대승경전이라는 생각을 바꾸라고 했다. 대승이라 하면 이는 크나큰 망발이라는 것이다.[89]

> 보통 『화엄경』을 대승경전이라고 합니다. 그러나 대승경전이라고 하는 것은 큰 망발입니다. 『화엄경』은 대승경전이 아니에요. 『화엄경』을 대승경전이라고 말한 그 술어부터 뜯어 고쳐야 됩니다. 지금 강의를 듣고 있는 분들부터 "『화엄경』은 대승경전이다"라는 그 술어를 여기에서 고치십시오. 『화엄경』 원문에도 혹 대승이라는 말이 나오는데 이것은 『화엄경』을 번역하는 장소에 삼승 권교 학자가 있어서 잘못 번역한 것입니다.[90]

탄허는 『화엄경』을 절대 대승경전이라고 해서는 안 되고 반드시

---

89) 탄허장학회(편), 『탄허강설집-신화엄경합론1』, 불광출판부, 2003, 10쪽.
90) 위의 책, 8쪽.

일승경전이라 해야 한다고 했다. 「현수품(賢首品)」의 경문을 제시하며 그 이유를 다음과 같이 설명하고 있다. 다소 긴 인용이나 탄허 화엄의 제일의(第一義)이므로 전문을 살펴보자.

그러면 지금부터 『화엄경』을 대승경전이라고 하면 안 되는 이유를 설명하겠습니다. 『화엄경』에 보면 다음과 같은 말씀이 있습니다.

"세간일체중생류(世間一切衆生類)가 선유욕구성문(鮮有欲求聲聞)이라." 이것은 세간의 일체 중생류 가운데 성문승(聲聞乘)을 구하고자 하는 이가 드물다는 말입니다. 우리는 흔히 성문승을 소승(小乘) 가운데에서도 하등이라고 하지만 이 성문승도 구하고자 하는 사람이 드물다는 것입니다.

"구연각자전부소(求緣覺者轉復少)라." 연각승(緣覺乘)을 구하는 자도 전전히 다시 적음이라. 성문승을 구하는 사람도 적은데, 성문승보다 조금 수승한 중생인 연각승을 구하고자 하는 자는 다시 이보다 적다는 말입니다. 이 연각승, 성문승 둘을 합쳐서 소승이라 합니다. 구체적으로 말하면 성문승은 소승이고 연각승은 중승(中乘)입니다. 이에 비해 보살승(菩薩乘)은 대승(大乘)입니다. 성문승, 연각승 둘을 합해서 소승이라 하는 것은, 대승의 경지에 비해서 소견이 좁고 편벽되었다는 말입니다. 그러나 그렇다고 해서 그 둘이 세간법(世間法)이라는 말은 아닙니다. 불법은 불법입니다. 불법의 각도에서 볼 때 자리(自利)가 위주가 되기 때문에 소견이 좁고 편견된 것이라고 말하는 겁니다.

"구대승자심희유(求大乘者甚希有)라." 이것은 대승을 구하는 자

는 매우 드물다는 말입니다. 즉 성문승 구하는 자가 적고, 연각
승 구하는 자는 더더욱 적은데 대승을 구하는 자는 아주 드물
다는 것입니다. 이것이 대승보살(大乘菩薩)입니다. 요즘은 대승
사상(大乘思想)을 아주 대단하게 생각합니다.

"구대승자유이연(求大乘者有易然)이거니와 능신차법배난사(能信
此法倍難事)니라." 대승을 구하는 것은 오히려 쉬움이 되거니와,
능히 이 법을 믿는 사람은 배나 어렵다는 것입니다. 이 법은 바
로 화엄경을 말합니다. 다시 말하면 『화엄경』은 대승이 아닙니
다. 이 『화엄경』, 이 법을 믿는 사람은 이 세상에 정말 없다는
말입니다. 삼승은 성문승, 연각승, 보살승입니다. 그리고 『화엄
경』은 일승(一乘)입니다. 일승은 다른 이름으로 불승(佛乘)이라
고도 합니다. 그러므로 『화엄경』은 부처님의 법인 것입니다. 불
승에서 이 삼승법(三乘法)이 나온 것, 즉 일승에서 삼승이 나온
것입니다. 그러므로 『화엄경』을 대승 사상이라고 하면 큰 착각
이 되는 것입니다. 다시 말하면 『화엄경』은 대승 사상이 아니고
온전히 일승 사상이며, 불승 사상입니다.[91]

탄허는 「현수품」에 "대승을 구하는 것은 오히려 쉬우나 이 법
(화엄경)을 믿는 것은 배나 어렵다"는 구절을 그 근거로 제시하며
『화엄경』은 기존의 대승경전과 전혀 다른 일승이요 불승의 경전이
라 역설했다.

청량의 『화엄현담』의 처음을 장식하는 「어제대방광불화엄경서

---

91) 탄허장학회(편), 앞의 책, 8~10쪽.

(御製大方廣佛華嚴經序)」에는 『화엄경』을 일승이 아닌 대승이라고 일컫는 부분이 나온다. 이 부분에 대한 강의에서 탄허는 화엄을 잘 몰라서 큰 망발을 한 것이라고 심히 비판했다. 그 원문을 살펴 보자.

> 이에 가래나무에 새겨 배포하고 유통하여 '대승'의 교종을 넓히 고 뭇 중생의 방편을 행하니 티끌처럼 많은 천권을 해부하는 것 은 눈 밝은 명인을 기다릴 것이요 대장을 공중에 쓰는 것은 지 혜로운 이를 기다릴 것이다. 삼가 이것을 써서 서로 삼아 그 단 초를 발하노라.[92]

『화엄경』을 대승이라고 하면 망발이라고 하면서 굳이 『화엄경』 이 일승이자 불승임을 강조했던 이유는 대승은 소승의 상대가 되 기 때문이다. 탄허는 일승에서 삼승이 나왔다고 설명한다. 즉 일 승에서 대승(보살승)과 소승(성문승·연각승)이 나왔기 때문에 대 (對)가 끊어진 『화엄경』을 대·소승의 분별에 떨어뜨릴 수 없다는 것이다. 탄허는 평소 대승의 입장에서 소승을 폄하하거나 무시한 적이 없다. 항상 일승과 불승의 관점에서 바다와 같이 대·소승을 하나로 포용하곤 했다. 김상현 교수는 탄허가 경전을 대·소승으 로 구분하지 않고 일승과 삼승으로만 구분하고 있으며 『화엄경』 을 일승으로 본 것은 의상과 같다고 말했다.

---

92) "於是鏤梓徧布流通, 廣大乘之敎宗, 爲群生之方便, 若夫剖微塵之千卷, 有待明人, 書大藏於空中, 俟彼智者. 謹書此爲序, 以發其端云. 永樂十年六月初四日." 김탄허(강 의), 앞의 화엄경 강의 테이프(1).

『화엄경문답(華嚴經問答)』에 의하면, 성문과 연각의 이승은 십지의 4·5·6지의 단계에, 보살승(대승)은 7지의 단계에, 일승은 8·9·10지의 단계에 각각 해당한다고 한다. 따라서 대승의 가르침으로는 7지의 경지를 넘지 못하는 것이고, 궁극적인 깨달음은 일승에 의해 이루어진다. 『화엄경』은 대승이 아니라 일승, 즉 불승이라는 탄허의 주장은 결국 신라 의상의 견해와도 같은 것이다.[93]

탄허는 『화엄경』을 '일승원교(一乘圓敎)'라고 했는데 그가 설명하는 '원교(圓敎)'의 의미가 무엇인지 살펴보기 위해 1982년 미국의 숭산 선사의 초청 법회에서 설한 법문을 들어보자.

우리가 우주 삼라만상을 돌이켜보면 이 차별은 어떻게 정리할 수도 없고 셀 수도 없지만 허공자리에 앉아서 볼 것 같으면 이 우주 삼라만상이 한 덩어리가 되고 마는 것입니다. 육지에 앉아서 보면 백천 중류의 흘러가는 이 물이 수가 없이 한정이 없지만 바다에 앉아서 보면 한 덩어리가 되고 마는 것입니다. 팔만대장경 교리로 볼 것 같으면 그 학설이 한정이 없지만 원교(圓敎), 즉 화엄학에 앉아서 볼 것 같으면 한 덩어리가 되고 마는

---

93) 탄허불교문화재단(편), 『탄허선사의 선교관』, 오대산 월정사, 2004, 223쪽. 김상현 교수가 말한 『화엄경문답』의 정확한 내용은 다음과 같다. "인간과 천상 및 세간의 모든 인과는 처음의 1·2·3지(地)의 3지에 있고 이승이 닦는 모든 인과행법은 4·5·6의 3지에 있으며, 삼승인 대승이 닦는 모든 인과행법은 7지에 있고, 일승이 닦는 모든 인과행법은 8지 이상의 8·9·10의 3지에 있다." 김상현, 『교감번역 화엄경문답』, 씨아이알, 2013, 108~109쪽

것입니다.[94]

탄허는 원교를 설명하면서 여기서의 '원(圓)'은 '모양이 끊어진 것'을 의미한다고 했다. 동양의 천문학에서는 '천원지방(天圓地方)'이라는 표현을 썼는데 이를 '하늘은 둥글고 땅은 네모나다'는 의미로 잘못 해석하여 동아시아인들은 지구가 둥근 것도 모르고 있었다고 비난하기도 한다. 하지만 '천원지방'의 원뜻은 '하늘은 모양이 없고 땅은 모양이 있다'는 의미로 원과 방은 무형(無形)과 유형(有形)을 의미한다고 강의에서 설명하고 있다.[95]

탄허는 '원(圓)'을 번역할 때 항상 '두렷한'[96]이라고 번역했다. 조선시대의 언해본에서 주로 사용했던 번역을 그대로 썼던 것이다. 사전적으로는 '엉클어지거나 흐리지 아니하고 아주 분명하다'는 의미인데, 탄허는 이 '원'을 설명하면서 '천(天)'과 '무위(無爲)'와 함께 회통하여 설명했다.

이 세간 우주 삼라만상 가운데 최고의 예술가는 하늘이다. 하는 것 없는 무위(無爲)가 최고의 예술이다. 성인의 덕은 하는 게 없는 것이거든. 나는 글씨를 익히려고 하지 않았어. 동양의 시(詩)에는 이태백, 두보, 왕유 셋을 치는데, 이태백은 시중선(詩中仙)이다. 두자미(杜子美)는 시중성(詩中聖)이다. 왕유는 시중

---

94) 문광(편), 앞의 책, 179쪽.
95) 김탄허(강의), 앞의 화엄경 테이프 본강(7).
96) 그 어원을 살펴보면 『구급간이방언해(救急簡易方諺解)』(1489)에 "두렷ᄒ다〈두렫ᄒ다(圓)"라고 되어 있다.

불(詩中佛)이다. (……) 시도 최고의 예술은 무심이고 그림도 최고의 예술은 무심이고 글씨도 최고의 예술은 무심이다. 무심(無心)이라는 것이 숙이무생(熟而無生)이 되어야 무심이라. 아직 익지도 않았는데 익은 척하면 안 돼. 익어가지고 무심이 되어야해. (……) 노장에서 말하는 무위라는 것은 바로 이것을 말하지. 도(道)자리에 들어앉아야 하는 게 없는 거거든."[97]

탄허는 화엄학의 '원교'를 설명하면서 '원'의 의미를 모양이 끊어진 것, 무심, 무위, 천, 도 등의 동양 사상을 회석하면서 설명했다. 그는 선에서의 원상(圓相)도 그러하듯 '원'이라는 것은 우주가 생기기 전의 진면목, 유교의 태극, 기독교의 하나님과 같이 가장 높은 진리로 한 생각 일어나기 전 소식이자 한 생각 끊어진 자리로 설명했다.[98]

『화엄경』의 구조에 대해서 청량은 7처 9회 39품으로 보았고 통현은 10처 10회 40품으로 보았다. 이에 대해 계환은『화엄요해』에서 '십(十)'은 '원수(圓數)'이기 때문에 '이루어진 수[成數]'이자 무한의 수로써 한 생각에 몰록 깨닫는 돈법(頓法)을 드러내는 것이라 했다.[99] 게다가 10처 10회의 의미는 대지보광전(大智普光殿)에서 볼 것 같으면 1처 1회의 설을 여의지 않는다고도 했다.[100] 탄허는 통현의 10처 10회설과 이에 대한 계환의 설명을 지지하는 입

---

97) 김탄허(강의), 앞의 화엄경 테이프 본강(7).
98) 김탄허, 앞의 책, 186쪽.
99) 탄허장학회(편), 앞의 책, 211쪽, "十爲圓數, 所以圓彰頓法也."
100) 위의 책, 212쪽.

장이었다. 탄허가 청량의 7처 9회가 틀리는 것은 아니라고 하면서
도[101] 통현의 10처 10회설을 더 선호했던 이유는 '십'이라는 원수
가 화엄의 원교에 더 적절하다고 생각했을 뿐만 아니라 역학적(易
學的) 수리(數理)[102] 역시 작용했을 것으로 본다.

(2) 화엄만이 유일한 요의경(了義經)

탄허는 '동양 사상의 진수는 화엄 사상뿐'[103]이며 '요의경 역시
『화엄경』뿐'[104]이라고 했다. 다른 경전은 화엄학에 끌고 가기 위
한 방편적인 학설일 뿐이라는 설명이다. 탄허는 『화엄경』만이 유
일한 요의경이라는 주장을 뒷받침하기 위해 천태 지의(天台 智顗,
538~597)의 오시 교판(五時敎判)을 채택하여 설명한다. 탄허의 교
판론(敎判論)이 특이한 것은 이통현의 십종 십교(十宗十敎)나 현수
법장(賢首 法藏, 643~712)의 오교 십종판(五敎十宗判)을 모두 수
용하지 않고[105] 천태 오시 교판의 전체적인 구도만을 활용하여 오
직 『화엄경』만이 수승한 최고의 경전임을 강조하는 것이다. 탄허

---

101) 탄허장학회(편), 앞의 책, 81쪽.
102) 탄허는 김일부의 『정역』에도 일가견이 있었는데, 현재까지의 선천 세계를 의미
　　하는 문왕팔괘도에는 '구(九)'까지만 등장하지만 미래인 후천 세계를 상징하는 정
　　역팔괘도에는 '십(十)'까지 나오므로 완전한 세계가 한번 펼쳐질 것이라고 했다. 탄
　　허의 『정역』과 문왕팔괘도, 정역팔괘도에 대한 설명은 제5장에서 다시 상세히 논
　　할 것이다.
103) 김탄허, 앞의 책(2001), 205쪽.
104) 위의 책, 255쪽.
105) 임상희, 「탄허택성의 화엄 사상」, 『되돌아본 100년, 탄허』, 조계종 출판사,
　　2013, 126~127쪽 참조.

의 교판론과 요의경에 대한 설명을 들어보자.

부처님께서 성도하신 후 최초의 21일 동안 화엄학을 설했으나 알아듣는 이가 없으므로, 화엄학까지 끌고 올라가기 위한 방법론으로 49년 설법이 벌어졌다는 얘기지요. 즉 아함부(阿含部)를 12년, 방등부(方等部)를 8년, 반야부(般若部)를 21년, 법화부(法華部)를 8년, 해서 49년 설법이 됩니다. 비유컨대 아함부를 유치원[人天敎]으로부터 초등학교까지의 학설이라면 방등부는 중학교 학설이며, 반야부는 고등학교 학설이요, 법화부는 대학교 학설이라면 화엄학은 대학원 학설에 해당합니다.

그래서 부처님께서는 최후에 네 가지 의지하는 법(法)을 말씀하셨습니다. 첫째는 대의(大義)를 의지하고 문자를 의지하지 말라. 둘째는 지혜에 의지하고 식(識)에는 의지하지 말라. 여기서 지혜는 망상이 붙은 세간(世間) 지혜가 아니고 분별이 끊어진 반야(般若) 지혜를 말합니다. 셋째는 법만 의지하고 사람은 의지하지 말라. 넷째는 요의경(了義經)만 의지하며 불요의경(不了義經)은 의지하지 말라는 것입니다. 즉 요의경이라면 『화엄경』80권뿐이므로 이 화엄학 하나만 의지하지, 다른 경은 불요의경이므로 의지하지 말라는 것입니다. 왜냐하면 다른 경은 모두 화엄학에 끌고 올라가기 위한 방편적인 학설이기 때문입니다. (……) 화엄학의 결론은, 화엄학 이하에서는 말세중생(末世衆生)은 성불 못한다는 말이 나오지만 최고 학설인 화엄학에 가서는 다 성불할 수 있다는 것입니다. 그리고 본체의 진리를 깨닫고 이를 행동으로

실천하는 것을 교시한 경이 바로 화엄경인 것입니다.[106]

탄허는 화엄학은 대학원 학설에 해당하고, 요의경은 『화엄경』
하나밖에 없으며 나머지 전부는 불요의경으로 본다. 화엄학을 설
명하기 위해서 49년 설법이 존재했으니 화엄학은 법신의 설법이
고 나머지 모든 팔만대장경은 화신의 설법이라고 했다. 탄허의 교
판론은 한마디로 팔만대장경은 『화엄경』과 『화엄경』의 여집합(餘
集合)으로 구성된 것으로 본다. 이러한 탄허의 사상은 기존의 교
상판석에 입각해서 볼 때에는 다소 레디컬한 입론으로도 볼 수
있다. 하지만 이것이 바로 탄허 화엄의 특징이다.

탄허는 화엄학 이하에서는 말세중생은 성불 못한다는 말이 있
지만 최고 학설 화엄학에 가서는 누구나 다 성불할 수 있다는 것
이 결론이라고 했다.[107] 그는 『화엄경』이 최고 학설이라는 것을 설
명하기 위해 『화엄경』의 여성성불론을 거론하며 『법화경』과의 차
이를 변별한다.

『법화경』에서는 여자의 몸이 법기가 아니어서 남자의 몸으로 바
꾸어서 변신해서 성불하는 것이니까, 또 이 사바세계는 예토라
고 해서 남방무구세계 극락세계에 가서 성불했거든. 그 점이 화
엄학만 못하다 이거야. 화엄학에는 구정(垢淨)이 없다 이거야.
예토 정토가 없다 이거야. 남녀가 없다 이거야. 치마 입었으니까

---

106) 김탄허, 앞의 책(2000), 254~255쪽.
107) 위의 책, 256쪽.

여자지 어디 본성자리에도 여자가 있나? 그게 모자란다 말이야 『법화경』의 교리가. 법화학에서는 자꾸만 교리가 화엄학과 같다 이러지, 하지만 화엄학에서는 암만해도 작은 집이지 저거, 같이 동등하지 못해 이러지. (천태학에서는 화엄학보다 낫다고 하지 않느냐는 질문에 대해) 나은 점도 있지, 왜 그러냐 하면 법화종은 49년 설법을 똘똘 뭉쳐서 회교(會敎)해서 일승으로 잡아넣었으니까 멋있다고도 볼 수 있지. 그렇지만은 원래 교리 자체는『화엄경』을 못 당한다 이 말이지. 우열이 현저하지.[108]

『법화경』에서 여자가 남자의 몸으로 바꾸고 남방의 무구세계로 가서 성불했다고 한 것은 여자의 몸으로는 성불 못하고 사바세계는 예토라서 성불 못한다는 뜻이다. 탄허는 이것이『법화경』이『화엄경』만 못하다는 증거라고 했다. 남녀가 본래 없고 정토 예토가 본래 없다는 것이 화엄의 교리임을 탄허는 강조했다.

화엄에서 믿음이 차지하는 중요성에 대해서 탄허는 늘 강조했다. 나에게 묘각의 불과가 그대로 있다는 것과 일심삼덕(一心三德, 법신·반야·해탈)이 본래 갖추어져 있다는 것을 완벽하게 믿어야 한다는 것이다. 화엄을 대승이 아니라 일승이라 함은 누구나 보살이요 누구나 부처라는 의미이다. 여성이 성불 못한다는 것은 방편에 불과한 것으로 일승도리인 화엄에 오면 여성도 성불한다고 말한다. 실제『화엄경』을 보면 등각보살에 여성들이 많이 등장한다. 마야부인도 성불했는데 붓다가 사람의 몸을 받으러 오기

---

108) 김탄허(강의), 앞의 화엄경 테이프 본강(4).

위해서 어머니가 필요하므로 여성의 몸으로 방편으로 온 것이지 여성이 열등한 것이 아니라고 설명한다. 실제 탄허는 이를 생활 속에서 실천했다. 승속을 막론하고 강의를 듣게 했으며 공양주도 오전 강의를 듣게 하려고 점심밥을 하지 않게 시켜서 모든 대중이 점심 공양을 식은 밥으로 했다는 증언[109]이 있다. 남녀노소 승속을 막론하고 누구나 부처요 보살이라는 것이 화엄의 일승이자 불승의 사상이며, 이는 가르침에 있어서 차별을 두지 않는다는 유교의 '유교무류(有敎無類)'[110]의 가르침과 상통한다.

이러한 화엄의 일승 사상은 탄허가 불교를 유교, 도교, 기독교와 회통할 때 많이 활용했던 주요한 원리였다. 위에서 탄허는 천태학의 멋있는 장점이 삼승을 모아 일승으로 돌아가는 회삼귀일(會三歸一)이라고 했다. 실제로 탄허는 유교, 도교, 기독교의 셋을 모아 불교의 하나로 회삼귀일했다. 그는 유·불·선·기 사교를 일관되게 화엄에서의 일승이자 불승의 관점으로 인식했다. 바다와도 같은 일승의 화엄학으로 백천중류를 받아들이는 일승원교 도리를 탄허는 다음과 같이 설명하였다.

> 도교의 최고봉은 『노』·『장』, 유교의 최고봉은 『주역』, 불교의 최고봉은 『화엄경』이지요. 『화엄경』은 바다라는 것과 똑같습니다. 그런데 바다를 안 본 사람에게는 바다라고 해도 몰라요. 그래서 쉽게 설명하기 위해 일렁일렁하는 저 물결이 바다다, 바람이 물

---

109) 혜거 스님의 증언으로 영은사 수련원 당시의 일이라고 한다.
110) 『논어』 「위령공(衛靈公)」.

결을 치게 하는 저것이 바다다, 그 위를 저어가는 것 그게 바다다 이렇게 가르칩니다. 이것들은 그러나 바다의 일단만 보여주는 것이지요. 바다에는 바람도 있고 물결도 있고 저어가는 것도 있습니다. 그처럼 우주 만유와 나와, 마음과 이 전체가 총진리화 되어 버린 것, 그것이 『화엄경』의 도리야.[111]

2) 성기 사상(性起思想)

(1) 『통현론(通玄論)』과 『청량소(淸凉疏)』의 재해석

한암의 회상에서 『보조법어』의 「원돈성불론」을 먼저 본 대중들은 『통현론』에 관심을 가지게 되었다. 그리하여 탄허는 『통현론』을 대중들과 함께 『화엄경』 경문과 함께 매일 읽어 11개월 만에 독파했다. 참선하는 사람이 아니면 볼 근기가 못 된다고 했던 『통현론』을 읽은 다음부터 탄허의 화엄 사상은 이를 토대로 자리를 잡게 되었다.[112]

『통현론』의 현토만이라도 해 달라는 한암의 부촉으로 기나긴 화엄역경의 불사는 시작되었는데, 그가 『화엄경』을 번역한 원칙은 『통현론』을 정(正)으로 하고 『청량소』를 조(助)로 하는 것[方山爲正, 淸凉爲助]이었다. 탄허는 「신화엄경합론역해서(新華嚴經合論譯解序)」에서 이렇게 말하고 있다.

---

111) 김탄허, 앞의 책(2001), 180쪽.
112) 월정사·탄허문도회 편, 앞의 책, 76~77쪽.

팔십권경(八十卷經)에 통현(通玄)의 사십권론(四十卷論)을 정(正)으로 하고 청량(淸凉)의 백오십권소초(百五十卷疏鈔)를 조(助)로 했다. 화엄(華嚴)의 종지(宗旨)는 논(論)으로 하고 자구(字句)의 해석(解釋)은 소(疏)로 하면 거의 대경(大經)을 일진(一塵)에 부석(剖析)하고 법계(法界)를 탄지(彈指)에 볼 수 있을 것이다.[113]

『화엄경』이 80권인데 이에 대한 주석인 『청량소초』는 150권으로 배에 가깝고 『통현론』은 40권으로 경문의 반에 해당한다. 탄허가 보기에 『통현론』은 화엄경의 대의를 잘 요약한 것이었고, 『청량소초』는 내용이 과다하게 많은 편이었다. 이에 『통현론』에서 대의를 취하고 세밀한 문장 해석은 『청량소』로 한다는 방향을 취하게 된 것이다. 탄허는 "정말 아무리 읽어 봐도 권태가 나지 않는 글은 『통현론』이다. 재미가 있고 한 장만 읽어도 『화엄경』을 떡 주무르듯 주물러진다. 그러나 『청량소』는 몇 장을 넘겨도 『화엄경』이 어디에 가 붙어 있는지 알 수가 없다"[114]고 했을 정도로 통현장자의 시원시원한 해석을 편애했다.

보조 국사뿐만 아니라 역대 조사 누구든지 교리를 말할 때는 화엄학에는 통현 장자의 40권 『논』을 중체(重體)로 삼습니다. 『청량소초』는 그 다음입니다. 즉, 자구 해석에는 청량의 『소초』가 더 세밀하지만 대의총판(大意總辦)은 이 법계체를 주장한

---

113) 김탄허(역해), 『신화엄경합론 (1)』, 교림, 2011, 3쪽.
114) 월정사·탄허문도회 편, 앞의 책, 85쪽.

40권 『논』이 더 수승하다는 것입니다.[115]

자구의 해석은 『청량소』가 더 세밀하지만 대의총판은 법계본체를 주장한 통현론이 더 수승하다는 것이다. 탄허는 『통현론』을 보면 『청량소』에 비해 독창적인 견해들이 많다고 했다. 『통현론』을 통해서는 『청량소』의 대의도 다 알 수 있지만 『청량소』만 봐서는 『통현론』을 알 수 없다고 했다. 역대 조사들이 『통현론』을 좋아한 것은 말만 다르지 그 종지가 선지(禪旨)와 완전히 일치하기 때문이라고 하였다. 따라서 당(唐)나라 때부터 지금까지 선문에서는 일관되게 『통현론』을 선호한다고 했다.[116]

그런데 『통현론』과 『청량소』에 대한 포폄과 호오의 평가가 있게된 데에는 좀 더 본질적인 이유가 있었다. 청량의 삼부차(三復次)와 통현의 사구게(四句偈)를 비교한 탄허의 분석을 검토해 보자.

청량국사는 세 가지 부차(復次, 순서)를 세워서 설명했다. 제일부차(第一復次)에서는 중생과 중생이 스스로 다 갖추어 있다 하는 것이고, 제이부차(第二復次)에서는 다른 사람의 과덕이 나에게 있다는 것이고, 제삼부차(第三復次)에서는 당래에 내가 성불할 과덕이 지금 나에게 있다. 이렇게 세 가지 부차, 즉 단계를 밝힌 바 있다. 이것은 물론 훌륭한 말이다. 그러나 가만히 살펴보면 이것은 모두 연기(緣起)를 벗어나지 못하고 있는 것이다.

---

115) 탄허장학회(편), 앞의 책, 41쪽
116) 월정사·탄허문도회 편, 앞의 책, 94쪽.

본체적 규명이 못 되는 것이다. 그런데 통현의 『화엄론』의 대의
는 무엇이었던가? 그 사구게를 살펴보자.

"불시중생심리불(佛是衆生心裏佛), 수자근감무이물(隨自根堪無
異物), 욕지일체제불원(欲知一切諸佛源), 오자무명본시불(悟自無
明本是佛).

부처란 바로 중생들의 마음속의 부처이다(『청량소』의 삼부차 같
은 어름한 말이 없는 것이다). 그러므로 자기 근기의 감당함을 따
를 뿐 다른 물건이 없다.(이 도리는 참선하는 사람이 아니면 믿지
를 못한다) 모든 부처님의 근원을 알고자 한다면(모든 부처님 즉
진리를 알고자 한다면), 나의 무명 즉 우글우글하는 번뇌망상이
본래 부처라는 것을 깨달아야 한다."

이것이 통현장자의 『화엄론』 40권의 대의인 것이다. 앞서 말한
『청량소』의 세 가지 부차(3단계 논법)와 비교하여 본다면 『청량
소』의 삼부차는 종지가 없는 것은 아니지만 역시 연기를 면하지
못한다. 본체론이 못 된다. 그래서 역대 조사들이 『통현론』을 중
시해 온 것이다.[117]

위 인용문에서 본 바와 같이 탄허는 『청량소』에 대해 '어름한'이
란 표현까지 스스럼없이 사용해 가며 삼부차에 대해 신랄한 비판
을 가하고 있다. 여기에서 말하는 삼부차라는 것은 보조가 「원돈
성불론」의 첫 단락에서 언급하고 있는 내용으로 여기서 언급되는
연기와 성기의 문제는 「원돈성불론」 전체의 주된 논제였다.[118]

---

117) 월정사·탄허문도회 편, 앞의 책, 82~85쪽.
118) 김탄허(역해), 앞의 책(2005), 232~306쪽.

청량은 「성기품(性起品)」[119]에 의거하여 '불지(佛智)가 중생심에 있다[佛智在衆生心]'는 뜻을 삼부차를 세워 설명한다. '중생 중생이 스스로 있음[生生自有]', '당래의 성불할 과덕이 스스로 있음[當果自有]', '타인의 성불할 과덕이 나에게 있음[他果在我]'이 바로 삼부차인데, '부처의 지혜가 중생심에 있다'는 말에 대한 설명을 3단계의 논법을 통해 '타인의 성불한 과덕이 나에게 있다'는 결론에 도달한 것이다. 보조는 이에 대해 결국 '사사무애(事事無碍)'의 연기를 벗어나지 못하고 있다고 비판한다.[120]

탄허는 청량의 삼부차와 대비를 이루는『통현론』40권의 대의가 되는 사구게를 가지고 와서 설명한다.

> 佛是衆生心裏佛　부처는 중생 마음속의 부처이니
> 隨自根堪無異物　자신의 근기의 감당함을 따르는 것이지
> 　　　　　　　　 다른 것이 아니다
> 欲知一切諸佛源　모든 부처의 근원을 알고자 한다면

---

119) 80화엄의 「여래출현품(如來出現品)」은 60화엄의 「보왕여래성기품(寶王如來性起品)」이다. 이 품은 가장 높은 설처인 타화자재천궁에서 최후에 설해진 것으로 '성기(性起)'를 설한 것이다.『화엄경』전체에서도 가장 높은 곳에서 최종적으로 설해진 것이 이 「성기품」이다. (해주,『의상 화엄 사상사 연구』, 민족사, 1994, 24쪽.) 이통현은 "『화엄경』의 대체(大體)는 성기(性起)인 대지법계(大智法界)로써 체용(體用)을 삼는다[此經大體以性起大智法界爲體用]"고 했다. (임상희, 앞의 논문 136쪽에서 재인용.) 여기서의 '성기'에 대해서 고승학은 "과연 '성기'가 어떤 의미인가에 대해서 자세히 설명하고 있지 않다", "이통현의 성기관을 논하는 것은 그의 사상을 왜곡할 소지가 크다고 할 수 있다"고 통현의 성기관에 대한 언급에 대해 다소 부정적인 견해를 보였다. (고승학, 「『신화엄경론』에 보이는 이통현의 법계관에 대한 비판적 검토」,『불교학연구』제52집, 2017, 175~176쪽.)
120) 위의 책, 232~233쪽.

悟自無明本是佛　자신의 무명이 본래 부처인 줄을 깨달아야 한다.

통현 장자의 사구게는 '타인의 성불할 과덕이 나에게 있다[他果在我]'와 같은 '어름한' 말이 없다. 현재 우글우글대는 번뇌망상이 본래 부처라는 것을 확실히 깨닫기만 하면 된다는 것이다. 청량이 연기라면 통현은 성기이다. 통현의 사구게를 보면 '성기(性起)'라는 용어를 사용하지 않았다 하더라도 그의 성기관(性起觀)을 엿볼 수 있으며 이는 선지(禪旨)와도 상통한다. 영가 현각(永嘉 玄覺)의 『증도가(證道歌)』에서 "무명(無明)의 실성(實性)이 바로 불성(佛性)이요, 환(幻)과 같은 공(空)한 몸이 곧 법신(法身)이다"[121]라는 구절과 상통한다. 당송 이래의 조사들의 환영을 받을 만하다. 이런 연유로 탄허가 종지는 『통현론』에서 취하고 자구는 『청량소』에서 취하라고 언급했던 것이다.

보조는 「원돈성불론」에서 통현의 사구게를 무려 4번이나 반복 인용해 가면서 정통 화엄으로 군림했던 『청량소』의 '연기'적 해석보다 방계로 분류되던 『통현론』의 '성기'적 해석이 우위임을 주장하고자 노력했다.

다음은 보조가 「원돈성불론」에서 청량의 주장을 비판하고 통현의 뜻을 내세우는 한 대목이다. 탄허의 번역 그대로 살펴본다.

근본보광명지의 불과가 중생과 불(佛)의 체(體)인 까닭에 이사

---

121) 김탄허(역해), 『영가집(永嘉集)』, 교림, 2011, 189쪽. "無明實性卽佛性, 幻化空身卽佛身."

(理事)와 성상(性相)과 선악(善惡)과 염정(染淨)이 다 두렷하고 다 없는 것이니 원효가 세우신 바 일대법신불(一大法身佛)과 같은 것으로 지(智)의 체(體)가 본래 삼대(三大)를 갖춘 까닭에 다만 성(性)이 깨끗한 본각리불(本覺理佛)일 뿐만은 아니요, 지(智)의 체(體)가 본래 십세(十世)의 원근(遠近)과 연촉(延促)이 없는 까닭에 당래(當來)의 과(果)가 융섭해 있음[當果攝在]도 아니요, 근본지(根本智)가 자심(自心)의 불(佛)인 까닭에 타인의 과가 나에게 있음[他果在我]도 아니다. 그러므로 현수와 청량의 판단한 바 성기품(性起品) 가운데에 '불지(佛智)가 중생의 마음에 있다'는 뜻이 [통현]장자 화엄론의 지취(旨趣)와는 약간 다르다. 그러나 만일 연기문(緣起門) 가운데 융섭한 뜻을 잡아서 논한즉 중생이 오해(悟解)한 보광명지 가운데에 중생과 불이 원융하기 때문에 타인의 과가 나에게 있다 해도 또한 옳으며, 십세가 원융하기 때문에 당래의 과가 스스로 있다 해도 또한 옳으며, 염(染)을 따르되 성(性)이 깨끗함이 있으므로 중생중생이 스스로 있다[生生自有] 해도 또한 옳다. 그러나 돈오한 보광명지불은 원융(圓融)과 항포(行布)의 연기문을 잡아 논할 바가 아니니 법계를 증득한 곳에 과를 어찌 미리 말하리오.[122]

---

122) 김탄허, 앞의 책, 301~302쪽, "根本普光明智佛果, 是生佛之體故, 理事性相善惡染淨, 俱圓俱泯, 如曉公 所立一大法身佛也. 以智體本具三大故, 非但性淨本覺理佛也, 以智體本無十世遠近延促故, 非當果攝在也, 以根本智 是自心之佛故, 非他果在我也, 故知賢首·清凉所辦性起品中, 佛智在衆生心之義, 與長者論之旨稍異也. 然若約緣起門中融攝之義, 論則以衆生今日悟解普光明智中, 生佛圓融故, 謂他果在我亦得, 十世圓融故, 謂當果自有亦得, 以有隨染性淨故, 謂生生自有亦得. 然今日頓悟普光明智佛, 非約圓融行布緣起門之所論, 以法界證處, 果豈預談."

탄허는 자신의『화엄경』번역에 보조의「원돈성불론」을 포함시킨 이유에 대해서『통현론』40권과『청량소초』150권에 대한 대의를 총합해서 비판한 것이기 때문이라고 했다.[123] 『통현론』은 불교의 근본인 '본체론'을 곧바로 드러낸 것임에 반해『청량소』는 고작 3단 논법인 '연기론'에 그치는 수준이라는 것이다. 탄허의『화엄경』역경 과정에서 주석 선택의 가장 중요한 기준이 통현의 성기와 청량의 연기에서 갈라졌다고 볼 수 있다. 탄허는 청량의 연기와 통현의 성기에 대해 누차 언급한 바 있다.

> 진리에서 이 우주가 일어난 '법계 연기'를 주장한 것이 청량의 『현담』입니다. 이에 비해 통현장자의『논』은 '법계 본체'를 주장했습니다. 이 두 말씀은 하나로, 틀리는 것이 아닙니다. 그러나 하나도 틀리는 건 아니지만, 도에 들어가는 것에 있어서 청량 스님은 '법계 연기'를 주장한 것이고 통현 장자는 '법계 본체'를 주장한 것으로 빠르고 늦음이 현저합니다. 다시 말하면 청량 스님이 주장한 '법계 연기'를 통해 들어가는 길은 돌아서 들어가는 것이고, 통현 장자가 주장한 '법계체'를 통해 들어가는 길은 지름길이라는 말입니다.[124]

청량의 연기(법계 연기)와 통현의 성기(법계 본체; 법체계)는 어느 하나 틀린 것은 아니라고 했다. 하지만 법계 연기를 통해서는 돌

---

123) 탄허장학회(편), 앞의 책, 40쪽.
124) 위의 책, 40쪽.

아 들어가는 길이고, 법계 본체를 통해서는 지름길로 빨리 들어가는 것으로 입도의 속도가 현저히 다르다는 것이다. 이러한 입도의 더디고 빠른 속도의 차이에 대해서 탄허는『화엄경』을 보더라도 반드시 참선을 병행하여 성기를 통해 선교 회통의 경지에 들어가야 한다고 했다. 선과 화엄과의 관계에 대한 그의 가르침을 살펴보자.

> 화엄을 가까이 하는 방법이 있다. 그것은 선에 깃들어야 한다. 선에 대한 취미가 있는 사람은 반드시 화엄을 잘 이해하게 된다. 나는 그래서『화엄경』이나 그 밖에 경을 공부하는 사람에겐 반드시 취미로라도 참선을 하라고 권하며, 또 반대로 선을 하는 사람에겐 반드시 취미로라도 화엄을 보라고 권한다. 일체법이 화엄에서 풀려가기 때문이다. (……) 참선이 바로 화엄의 수행이다.[125)]

탄허는 통현과 청량이『화엄경』의 유통분을 보는 차이에도 주목한다. 통현은「여래출현품」을 유통분으로 본다.[126)] '이주인과(二周因果)와 삼주인과(三周因果)[127)] 사이에 유통분이 걸쳐 있어서 좀

---

125) 월정사·탄허문도회 편, 앞의 책, 86~87쪽.
126) 이통현의 영향을 받아『화엄요해』를 쓴 계환은 유통분에 대해서 또 다른 견해를 보이고 있다. 그는「여래출현품」부터「입법계품」까지 전체를 유통분으로 본다.
127) 탄허는「신화엄경합론역해서」에서 "이 경은 십회사십품(十會四十品)을 총괄해 말하면 삼주인과(三周因果)와 이종상도(二種常道)에 불과하다"고 말한 바 있다. 통현의 삼종인과(三終因果)와 이종상도를 계승한 계환은 통현을 계승하되 '삼종인과'를 '삼주인과'로 바꾸고 체계를 보강한다. 탄허는 계환의 '삼주인과'라는 용어를 썼다. '이종상도'는 '티끌을 같이 하지만 물들지 않으면서 중생을 이롭게 하는 상

타당하지 않은 것 같다'는 강의 듣던 스님의 질문이 있었다. 이에 대해 탄허는 2주인과에 닦는 법은 이미 끝이 난 것이므로 유통분이 그곳에 위치해도 된다고 했다. 1주인과는 부처님이 성불하신 것이고, 2주인과는 그 부처님 과덕을 온전히 믿어서 10신을 성취하고 10주-10행-10회향-10지-11지를 닦아서 2주인과의 끝에서 여래출현이 되는 것이니 그것을 유통분으로 봐 버린 것이라고 했다. 「입법계품」은 3주인과로 하나를 따로 내세운 것이라고 했다. 하지만 청량이나 법장이 3주인과인 「입법계품」을 유통분으로 본 것도 대의가 역시 통한다고 했다. 제1주인과에 부처님이 성불한 것, 제2주인과에 보살이 성불한 것, 제3주인과에 중생이 성불한 것인데 3주인과가 유통분이라고 해도 그것도 말이 된다고 했다. 청량의 말이 아주 틀렸다는 것은 아니지만 통현의 말에 의거해 볼 것 같으면 그것이 더 재미있다고 했다.[128]

탄허는 『통현론』과 『청량소』를 상호 비교하면서 조선 유학의 퇴계와 율곡의 이기론(理氣論)을 가져 와서 비유를 들어 설명한 바 있다. 화엄의 리(理)와 사(事)의 관계를 퇴계의 '이기호발설(理氣互發說)'과 율곡의 '기발리승일도설(氣發理乘一途說)'의 내용과 비교하면서 퇴계와 청량국사, 율곡과 통현장자를 배대하여 설명한 것이다. 다음은 탄허가 청량의 명문 중의 하나이자 『화엄경』의 핵심

도[同塵不染 利生常道]'인 「이세간품(離世間品)」과 '닦는 것은 잊어버리고 증득한 것을 끊는 불과의 상도[忘修絕證 佛果常道]'의 「입법계품」을 말한다. 해주 스님은 삼주인과를 연기세계에, 이종상도를 성기세계로 간주하여 탄허가 '연기를 성기로 포섭하고 다시 성기의 바탕에서 연기로 나아감을 볼 수 있다'고 했다. 해주, 앞의 논문, 212~213쪽.
128) 김탄허(강의), 앞의 화엄경 테이프 본강(1).

을 요약했다는 「왕복서(往復序)」를 강의하면서 이사무애(理事無碍)와 사사무애(事事無碍)를 설명한 것으로 조선 유학의 이기론 논쟁으로 청량과 통현의 차이를 설명한 대목이다.

이기이원론(理氣二元論)이라는 것이 있을 수 있어? 이(理)와 기(氣)가 두 근원이 될 수 있어? 나온 구멍이 두 구멍이란 말이 있을 수 있냐고? 그렇게 무식한 말이 어디 있어. 말로 표현하자니 뜻을 밝히기 위해서 쌍으로 드러내서 말하는 것이지. 이기이원론이라고 할 것 같으면 불교는 전부 이원론 천지야. 이사이원론(理事二元論), 성(性)과 상(相)이 이원론, 중생과 부처가 이원론, 진(眞)과 속(俗)이 이원론, 모두 이원론이야. 그게 이원론인가 그게? 밝히기 위한 방편이지 여러분 생각해 봐. 그러면 지금 와서 생각해 보면 이것이 퇴계의 말씀도 별로 병이 안 된다고 하는 것은 지금 와서는 내 소견대로 융통해 보니까 그렇거든.
그러면 이건 청량 스님 말씀인데 말이야. "이수사변(理隨事變)이라 즉일다연기지무변(則一多緣起之無邊)이요, 이치가 사(事)를 따라 변하는지라 곧 하나와 많은 것이 반연해 일어남이 한이 없고" 여기도 이치가 사를 따라 변한다고 했지만 이치가 본래 변하는 것이 없지만 이치가 변하는 것 없이 변하는 것이란 말이야. 그래서 만유가 되는 것이 아니냐 말이야. 이거 허물될 것이 없단 말이야, 퇴계의 말씀도. 이렇게 통해서 보면, "사득리융(事得理融)이라 즉천차섭입이무애(則千差涉入而無碍)로다. 사는 이치를 얻어서 융통함이라 곧 천차만별이 섭해 들어가서 걸림이 없다" 그러니까 그렇게 통해서 볼 것 같으면 퇴계의 말씀도 '이

발(理發)'이라고 '이치가 발했다'라고 해서 그렇게 허물되는 것이 아니란 말이야. 발하는 것 없이 발한다 이럴 수 있는 것 아니야. 헌데 지금 생각하니까 우리가 융통해서 보니까 병이 안 되지, 이십 전 시절에 볼 때는 이게 크게 병이 됐다 이거야. 왜? "이치가 발할 때는 기운이 따라오고[理發而氣隨之], 기가 발할 때는 이치가 탔다[氣發而理乘之]"고 하니까 분명히 이와 기가 갈라졌다 이거야. 그러니까 율곡이 "퇴계의 병은 '이발' 이자(二字)에 있다"고 때려잡는 거야. 그러면 그때 우리 이십 전 시절에는 율곡의 학설을 보면 눈이 번쩍 뜨여. 아주 확 드러난단 말이야. 그와 같은 거야. 지금 "통현장자의 논을 주장하자, 청량소초는 뒤로 두자!" 하는 것은 화엄학 종지가 번쩍 드러난다 그 말이야. 퇴계의 말씀을 율곡이 이렇게 평해 두니까 그때는 율곡의 학설을 봐야 눈을 번쩍 뜨지. 지금 다 융통해서 해석하면 병될 것도 없다 이거야. 다 융통해서 보면 청량 스님 말도 좋고 통현장자 말도 좋고 다 좋아. 하지만 처음 도에 들어가는 사람이 문호에 들어갈 때는 주장하는 것이 그렇게 시시한 걸로 해서 드러나면 도에 들어가기 어려운 거야. 그러니까 예전 조사들이 그렇게 냉정하게 통현장자를 내세우고 그랬지 그렇지 않으면 뭐하러 그렇게 속인을 내세우고 그러겠어. 절집에서 얼마나 속인을 깔보는데 말이야.[129]

탄허는 청량과 통현의 차이를 퇴계와 율곡의 차이와 배대하여 설명하고 있다. 불교나 유교 어느 한 부분에 대한 정확한 이해만

---

129) 앞의 테이프 본강(5).

있다면 그것을 근거로 뜻이 통하여 종지를 획득할 수 있도록 회통하여 설명하는 것이다. 불교의 이사의 문제를 유교의 이기의 문제로 분석하고 있다. 퇴계의 이기이원론과 율곡의 이기일원론을 놓고 볼 때 입도(入道)의 시기에는 율곡의 이론이 명쾌하여 이기론에 대한 명확한 종지가 선다. 차후에 융섭하여 볼 수 있을 때가 되면 퇴계가 '이발'을 통해서 그가 전하고자 한 의미도 이해할 수 있게 되는 것이다. 이처럼 입도의 시기에는 통현의 성기의 입론을 통해 분명하고 명확한 이해를 한 뒤 융통하여 볼 수 있을 때 청량의 연기의 입론도 좋음을 알 수 있게 된다는 것이다. 하지만 화엄학의 종지가 일거에 드러나는 것은 역시 『통현론』이라는 것이다. 탄허는 이렇듯 청량–통현의 화엄학을 퇴계–율곡의 성리학과 회통하여 설명하기도 하였다.

이상에서 보듯 탄허의 화엄학에서 통현–보조–한암–탄허로 이어지는 계보를 확인할 수 있다. 보조는 이통현의 『화엄론』 40권을 3권의 『화엄론절요』로 요약하고 「원돈성불론」은 지어 선엄일치(禪嚴一致)의 화엄선(華嚴禪)을 주창함으로써 사교입선(捨敎入禪)의 사교(捨敎) 대신에 선교 회통(禪敎會通)의 대원칙을 제시했다. 한암은 보조의 사상을 현대에 계승하여 『보조법어』를 찬집·현토하여 탄허로 하여금 번역하게 하고, 『통현론』의 현토를 부촉하여 『신화엄경합론』의 현토 역해를 견인했다. 탄허는 스승 한암의 법맥을 이어 보조의 사상을 계승·발전시키고, 자신의 처소를 이통현을 따라 '방산굴(方山窟)'이라 명명하고 『통현론』을 중심으로 『화엄경』

을 완역했다. 정병삼의 설명으로 이를 정리해 보자.

> 탄허는『신화엄경합론』역해 작업을 통해 조선시대 전반에 걸쳐
> 『청량소』를 위주로 이해해 오던 화엄학의 경향을 새롭게 하여
> 이통현의 화엄 이해를 바탕으로 지눌의 선교통합적인 화엄 이해
> 의 흐름을 되살려 현대 화엄 이해의 디딤돌을 이루었다는 의의
> 가 있다.[130)]

(2) 현대 한국 화엄 성기 사상(華嚴性起思想)의 초석

탄허는 58세 되던 1970년 연말에『신화엄경합론』의 원고 교정
을 완료하고 일본 동경대학교의 초청으로 나카무라 하지메(中村
元)를 비롯한 일본학자들과 대담의 자리를 가진 적이 있었다. 유
교·도교·불교의 학자 각 30여 명씩 총 100여 명의 일본 교수·학
자를 대상으로 질의·응답과 특강을 했다고 한다. 당시 동경대 박
사과정에 유학하고 있던 김지견의 주선으로 이루어진 행사였으며
시자로 서우담이 함께 떠났고 그곳에서 절친했던 사형인 난암 선
사를 만나기도 했다.

불교학이 발달되었던 일본에서도 유례가 없었던『신화엄경합
론』의 방대한 번역을 완성했다는 것에 일본 학자들은 궁금한 점
이 많았고, 화엄학뿐 아니라 유·불·선 삼교에 두루 능통해야 하

---

130) 정병삼,「한국화엄 사상연구와 탄허」,『탄허선사의 선교관』, 오대산 월정사,
2004, 247쪽.

는데 어떻게 혼자서 완역이 가능했는지 질문이 쏟아졌다고 한다. 질의·응답이 계속되면서 일본학자들은 감탄했고 거침없이 설하는 탄허의 설법에 놀라 문답은 강의로 변했고 7일간으로 연장되었다고 한다. 마지막 날 강의를 마쳤을 때엔 일본의 교수·학자들이 모두 탄허에게 3배의 예를 올렸다고 한다.[131]

『통현론』은 현수—청량으로 계승되는 중국적 화엄 전통과 달리 유가·도가와 같은 중국의 전통 사상[132]을 바탕으로 해석하였기에 유선양가(儒仙兩家)에 통달한 뒤 불전을 익히고 참선에 투철했던 탄허야말로 통현화엄을 이해하는 데 가장 적절한 인물이었다고 볼 수 있겠다.[133]

탄허는 일본 동경에서 작성 중에 있던 김지견의 박사학위 논문[134]을 사흘 동안 교정을 봐 주었다고 한다. 일본어에 능하지는 않았으나 한자에 능했기에 어느 정도 읽을 수 있었고, 한문 원문의 교정과 함께 내용에 관해서 의견을 제시하면 김지견은 그것을 일본어로 번역하여 논문에 실었다고 한다. 사흘을 꼬박 교정을 봐 준 뒤에는 "자네 논문은 내 것이야"라고 농담을 하고 한바탕 같이 웃고는 귀국했다고 한다. 탄허는 평소 김지견을 매우 애지중지했

---

131) 당시 시자로 일본에 동행하여 모든 상황을 지켜보았던 서우담 선생의 증언 내용이다.
132) 중국의 전통 사상과 이통현에 관한 논문으로는 다음의 2편을 참조. 임상희, 「이통현과 중국 전통사상」, 『한국불교학』 제50집, 한국불교학회, 2008; 고승학, 「『신화엄경론』에 나타난 이통현의 『화엄경』 해석의 특징 ―중국 고유사상과의 연관성을 중심으로―」, 『불교학연구』 제34집, 불교학연구회, 2013.
133) 정병삼, 앞의 논문, 246~247쪽.
134) 김지견, 『新羅華嚴思想の 硏究』, 日本 東京大學 博士學位論文, 1973.

으며 『신화엄경합론』이 완간된 뒤에도 김지견은 며칠씩 탄허에게
와서 화엄학과 관련하여 궁금한 것을 모두 질문하고 경청한 뒤
모르는 것이 없어졌을 때 돌아갔다고 한다.

김지견은 한국화엄 사상사를 성기 사상(性起思想)의 관점에서
보는 학술을 열었던 인물이다. 그는 화엄학에 있어서 탄허의 지
대한 영향과 가르침을 받았다. 김지견의 은사였던 서옹 선사(西翁
禪師)는 탄허와 가장 친했던 도반이었고, 김지견은 서옹의 소개로
처음 탄허를 만난 뒤로 평생 제자의 예를 다하며 궁금한 모든 것
을 문답하며 며칠씩 같이 지냈다고 한다. 현재 탄허기념박물관장
인 혜거 스님을 삼척 영은사 수도원의 탄허에게 편지를 써 보내어
출가시켰던 인물도 외숙부였던 김지견이었다.

혜거의 증언에 따르면, 김지견은 1962년 영은사 수도원에서 월
정사 주지로 자리를 옮긴 뒤 1967년 일본으로 유학을 떠나기 전
어느 날 김지견은 탄허로부터 「의상조사 법성게」 강의를 들었다고
한다. 김지견은 탄허에게 「법성게」 강의를 들은 뒤 혜거에게 와서
"크게 눈이 열렸고 크나큰 수확이 있었다"고 했는데 이때 「법성
게」를 '성기'의 관점으로 보는 안목과 의상(義相)[135]–보조(普照)–설
잠(雪岑)으로 이어지는 성기 사상의 대맥을 잡았다고 한다.[136]

김지견은 한국화엄이 중국화엄이나 일본화엄과는 달리 연기가

---

135) 김지견의 논문 「의상의 법휘고」에 입각하여 '義湘'이 아닌 '義相'으로 기록한다. 의
상(찬)/김지견(역), 『일승법계도합시일인(一乘法界圖詩一印)』, 초롱, 1997, 153~217쪽.
136) 이 증언은 필자가 2013년부터 탄허기념박물관 연구실장으로 있으면서 혜거 스
님으로부터 수차례 듣고 확인한 내용이다. 스님은 김지견의 연구 성과에 관한 세
부적인 내용을 가장 잘 인지하고 있다.

아닌 성기의 입장임을 주장했다. 의상의 경우 화엄을 '연기적 차원을 초월한 성기로서 진리를 염정융회(染淨融會)의 실천 신앙을 통해 체험하는 실천철학'이었다고 주장한다.[137] 그는 화엄을 연기적 측면을 초월하여 성기적으로 보고 연기는 이론적이고 철학적이라면 성기는 종지적이고 실천적이라고 했다.[138]

설잠이 『화엄일승법계도주병서(華嚴一乘法界圖註并序)』에서 "'법성원융무이상(法性圓融無二相), 제법부동본래적(諸法不動本來寂), 무명무상절일체(無名無相絶一切), 증지소지비여경(證智所知非餘境)'의 '증분(證分) 사구(四句)에서 이미 할 일을 다해 마친 것이며 '진성심심극미묘(眞性甚深極微妙)'의 제5구부터는 연기분(緣起分)이며 교분(敎分)"[139]이라 한 것에 대해서 "의상의 『법성게』 210자의 종지는 법성이요, 법성은 곧 수연"[140]이라고 한 것은 성기를 중시한 것으로 보았다.[141] 또한 그는 보조가 「원돈성불론」에서 이 「법성게」의 증분 4구에 대해 사사무애를 표상한 것이 아니라 '사사무애의 근원'을 나타낸 것이라 설명한 것은 의상의 『법계도』를 성기 사상으로 파악한 것[142]이라고 주장했다.

김천학은 이 구절이 실려 있는 김지견의 논문 「화엄과 선의 세

137) 김지견, 「해동화엄의 뿌리와 흐름」, 『범한철학』 제4집, 범한철학회, 1986, 50쪽.
138) 위의 논문, 53쪽.
139) 김지견(강의), 『대화엄일승법도도주병서』, 김영사, 1987, 56쪽. "相師坐寬蕩蕩地任他道, 法性圓融無二相, 諸法不動本來寂, 無名無相絶一切, 證智所知非餘境四句, 道盡了也."
140) 위의 책, 8쪽. "以相師一圈觀之, 向二百一十字, 究其宗旨則不過法性而已, 究其法性則不過隨緣而已."
141) 김지견, 「화엄과 선의 세계」, 위의 책, 262쪽.
142) 위의 논문, 261~262쪽.

계』는 '의상계 화엄 사상을 성기 사상으로 해석하는 초석이 된 역작'이라 평가했으며, 그의 학술업적을 논하며 '학술적으로 높은 평가를 받고 후학에게 가장 많은 영향을 미친 것은 의상계 화엄학의 연구'라고 정리한 바 있다.[143]

탄허가 의상의 「법성게」, 통현의 『화엄론』, 보조의 「원돈성불론」, 그리고 스승 한암의 선풍[144]을 이으며 '성기'의 측면에서 화엄학을 보았던 관점은 김지견에게 전수되어 일본에서의 박사학위 논문에도 일정 부분 반영되고 귀국 후의 연구에도 지속적으로 영향을 주었다. 의상계통의 화엄 사상을 계보학적으로 성기 사상에 귀속시키는 김지견의 견해는 이후 상당한 영향력을 미쳤으며 정순일과 해주 스님의 박사 논문에도 영향을 주었다.[145] 이후 성기 사상은 한국불교 연구에 지속적인 주제가 되어 왔다.[146] 이렇듯 탄허의 성기 사상은 한국 현대 화엄 성기 사상의 초석을 형성하게 되었고 지금까지도 깊은 영향을 미치고 있다.

---

143) 김천학, 「현대 한국의 불교학자: 김지견」, 『불교평론』 제67호, 불교평론사, 2016, 326~344쪽.

144) 한암의 선교 회통적 선풍은 보조의 선풍을 이은 것으로 보이며 의상계 해동화엄의 근대적 계승자로 이해된다. 김호성, 『방한암 선사』, 민족사, 1995, 89~111쪽 참조.

145) 정순일, 『화엄성기사상사 연구-중국 화엄종을 중심으로』, 원광대 불교학과 박사학위논문, 1988; 해주, 『신라 의상의 화엄교학 연구-일승법계도의 성기사상』, 동국대 철학과 박사학위논문, 1989.

146) 최근 의상계의 사상을 성기 사상으로만 규정할 수 없다는 최연식 등의 논의가 있다. 향후 이에 관하여 좀 더 진전된 담론이 있어야 할 것으로 본다. 최연식, 「한국불교에서의 성기와 연기」, 『불교학보』 제74집, 동국대 불교문화연구원, 2016.

3) 무애 사상(無碍思想)

탄허는 『통현론』과 『청량소』를 비록 변별하기는 했지만 청량 국사에 대해서는 훌륭한 인물로 극찬했다. 『화엄경』 강의에서의 청량 국사에 대한 언급을 살펴보자.

> 수수과슬(垂手過膝)이고 손이 무릎 밑으로 내려가고, 이가 40 치고, 백다섯 살에 돌아가셨는데 돌아가신 뒤에도 안 사리(眼 舍利)가 나왔잖아. 다른 사람 안 사리 나온 이가 없거든. 눈이 멀렁멀렁하니 안 탔다 말이야. 그걸 안 사리라 그래. 설 사리(舌 舍利)가 나왔잖아. 혀가 시뻘겋게 안 탔단 말이야 화장했는데. 그게 왜 그런고 하니 이 혀로 부처님의 좋은 말씀 경전만 설해 줬기 때문에. 그걸 설 사리라 그러는 거예요. 목불시비의지색(目 不視非儀之色)이라, 눈으로는 의 아닌 빛깔은 전혀 보지 안했다. 족부답니사지진(足不踏尼師之塵)이라, 발로는 비구니 땅 먼지도 안 밟는다. 청량 스님이 십원율신(十願律身)이 있어. 열 가지 원 을 세운. 그렇게 눈으로는 의 아닌 빛깔은 보지를 않고 눈으로 본 것은 경밖에 없다 이거야. 그러니까 안 사리 같은 게 나오는 거지. 그렇게 훌륭한 분인데, 이 양반이 화엄학을 자기 일생을 통해서 스물한 번을 강좌했어. 그런데 국사니까 말이야 나라 선 생이니까 임금을 기준으로 해서 강좌한 게지 궁중에서. 그리고 열두 살에 벌써 이십 번 경론을 강을 했어. 그러니까 화엄회상 에 큰 보살후신으로 나온 게지.[147]

---

147) 김탄허(강의), 앞의 테이프 본강(2).

탄허는 청량이 의가 아닌 것은 보지 않고 오직 경전만을 보아
안 사리가 나올 정도로 청정한 보살의 후신이라 평가했다. 탄허
는 성기를 중심으로 화엄학을 펼쳤지만 청량의 사법계관을 적극
수용하였다.[148] 청량의 사법계설과 관련된 부분은 『법계현경(法界
玄鏡)』[149]과 『대화엄경략책(大華嚴經略策)』[150] 등에 수록되어 있다.
기무라 기요타카는 청량의 사법계설에 대해서 다음과 같이 설명
한다.

사법계 전체도 끝까지 추궁하는 입장에서는 유일하고 진실한
법계, 즉 '일진법계(一眞法界)'가 있을 뿐[『연의초』1(대정장 36, 2
중-3상)]이며, 사법계는 결코 병렬된 4종의 세계가 아닐 뿐만
아니라 반드시 순서를 따라서 깊어지는 세계관의 표명도 아닌
것이다. 그러나 실제 논술에서는 징관 자신도 '사사무애 법계'를
궁극적인 세계 본연의 모습을 표현한 것으로 자주 중시했다.[『연
의초』1(대정장 36, 9상)] 징관이 말하는 '사사무애 법계'는 '리(理)'
를 빼낸 사상(事象) 상호간의 자유로운 교류와 융합을 보장하
는 것은 아니다. 오히려 항상 '이'의 존재가 '사사무애'를 지지하
는 근거로 의식되고 있다. 그런 까닭에 그는 "이사무애에 기초

---

148) 기무라 기요타카/정병삼 외(역), 『중국화엄 사상사』, 민족사, 2005, 239~243쪽.
149) 위의 책, 240쪽 재인용. "言法界者, 一經之玄宗, 總以緣起法界不思議爲宗故, 然
法界之相要唯有三, 然總具四種, 一事法界, 二理法界, 三理事無碍法界, 四事事無碍
法界." 『법계현경』(대정장 45, 672하).
150) 위의 책, 241쪽 재인용. "法者軌指爲義, 界者有二義, 一約事說界卽分義, 隨事分
別故, 二者性義約理法界, 爲諸法性不變易故, 此二交絡成理事無碍法界, 事攬理成
理由事顯, 二互相奪卽事理兩亡, 若互相成則常事常理, 四事事無碍法界, 謂由以理融
彼事故." 『대화엄경약책』(대정장 36, 707하).

하여 비로소 사사무애가 성립한다"고 논하고, "사는 이를 얻어 융화하기 때문에 여러 가지 다른 사가 서로 엮여 들어가 어떤 방해도 없다"고 설한다.[『연의초』1(대정장 36, 9중)][151]

탄허는 청량의 화엄 사상 가운데에서 가장 중요한 것으로 화엄 사법계관을 들었고 그 역시 사법계 가운데 사사무애 법계를 가장 중시했다. 탄허는 통현의 성기과 청량의 사법계설을 절충 융합했다. 통현의 '성기'를 통해 선적인 근본을 확보하고 청량의 사사무애 법계의 '무애'를 활용하여 회통의 방법론을 획득했다고 볼 수 있다. 유·불·선·기 사교 회통의 화엄적 원리는 '성기'와 '무애'였다.

> 화엄경 도리란 사법계(四法界) 도리이다. 사법계란 이법계(理法界), 사법계(事法界), 이사무애 법계(理事無碍法界), 사사무애 법계(事事無碍法界)이다.
> 먼저 이법계라는 것은 공(空)적인 면을 가지고 하는 말이다. 다시 말하면 이 우주 만유는 환(幻)이고 가상(假像)으로 있는 것이지 실제로 있는 것이 아니다. 즉 공(空)인 것이다. 모든 것을 이렇게 공한 것으로 보는 것, 이것을 이법계[眞理法界]라고 하는 것이다. 법계(法界)란 진리의 대명사이다.
> 다음 사법계라는 것은 우주 만유가 그대로 진리라는 뜻이다.
> 또 이사무애 법계란 이와 사가 거리낌이 없는 법계, 다시 말해

---

151) 기무라 기요타카/정병삼 외(역), 앞의 책, 243쪽.

공(空)과 유(有)가 둘이 아님을 말하는 것이다. 『반야심경』의 '색 즉시공, 공즉시색(色卽是空, 空卽是色)'으로서 색공(色空)이 둘이 아닌 것이 이사무애 법계인 것이다.

다음 사사무애 법계란 사와 사가 거리낌이 없는 것을 말한다. 그런데 우리가 이사무애 법계까지는 이해할 수 있고 인식할 수가 있지만 사사무애라는 것은 보통 사람으로서는 도저히 인식할 수 없는 것이다. 예를 들면 태산을 자기 콧구멍 속으로 집어 넣는다고 할 경우 콧구멍이 넓어지는 것도 아니고 그렇다고 태산이 축소되는 것도 아닌데도 태산이 콧구멍 속으로 들어가는 것과 같은 것이다. 태산이 콧구멍 속으로 들락날락하면서도 하나도 거리낌이 없는 것, 그것이 사사무애 법계인 것이다. 그러므로 일반인들은 사사무애 도리를 이해하기 어려운 것이다. 그것은 오직 이 우주 만유가 일진법계화(一眞法界化)된 사람이 아니면 그렇게 되지를 못하는 것이다.[152]

탄허는 사법계 가운데 가장 난해한 것이 사사무애라고 했다. 일찍이 그는 인간의 언어로 구현된 것 가운데 최고의 경지는 사사무애이며 부처님의 49년 설법 가운데 가장 깊은 학설 또한 사사무애 도리라고 했다.[153] 즉 교학에서는 가장 깊은 도리가 바로 사사무애라는 것이다. 일진법계화된 사람이 아니면 이해할 수 없는 것이며 그렇기 때문에 참선을 권했던 것이다. 탄허는 『주역선해』를 역주하면서 화엄사법계로 주역의 8괘를 설명한 우익 지욱

---

152) 월정사 · 탄허문도회 편, 앞의 책, 25~26쪽.
153) 문광(편), 앞의 책, 183쪽.

의 주석에 대해 자신의 주석을 붙이면서 화엄사법계에 대한 가장 요약되고 함축적인 주석을 다음과 같이 남긴다.

> 화엄학에 말한 사법계는 일(一)은 이법계니 만유(萬有)의 공적(空寂)한 체(體)를 말함이다. 이(二)는 사법계니 만유의 환상(幻象)이 그대로 진리인 것이다. 삼(三)은 이사무애 법계니 공적한 체와 만상의 환유(幻有)가 서로 구애가 없는 것이다. 사(四)는 사사무애 법계니 대중현소(大中現小)하고 소중현대(小中現大)하며 내지 일중일체다중일(一中一切多中一)과 일즉일체다즉일(一卽一切多卽一) 등이다.[154]

다음으로 역대의 탄허의 설법 가운데 사사무애를 가장 상세하게 설명한 법문은 아래의 법문이다. 1982년 입적하기 10개월 전 미국에서의 세계 고승 초청 대법회에서의 설법이다.

> 부처님께서 49년 동안 횡야설 수야설 법문을 해 놓으셨는데 거기에서 가장 깊은 학설이 무어냐 하면은 사사무애 도리(事事無礙道理)라는 것입니다. 즉 화엄학의 사사무애 도리. 일중일체다중일(一中一切多中一), 일즉일체다즉일(一卽一切多卽一)이라는 것이 하나 가운데 일체, 하나가 곧 일체라는 것이 비슷할 것 같지마는 극히 좀 다릅니다. 물론 사사무애 도리를 표현하는 방법으로서는 같습니다마는 내용이 좀 틀린 것은 무어냐 하면 '일중일

---

154) 우익 지욱(저)/김탄허(역주), 앞의 책(3), 92쪽.

체(一中一切)'라 하면 하나가 그 개체가 살아가지고 있으면서 전체를 싸 가지고 있다는 것입니다. '다중일(多中一)'이라는 것은 전체 많은 것이 자기 개체를 다 가지고 있으면서 그 하나를 싸 가지고 있다는 것입니다. 예를 들면 이 방안에 전등을 백 개 천 개를 켜 놓는다고 봅시다. 백 개 천 개를 켜 둔다면 그 광명이 하나하나가 전부 이 방안에 꽉 차 가지고 있습니다. 그러나 그 한 등의 광명이 백천 등의 광명에 장애가 안 되면서 서로 포함되어 있고 또 백천 등의 광명이 자기 개체를 살려 가지고 있으면서 그 한 등의 광명을 장애하지 않는 것이 바로 '일중일체다중일 (一中一切多中一)' 소식입니다. 하나 가운데 일체요 일체 가운데 하나라는 것입니다.

'일즉일체다즉일(一卽一切多卽一)'이라 하나가 곧 일체요 일체가 곧 하나라는 말은, 예를 들면 우리가 육지의 물 한 방울을 바다에다 던진다고 봅시다. 육지의 물 한 방울을 바다에다 던진다면 육지의 물 한 방울 개체가 없어짐과 동시에 전체의 바다 맛이 되고 마는 것입니다. 그러니까 바다의 전체 맛이 육지의 물 한 방울 맛이고 육지의 물 한 방울 맛이 전체의 바다 맛이라는 말입니다.

그럼 아까 '일중일체다중일' 한 등잔이 천백 등잔의 광명을 장애하지 않고 서로서로 함용(含容)해 있다는 것은 개체가 살아 가지고서 낱낱이 개체의 광명이 우주에 꽉 찬다는 것을 의미하는 것이고, '일즉일체다즉일'이라는 것은 개체가 죽어져 버리는 것입니다. 이 개체가 저쪽에 가면 자기 개체가 없어지면서 저쪽 것과 자기 것이 한 덩어리가 되는 것을 의미하는 것입니다. 그렇게

사사무애 도리를 표현한 것이예요 화엄학의.[155]

　탄허는 인간이 만들어 낸 최고의 언어로 화엄학의 '사사무애'를 꼽았는데 이 사사무애의 도리를 동양 사상의 회통의 원리로 활용하여 삼교를 종횡무진했다. 함용의(含容義)와 상즉의(相卽義)라는 두 가지 측면에서 사사무애를 설명하고 있다. 하지만 사사무애보다 한 단계 더 위의 경지가 있다고 말하고 있다.

　　사사무애 도리가 그렇게 49년 설법의 대단한 법문이지만 임제 3구에 비할 것 같으면 제3구에 불과한 것이다. 제3구는 "자구(自救)도 불료(不了)라"고 하는 거예요. 제3구에서 만일 깨닫는다 할 것 같으면 제 몸뚱이 구원도 마치지 못한다. 제 몸뚱이 구원도 못하는 놈이 어떻게 중생을 제도하겠느냐 이것입니다. (……) 팔만대장경 교리를 아무리 횡야설 수야설 해봤자 거기에 붙지 못하는 소식이올시다. 그것을 임제의 제1구 법문이라고 그러는 거예요. 그러면 임제의 제1구 법문은 본래 물을 수도 없고 답할 수도 없는 본래 문답이 끊어졌다는 경계올시다. 그러므로 이 본래 문답이 끊어진 제1구 소식에서 깨닫는다 할 것 같으면 "감여불조위사(堪與佛祖爲師)라" 인간 천상의 선생은 물론이려니와 부처님과 조사의 선생이 될 수 있다는 것입니다.[156]

　사사무애 법계 도리가 아무리 깊다 하더라도 임제 제3구 법문

155) 문광(편), 앞의 책, 185쪽.
156) 위의 책, 185~187쪽.

에 불과하다는 말은 바로 연기의 세계보다 성기의 세계가 더욱 깊다는 의미가 될 것이다. 「법성게」의 증분 4구처럼 생각이 끊어지고 언어가 끊어진 세계, 시공이 끊어진 세계인 임제 제1구의 세계를 증득하지 못하면 자기 제도도 하지 못한다는 언명은 성기를 중심으로 한 선사로서의 안목이 바로 드러나는 부분이라 하겠다. 성기와 연기를 회통한 탄허의 화엄 사상은 바로 선과 교를 회통한 그의 모든 사상체계와 동궤를 그리고 있다. 해주는 탄허의 성기와 연기에 대해 다음과 같이 설명하고 있다.

> 탄허 스님은 의상과 이통현의 성기관을 함께 수용한 보조지눌의 선엄관을 이어받았다고 간주되고 있다. 그런데 통현론을 이은 『화엄요해』에서는 2종상도를 3주인과에 포섭시키고 있다. 이로 볼 때 『화엄요해』의 관점을 수용한 탄허 스님의 화엄법계관은 연기를 법성성기에 포섭시킨 의상의 화엄법계관과는 약간 다른 점도 발견된다고 하겠다. 그러나 스님의 법계관은 성기보다 연기를 중시한 입장이 아님은 분명하다고 하겠다. 『청량소』보다 『통현론』의 안목을 선호한 탄허 스님은 "진리에서 이 우주가 일어난 법계연기를 주장한 것이 청량의 「현담」입니다. 이에 비해 통현장자의 『논』은 법계 본체를 주장했습니다"라고 청량징관과 이통현의 법계관을 비교하였다.[157]

임상희는 "탄허는 화엄법계관을 청량의 사법계로 설명하기도

---

157) 해주, 앞의 논문, 212~213쪽.

하지만 이는 보광명지와 일진법계라는 통현화엄의 바탕 위에서 사법계설을 수용한 것으로 볼 수 있다"[158]고 했다. 탄허의 화엄 사상의 핵심은 성기와 연기의 통섭이다. 하지만 사사무애를 중심으로 한 연기만으로는 임제 3구에 떨어질 뿐이다. 선의 '심성'과 '성자리'가 그의 선사상의 골수이듯이 화엄의 '성기'와 '무애'는 그의 화엄 사상의 중추이다. 더 요약하면 선과 화엄의 원융은 '성자리'와 '성기'가 그 핵심이 되어 선교가 회통된다고 하겠다.

탄허가 동양학 전체를 기반으로 하여 구상했던 회통 사상의 미래 비전은 다음의 언명에 자세히 드러나고 있다.

스님은 민족의 미래를 인재를 양성하기 위해 유성 학하리에다가 화엄대학원을 만들려고 했어요. 스님은 나를 보고 너는 문교에 적성이 있으니 뽑고, 또 다른 사람은 교통에 능하면 뽑듯이 각 분야의 인재를 집중적으로 가르치고, 등용시켜서 남북통일의 주역이 되게 해야 한다고 하셨어요. 남북이 통일되면, 50년간 분단이 되어서 민족의 이질성이 심하여 통일되어도 큰 혼란이 일어난다고 봤어요. 그래서 스님은 민족의 이질성을 극복할 수 있는 것은 동양 사상밖에 없다고 보고, 민족이 합치려면 삼교 회통 사상으로 나가야 된다고 하셨어요. 통일을 대비하기 위해 인재양성을 하고, 인재들을 뽑아서 몇 년간 가르치겠다고 하

---

158) 임상희, 앞의 논문, 136~137쪽.

셨어요. 그 인재들에게 동양 사상을 주입시키는 것이지요.[159]

  탄허가 대전 학하리의 자광사를 창건한 것은 이곳을 미래 도의 교육의 중심지로 만들어 삼교 회통을 바탕으로 한 동양학의 응집처로 발전시킨 화엄대학원을 설립하고자 했던 것이다.

  화엄대학원을 만들기 위해서 자금을 모으기 위해 후원자에게 줄 붓글씨를 써서 수백 점 학하리 장경각에 보관해 두었고 설계까지 했었다. 화엄대학원 건물을 서울의 4대문이 있듯이, 거기도 4대문을 만들었다는 말을 스님에게 들었어요.[160]

  하지만 화엄대학원의 설립 계획은 실패로 돌아갔다. 탄허의 화엄불사는 본래 그 성격이 유형에 있지는 않았다. 탄허가 『화엄경』을 번역하던 장소인 방산굴의 주련은 탄허의 가풍을 그대로 보여주는데 이를 그의 '선(禪)적 화엄'이라 해도 좋을 것이요 '성기불사(性起佛事)'라고 불러도 좋을 것이다.

  청정한 수월 도량에 앉아서 배고프면 쌀 없는 밥을 먹고, 목마르면 젖지 않는 물을 마시고 허공 꽃 불사를 짓는다. [坐水月道場, 饑來無米飯, 渴飮不濕水, 做空華佛事.]

---

159) 월정사·김광식(편), 앞의 책(하), 101~102쪽.
160) 위의 책(하), 105쪽.

탄허의 모든 불사는 '공화불사(空華佛事)'를 지은 것이다. 허공
꽃과 같은 불사란 자성이 없고 실체가 없는 불사이며, 불사를 해
도 한 바가 없고 이루어진 바가 없는 완전한 무아 세계의 불사이
다. 성기무애(性起無碍)의 불사이자 해탈열반의 적정세계이다. 그
래서 탄허의 역경불사는 '홀로결사'[161]라고 해도 좋고 '종신결사(終身
結社)'라고 표현해도 좋다. 즉 탄허의 불사와 결사는 '공화불사'였
고 '공화결사'였다. 실체가 없는 완전한 무아의 결사요 성기의 결
사였다. 그렇지 않았다면 그는 선사라고 자임할 수 없었을 것이
다. 탄허의 일생은 역경과 교육으로 일관되고 불사와 결사로 관통
한 일생이었다. 하지만 그가 행한 평생의 모든 공화불사는 실화결
사(實華結社)로서 무진(無盡)의 법계에 이생상도(利生常道)로 남아
있을 것이다.

---

161) 탄허의 결사에 관한 내용은 다음을 참조. 김호성, 『결사, 근현대 한국불교의 몸부
림』, 씨아이알, 2016.

4. 선교 회통(禪敎會通)과 향상일로(向上一路)

1) 선교 회통 : 사교입선(捨敎入禪)에서 선체교용(禪體敎用)으로

탄허는 '불립문자(不立文字)'와 '사교입선(捨敎入禪)'과 같은 용어를 거의 사용하지 않았다고 한다.[162] 경허의 경우에는 계룡산 동학사의 강사로 있다가 우연히 역병이 도는 마을을 지나치다가 죽음에 대한 공포의 엄습이라는 체험을 통해 생사해탈을 발원하고 재발심하여 강원의 문을 닫고 참선정진에 몰입하여 결국 일대사인연을 해결해 냈다. 경허가 교(敎)를 버리고 화두참선에 몰입하여 대오견성한 것은 몸소 사교입선의 과정을 그대로 보여준 삶이었다고 할 만하다. 하지만 그의 제자 한암의 경우에는 교학을 버리지 않고 선교를 겸수하여 선교일치(禪敎一致)의 가르침을 온몸으로 보여주었던 삶이라고 할 수 있겠다. 그렇다면 사교입선이 옳은 것인가, 선교겸수가 옳은 것인가?

탄허는 한암의 선교관에서 영향을 받아 선교융회[163]의 관점과 선교 회통의 사상을 굳건히 견지했다. 그는 교를 버리고 선으로 들어간다고 하는 사교입선을 단 한 번도 주장한 적이 없었고, 선과 화엄을 융섭한 보조와 한암 두 선사의 사상을 계승하고 발전

---

162) 윤창화, 앞의 논문, 346쪽, 주7)을 참조.
163) 혜거는 한암의 선교관에 대해서 '선교융회'라는 용어로 설명한 바 있다. 혜거, 앞의 논문 참조.

시킴으로써 선과 교 두 방면에 걸쳐 일가를 크게 이루었다.

> 한말 근대 우리나라 선을 부흥시킨 경허·한암 두 선사의 정통
> 법맥을 계승한 탄허 선사께서 '사교입선'의 편협한 사상을 배격
> 하고 선과 화엄을 동시에 제창하였던 점도 바로 '선교 일치 사
> 상'에서 비롯되었습니다. 즉 교학적 사상적 토대가 없는 선은 자
> 칫 공허한 방향으로 흘러가 일생을 허송세월하게 되는 폐단을
> 막기 위하여 선과 화엄을 동시에 주장하였던 것입니다. 탄허 스
> 님께서는 (……) 전통 강원의 교재를 교학의 입장에서가 아니라
> 선의 입장에서 번역하셨는데, 이 역시 한국선불교의 사상적 정
> 체성을 확립하고자 하는 원대한 생각에서였습니다.[164]

대한불교 조계종은 선종을 표방하지만 팔만대장경의 일대교학
을 함부로 무시하는 태도로 '불립문자'를 언급하는 것에 대해서
탄허는 매우 강하게 비판했다. 그는 불립문자의 이면적 의미에 대
해서 문자가 필요 없다는 말이 아니라 문자를 강하게 주장하지
않는다는 것으로 풀이했다. 모든 언어·문자가 쓸데없는 것이라고
하면 불경에 대한 비방이 되니 불교를 비방하거나 문자를 비방하
는 것은 다음 생에 무식한 과보를 받게 된다고 경고했다. 인과법
에 문자 비방은 분명히 무식한 과보를 받게 된다고 했으니 삼가
지 않을 수 없다는 것이다.[165] 탄허는 당시 공부하지 않는 불교계

---

164) 탄허불교문화재단(편), 앞의 책, 5쪽, 현해의 「간행사」 참조.
165) 김탄허, 앞의 책(2000), 17~18쪽.

를 비판하며 어디서 경전 몇 구절 얻어 들은 실력만으로 신도들을 가르치려 드는 '무식위종(無識爲宗)'의 승려들이 있다[166]고 하며 경전 공부의 중요성을 역설했다.

특히 제방 선원의 선승들이 경전을 쉽게 무시하면서 오직 참선만이 제일이라고 강조하며 발설하는 불립문자에 대해서는 불교의 발전을 저해하고 무식을 조장하는 부류라며 항상 걱정했다. 그가 하루도 거르지 않고 새벽에 참선을 하면서도 평생 경전을 번역하여 교재를 만들고자 했던 것도 선과 교에 두루 능통한 훌륭한 인재를 양성하기 위함이었다. 선원에 정진하러 가는 후학과 인연이 되면 항상 선과 교를 병행해야 한다는 법문을 잊지 않고 해 주었다고 한다. 탄허는 참선과 경전 공부를 늘 병행해야 한다고 말했다. 경전에만 지나치게 매달려도 안 되지만 불립문자를 맹신하여 이를 지나치게 강조해서도 안 된다고 했다.[167] 스승 한암이 선사였음에도 오대산 중문에서는 '승가오칙(僧家五則)'[168]을 제정하여 '참선(參禪)', '염불(念佛)', '간경(看經)', '의식(儀式)', '수호가람(守護伽藍)'을 겸수(兼修)토록 한 가풍은 탄허에게도 고스란히 전승된 것이다.

탄허의 선교관(禪敎觀)을 고찰해 보면 철저히 '선교 회통(禪敎會通)'을 근본으로 하고 있음을 알 수 있다. 필자는 이미 앞에서 탄허의 사교 회통 사상의 근본 원리를 불교의 선사상과 화엄 사상

166) 김탄허, 앞의 책, 262쪽.
167) 월정사·김광식(편), 앞의 책(하), 408~409쪽.
168) 한암문도회·월정사(편), 앞의 책, 126쪽.

두 가지에서 추출하였다. 선에서는 '성(性)자리'와 '심성(心性)'이, 화엄에서는 '성기(性起)'와 '무애(無碍)'가 바로 회통 정신의 근본 원리로 작동한다고 보았다. 탄허의 이러한 선과 화엄의 '성' 중심적 원리가 가장 먼저 활용된 분야는 다름 아닌 불교 내부의 선종과 교종의 회통이었다. '선교겸수(禪敎兼修)'·'선교일치(禪敎一致)'·'선교일원(禪敎一元)'·'선교융회(禪敎融會)' 등과 같은 다양한 용어들이 이미 존재하고 있지만 탄허처럼 과불급이 없는 황금률의 선교 회통을 구현하고자 노력을 기울인 인물을 찾기는 힘들다고 본다. 탄허를 선사와 강백이라는 두 측면에서 아무리 살펴보아도 그 중도적 긴장은 해소되지 않는다.

40년에 이르는 세월을 경전 번역과 교학연찬에 몰입한 선승은 찾아보기 어렵고, 선교를 두루 회통한 종장이라 할지라도 선교를 넘어 유·불·선·기 사교를 종횡무진으로 회통하는 선사나 강백을 만나보기도 쉽지 않다. 선교가 '일치'했다고 보기에는 교학 방면에 더욱 투신한 것 같고, 선교를 '융회'했다고 하기엔 선지(禪旨)에 투철하여 지독하게 활구(活句)를 강조한 측면이 있다. '겸수'나 '융회'와 같은 표현은 이미 둘로 분할된 전제를 바탕으로 융합한다는 어감이 존재하며, '일치'나 '일원' 역시 불이(不二)임을 너무 강조하고 있음이 감지되어 부즉불리(不卽不離)가 완전히 실현된 것으로 느껴지지 않는다. 필자는 탄허의 이러한 선교 회통의 미묘한 특질을 좀 더 본원적으로 설명해 보기 위해서 이미 '체용(體用)'의 무간(無間)의 특징을 활용하면서 선의 본체에 대한 강조와 교의 현실에 대한 적용을 절충하여 '선체교용(禪體敎用)'이란 용어로 그의

선교관을 설명해 보고자 시도한 적이 있었다.[169]

　　탄허의 방대한 역경불사와 교육불사는 '교용(敎用)'이라는 불학
　　(佛學)의 발전과 인재양성이라는 현실적 요청, 그리고 대중들의
　　다양한 수요에 대한 응답임과 동시에 골수에 간직된 '선체(禪體)'
　　에 대한 탄허의 뿌리 깊은 인식을 반영한다. '선체교용'은 교가
　　선으로 이르게 하는 단순한 뗏목이라는 의미에서의 '사교입선
　　(捨敎入禪)'이나 '주선종교(主禪從敎)'도 아니며, 선이 교를 무시
　　하거나 폄하하는 오류로 자칫 미끄러지기 쉬운 '불립문자(不立文
　　字)'나 '독존선종(獨尊禪宗)'도 아니었던 탄허의 선교관을 대별할
　　수 있는 용어라고 생각한다.[170]

　필자는 탄허의 선교 회통이 동양 사상 전반으로 확장되어 적용
되고, 나아가 기독교와 서양 사상까지도 회통할 수 있게 된 지점
에 주목한다. 골수까지 관통되어 있지 않은 어설픈 회통은 자칫
유사함 찾기의 설익은 콜라보에 그치기 쉽다. 선체교용의 성격을
지닌 탄허의 선교 회통 사상의 궁극에는 그의 철저한 선수행자로
서의 안목과 정진이 뒷배를 봐주고 있었다고 판단된다. 향상(向
上)의 일로(一路)에 이르기 위한 탄허의 냉정한 정진이 없었다면
취모리(吹毛利)를 자랑하는 그의 활안(活眼)의 작동과 회통의 묘
론(妙論)을 만날 수는 없었을 것이다. 선교 회통을 넘어 구경의 경

---

169) 문광, 「탄허택성의 선사상 연구 -역경관과 수행관을 중심으로-」, 『불교학보』 제
　　76호, 동국대 불교문화연구원, 2016, 231~234쪽.
170) 문광, 위의 논문, 234쪽.

지로 넘어가고자 한 탄허의 향상일로를 살펴보자.

2) 향상일로 : 제일구(第一句)와 말후일구(末後一句)의 제시

탄허는 선(禪)을 제1구 소식인 본래 문답이 끊어진 자리라고 했다. 그리고 화두는 자성을 깨쳐 들어가는 법칙이라고 했다. 탄허는 수행 방법면에서 다양한 참선법을 열어 놓고 근기에 맞는 수행을 권했다. 하지만 탄허는 간화선과 관법(觀法) 사이에 우열이 없다고는 했지만 상근기의 제자에게는 간화선을 적극 권하였다.[171] 그는 경허–한암으로 내려오는 선맥을 이은 선사답게 간화선이야말로 최상근기의 수행이자 최고의 수행임을 강조했다. 묘현(妙玄)에게 보낸 편지에서 화두참선에는 관조와 깨달음이 함께 있다고 하여 간화선에 대한 확고한 믿음을 심어 준 사례가 보인다.

> 도로 들어가는 문이 여러 갈래이지만 총체적으로 말하면 색(色)·성(聲)·행(行) 삼문(三門)이다. 일체색(一切色)으로 들어가는 것은 문수문(文殊門)이요, 일체성(一切聲)으로 들어가는 것은 관음문(觀音門)이요, 일체행(一切行)으로 들어가는 것은 보현문(普賢門)이라 한다. 그러므로 많은 말이 필요 없다. 한 생각 일으키기를 무서워하지 말고 오직 깨달음이 더딤을 염려하며 생각이 일어나면 곧 깨달아야 한다. "깨달으면 없다"는 옛사람의 가르침이 바로 일용생활에 공부하는 법이다. 깨닫는다는 것은 생

---

171) 문광, 앞의 논문(2016), 참조.

각이 일어나고 생각이 사라지는 실체가 없다는 것을 말함이 아니겠는가. 이는 관조(觀照)하는 선법(禪法)이지만 화두는 관조와 깨달음[覺破]이 모두 그 가운데 있다[自在其中]. 그래서 오묘하다는 것이 아닐까.[172]

　화두 안에 관조와 깨달음이 모두 갖추어져 있다는 것은 화두 안에 정혜(定慧)가 본래 구족되어 있으므로 이를 믿고 오직 화두 참구에만 몰두하라는 의미일 것이다. 탄허는 입산하자마자 곧장 묵언을 하며 참선을 하라는 한암의 부촉을 받고 참선수행에 돌입했다. 분명히 한암으로부터 화두를 받아서 정진했을 것으로 짐작이 가지만 탄허가 어떤 화두를 받았는지에 대해서는 정확히 밝혀진 바가 없다. 탄허의 속가 동생이자 한암의 제자로 뒤따라 오대산으로 출가한 인허(印虛, 1916~2003)의 경우엔 한암으로부터 '이 뭣꼬' 화두를 받아서 정진했다고 한다.[173] 탄허 역시 간화선 수행을 했을 가능성이 매우 크다. 제자 각성과 무관은 무자(無字) 화두를 받았을 것이라고는 하지만 확정할 만한 근거는 아직 없다.[174]

　탄허는 대혜의 『서장(書狀)』에 부기한 사기(私記)에서 선문의 종지에 대해서 언급한 바 있다. 선문의 종지는 언어문자에 있는 것이 아니며 말을 하려 해도 할 수 없고 붓을 내리려 해도 내릴 수

---

172) 월정사 · 탄허문도회(편), 앞의 책, 189~190쪽.
173) 〈현대불교신문〉 (2003.1.13.)
174) 제자 각성의 구술은 필자가 직접 전화를 통해 물어보고 들은 내용이다. 무관의 견해는 무관, 앞의 논문, 127쪽을 참조 바람.

없는 언외(言外)의 종지는 자가의 체득을 기다릴 뿐이라고 했다.[175] 또 "화엄의 십현(十玄), 육상(六相) 도리가 가장 원묘(圓妙)하지마는 사구(死句)에 불과하고 마삼근, 간시궐, 정전백수자 등의 천칠백 공안이 활구(活句)"[176]라 하였다. 그뿐만 아니라 "팔만장경의 도리는 임제의 체중현(體中玄, 제3구)에 불과하다"[177]고도 하였다.

탄허는 평생 사업으로 『화엄경』을 『통현론』과 『청량소』와 함께 완역하여 전무후무한 역경불사를 완성한 화엄학의 대가이다. 그럼에도 불구하고 화엄의 가장 오묘한 도리들은 결국 사구에 불과하고 화두만이 활구이니 활구아래 깨달아 불조의 스승이 되라는 가르침을 남기고 있다. 이러한 관점은 탄허의 사상을 연구하는 데 있어서 매우 중요한 지점이 된다.

탄허가 입적하기 바로 전해인 1982년 미국 숭산 선사의 초청으로 참가한 '미국 홍법원 10주년 기념 세계평화 고승대법회 법문'에서도 탄허는 다음과 같은 임제 3구 법문을 남기고 있다.

부처님께서 49년 동안 횡야설 수야설 법문을 해 놓으셨는데 거기에서 가장 깊은 학설이 무어냐 하면은 화엄학의 사사무애 도리(事事無碍道理)라는 것입니다. (……) 사사무애 도리가 그렇게 49년 설법의 대단한 법문이지만 임제 3구에 비할 것 같으면 제3구에 불과한 것이다. (……) 팔만대장경 교리를 아무리 횡야설 수야설 해봤자 붙지 못하는 소식을 임제의 제1구 법문이라고 그

175) 김탄허(역해), 앞의 책(2012b), 5쪽.
176) 위의 책, 1쪽, 「서문」.
177) 월정사·탄허문도회(편), 앞의 책, 197쪽, 「묘현선자(妙玄禪子)에게 보낸 답서(5)」.

러는 거예요. 그러면 임제의 제1구 법문은 본래 물을 수도 없고 답할 수도 없는 본래 문답이 끊어졌다는 경계올시다. 그러므로 이 본래 문답이 끊어진 제1구 소식에서 깨닫는다 할 것 같으면 인간 천상의 선생은 물론이려니와 부처님과 조사의 선생이 될 수 있다는 것입니다. (……) 다시 말하면 임제의 제3구, 제2구 소식은 저 태평양 한바다로 집어넣어 버리고 제1구 소식, 본래 문답이 끊어진 제1구 소식을 우리가 천득(薦得)해서 부처님의 은혜를 갚으면 부처님이 이 세상에 나오셔서 49년 동안 횡야설 수야설 해 놓은 것이 (……) 사실 본래 임제의 제1구 소식을 우리한테 전해 주자는 것이 부처님의 근본 사상이올시다.[178]

탄허는 일평생 공을 들인 바 있는 화엄학의 최고의 경지인 사사무애 도리를 임제 3구 법문 가운데 제3구 법문에 불과한 것이라고 말하고 있다. 말과 생각이 끊어지고 문답이 끊어진 제1구 소식을 천득해서 불조의 은혜를 갚으라는 것이 미국 고승 법회에서의 요지이다. 이러한 골수 법문이야말로 탄허의 대선사로서의 진면목을 여지없이 드러내는 대목이며 일진법계화(一眞法界化)된 노고추(老古錐)의 저력이라 할 만하다. 탄허 사상의 골자는 화엄학이라기보다는 선의 제1구 소식이라고 해도 무방하다. 문답이 끊어진 자리인 제1구 소식이 바로 그가 그토록 중시했던 모든 학문의 종지라 할 수 있다. 『육조단경』의 서문에서 탄허는 일체성인의 학문의 종지에 대해 다음과 같이 설파했다.

---

178) 문광(편), 앞의 책, 183~187쪽.

고인(古人)이 말씀하시기를 "도(道)가 일태극(一太極)을 내고 일(一)이 이음양(二陰陽)을 내고 이(二)가 삼재(三才)를 내고 삼(三)이 만물(萬物)을 내었다"고 하니 이는 한 도의 정온(精蘊)이 창달(暢達)치 않고는 쉬지 않음을 말한 것이다. 이것이 우주(宇宙) 생서(生序)의 법칙이라면 여기서 다시 추궁(推窮)하여 만물을 삼으로, 삼을 이로, 이를 일로 역급(逆及)하고 보면 일은 원래 생(生)한 곳이 없다. 일이 원래 생한 곳이 없을진댄 천지만물인들 어찌 생한 곳이 있으랴! 그러고 보면 생(生)과 무생(無生)이 둘이 아니며 이(理)와 사(事)가 둘이 아니며 공(空)과 색(色)이 둘이 아닌 것이다. 이 생한 곳 없는 것을 도(道)라 가명(假名)한 것이니 이는 일체성인의 학문적인 종지다.[179]

일체 성인의 학문적 종지를 도(道)라고 가명한 것인데 이는 바로 '무생(無生)'이라는 것이다. 이 무생의 종지는 향상일로(向上一路)를 통해야만 도달할 수 있다. 탄허의 휘호(揮毫) 작품 가운데 가장 자주 등장하는 문구 중의 하나가 "향상일로(向上一路)"[180]이다. '제일구(第一句)의 활구(活句)의 한 길로 향상(向上)하라'는 의미일 것이다. 앞에서 살펴보았듯이 그의 선사상의 특징은 불립문자나 사교입선이 아닌 선교겸수와 선교 회통의 유연한 열림의 미학에 있다. 선의 내부에 있어서도 관법이나 간화선에 우열이 없다는

---

179) 김탄허(역해), 앞의 책(2005), 3쪽.
180) 고영섭은 한암의 선풍(禪風)을 '일발(一鉢) 선풍'으로, 탄허의 선풍을 '향상일로 선풍'으로 부른 바 있다. 고영섭, 「한암과 탄허의 불교관: 해탈관과 생사관의 동처와 부동처」, 『종교교육학연구』 제26권, 한국종교교육학회, 2008, 60~63쪽.

견해를 제시하여 간화독존적인 도그마티즘에서 벗어난 활달한 모습을 보여주었다. 그가 보여준 '탄(呑)'적 가풍은 수평으로 광활하게 열려 있는 화엄의 바다와 같이 모든 강물을 받아들이는 광대무변한 포용 그 자체였다. 하지만 궁극에 와서는 제1구 법문을 천득하고 향상일로의 길로 나아가라고 한다. 인간의 언어가 도달한 최고의 경지인 화엄의 사사무애 도리마저 사구이니 이를 내려놓고 제1구의 활구만을 참구하라고 한다. 탄허가 제시하는 최고의 가르침은 바로 향상일로이다. 상당법어에서 그는 다음과 같이 설법했다.

> 산승(탄허 스님)이라면 이렇게 말하리라. 조주의 '뜰 앞 잣나무'가 모든 사람들의 말을 제압해 버렸으니 누가 감히 입을 벌리겠는가? 그렇긴 하나 말을 인해서 도가 나타나니 도는 말을 의지하고 있다. 향상일로처(向上一路處)에서 본다면 말이 있어도 틀리고 말이 없어도 틀리니 자, 일러보라. 필경에는 어찌해야 하겠는가? 양구(良久) 손가락을 세 번 튕기시고 이르시기를, 오늘 대중은 알겠는가?
> 원앙의 수는 그대에게 보여줄 수 있지만 수놓은 바늘은 절대로 건네줄 수 없다.[181]

---

181) 월정사·탄허문도회(편), 앞의 책, 37~40쪽. "山僧云, 趙州庭前栢이 坐斷天下人舌頭니 誰勘開리요. 雖然如是나 因言顯道요 道憑語言이니라. 若見向上一路處컨댄 有言也着이요 無言也着이니 且道하라 畢竟如何오. (良久) 彈指三下云, 今日大衆은 還會麼아. 鴛鴦繡出任君看이나 莫把金針度與人하라."

탄허는 말로 인해서 도가 드러나고 도는 언어에 의지하지만 향상일로처에서 본다면 말이 있어도 틀리고 말이 없어도 틀린다고 하였다. 그러고는 원앙의 수는 보여줄 수 있어도 그 수를 놓았던 금바늘은 내어줄 수 없다고 했다. 말이 있는 교(敎)도 말이 없는 선(禪)도 여기에는 끼어들 자리가 없는 것이다. 오직 향상의 경지에서만 독보건곤(獨步乾坤)할 수 있다.

탄허는 불교에서는 법신(法身)의 자리가 가장 꼭대기의 진리이기는 하지만 선문(禪門)에서는 향상일로라 해서 법신마저도 향하(向下)로 본다고 했다.[182] 선에는 향상구(向上句)와 향하구(向下句)가 있고, 최초구(最初句)와 말후구(末後句)가 있으며, 제1구·제2구·제3구가 있다. 『선문염송』에 보면 소산 광인(疎山 光仁) 선사가 "병승(病僧)이 함통(咸通) 이전에는 법신변사(法身邊事)를 깨달았고, 함통 이후에는 법신의 향상사(向上事)를 깨달았다"[183]라고 했다. '성자리'인 법신변사를 깨달았다 하더라도 아직 법신향상사가 기다리고 있는 것이다. 향상일로를 남김없이 투과해야 요사장부(了事丈夫)가 되는 것이다. 탄허가 제시한 마지막으로 남은 '위로 향하는 [向上] 하나의 길[一路]'은 바로 이를 두고 하는 말이다. 화엄의 사사무애마저도 제3구에 불과하다는 말은 문답이 완전히 끊어진 제1구의 활구의 세계에 대한 탄허의 철두철미한 인식을 반영한다. 탄허의 선사상의 귀결처는 '향상선(向上禪)'이었던 것이다.

---

182) 김탄허, 앞의 책(2001), 364쪽.
183) 혜심·각운/김월운(역), 『선문염송 염송설화(7)』, 동국역경원, 2005, 338쪽, "撫州 疎山光仁禪師 示衆云, 病僧 咸通年已前 會得法身邊事, 咸通年已後, 會得法身向上事."

탄허는 입적 당시 제자의 '법연이 다 된 것 같으니 한 말씀 남겨 달라'는 요청에 대해 '일체무언(一切無言)'이라는 짧은 말을 남기고 사바세계 인연을 마무리했다.[184] 고승이라면 으레 남길 법한 열반 송이나 임종게 하나 없었다. 20세 당시 오대산으로 보낸 첫 서신에 대해 스승 한암은 '산중(山中)의 보장(寶藏)'으로 간직하겠다며 찬탄했을 만큼 탄허는 활달한 문장력을 소유했었다.[185] 하지만 그는 끝까지 원앙새 수놓은 것만 보여주었을 뿐 금바늘은 꺼내 보여 주지 않았다. 탄허의 말후일구(末後一句)에 담긴 선지(禪旨)는 그의 수방자재(收放自在)와 임운여탈(任運與奪)을 잘 보여주는 전신구(轉身句)라 할 만하다. 즉 향상과 향하를 자재하게 썼던 선사였던 것이다.

---

184) 오대산 문도회·탄허불교문화재단·교림(편), 앞의 책, 631쪽.
185) 월정사·성보박물관(편), 『한암·탄허선사 서간문 (2권 역주해설편)』, 민족사, 2014, 119쪽.

제4장 유(儒)·불(佛)·선(仙)·기(基, 기독교)
사교 회통 사상(四敎 會通 思想)

1. 역학(易學)과 선(禪)의 통철(洞徹)[1]

탄허는 불교를 제외하고서 최고의 학설은 단연코 『주역』이라고 하면서 유교의 경전들 가운데 『주역』을 가장 중시했다.[2] 그는 명말청초의 우익 지욱(藕益 智旭, 1599~1655)의 『주역선해(周易禪解)』를 현토 역주(懸吐譯註)하였는데 이 번역은 『주역선해』에 대한 한국 최초의 번역본[3]이자 탄허의 마지막 출판물이 되었다.[4] 특

---

1) 이 장의 내용은 필자가 이미 발표한 아래 논문의 II장을 수정·확장한 것임을 밝혀 둔다. 문광, 「탄허택성과 동양사상 -『주역』의 종지와 『노』·『장』의 주해를 중심으로-」,『한국불교학』 제78집, 한국불교학회, 2016, 220~231쪽.
2) 김탄허, 앞의 책(2000), 64쪽. 『주역』이 유가의 사상이냐 도가의 사상인가에 대한 논쟁도 존재한다. 하지만 탄허는 『주역』을 유가칠서(儒家七書)의 하나로 확정하고 십익(十翼) 역시 공자의 전적으로 규정함으로써 전통적인 학술의 견해에서 한치도 벗어나지 않는 한계를 보이기도 한다. 『주역』이 도가 사상의 경향을 띤다는 주장을 강력히 펼친 것으로는 진고응(陳鼓應)(저)/최진석 외(역), 『주역, 유가의 사상인가 도가의 사상인가』, 예문서원, 1996을 참조.
3) 탄허 이후의 『주역선해』 역주본은 다음과 같다. 우익 지욱(저)/박태섭(역주), 『주역선해』, 불광출판사, 2007; 청화, 『주역선해 연구』, 운주사, 2011.
4) 탄허의 실질적인 마지막 출판서적은 『노자 도덕경』이지만 교정만을 마친 상태에서 생전에 간행되지 못하고 사후 49재를 기해서 출판되었다. 따라서 생전의 마지막 간행본은 『주역선해』였다.

히 이 책의 서문인 「현토역주(懸吐譯註) 주역선해서(周易禪解序)」는
『주역』의 종지와 역학의 본령에 대한 자신의 견해를 쏟아 부은 문
장으로 특별히 붓으로 썼을 만큼 심혈을 기울인 것이었다.[5]

여기에서 유학의 다른 경전들과 함께 논하지 않고 별도로 선역
회통(禪易會通)을 논하는 이유는 탄허가 유교 학술에서 역학(易
學)을 가장 중시하였으며 유교 경전 가운데 유일하게 역해본을 남
긴 것이 『주역』이었기 때문이다.

1) 『주역(周易)』의 종지에 대한 선해(禪解)

탄허는 『주역』의 문장 가운데 종지를 곧바로 드러낸 구절로 「계
사상전(繫辭上傳)」 10장과 「계사하전(繫辭下傳)」 5장의 문장을 꼽았
다. 『주역』의 핵심 요체를 담고 있다고 보았던 두 문장을 그의 현
토와 직역으로 살펴보자.

역(易)은 생각이 없으며 작위함이 없어서 적연(寂然)히 동(動)치
않을 새 감(感)하매 드디어 천하의 연고를 통하나니 천하의 지극
한 신(神)이 아니면 그 누가 능히 이에 참여하리오. [易은 無思也
하며 無爲也하야 寂然不動일새 感而遂通 天下之故하나니 非天下

---

5) 탄허가 붓으로 직접 썼던 「주역선해서」는 한 일본인이 웅혼한 문장과 활달한 선
필에 깊은 감명을 받았다면서 거액을 치르고 교림출판사에서 구입하려 하였다.
평소 배일(排日)의 의지가 강했던 탄허의 유지를 받들어 보존되었고 현재는 탄허
기념박물관에 소장되어 있다.

제4장 유·불·선·기 사교 회통 사상   159

之至精이면 其孰能與於此리오]⁶⁾

공자가 이르시되 천하가 어찌 생각하고 어찌 생각하리오. 천하
가 돌아감이 같으되 길이 다르며 지치가 하나로되 생각이 백이
니 천하가 어찌 생각하고 어찌 생각하리오. [子曰 天下 何思何慮
리오 天下 同歸而殊途요 一致而百慮니 天下 何思何慮리오]⁷⁾

　탄허는 '적연부동(寂然不動)'과 '감이수통(感而遂通)'이 『주역』의
종지에 해당한다고 단적으로 지적했다. 그가 평소에 항상 설파했
듯이 근본은 본래 하나이며 그 근본 자리는 생각도 없고 시공이
끊어진 자리인데, 이를 『주역』에서는 "무슨 생각이 있고 무슨 사
려가 있겠는가[何思何慮]"라고 표현했다는 것이다. 한 생각도 일어
나지 않는 '적연부동'의 경지는 일체의 알음알이를 허락하지 않는
근본 자리이며, 그 근본 자리를 바탕으로 한 생각이 일어난 것을
'감이수통'이라고 표현했다는 것이다.
　한 생각이 일어나서 길이 천 갈래 만 갈래로 갈라지면[殊途] 온
갖 사려로 펼쳐지다가도[百慮] 다시금 근본으로 귀결되고[同歸] 하
나로 합치되는[一致] 것이 바로 일음일양(一陰一陽)하는 도라는 것
이다. 『주역선해』와 『도덕경선주(道德經選注)』의 서문에서 사용했
던 '동귀이수도(同歸而殊途)'와 '일치이백려(一致而百慮)'는 그가 동
양 삼교를 회통하던 술어로 평소 애용했던 구절이다. 다음은 『주

---

6) 우익 지욱(저)/김탄허(역주), 앞의 책(2), 578쪽.
7) 위의 책(3), 21쪽.

역』의 종지에 대한 설명이다.

불교를 내어 놓고는 역학이 동양 철학의 근본입니다. 워낙 넓어요. 『주역』은 도를 밝힌 겁니다. 도란 무엇이냐, 도란 것은 태극을 뜻하는데, 태극은 우주가 생기기 전의 면목을 말합니다. (……) 성인이 가르친 역학은 뭐냐? 그것은 소급시키는 겁니다 근본 자리로. 우주 만유가 육십사괘에서 일어났다. 육십사괘는 팔괘, 팔괘는 사상, 사상은 음양, 음양은 태극, 태극은 어디에서 일어났는가? 태극은 일어난 데가 없어요. 일어난 자리가 없는 그 자리는 천당과 지옥도 없습니다. 그것을 해탈이라 그러는 거요. 그 자리로 소급시키면, 성인은 그 자리에 사는 겁니다. 그것이 역학입니다. 아무쪼록 중생들로 하여금 근본 자리로 소급을 하여 도통하게 하는 것, 그것이 주역의 대의입니다.[8]

『주역선해』 서문에서 탄허는 이를 '역리(易理)'와 '역학(易學)'이라는 용어로 구분하여 설명한다.

역리(易理)로써 말하면 일로부터 이를 생(生)하며 이로부터 사를 생하며 사로부터 팔을 생하며 팔로부터 육십사를 생하여 이에 만유(萬有)의 부동(不同)함에 지(至)하나니 소위 진여(眞如)가 자성(自性)을 지키지 않아서 연(緣)을 따라 일체(一切) 사법(事法)을 성취(成就)한다는 것이라.[9]

---

8) 탄허(강설), 앞의 CD(5) 요약.
9) 우익 지욱(저)/김탄허(역주), 앞의 책(1), 27쪽. 여기에서 "진여가 자성을 지키지

역학(易學)으로써 논한즉 육십사가 다만 삼십이요 삼십이가 다만 십육이요 십육이 다만 팔이요 팔이 다만 사요 사가 다만 이요 이가 다만 일이며 내지 일은 본래 남이 없나니 소위 이 법계로 환귀(還歸)치 않음이 없다는 것이라.[10]

이 우주는 근본인 태극에서 일어나서 음양(陰陽)→사상(四象)→팔괘(八卦)→육십사괘(六十四卦)로 펼쳐지는데 이러한 생생지도(生生之道)를 가리켜 '역리(易理)'라 하고, 이렇게 펼쳐진 우주가 다시 육십사괘→팔괘→사상→음양→태극으로 수렴하는 것을 '역학(易學)'이라 한다는 설명이다. 탄허의 눈으로 본 『주역』은 점서(占書)나 일반적인 동양철학 서적에 머물지 않고 일체만유를 하나로 소급시키는 근본 원리를 성인이 제시한 것이었다. 즉 일만 가지 생각을 하나의 생각으로 집중시켜서 다시 생각이 끊어진 본래 면목자리로 반본(返本)하는 수도(修道)의 교본으로 파악하고 있는 것이다. 『주역』을 일심(一心)이 만유(萬有)로 펼쳐졌다가 다시 근원으로 반본하는 수행(修行)과 관련된 텍스트로 해석한다는 것은 일반적인 『주역』 해석과는 달라서 낯설게 느껴질 수 있다. 탄허는 모든 성인이 이 세상에 출세하여 설파한 내용은 생멸문(生滅門)과 환멸문(還滅門) 두 가지밖에 없다고 하였다. 그의 설명을 계속 들어보자.

않아서"라는 표현에 대해서는 의문이 생길 수도 있겠다. 필자가 볼 때 이 구절은 탄허가 『기신론』의 진여문과 생멸문의 이문(二門)의 관점에서 불변(不變)이 수연(隨緣)으로 변모하는 양상을 표현한 것으로 보인다. 이어지는 탄허의 인용문에서 '생멸문'과 '환멸문'으로 설명한 대목이 바로 이와 연관이 있다고 하겠다.
10) 위의 책(1), 27쪽.

성인이 이 세상에 나와서 말씀하신 것은 두 길뿐입니다. 하나는 생멸문이라는 것이고 하나는 환멸문입니다. 그러면 생멸문이라는 것은 이야기를 안 해도 우리 일체 중생이 일초일분도 이 생각이 멈추지 않는 것입니다. 이 생각이 멈추지 않기 때문에 일체만법이 거기서 벌어지는 것이에요. 그게 생멸문입니다. 그러면 나면 죽는 것이 있고 죽으면 나는 것이 있기 때문에 그것을 생멸문이라는 것입니다.

그러면 성인이 가르친 것은 무얼 가르쳤느냐 하면 환멸문입니다. 환멸이라는 것은 본래 생각이 나온 구멍이 없는 적멸의 자리로 돌이키는 것, 그것을 환멸문이라 합니다. 천지가 일어나기 전 우리 이 몸뚱이 생기기 전, 우리 이 한 생각 일어나기 전이라면 여러분은 한번 생각해 보십시오. 그 자리가 어떻게 생겨났겠는가 한번 생각해 보십시오.

그 경지는 지옥도 없고 천당도 없고 성인도 없고 범부도 없고 너도 없고 나도 없고 옳은 것도 없고 그른 것도 없고 다 끊어진 것입니다. 그것을 환멸문이라 합니다. 그런데 한 생각을 내고 볼 것 같으면 전부가 다 있습니다. (……) 그러니까 이 삼계 육도의 윤회가 벌어지는 것이 한 생각이 남으로써 벌어지는 것 한 생각이 없으면 다 없는 것입니다. 그리고 보면 한 생각이 나면 중생이요, 한 생각이 없을 때는 부처고, 한 생각이 경계에 부딪히면 중생이고, 한 생각이 경계를 여의면 부처고. 그래서 이 소식을 우주 만인간이 수천만 년을 내려오면서 범부로서는 모릅니다.[11]

---

11) 김탄허(강설), 앞의 CD(18), 「한암대종사 105주기 생신재 상당법문」.

생멸문은 중생이 한 생각을 일으켜 일체만법이 벌어져서 나고 죽음이 있게 된 것이며, 환멸문은 생각이 모두 끊어진 본래의 적 멸자리로 돌이키는 것이라고 했다. 한 생각을 내면 우주 만유가 있고 한 생각이 끊어지면 일체가 공(空)한 부처자리가 된다는 것이다. 이 한 생각을 자유자재로 쓴 이들을 성인이라 하며, 근본으로 돌아가는 환멸문의 수행법을 알려준 이들이 바로 석가, 공자, 노자, 예수 같은 인류의 스승이라는 것이다.

탄허는 한 생각이 끊어진 자리요 우주가 생기기 전의 본래면목을 역학에서는 '태극(太極)'이라고 부르고 태극과 같은 것이지만 이름조차 붙일 수 없는 것을 '무극(無極)'이라 한다고 설명했다.[12] 따라서 '태극이 나온 그 자리를 알게 되면 도통한 자'가 되고 '태극을 아는 것이 곧 각(覺)'이라고 설명했다.[13] 무극과 태극을 불교의 환멸문과 선의 '성(性)자리'로 융회하여 설명하고 있는 것이다. 탄허가 사교를 회통하면서 늘 상징과도 같이 사용하였던 일체 성현의 학(學)은 '심성(心性)' 두 글자일 따름이라고 했던 일갈은 그 출전이 바로 『주역선해』의 서문이었다.

> 고인이 이르되 "성현의 학(學)은 심성(心性)일 따름이라"하니 만일 심성의 외(外)에 따로 얻은 바가 있다면 비록 탱천(撑天)의 제작(製作)과 관고(冠古)의 학문(學問)과 개세(盖世)의 문장(文章)이 있을지라도 다 이단(異端)·방문(傍門)·외도(外道)의 돌아감

---

12) 김탄허, 앞의 책(2000), 141쪽.
13) 위의 책, 148쪽.

이 됨을 면(免)치 못하여 가히 정로(正路)·정문(正門)·정도(正道)라 말하지 못하는 것이니라.[14]

탄허는 『주역』의 종지 또한 '심성' 두 글자에 수렴된다고 말하고 있다. 그는 「주역선해서(周易禪解序)」의 결론에서 '유석(儒釋)의 심요(心要)는 말이 끊어져 묵묵히 계합함에 있는지라 '일(一)'을 통하면 만사(萬事)가 필(畢)한다'[15]고 역설했다. 유교와 불교가 공통적으로 '일'의 진리에서 계합한다는 것인데 그가 말하는 '일'을 역학에서는 '태극'이라 부른다는 것이다. 탄허는 모든 학문의 요체를 회통할 때마다 『주역』의 '태극'을 적극 활용했다.

동양학의 삼교 성인(三敎聖人)이 이 세상에 온 것은 지식을 자랑하거나 자기의 인품을 과시하기 위해서가 아닙니다. 다만 각 사람의 마음속에 본래 갖추어 있는 우주의 핵심체인 '태극의 진리—시공이 끊어진 자리—'를 소개해 주기 위해서 온 것입니다.[16]

탄허가 말하는 '역학'이라는 용어는 일반적으로 말하는 『주역』의 '변화[易]의 학문[學]' 정도의 의미가 아니라 '적연부동(寂然不動)'의 근본 자리로 끊임없이 수렴해 나가고자 하는 수행을 의미한다. '태극'이라는 개념 역시 적연부동의 본체이자 생각과 시·공이 끊어진 자리로 해석하고 '심성'이나 '일'의 동일 개념으로 설명했다.

---

14) 우익 지욱(저)/김탄허(역주), 앞의 책(1), 28쪽.
15) 위의 책, 30쪽.
16) 위의 책, 107쪽.

『주역』이 단순히 점치는 책에서 동양의 가장 심오한 철학서로 자리 잡게 된 것은 공자의 십익(十翼)과 이를 학술적으로 발전시킨 송대의 소강절과 정자·주자 등의 상수역(象數易)과 의리역(義理易)의 발전에 힘입은 바 크다. 이것이 다시 탄허에 이르면 『기신론(起信論)』의 '환멸문'이라는 교해(敎解)와 '생각과 시공이 끊어진 자리'라는 선해(禪解)로 재해석되면서 적멸의 자리로 돌아가는 인간의 궁극적 수행으로 탈바꿈하게 된 것이다. 즉 『주역』은 점치는 책에서 시작하여 동양 사상의 대표적 철학서의 지위를 거쳐 탄허에 이르러서는 인간 수행의 근본 지침서로 그 성격이 달리 해석되고 있는 것이다. 이러한 탄허의 관점은 기존의 학술에서는 쉽게 찾아볼 수 없는 독특한 견해이다. '역학'을 세계의 변화·운동의 실상·원리로 보는 일반적인 해법에서 한 걸음 더 나아가 우주 만유를 태극의 일심으로 수렴하는 환멸문으로 본 그의 견해가 과연 타당하고 적절한지에 대한 논의는 향후 학계의 논의에 돌리고자 한다. 다만 이러한 탄허의 독창적인 주장과 학설이 어떠한 이론체계를 갖고 일관되게 유지되면서 역학, 유학, 노장학, 기독교에까지 확장되고 회통되는지를 살펴보는 것은 본 연구의 주된 노정이 될 것이다.

2) 역학의 확장과 선역 회통(禪易會通)

탄허는 『주역』의 종지를 '우주 만유를 태극으로 소급시키는 것'이라고 했다. 그는 이 '태극'을 유교 『중용』의 '미발(未發)의 중(中)',

불교의 '각(覺)'과 '해탈(解脫)', 선(禪)의 '제일구(第一句)'와 '원상(圓相)', 도교의 '천하모(天下母)'와 '도(道)', 기독교의 '하나님'과 '성부'와 함께 '일(一)'의 '성(性)자리'로 회통시켜 놓았다.[17] '우주가 생기기 전 본래면목'은 한암이 출가하기 전 의문을 품었던 '반고씨 이전의 소식'이자 탄허 자신이 출가 전 찾아 헤맸던 '문자 밖의 소식'[18]과 동일한 성격의 것이다. 출가 전 성혼하여 충남 보령으로 옮겨간 뒤 이극종(李克宗)으로부터 오경(五經)을 다시 배우면서 깊이 역학에 심취했었지만 『주역』의 종지를 더욱 명확하게 끌어낸 것은 출가 후 묵언 참선을 통해 묵묵히 계합한 일이 있은 뒤의 일이었다. 즉 그의 '역학'에 대한 해석은 선 수행을 통해 획득된 것이며 그의 선(禪)적 해석은 이러한 수행의 과정에서 도출된 것이다.

　탄허는 선수행의 핵심이라 할 수 있는 성적등지(惺寂等持)와 정혜쌍수(定慧雙修)를 『주역』에서 말하는 '음양(陰陽)'에 유비하여 아래와 같이 설명함으로써 선역 회통(禪易會通)의 길을 모색하였다.

　'일음일양지위도(一陰一陽之謂道)'니 한 번 음하고 한 번 양한 것을 도(道)라고 하는 것이니 불교 팔만대장경을 똘똘 뭉쳐서 볼 것 같으면 이것 밝힌 것 아니요? 우리 마음 생긴 것이 적지(寂知), 공적영지(空寂靈知)다. 자체를 살펴보면 공적(空寂)해서 하나도 없어요. 그러면서도 신령(神靈)히 아는 것이 마음의 본용(本用)은 지혜란 말이요. 자성의 본용으로 아는 것 없이 아는 것

17) 앞의 Ⅲ장 2-3)의 '사교 회통의 근본 원리로서의 선(禪)'의 〈표1〉 '탄허가 성(性) 자리로 회통한 동일 범주들'을 참조.
18) 김광식, 『기록으로 본 탄허대종사』, 탄허불교문화재단, 2010, 33쪽.

을 말합니다. 불교에서는 영지(靈知)라고 하고 유교에서는 양지(良知)라고 합니다. 마음의 본체(本體)는 적(寂)하고 마음의 본용(本用)은 지(知)란 말이요.[19]

『주역』의 일음(一陰)과 일양(一陽)의 도(道)를 공적(空寂)과 영지(靈知)에 배대해서 설명한 뒤 아래에서는 성(惺)·적(寂)과 지(止)·관(觀), 그리고 정(定)·혜(慧)에 이르기까지 모두 한 생각 일어났다 사라지는 것으로 설명하고 있다. 역학의 음양을 외적인 도에서 내면의 도로 전회시켜 해석하고 있는 것이다. 즉 한 마음이 일어나는 것이 양이요, 한 마음이 소멸되는 것이 음이라는 것인데 이 역시 탄허의 독특한 견해라고 할 수 있겠다.

이 마음 본체가 공적한 것에 대해서 처음 공부하러 들어가면 술어가 성적등지(惺寂等持)라고 합니다. 성성(惺惺)과 적적(寂寂)을 평등히 가진다. 팔만대장경 교리가 전부 그렇게 되어 있는 겁니다. 그러니까 선가(禪家)에서 화두 잡는 법은 성성적적을 평등히 가지려고 안 해도 저절로 화두를 들면 성성적적이 평등히 가져져 버리지 그냥. 방법이 그렇게 되어 있는 겁니다. 성성하면서 적적하고 적적하면서 성성하고. 그런데 깨끗한 정신을 유지하는 성성이 좋지마는 성성에 치우치다 보면 망상이 붙는다. 고요한 적적이 좋지만 적적에 치우치다 보면 흐리멍텅 졸음이 온다. 그래서 성성한 가운데 적적하고 적적한 가운데 성성하는 성성적

---

19) 김탄허(강설), 앞의 CD(10).

적을 평등히 가져라. 이렇게 됩니다 공부하는 법이. 그러면 성적이 커지면 지관(止觀)이라 그래요. 적지(寂知)를 처음 닦는 것을 성적(惺寂)이라 하고 성적이 커지면 지관이 되는데 적(寂)이 커져서 지(止)가 되고 성(惺)이 커져서 관(觀)이 됩니다. 지관이 커지면 정혜(定慧)라 그래요 술어를. 지(止)가 커져서 정(定)이 되고, 관(觀)이 커져서 혜(慧)가 되죠. 정혜가 커지면 보리열반(菩提涅槃)이라 그러지 않아요. 그래서 그건 보리과(菩提果), 열반과(涅槃果)라 그래요. 과덕(果德)이란 뜻입니다. 이것뿐이지 뭐 있어요? 우리 마음 표시한 것이. 부처님이 49년 동안 설법한 것도 밤낮 이것이거든.[20]

탄허는 여기에서 공부의 과정이 성적(惺寂)→지관(止觀)→정혜(定慧)→보리열반(菩提涅槃)의 순서로 수승해지는 것이라고 설명하고 있다. 적(寂)→지(止)→정(定)→열반(涅槃)의 과정으로 마음의 본체(本體)인 공적(空寂)이 증장하고, 성(惺)→관(觀)→혜(慧)→보리(菩提)의 과정으로 마음의 본용(本用)인 영지(靈知)가 증장하는 것으로 설명하고 있다. 이는 보조가 「근수정혜결사문(勤修定慧結社文)」에서 규봉 종밀의 『법집별행록(法集別行錄)』의 내용을 정리하면서 성적에 대한 자신의 견해를 밝힌 부분이다.[21] 탄허는 불교의

---

20) 김탄허, 앞의 CD(10) 요약.
21) "法集別行錄云, 始自發心, 乃至成佛, 唯寂唯知. 不變不斷, 但隨地位, 名義稍殊, 謂約了悟時, 名爲理智, 約發心修時, 名爲止觀, 約任運成行, 名爲定慧, 約煩惱都盡, 功行圓滿成佛之時, 名爲菩提涅槃, 當知始自發心, 至畢竟, 唯寂唯知. 據此錄之旨則雖今時凡夫, 能廻光返照, 善知方便, 均調昏散, 惺惺寂寂之心, 該因徹果, 不變不斷, 但生熟明昧, 隨功異耳." 김탄허(역해), 『보조법어』, 교림, 2005, 54~56쪽.

선수행과 관련된 술어인 성적, 지관, 정혜, 영지에 대한 보조와
규봉의 이론을 활용하여 유교 역학의 '음양'에 대해 회통하여 선
해(禪解)하고 있다. 즉 '음양'[22]에 대한 일반적인 견해에 머물지 않
고 이를 불교의 핵심인 체용(體用)의 문제로 확장하여 본체와 수
행의 문제로 회통하고 있는 것이다. 탄허의 입장에서는 불교계에
서 '음양'을 폄하하고 그 깊고 오묘한 이치를 모르고서 쉽게 얘기
하는 것에 대한 깊은 불만이 있었다. 한 도반 스님에게 음양의 동
정(動靜)을 통해 불교의 체용을 일깨워 준 일화가 있다.

> 내가 해방하던 해에 관응 스님이 포교사할 때 군대에 양청우 스
> 님하고 친하니까 놀러가자 해서 갔었는데 스님들 네 명이 앉아
> 있는데 『장자』 대가인 관응당이 자꾸 『장자』 강의를 하라고 그
> 래. 잘난 척 한번 해 보라 그래. 그래서 『장자』를 가지고 이런저
> 런 얘기를 하다가 "불교 팔만대장경이 음양에서 벗어나는 것이
> 뭐 있어" 그랬지. 그랬더니 양청우 스님이 펄펄 뛰어. 음양은 몇
> 푼어치 안 되는 것인데 큰 망발이라 그러는 거야. 그때 공양 종
> 을 딱 쳐서 밥 때가 되어서 밥을 먹게 됐는데 "청우 스님!" 하고
> 내가 점잖게 불렀지. "무엇이 이렇게 돌아다봐!" 소리를 벽력과
> 같이 질렀어. "송장이 돌아보지는 않을 텐데 무엇이 이렇게 돌
> 아보지? 이 자리는 석가·달마가 와도 한마디 할 수가 없어. 이
> 것이 음소식이여. 한마디 할 수도 없지만 돌아다보는 작용을 하

---

22) 程顥·程頤)(撰)/潘富恩(導讀), 『二程遺書』 卷15, 「入關語錄」, 上海古籍出版社,
2000, 208쪽에는 "음양이 바로 도이다[陰陽者是道也]"라 하여 성리학에서는 음양
자체로 도로 설명하는 것이 일반적이다.

는 놈이 있으니 그것이 바로 양소식이여." 그랬더니 옆에서 다들 "옳소 옳소" 하고 긍정을 하더구만. 그러니까 음양이란 것도 마음에다 붙여서 생각할 줄은 모르고 남녀 이성 정도로만 생각한단 말이야.[23)]

    탄허의 『주역』과 선의 회통에는 이와 같은 의외성이 있다. 독학으로 자득한 융섭(融攝)의 묘(妙)가 종횡으로 양가(兩家)의 교리를 드나든다. 역학의 종지를 설명하며 불교 수행법과 융섭한 선역 회통(禪易會通)의 내용을 간략히 표로 정리해 보면 다음과 같다.

〈표 2〉 탄허의 선역 회통(禪易會通)

주역 (周易)	태극(太極), 통체일태극(統體一太極)	
	음(陰)	양(陽)
	적연부동(寂然不動)	감이수통(感而遂通)
	정(靜)	동(動)
	역학(易學)	역리(易理)
선 (禪)	마음의 본체(本體)	마음의 본용(本用)
	적적(寂寂)	성성(惺惺)
	지(止)	관(觀)
	정(定)	혜(慧)
	환멸문(還滅門)	생멸문(生滅門)
	각(覺), 일심(一心)	

---

23) 탄허(강설), 앞의 『특강 CD(10)』에서 요약.

3) 「주자태극도(周子太極圖)와 조동오위도(曹洞五位圖) 비교」

탄허가 유·불·선 삼교 학술의 종지를 터득하게 된 것은 한암의 지도로 상원사 선원에서 묵언하며 참선정진을 시작하면서부터였다. 당시 선정을 통해 칠통을 타파하고 선열(禪悅)과 법락(法樂)을 체득하고 선지(禪旨)를 갖추었으니 그때 나이 불과 20대 중반이었다. 그 당시 상원사에서 접한 『조동오위요해(曹洞五位要解)』는 그로 하여금 유석통철(儒釋洞徹)의 새로운 경계를 맛보게 한 크나큰 충격을 안겨 주었다. 『주역선해』 3권 마지막 부분에 부록으로 실려 있는 「주자태극도(周子太極圖)와 조동오위도(曹洞五位圖) 비교」에 보면 다음과 같이 당시의 소회가 기록되어 있다.

이 태극도(太極圖)와 오위도(五位圖)를 좌우(左右)로 놓고 허심(虛心)으로 비교해 보면 유석이교(儒釋二敎)가 언설을 대(待)할 게 없이 심목(心目) 사이에 소소(昭昭)하여 통철(洞徹)의 묘(妙)가 수지무지(手之舞之)하며 족지도지(足之蹈之)함을 불각(不覺)하리니 십삼경(十三經) 원경(原經)을 십백번(十百番) 독파(讀罷)하는 것보다 사과반(思過半)이 될 것이다. 이것은 내가 사십 년전 입산후(入山後)에 이 글을 얻어 보고 감명이 깊었었던 것이기에 이제 『선해주역(禪解周易)』을 역주(譯註)하여 간행함에 있어서 부록으로 하여 동도자(同道者)에게 제공하는 바이다.[24]

---

24) 우익 지욱(저)/김탄허(역주), 앞의 책(3), 424쪽.

『조동오위요해』는 「조동오위군신도서요해(曹洞五位君臣圖序要解)」
와 「단하자순선사오위서(丹霞子淳禪師五位序)」로 구성되어 있는데
2편 모두 조선의 설잠(雪岑, 1435~1493)의 글이다. 「조동오위군신
도서(曹洞五位君臣圖序)」는 인종(仁宗) 황제가 도융(道隆) 선사에게
조동종(曹洞宗)의 오위도(五位圖)를 설명해 달라고 요청하여 「조동
오위도」와 주렴계의 「태극도설」을 비교해서 설명해 준 것으로 이에
대해 요해(要解)를 붙인 것이 바로 설잠의 「조동오위군신도서요해」
이다. 「단하자순선사오위서」는 단하 자순(丹霞子淳, 1064~1117)이
쓴 「오위서(五位序)」에 역시 설잠이 요해를 붙인 것이다.

설잠은 『조동오위요해』에서 두 편을 주해하면서 주렴계의 태극도
설과 주자의 「태극도설해(太極圖說解)」를 응용하고 위백양(魏伯陽)의
『참동계(參同契)』를 참고하여 불교 내의 교학(敎學)과 선학(禪學), 그
리고 불교와 유교를 회통하는 시도를 하였다.[25] 탄허는 이와 같은
설잠의 유불 회통론을 이어 자신의 회통 사상을 확장해 나갔다.

『조동오위요해』가 세상에 처음 알려진 것은 1979년 민영규에 의
해서라고 학계에 알려져 있다. 당시 학술지에 실은 3쪽 분량의 민
영규의 글은 자신이 『조동오위요해』의 고판본(古版本) 1책을 간직
한 지 오래되었는데 이것이 설잠의 미정고(未定稿)라는 것을 알게
된 것은 근래의 일이라고 밝히고 목차를 소개했다.[26] 그가 이 『조
동오위요해』의 원문 전체를 '교록(校錄)'으로 발표한 것은 1988년

---

25) 한종만, 『한국조동선사』, 불교영상, 1998, 177쪽.
26) 민영규, 「김시습의 조동오위설」, 『대동문화연구』 제13집, 성균관대 대동문화연구
   원, 1979, 83쪽.

에 이르러서이다.[27]

하지만 탄허는 1982년에『주역선해』를 현토 역주하면서 부록
에 이미 도융의 「조동오위군신도서」와 단하 자순의 「오위서」의 한
문원문에 현토를 하고 자신의 번역을 싣고, 이에 대한 설잠의 주
석인 「조동오위군신도서요해」와 「단하자순선사오위서」를 직역으로
번역하여 주석으로 함께 수록하여 출판함으로써 이미 설잠의『조
동오위요해』의 전모를 세상에 최초로 드러낸 바 있다.

탄허는 위의 인용문에서 보듯 설잠의『조동오위요해』를 1930년
대 말에서 1940년대 초반 출가 직후에 읽고 크게 감명을 받아 자
신도 모르게 덩실덩실 춤을 추며 유석통철(儒釋洞徹)의 기쁨을 만
끽한 바 있다고 회고했다.『조동오위요해』가 세상에 알려진 데에는
이 문헌을 중시했던 탄허의 공이 크다.『조동오위요해』의 존재가 세
상에 처음으로 알려진 것은 1977년 오대산에서 열었던 탄허의 강
의에 의해서이다. 이는 민영규가 1978년에 이 판본의 존재를 알린
것보다 1년 앞선 것이다. 실제 이 문헌이 처음 세상에 선을 보인
것 역시 탄허에 의해서이다. 탄허는 1982년『조동오위요해』를 번역
하여 출판했는데, 이는 1988년에 나온 민영규의『설잠 조동오위요
해 미정고 교록』보다 6년이나 앞선 것이다.[28] 따라서 이와 관련된

---

27) 동국대 도서관 소장본은 1988년이고 강원대 인문과학연구소본은 1989년이다.
민영규,『설잠(雪岑) 조동오위요해(曹洞五位要解) 미정고(未定稿) 교록(校錄)』, 동국대
도서관 소장본, 1988; 강원대 인문과학연구소(편),『매월당-그 문학과 사상』, 강원
대 출판부, 1989.
28) 최귀묵(역저),『김시습 조동오위요해 역주 연구』, 소명출판, 2006, 5쪽과 117
쪽 참조. 최귀묵은 탄허의『주역선해』의 판본을 1994년의 중판본만을 참고하고

사실들이 앞으로 학계에서 마땅히 수정되어야 할 것으로 본다.

오대산 화엄법회에서 『조동오위요해』에 대한 탄허의 강의 내용을 살펴보면 다음과 같다.

선문(禪門)에는 조동종이 문자가 가장 어려운데 당나라 인종 황제가 조동종 후예인 도융 선사에게 조동오위(曹洞五位)에 관해서 해석해 달라고 하니 불교 것만 가지고 와서 풀이하면 어려우니까 황제가 잘 알고 있는 유교 주렴계의 「태극도설」의 「태극오위도」와 비교해서 바쳤단 말이야. 선문의 가장 깊은 자리를 유교의 무극(無極)자리와 비교해 놨기 때문에 유교와 선문 두 집안 것이 다 훤히 드러나게 됐거든. 또 단하 자순 선사는 「태극도설」 전체를 16글자로 풀이해 버렸으니 이것이 아주 잘된 겁니다. 『주역』 14권을 주렴계가 「태극도설」 하나로 요약했는데 「태극도설」 한 장반 읽어 봐야 단하 선사 16글자만큼 종지가 드러나지 않아. 문장이 "흑백미분, 난위피차, 현황지후, 방위자타(黑白未分, 難爲彼此, 玄黃之後, 方位自他)"라는 것인데 음양동정이 밤낮 움직여 봐도 무극을 여의지 않고 있다는 뜻이지. 음은 양에서 뿌리가 되고 오늘밤은 낮에서 뿌리가 되었으니 낮 열두 시면 이미 밤인 겁니다. 훤한데 어떻게 밤인가. 밤기운은 이미 왔다는 겁니다. 조사들이 아니면 이렇게 못 풀어. 내가 중 된 뒤에 이것을 보고 얼마나 심취했는지 몰라.[29]

1982년에 초판본이 이미 출간되었음을 간과함으로써 민영규의 『설잠 조동오위요해 미정고 교록』이 처음으로 세상에 알려진 것으로 보는 오류를 범했다.

29) 김탄허(강설), 앞의 CD(5) 요약.

탄허는 출가 이전에『주역』공부에 깊이 심취했고 이미 일가견이 있었다. 그러한 그가『조동오위요해』를 만나게 된 것은 그에게「태극도설」을 선(禪)의 종지로 풀어내는 안목을 제시해 준 일대 사건이었고, 역학의 무극(無極)과 태극(太極)으로 선의 핵심을 회통하는 그의 창의적인 설법 형태가 바로 여기에서 기인했음을 짐작할 수 있다. 즉 탄허의 유불 회통의 본격적인 출발은 바로 주렴계의「태극도설」과 조동종의「조동오위도」의 융회관통에서 비롯되었다고 하겠다. 유교의「태극도설」의 논리에 훨씬 익숙했었을 탄허에게 선의 깊은 오미(奧味)를 철증(徹證)하게 해 준 것은 바로 중국의 도융과 단하, 조선의 설잠이라는 선가(禪家)들의 선역 회통(禪易會通)의 선례가 그 계기가 되었던 것으로 보인다.

〈그림 1〉주자태극도와 조동오위도의 비교[30]

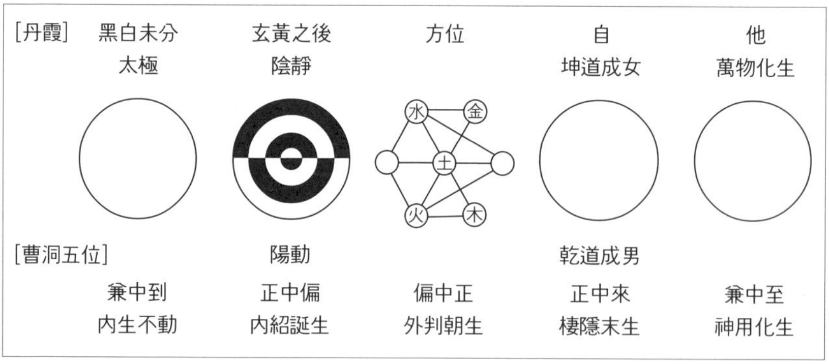

[丹霞]	黑白未分 太極	玄黃之後 陰靜	方位	自 坤道成女	他 萬物化生
[曹洞五位]	兼中到 內生不動	陽動 正中偏 內紹誕生	偏中正 外判朝生	乾道成男 正中來 棲隱末生	兼中至 神用化生

---

30) 오대산문도회·탄허불교문화재단·교림(편), 앞의 책, 535쪽.

동산 양개(洞山 良价, 807~869)의 저술에 대하여 그의 제자 조산 본적(曹山 本寂, 840~901)이 정중편(正中偏), 편중정(偏中正), 정중래(正中來), 겸중지(兼中至), 겸중도(兼中到)의 조동오위(曹洞五位)의 명칭을 확립하고 용어를 정형화하며 그 행상과 사상까지 정립하여 오늘날 조동오위의 틀을 잡았다고 보는 견해가 있다.[31] 탄허는 「태극도설」과 「조동오위도」를 비교하는 강의에서 "선종의 오종 가풍이 육조의 후예에서 벌어졌는데 조동종은 순금장사와 같아서 범부는 들어가기가 어렵다"라고 했다. 또 "임제종(臨濟宗)은 순금과 반대로 잡화상이라 부르는데 용(用)적인 면에서 활발발하지만 체(體)적인 면에서는 조동종이 더 깊이가 있다"라고도 평가한 바 있다.[32] 그의 이와 같은 견해에 대해서는 이견이 존재할 수 있겠는데, 탄허의 경우에는 임제종을 중심에 두면서도 조동종의 학설을 비교적 높이 평가한 특징을 보여주고 있다.

탄허는 「주자태극도−조동오위도 비교」에서 주렴계의 「태극도설」이 『주역』 전체의 축소판이라면 단하 자순 선사의 16자(字)는 「태극도설」 전체의 축소판이라며 다음과 같이 평가했다.

「태극도설」이 『주역』 13권의 축소판이라면 단하 선사의 '흑백미분(黑白未分)' 등 「태극도서(太極圖序)」는 또 「태극도설」의 축소판이라 하여도 과언이 아닐 것이다. 왜냐하면 「태극도설」은 수백언(言)임에 반하여 이 「서(序)」는 16자(字)의 간략한 4안으로서

---

31) 한종만, 앞의 책, 147쪽.
32) 김탄허(강설), 앞의 CD(5).

태극도의 오위(五位)를 명백히 표현한 때문이다.

'흑백미분(黑白未分)'에 난위피차(難爲彼此)'가 천지미분한 태극혼연의 체(體)라면 '현황지후(玄黃之後)'는 태극이 조판에 음양이 시분(始分)한 동정(動靜)의 원리를 말한 것이니 음(陰)은 양(陽)에서 근(根)하고 양은 음에서 근하여 음양이 각각 동정을 구(具)함으로 상하와 사방이 생긴 것이다. 그러고 보면 양의(兩儀)는 체위(體位)인 동시에 종체기용(從體起用)하는 체중(體中)의 용(用)을 말한 것이요 오행은 용위(用位)인 동시에 섭용귀체(攝用歸體)하는 용중(用中)의 체(體)를 말한 것이다.

자(自)는 주관(主觀)을 말함이니 주관적으로 보면 통체일태극(統體一太極)인 것이요 타(他)는 객관(客觀)을 말함이니 객관적으로 보면 물물(物物)이 각구일태극(各具一太極)인 것이다. 소위 이 진리로부터 유출치 않음이 없고 이 진리로부터 환귀치 않음이 없다는 것이다.[33]

『주역』 전체의 요약이 주렴계의 「태극도설」인데 이것을 단하 선사가 16자(字)로 요약한 것을 보고 탄허는 선(禪)의 위력을 발견한다. 그가 늘 '종지가 없는 학문은 죽은 학문'이라고 외쳤던 것은 단하 선사의 16자와 같은 핵심을 관통하는 깊은 학술에 대한 지향 때문이었다고 볼 수 있다. 앞에서 역리(易理)와 역학(易學)을 설명하며 음과 양, 진여문과 환멸문, 적연부동(寂然不動)과 감이수통(感而遂通) 등으로 나누어 설명하는 방식의 출처는 바로 단하

---

33) 우익 지욱(저)/김탄허(역주), 앞의 책(3), 422쪽.

선사의 16자 해석에서 비롯되었다고 볼 수 있다. 즉 '흑백미분(黑白未分)'의 '체(體)'는 '태극'이자 '한 생각 일어나기 전 소식'이고, '현황지후(玄黃之後)'의 '용(用)'은 '우주 만유'이자 '한 번도 끊어지지 않고 일어나는 상념'으로 볼 수 있겠다. 이러한 체와 용은 밖으로는 우주의 변화를 설명하고, 안으로는 일심(一心)의 본처에 수렴한다. 탄허의 선역 회통(禪易會通)의 이론은 조선의 설잠이 주해한『조동오위요해』라는 전범(典範)을 만나 20대에 이미 형성되기 시작했다고 하겠다.

이어서 탄허의「조동오위군신도(曹洞五位君臣圖)」에 대한 해설을 살펴보자.

조동오위군신도는 편정오위도(偏正五位圖)라 하여도 되며 또는 체용오위도(體用五位圖)라 하여도 되는 것이다. 단 태극도는 태극이 제1위에 있음에 반하여 군신오위도는 군신도합(君臣道合)이 제5위에 배치된 점이 다른 것이다. 군신도합인 제5위를 제1위에 옮겨 놓고 보면 군신도합이 바로 '흑백미분(黑白未分)에 난위피차(難爲彼此)'라는 태극인 것이다.

제2위의 정중편(正中偏)은 이것이 군위(君位)임과 동시에 체중용(體中用)을 말한 것이니 태극은 원래 사물(死物)이 아님으로 반드시 음양동정의 요소를 함유한 양의(兩儀)를 말한 것이다. 이것이 바로 '현황지후(玄黃之後)'라는 것이니 종체기용(從體起用)의 도리를 표현한 것이다.

제3위의 편중정(偏中正)은 이것이 신위(臣位)임과 동시에 용중체

(用中體)를 말한 것이다. 이것이 바로 양의가 조판함에 방(方, 사방) 위(位, 상하)가 생긴 것이니 이것은 섭용귀체(攝用歸體)의 도리를 표현한 것이다.

제4위의 정중래(正中來)는 전체즉용(全體卽用)의 원리를 말한 것인데 군시신(君示臣)이 되며 태극도에 건도성남(乾道成男)하고 곤도성녀(坤道成女)라는 주관적 통체일태극(統體一太極)이 바로 이 도리를 표현한 것이다.

제5위에 겸중지(兼中至)는 전용즉진(全用卽眞)을 말한 것인데 신봉군(臣奉君)이 되며 태극도에 만물화생(萬物化生)이라는 객관적 물물(物物) 각구일태극(各具一太極)이 바로 이 도리를 표현한 것이다.[34]

'흑백미분(黑白未分)'은 천지미분(天地未分)의 태극의 체(體)요, '현황지후(玄黃之後)'는 태극에서 음양이 나눠진 동정(動靜)의 원리를 말하는 것으로 음은 양에서 근본하고 양은 음에서 근본함을 말한다고 했다. '자(自)'는 주관을 말함이니 '통체일태극'이요 '타(他)'는 객관을 말함이니 물물이 '각구일태극'이 된다는 탄허의 설명은 16자로 구성된 단하 자순의 핵심을 다시 역학적으로 요약한 것이다.[35] 공교롭게도 주렴계의 「태극도설」과 조동종의 「조동오위」는 동일하게 5개의 도(圖)와 위(位)로 구성되어 있다. 이를 간파한 후대의 선사들은 양가를 회통하여 회석(會釋)한 선례를 남겼다.

---

34) 우익 지욱(저)/김탄허(역주), 앞의 책, 423~424쪽.
35) 위의 책, 423쪽.

탄허가 불교의 선교(禪敎)를 바탕으로 여타의 동양학을 회통하고 기독교까지 하나의 원리로 꿰뚫어 보겠다는 원력을 세운 것은 아마도 단하 선사의 16자 「오위서」를 만난 이 즈음의 일이었을 것으로 추정 가능하다. 탄허의 「주자태극도-조동오위도 비교」는 출가 직후 선원에서 발견한 유불원융(儒佛圓融)의 가능성과 평생 자신이 지향한 회통의 실상을 여실히 드러내 준 저술이라 하겠다.

4) 역학을 통한 서양철학 비판

탄허는 출가하기 전에 역학(易學)에 깊이 잠심했다. 가난 때문에 경전을 빌려서 통째로 외우거나 필사하여 간직하는 형태로 유학을 공부했는데『주역』만은 빌려주지 않아서 결국 장모가 송아지를 팔아서 사 준『주역』책을 밤새 읽느라 처자를 돌보지 않았다는 일화가『연보』에 소개되어 있다.36) 그는 출가한 이후 선교(禪敎)를 겸수(兼修)한 뒤 다시 역학의 종지를 재음미하고 이를 동양 삼교의 학문을 자유자재로 회통하는 데 활용했다. 유교와 불교가 길은 달라도 귀결처가 같다는 '수도동귀(殊途同歸)'의 언구를 역학을 통해 실증했다. 동양의 정치사상으로 마르크스주의를 비판하기도 하고 통체일태극의 원리를 들어 칸트의 순수이성을 비판하기도 하며 동양사상의 우수성을 증명하려고 했다. 탄허는 칸트의 순수이성을『주역』을 통해 비판했는데 칸트의 순수이성에는 '통체일태극'이 존재

---

36) 오대산문도회·탄허불교문화재단·교림 편, 앞의 책, 33쪽. 당시『주역』을 손에 들고 5백독 했다고 한다.

하지 않는다는 것이 주된 이유였다. 그의 논리를 살펴보자.

> 서양철학을 대표하는 독일의 칸트도 철학적으로 사색, 명상, 침
> 묵, 영감에 대한 우주 만유의 인식주체를 순수이성이라고 보았
> 습니다. 한마디로 칸트 철학의 결론은 인식경계와 인식주체가
> 절대적인 상반성(相反性) 일체 위에 내포되어 있다는 것입니다.
> 그러나 동양학의 입장에서 볼 때 칸트의 최종적인 결론은 미흡
> 한 것입니다. 우주 만유의 인식경계가 순수이성에서 나왔다면
> 순수이성은 우주 만유의 모체(母體)입니다. 우주 만유의 모체인
> 순수이성을 파악할 때에 우주 만유가 순수이성화되어야 하는
> 데, 칸트는 그런 결론은 얻지 못했기 때문입니다.[37]

우주 만유가 순수이성에서 나왔다면 다시 수렴하여 우주 만
유가 순수이성화되어야 하는데 칸트 철학에는 그것이 부재하다
는 것이다. 즉 '각구일태극(各具一太極)'은 갖추었으나 '통체일태극
(統體一太極)'으로 수렴되는 사상이 없다는 점에서 당시 서양철학
의 대표인 칸트 철학을 비판하고 있는 것이다. 탄허의 논지를 따
라 화엄학으로 설명하자면 칸트의 철학에는 천강(千江)에 뜬 달인
화신(化身)으로서의 개별적 달은 사유 대상으로 존재하나 그 달의
본체인 하늘에 뜬 하나의 달인 법신(法身)의 일물(一物)이 존재하
지 않는다는 것이다. 즉 칸트의 순수이성은 개별자에게 갖추어진
각구일태극은 설명한 것이나 전체를 하나로 총괄하는 통체일태극

---

37) 김탄허, 앞의 책(2001), 106~107쪽.

과 같은 일진법계화(一眞法界化)된 일물은 언급하지 못한 것이다.

서양철학의 칸트의 순수이성이라는 것은 소크라테스 같은 이들보다는 훨씬 철학이 깊어진 것이다. 그가 말한 순수이성이라는 것은 만유의 인식의 모체를 말하는 것인데 이는 마치 우리 불교의 '불성'과 같다고 볼 수 있고 역학의 모든 만유가 물물(物物)이 '각구일태극(各具一太極)'인 것과 유사하다고 보면 된다. 그런데 칸트에게는 그 순수이성을 다시 근본으로 환원할 수 있는 것이 있어야 하는데 그것에 대한 아무런 정답을 제시하지 못하고 있다. 즉 전체 우주 만유가 각각의 한 태극을 가지고 세계에 벌어졌지만 전체가 다시 통체일태극(統體一太極)과 같이 환원되는 것이 없다는 것이다. 화엄의 사사무애 법계(事事無碍法界) 도리처럼 전체가 순수이성화하여 일진법계(一眞法界)가 되는 것이 없기 때문에 내가 "칸트는 죽었다"고 하는 것이다. 전체가 하나의 일진법계가 되고 통체일태극이 되는 점을 칸트 철학은 해결하지 못했다는 말이다. 이것이 바로 내가 서양철학보다 동양 사상이 훨씬 깊고도 근본 진리를 잘 설하고 있다고 하는 이유이다.[38]

탄허는 칸트의 순수이성이 불교의 불성이나 유교의 각구일태극을 설명하는 데는 성공했다고 말한다. 하지만 통체일태극이 구현되어 전체가 순수이성화된 그 무엇, 즉 일진법계화된 그 하나가 없기 때문에 완성된 사상체계가 아니라고 했다. 그러면서 그 이유

---

38) 김탄허, 앞의 책, 52~57쪽의 내용과 월정사·김광식(편), 앞의 책(하), 30쪽의 최창규와의 대담, 김탄허(강설), 앞의 CD(4)의 『장자』「제물론」 해석 강의 부분 참조.

로 사사무애(事事無碍) 법계도리(法界道理)가 없기 때문이라고 했다. 서양철학의 영원한 딜레마인 신과 인간, 보편과 특수, 전체와 부분을 하나로 이어주는 사사무애와 같은 근본적 원리의 부재는 칸트로 하여금 안티노미[이율배반]를 설정하게 만든 주요 원인이 되었음을 탄허는 간파한 것이다.

탄허는 사람들이 『주역』의 종지를 잘 모르기 때문에 점진적으로 종지에 들어갈 수 있도록 분과를 네 가지로 나누어 놓은 것이라고 설명한다. 『주역』의 사과(四科)는 "역에 성인의 도가 네 가지가 있으니 언어로는 문사(文辭)를 숭상하고 움직이는 것으로는 변화를 숭상하고 제기(制器)로는 상(象)을 숭상하고 복서(卜筮)로는 점(占)을 숭상한다"[39]는 「계사상전(繫辭上傳)」 10장의 구절을 말한다. 탄허는 이를 현대적으로 풀어서 『주역』이 단과대학 네 개를 포함한 종합대학과 같은 것이라고 설명했다. 즉 차례로 문과 계통, 이과 계통, 공과 계통, 사회과학 계통의 분과학문이라는 것이다. 『주역』의 4과를 현대 학문과 유비하여 설명하면서 동양학의 핵심 가운데 하나인 역학이 현대 산업사회에 비추어보아도 부족함이 없다고 주장하는 것이다.

그는 『주역』이 서양의 좌·우로 나누어진 자본주의와 사회주의 양대 병폐를 해결하는 미래의 사상으로도 대치 가능함을 강조했다. 세상을 개혁하고 올바른 사회를 만들기 위해서는 서구의 자

---

39) "易有聖人之道四焉, 以言者尚其辭, 以動者尚其變, 以制器者尚其象, 以卜筮者尚其占." 김탄허(강설), 앞의 CD(11).

본주의와 사회주의 양대 사상의 모순을 동양의 역학적 정치사상으로 극복해야 한다고 역설했다. 탄허는 1978년 오대산 월정사에서 개최한 '유·불·선·화엄 동양 사상 특강'에서 근대 서양에 지대한 영향을 주었던 다윈의 진화론과 마르크스주의에 대해서 다음과 같이 비판했다.

> 서양의 물질문명은 다윈 진화론의 약육강식으로 인해 거침없이 발전해 왔다. 진화론 사상은 세상에 많은 발전을 가져왔으며 이를 제창한 영국은 해가 지지 않는 나라가 되었다. 하지만 얼마 안 있어 마르크스의 사회주의 이론이 나오면서 다윈의 진화론은 쇠퇴하게 되었다. 오늘날 서양에서는 마르크스의 사회주의 이론을 때려잡을 사상이 없다. 지금 우리의 서울대 같은 곳에서도 마르크스 이론 자체를 가르치지 못하도록 한다. 마르크스 사상을 능가할 사상이 없기 때문에 학생들이 전부 좌경화할 가능성이 있어서 아예 책을 읽지도 못하게 하는 실정인 것이다. 그러나 마르크스의 사회주의 사상을 능가하는 것이 바로 동양의 역학적(易學的) 정치사상이라는 것을 아는 이가 없다. 자유진영의 자본주의는 사회의 극도의 불균형의 모순을 드러내었고 마르크스의 사회주의는 개인의 자유를 박탈하는 단점을 안고 있다. 이 양대 모순성을 완전히 해소시키는 것이 바로 동양의 역학적 정치사상인데 무식한 사람들이 『주역』을 몰라서 동양 사상의 가치를 모르고 있는 것이다.[40]

---

40) 김탄허(강설), 앞의 CD(5).

동양의 역학적 정치사상에 대한 탄허의 신뢰와 확신은 확고했다. 그는 역학의 측면에서 보아 서방(西方)은 음방(陰方)으로 물질문명이 우세하고 동방(東方)은 양방(陽方)으로 정신문명이 우세하다고 했다. 물질을 신봉하는 사상으로는 자유와 평등이라는 양대 과제를 동시에 해결할 수 없다고 보았다. 정신과 물질이 음양(陰陽)의 체용(體用)처럼 태극을 이룰 때 세상은 상생(相生)하는 세계가 될 수 있으며 동양정신을 중심으로 세상이 다시 개혁될 때 이상사회가 비로소 실현될 것이라고 내다봤다. 탄허는 진보 지식인들이 몰입했던 서구의 사회사상의 한계를 꿰뚫어 보고 마르크시즘의 대안은 바로 동양의 역학 사상이라고 역설했다. 이런 연유로 탄허는『주역』「계사전」을 역학의 입문으로 우선적으로 읽을 것을 강조한 바 있다.[41]

하지만 여기에서 한 가지 아쉬운 점은 자본주의와 사회주의의 양대 모순을 극복할 수 있다는 동양의 역학적 정치사상에 대한 구체적인 설명 내용을 발견하지 못했다는 것이다. 2개월 동안 하루에 6~7시간씩 줄곧 강의할 정도로 교육의 열정을 갖고 있던 탄허가 이 정도의 언급만 해 놓고 그 실제를 설명하지 않았을 가능성은 희박하다고 본다. 하지만 본인이 직접적인 저술을 하지 않았기 때문에 남아 있는 녹음 파일의 강의 내용 가운데 이를 찾아내야 하는데 아직 관련 강의 내용을 찾지 못했다. 차후의 과제로 남겨 둘 수밖에 없다.

---

41) 탄허는 「계사전」이 『주역』 열네 권의 핵심이므로 역학 공부를 할 때 가장 먼저 읽을 것을 권했다. 김탄허, 앞의 CD(5) 참조.

이상에서 보듯 탄허는 역학의 종지를 선(禪)의 '심성(心性)'과 '성(性)자리'로 융회하여 설명하고, 역학(易學)과 역리(易理)를 환멸문과 진여문에 배대하여 만유가 펼쳐졌다가 근본 자리로 돌아가는 수행의 원리로 설명했다. 『주역』과 선을 융회함으로써 『주역』을 유교의 대표적인 수도(修道)의 길잡이이자 수행의 지침서로 새롭게 자리매김하고자 했다. '적연부동'과 '감이수통'을 단순히 외재하는 물리법칙이 아니라 '심성'의 수행으로 보고자 했고, 유교의 태극(太極)을 깨닫는 것이 불교의 각(覺)과 동일하다고 보았다. 성리학의 「태극도설」과 조동종의 「조동오위도」를 회통하고, 서양 이성철학의 대표인 칸트 철학을 예리하게 비판하기도 했다. 이러한 관점은 다른 사상가에게서는 찾아보기 힘든 자신만의 독창적인 해석으로 평가할 수 있다. 탄허는 불문에 출가한 승려였지만 선의 근본 원리를 바탕으로 동양의 전통적인 역학을 자신의 주요 사상으로 깊이 발전시켜 다른 사상과 학문을 방대하게 수용하고 회통해 나갔던 것이다.

2. 유학과 불교의 회석(會釋)[42]

1) 공자(孔子)의 계승 : 호학(好學)과 불세사업(不世事業)

탄허의 학문은 유학에서 시작되었다. 『연보』에 의하면 그는 6 세부터 한학수학을 시작하여 10대에 이미 유교의 사서삼경의 과정을 마쳤다고 한다. 하루는 독립운동을 하고 있던 부친에게 술학(術學)에 능한 소강절(邵康節)이 소인인지 군자인지에 대해 질문을 던졌는데 부친에게서 '송조(宋朝) 육군자(六君子) 가운데 한 분'이라는 답을 듣게 된다. 이에 소강절의 학술을 믿고 『황극경세서』에서 언급한 오종사업(五種事業)[43] 가운데 공자의 '불세(不世)의 사업(事業)'을 따라 교육과 인재양성에 헌신하겠다는 입지(立志)를 확고히 세웠다고 한다. '지난 성인을 계승하고 미래의 학자를 열어준다'는 '계왕성(繼往聖) 개래학(開來學)'의 교육 불사에 대한 낙욕성(樂欲性)의 발원(發願)은 이미 출가 전에 공자의 계승을 통해 확립된 것이다.[44] 탄허는 교육불사와 인재양성을 매우 중시했는데 공자를 설명하면서 그의 가장 훌륭한 점은 교육을 통해 제자들을 길러 낸 것이라고 하였다.

---

42) 이 장의 내용은 필자가 이미 발표한 아래 논문을 수정·확대한 것임을 밝혀 둔다. 문광, 「탄허선사의 유교 경전에 대한 불교적 해석 -『논어』를 중심으로-」, 『한국불교학』 제80집, 한국불교학회, 2017, 215~245쪽.

43) "오패(五霸)를 백세(百世)의 사업, 삼왕(三王)을 천세(千世)의 사업, 오제(五帝)를 만세(萬世)의 사업, 삼황(三皇)을 억세(億世)의 사업, 공자(孔子)를 불세(不世)의 사업이라고 했습니다." 김탄허, 앞의 책(2000), 98~99쪽.

44) 위의 책, 101쪽 요약.

스님은 교육을 대단히 강조했어요. 스님은 늘상 공자가 16년을
주유천하한 다음에 노나라에 와서 70명의 제자를 길러 낸 것을
높이 평가했습니다. "공자가 정치를 그만두고 교육사업에 뛰어
들었기 때문에 오늘날 공자가 있게 된 것"이라고 말씀하셨습니
다.[45]

탄허는 공자를 무시하는 세태를 통탄하며 젊은이들에게 바른
도의교육(道義敎育)을 실시하지 못하는 현실을 안타까워했다. 공
자 자신은 생이지지(生而知之)가 아니라고 했으나 탄허는 불가에
입문한 뒤에도 공자에 대해 아는 것이 끊어진 도자리를 알았던
성인으로 여기며 평생 존숭했다. 불가에서는 공자에 대해 흔히 성
인 중의 성인인 세존에 비해 격이 떨어지는 성현으로 치부하는 경
향이 있었지만 탄허는 결코 그렇지 않아 공자를 석가와 동등한
성인으로 모셨다. 탄허는 공자의 가르침 가운데 '학이불염(學而不
厭)'과 '회인불권(誨人不倦)'[46], 불치하문(不恥下問)[47]의 자세로 평생
호학(好學)[48]했던 삶의 모습을 가장 닮고 싶어 했다. 평생을 일관
되게 배움에 싫증 내지 않고 가르침에 게으르지 않으며 묻기를 부
끄러워하지 않았던 공자의 정신은 탄허의 몸에도 체득되어 있었
다. 전강제자 무비(無比)가 전하는 다음의 일화를 살펴보자.

---

45) 월정사 · 김광식(편), 앞의 책(하), 394쪽, 윤창화의 증언.
46) 『논어』 「술이(述而)」, "黙而識之, 學而不厭, 誨人不倦, 何有於我哉."
47) 『논어』 「공야장(公冶長)」, "子貢問曰, 孔文子 何以謂之文也. 子曰, 敏而好學, 不恥下問, 是以謂之文也."
48) 『논어』 「공야장」, "子曰, 十室之邑, 必有忠信與丘者焉, 不與丘之好學也."

한 번은 이런 일이 있었습니다. 저희 동국역경원 연수생들에게 맨 먼저 운허 스님께서 『능엄경』을 강의하셨습니다. 당시는 역경 연수원을 개설해서 10명을 선발했는데, 그 10명을 모아 놓고 아주 집중적으로 그야말로 역경사로서의 정예부대를 키운다는 원력으로 했었습니다. 그런데 그 강의장에는 항상 역경장이었던 탄허 스님께서 와 계셨습니다. 나는 첫 시간이니까 인사하러 오셨는가 했는데, 그 다음 날도 오시고 그 다음 날도 오시며, 언제나 맨 먼저 항상 10분 전에 가장 앞자리에 와서 앉아 계셨습니다. 해서 우리끼리는 뭐 별별 이야기가 다 있었습니다. 하루는 제가 참지 못하고 한마디 했습니다. "스님! 스님께서는 그동안 공부하신 걸로, 이미 첫째나 둘째손가락에 꼽히는 그런 출중한 학덕을 갖추신 분인데, 무엇이 부족해서 여기 와서 우리하고 강의를 함께 듣습니까?"라고요. 그러니까, 스님께서 화를 내듯 언짢은 투로 이런 말씀을 하셨습니다. "공부에는 어린 사람에게까지도 묻는 것을 부끄러워하지 않는 것, 이것이 진정한 학인의 자세고 학자의 자세인 게야, 무슨 그런 망발을 함부로 하는가." 저는 그때 받은 감동을 평생 간직하고 있습니다.[49]

공자가 모든 행동의 근본으로 중요시했던 '효(孝)'에 대해서도 탄허는 역시 매우 강조했는데, '교(敎)'라는 의미에 대해서 '효'와 관련하여 독특한 해석을 내린 바 있다. '교'를 파자(破字)하여 '선효후

---

49) 오대산 월정사(편), 『미래를 향한 100년, 탄허』, 조계종 출판사, 7쪽, 「탄허대종사 학술대회 기조강연」.

문(先孝後文)'으로 보아 '효(孝)'를 우선하고 문(文)은 나중에 하는 것'50)으로 풀이하여 '교육'은 백행의 근본인 '효'를 으뜸으로 한다고 해석한 것이다.51) 탄허는 '충효일치관(忠孝一致觀)'이라 하여 효의 의미망을 확장하여 논의를 전개한 적이 있다. 충(忠)도 역시 효를 근본으로 삼는 것이니 부모에게만 효를 행하는 소극적인 효는 대효(大孝)가 못 된다는 것이다. 증자(曾子)를 효의 표본으로 보지만 그의 효는 '굉장한 것'은 되지 못하는데 국가적인 대사를 겸한 대효, 달효(達孝), 지효(至孝)까지는 이르지 못했기 때문이라는 설명이다. 국가를 위해 자신을 희생한 안중근, 윤봉길 같은 이의 살신성인(殺身成仁)은 부모보다 먼저 생을 마치는 불효가 아니라 오히려 대효라고 했다.52)

탄허는 공자를 성인으로 추앙하면서 그의 '교육'에 대한 가르침을 자신의 불세의 사업으로 충실히 계승하였다. 그리고 유교가 근본적으로 불교의 가르침과 전혀 배치되지 않으며 쉽게 융회할 수 있음을 주장했다. 특히 호학의 자세는 유교에서 시작하여 불교로 결실을 맺은 방대한 그의 학술체계를 가능하게 한 원동력이었다. 탄허는 어려서 배우고 익힌 유학을 승가에서도 실천했고 불

---

50) 김탄허, 앞의 책(2001), 364쪽.
51) '교(敎)' 자를 『설문해자』에서 찾아보면, "위에서 베푸는 바를 아래에서 본받는다는 의미로 攴(복)과 孝(효)의 회의자 [上所施下所效也. 從攴從孝]"라고 되어 있다. 즉, 윗사람이 가르침을 베풀면[攴] 아랫사람이 그것을 본받는다[孝]'는 의미로 탄허의 파자에 입각한 해석과는 의미가 좀 다르다. 하지만 이와 같은 문자학적인 오류는 탄허가 '효'를 얼마나 중시했는가 하는 것을 알게 해 주는 사례로 오히려 선의의 오독으로 보아도 좋을 듯하다. 許愼/湯可敬(撰), 『說文解字今釋(上)』, 岳麓書社, 451쪽.
52) 김탄허, 앞의 책(2001), 192~193쪽 요약.

교의 교리에 배대함으로써 유교의 의미망을 더 확장시켜 주었다. 유교에 대한 그의 불교적 회석을 좀 더 상세히 검토해 보자.

2) 유교의 돈법(頓法)과 대기설법(對機說法)

탄허는 공자에 대해 설명하기를 대학원 교수가 유치원 선생 노릇을 하게 되어 근기가 낮은 이를 상대로 수준을 낮추어 쉽게 가르침을 제시한 것으로 본다.[53] 이런 까닭에 배우는 이의 근기에 따른 대기설법을 주로 베풀었다고 본다. "공자는 이(利)와 명(命)과 인(仁)에 대해서 드물게 말했다"[54]라는 언명이나 "선생님이 성(性)과 천도(天道)에 대해서 말하는 것은 얻어듣지 못했다"[55]라는 자공(子貢)의 전언은 이를 말하는 것이다. 탄허는 월정사의 삼교 특강에서 『논어』를 강의하면서 「학이(學而)」편 1장을 『노자』의 1장과 비교하며 공자의 방편설법에 대해 이해시키고 있다.

유교에서는 학(學)이 글공부하는 것만을 의미하지 않고 학을 도(道)와 둘로 보지 않는다. 말이 평범하게 나왔지만 위에서 아래까지 모든 근기의 사람에게 해당한다. 학이 쌓이면 수천 리 밖에서 나를 찾아오는 친구가 있게 되니 기쁘지 아니한가. 원칙적으로는 도공부를 하면 사람이 알아서 찾아오는 것이 당연하지

---

53) 김탄허(강설), 앞의 CD(1).
54) 『논어』「자한(子罕)」, "子罕言利與命與仁."
55) 『논어』「공야장」, "子貢曰, 夫子之文章, 可得而聞也, 夫子之言性與天道, 不可得而聞也."

만 원칙을 벗어나서 혹시나 내가 학을 철저히 하는데도 불구하고 다른 사람들이 나를 알아주지 않아도 섭섭해 하지 않는 것이 군자의 도리이다. 여기서의 '온(慍)'은 화를 낸다기보다는 섭섭해 하는 것을 말한다. 『논어』 1장의 말씀은 아주 평온하면서도 상근기·중근기·하근기의 모든 대중들에게 해당되는 내용을 설파한 것이다. (······)

『노자도덕경』 5천 언 가운데 제1장이 제일 중요하듯이 『논어』도 제1장이 중요하다. 불교의 팔만대장경은 교리적으로 모든 근기의 대중들이 알아들을 수 있도록 한 설법인데 반하여, 선법문(禪法門)은 대중 가운데 한둘만 알아들을 줄 아는 대중이 있어도 다행이다 하는 설법이다. 『논어』 1장은 불교의 교학(敎學)처럼 모든 근기의 대중들이 알아들을 수 있도록 한 말씀이고, 『노자』 1장은 불교의 선법문처럼 최고의 설법을 설하여 상근대지(上根大智)의 수제자 하나를 잡아 건지는 것이니 아무나 쉽게 알아들을 수 없는 말씀이다.[56]

탄허는 『논어』 1장의 '불역열호(不亦說乎)'와 '불역락호(不亦樂乎)', 그리고 '불역군자호(不亦君子乎)'를 '학(學)'의 연장선상에서 해석한다. 배우고 항상 익히니 기쁜 것이고, 학문에 매진하면 벗들이 생겨 교우관계를 맺게 되니 즐거운 것이며, 배움에 최선을 다하고 벗을 사귀었는데도 나를 알아주지 않는다 해서 섭섭해 하지 않는 것을 모두 '학'의 연장선에서 해석한다. 『논어』 첫 장의 '학'은 '도'와

---

56) 김탄허(강설), 앞의 CD(9) 정리.

동일한 술어로 보았다. 다양한 근기의 제자들이 존재하기 때문에 '도'라 말하지 않고 '학'이라고 말한 것이라며 공자 사상의 핵심을 호학으로 규정한 것이다. 이는 공자의 사상을 일관되게 수도(修道)의 관점에서 해석한 것으로 낮은 수준의 근기를 가진 사람들도 최선을 다해 노력할 수 있도록 세심하게 배려한 것이라는 설명이다.

　이와는 대조적으로 『노자』의 1장은 처음부터 '도'를 언급하고 있어 방편설법이나 대기설법을 거치지 않고 곧장 본론으로 직입해 들어간 것이라고 했다. 여기서의 도는 시공이 끊어지고 언어·문자를 여읜 우주의 핵심체로 상근기의 대중들만이 알 수 있는 선과 같은 것으로 풀이했다. 불교 교리에 배대해 보면 『논어』 1장의 '학이시습(學而時習)'은 교학(敎學)에 해당되고 『노자』 1장의 '도가도비상도(道可道 非常道)'는 선법문(禪法門)에 해당할 뿐 노자가 공자보다 경지가 높은 것은 아니라는 것이 해석의 요지가 된다. 노자는 수제자 하나만이라도 건질 목적으로 최상승 법문을 설한 것이요, 공자는 모든 대중을 위해 대기설법으로 설한 것이지 두 성인 간의 차등은 없다는 것이다. 불교와 도교에 비교해 볼 때 유교는 모든 대중들을 위해서 자상하게 눈높이를 낮추어 교육함으로써 인간의 근본을 심는 학술적 특색이 있다는 것이다. 탄허가 유교와 공자를 바라보는 해석학적 지평이 이 강의에서 그 전모가 드러났다고 하겠다. 도표로 정리해 보면 다음과 같다.

〈표 3〉 탄허의『논어(論語)』와『노자(老子)』의 회석

	유(儒)·노(老) 경전 비교		유불회석 (儒佛會釋)
	『논어』1장	『노자』1장	천하무이도 (天下無二道)
설주(說主)	공자	노자	성인무양심 (聖人無兩心)
수구(首句)	학(學): '학이시습 (學而時習)'	도(道): '도가도 비상도 (道可道 非常道)'	학도불이 (學道不二)
불교에 배대	교학(敎學)	선법문(禪法門)	선교일치 (禪敎一致)
청법대중	상·중·하 근기	상근기	대기섭법 (對機說法)

탄허의 유교 해석 가운데에는 기존의 주석이나 해설에서 전혀 찾아보기 힘든 새로운 독법이 있다. 그것은 바로 유교에도 돈법 (頓法)이 존재한다는 주장이다. 탄허는 퇴계가 유교에 돈법이 없 다고 한 말은 지나친 것이었다며 정면으로 반박했다. 그의 논지를 살펴보자.

공자가 이 세상을 내다 볼 때에는 전체가 유치원 학생입니다. 성 인들이 중생을 볼 때는 다 그렇죠. 그러므로 그 유치원생한테 어떻게 큰 도를 얘기합니까? 그래서 드물게 말하고 점진적인 방 법으로 도에 들어가게 하는 것입니다. 그러나 공자께서 삼천 제

자 가운데 안연(顔淵)과 증자(曾子)에게만 돈법(頓法)을 가르쳤어요. 돈법은 점법(漸法)의 반대입니다. 그런데 퇴계 선생이 문인에게 답한 편지에서 돈법은 불교의 것이지 유교의 법이 아니라한 것은 지나친 것 같습니다. 왜냐하면 안연의 문인(問仁)에 답한 '극기복례'는 공자께서 안연에게 돈법으로 보인 것이고, 또 증자에게 "오도(吾道)는 일이관지(一以貫之)라" 나의 도는 하나로써꿰었다고 한 것이 그것입니다.[57]

공자가 그의 입실제자 안회에게 인에 대해 답한 '극기복례(克己復禮)'[58]와 도통을 이은 증자에게 답한 '일이관지'[59]는 공자가 아주드물게 제시한 돈법이라는 해석이다. 퇴계는 율곡에게 답한 편지에서 유교는 돈오가 아니라 점법이라고 한 바 있다.

마음을 텅 비게 하여 이치를 살피되, 먼저 자기의 견해에 집착하지 말아야 하며, 점차적으로 쌓아감으로써 순수하게 익도록하되, 몇 달 며칠에 효과를 따지지 말 것이며, 얻지 않고는 그만두지 않는 것이니, 이로써 종신(終身)의 사업을 삼아야 합니다. 그 이치가 이해되고 경(敬)이 전일(全一)해지는 것은 모두 깊이나아간 나머지에 저절로 얻어지는 것일 뿐입니다. 어찌 한 번 초

---

57) 김탄허, 앞의 책(2001), 325~326쪽.
58) 『논어』「안연(顔淵)」, "顔淵問仁, 子曰, 克己復禮爲仁, 一日克己復禮, 天下歸仁焉. 爲仁由己, 而由人乎哉.顔淵曰, 請問其目. 子曰, 非禮勿視, 非禮勿聽, 非禮勿言, 非禮勿動. 顔淵曰, 回雖不敏, 請事斯語矣."
59) 『논어』「이인(里仁)」, "子曰, 參乎, 吾道 一以貫之. 曾子曰, 唯. 子出, 門人問曰, 何謂也. 曾子曰, 夫子之道, 忠恕而已矣."

월하여 돈오하여 그 자리에서 부처가 된 자가 황홀하고 어두운
곳에서 어렴풋이 그림자를 보고는 곧 하나의 커다란 일이 끝났
다고 하는 것과 같겠습니까?[60]

　퇴계는 남시보(南時甫)에게 보낸 답장에서도 "성인은 상달(上
達)을 말하나 깨달음[悟]은 말하지 않으니 공효는 꾸준히 쌓아가
는 가운데에 있다"[61]라 하여 유교는 돈오를 거론하지 않음을 강
조했다. 반면 탄허는『장자』「제물론」을 주해하면서 유교에도 돈법
이 있으니 고제(高弟)인 안자(顔子)와 증자(曾子)에게는 '극기복례'
와 '일이관지'의 돈법을 설하였다고 반복하여 강조했다. 다만 공자
는 현실사회에서 우중(愚衆)을 상대하여 교법을 편 까닭에 점법으
로 도덕 밖에 인·의·충·효 등을 많이 말씀하신 것이라고 했다.[62]
조선 유학자 가운데 최고봉인 퇴계가 유학에는 돈오가 없다고 한
것에 대해 탄허가 문제를 제시하며 유교에도 역시 돈오가 있다고
주장한 것은 향후 학계에서 깊은 관심을 가지고 주목해 볼 만한
주제라고 판단된다. 어쩌면 조선 유학과 한국 불학을 대표하는
두 석학인 퇴계와 탄허의 속내는 다른 곳에 있었을지도 모를 일
이다. 퇴계는 후학들에게 돈오의 환상을 떠나 평생 학문에 권면

60)「답이숙헌(答李叔獻)」, "虛心觀理, 勿先執定於己見, 積漸純熟, 未可責效於時月. 弗
　得弗措, 直以爲終身事業, 其理至於融會, 敬至於專一, 皆深造之餘, 自得之耳. 豈若
　一超頓悟, 立地成佛者之略見影象於怳惚冥昧之際, 而便謂一大事已了耶." 이황/최
　중석(역주),『이퇴계의 자성록』, 국학자료원, 2003, 150~159쪽.
61)「답남시보 언경(答南時甫 彦經)」, "聖言上達不言悟, 功在循循積久中." 위의 책,
　43~48쪽.
62) 김탄허(역해), 앞의 책(2004), 132쪽.

(勸勉)하게 하기 위해서 돈법은 없다고 단언했을 수도 있다. 유학
에서도 '연비어약(鳶飛魚躍)'이나 '활연관통(豁然貫通)', 그리고 저절
로 손·발이 춤을 추는 경지인 '부지수지무지(不知手之舞之) 족지도
지(足之蹈之)'⁶³⁾와 같은 개오(開悟)의 체험을 묘사한 내용들이 드물
지 않게 발견되기 때문이다.

특히나 율곡과 같은 재사(才士)에게는 방심하지 말고 종신수행
(終身修行)하여 국가의 큰 동량이 되었으면 하는 퇴계의 노파심절
가득한 간곡함을 짐작할 수 있는 것이다. 금강산에서 수도를 하
고 막 유학의 세계로 돌아온 젊은 율곡에게는 퇴계의 돈오부정이
오히려 새롭게 출발하는 좋은 동력이 되었을지도 모른다. 탄허의
입장에서는 유교에도 돈법이 엄연히 있으며 공자 역시 최상승의
제자들에게는 돈법을 설파했다는 점을 강조함으로써 근기에 맞추
어 다양하게 교육했던 공자를 석가와 같은 반열의 성인으로 설명
할 수 있게 된다. 이로써 유·불·선의 삼교 성인이 지향했던 도가
결국엔 하나로 통섭될 근거를 마련할 수 있게 되므로 탄허의 주
장 역시 수긍이 가는 것이다.

탄허는 조선의 유학자 가운데 퇴계와 율곡을 가장 많이 거론했
다. 어려서 유학을 수학할 당시에는 퇴계의 현토를 고치고 싶었다

---

63) 「모시서(毛詩序)」, "詩者, 志之所之也, 在心爲志, 發言爲詩. 情動於中而形於言, 言之
不足故嗟嘆之, 嗟嘆之不足故詠歌之, 詠歌之不足, 不知手之舞之足之蹈之也." 郭紹
虞 (主編), 『中國歷代文論選 (1)』, 上海古籍出版社, 2011, 30쪽. 주자(朱子)는 『논
어집주서설(論語集註序說)』에서 말로 표현할 수 없는 활연개오의 경계로 이를 활
용하고 있다. "程子曰, 讀論語, 有讀了全然無事者, 有讀了後, 其中得一兩句喜者, 有
讀了後, 知好知者, 有讀了後, 直有不知手之舞之足之蹈之者." 성백효(역주), 『논어집
주』, 전통문화연구회, 1990, 14쪽.

고 한다. 하지만 시간이 지남에 따라 퇴계의 본의를 이해하게 되면서 그의 현토와 해석을 수긍하게 되었고 점차 퇴계에 대한 존경심이 커졌다고 했다. 어려서는 율곡의 명징함과 정확함에 탄복하지만 나이가 들수록 퇴계의 깊이에 감동하게 된다는 것이다. 후학들에게 당부하기를 퇴계의 현토와 해석을 보면서 자꾸 고치고 싶은 충동이 들지라도 퇴계의 깊은 뜻이 다른 곳에 있을 것이라는 믿음을 갖고 계속 읽고 생각하며 반복하여 심사(深思)하라고 충고했다.[64]

퇴계는 일생 『대학』에 매달렸으며 한 글자도 주자의 말을 고치지 않아서 '전신주자(全身朱子)'라고 불렸다. 탄허는 이러한 퇴계를 일본에서 매우 존경했다는 언급 또한 빼놓지 않고 있다.[65] "서화담은 자득이 많아서 기묘하지만 실수가 많고[多自得故로 多失], 퇴계는 성품이 순후하여 모방을 많이 한 까닭에 실수가 적으니[多依倣故로 小失] 차라리 퇴계의 모방을 배울지언정 화담의 자득을 배우지 말라"라고 했던 율곡의 평가가 아주 적확했다고 탄허는 평가한다.[66]

율곡에 대해서는 5세에 부모가 글을 짓게 하니 "석류피리쇄홍주(石榴皮裏碎紅珠: 석류의 가죽 속에 붉은 구슬을 부셔놓았다)"라는 구절을 지은 것으로 보아 문장으로서는 생이지지(生而知之)라 할

---

64) 김탄허(강해), 앞의 간추린 법문 테이프(2) 요약.
65) 일본에서의 퇴계에 대한 존경에 대해서는 다음 책을 참조. 권오봉, 『퇴계선생 일대기』, 교육과학사, 2001, 336~342쪽, 「일본·중국의 퇴계에 대한 관심」.
66) 김탄허(강해), 앞의 간추린 법문 테이프(4).

수 있겠다고 평가했다. 그렇지만 성리(性理)로서의 생이지지라고는 할 수 없다고 했다. 탄허는 율곡을 평가하기를 도자리에서는 생이지지의 성인(聖人)은 아니고 학이지지(學而知之)의 현인(賢人) 정도인데 전생에 많이 닦아서 문장의 경우에는 생이지지라고 할 수 있다고 했다. 하지만 탄허는 율곡의 발심과 입지(立志)에 대해서는 매우 숭모했다. 다음의 언급을 보자.

> 얼마나 아느냐가 문제가 아니라 어떻게 발심(發心)하느냐 하는 것이 문제입니다. 유교에서는 이것을 입지(立志)라고 말하는데 율곡 선생 같은 분은 나이 20에 입지하기를 "일호불급성인(一毫不及聖人)하면 오사미료(吾事未了)라. 털끝만큼이라도 공자에 미치지 못한다면 내 사업은 마치지 못한다"고 했습니다. 물론 자질도 높았지만 이렇게 투철히 발심했기 때문에 대현(大賢)이 된 것입니다. 그러니까 누구나 이렇게 발심하여 한 생각 거두어서 생각이 일어난 자리가 없는 것을 타파한다면 삼대성인(三大聖人)과 어깨동무할 수 있을 것입니다.[67]

탄허는 불교에서 강조하는 발심과 유교에서 중시하는 입지를 같은 의미로 보았고, 율곡이 삼대성인과 나란한 경지에 오를 수 있었던 큰 원동력이 바로 입지에 있다고 여겼다. 또한 율곡이 발심하여 이른 경지를 한 생각이 일어난 자리가 없는 것을 타파한 것이라고 하며 불교의 깨달음 경지와 다르지 않음을 드러내었다.

---

67) 김탄허, 앞의 책(2000), 128~129쪽.

이처럼 탄허는 퇴계, 율곡과 같은 조선의 대유학자들 숭모했다.

그럼에도 탄허가 소싯적부터 지극히 존경하던 퇴계의 언명마저 부정하면서까지 유교에도 돈법이 있다고 주장한 것은 유불을 융회함으로써 양교(兩敎)의 성인이 결국 불이(不二)하다는 점을 강조하기 위함이었다고 할 수 있겠다.

3) 유교 경전에 대한 유불회석(儒佛會釋)

탄허는 유교의 경전을 논할 때면 '사서삼경(四書三經)'이란 용어를 사용하지 않고 '유가칠서(儒家七書)'라는 표현을 즐겨 사용했다. 여기서는 유가칠서에 대한 불교적 해석 가운데 각 경전마다 가장 주목할 만한 내용을 중점적으로 다룰 것이다. 『주역(周易)』은 앞의 장에서 별도로 다루었으므로 이를 제외하고 『논어(論語)』, 『맹자(孟子)』, 『대학(大學)』, 『중용(中庸)』, 『시경(詩經)』, 『서경(書經)』에 대한 유불회석(儒佛會釋)의 실질적 내용들을 살펴보기로 한다.

(1) 『논어(論語)』의 극기(克己)와 문도(聞道)

『논어』에서 특히 이목을 끄는 것은 '극기복례(克己復禮)'에 대한 탄허의 해석이다. 그는 '극기복례'를 '자기망상을 극복하여 본연의 천리(天理)인 도(道)로 돌아가는 것'이라 번역하고 있다. '기(己)'를 '자기망상'으로, '예(禮)'를 '진리'로 해석하고 있는 것이다. 주자는 '기'를 '일신(一身)의 사사로운 욕심', 예를 '천리의 절문(節文)'이라 주석[68]했는데 여기서 도의 관점으로 더 나아간 것이다. 탄허는 사람의 근기는 상·중·하의 세 종류가 있는데 이 중에 예로써 살아가는 사람은 상근기를 지닌 이에 해당하며 이미 성인의 경지에 이른 삶을 살고 있으므로 이들에겐 특별한 가르침이 필요치 않다고 했다.[69] 즉, '복례'를 성인의 반열에 드는 과정으로 보아 최고의 제자인 안자에게만 최고의 진리를 설해 주었다는 해석이다.

> 사람이 사는 것을 구체적으로 말하자면 3가지로 나눌 수 있습니다. 예(禮)·법(法)·정(情)으로 사는 거지요. 첫째 여기서 예는 천리(天理)의 대명사를 이르는 것입니다. 세속의 예로 이해해서는 곤란하지요. 이를 불가에서는 상근기의 삶이라고 합니다. 대인군자, 즉 물아양망(物我兩忘)한, 다시 말해 우주와 자신을 함께 잊는 객관과 주관을 다 잊어버린 성인의 경지를 말하는 것이지요. 둘째로 법의 삶이라고 하는 것은 물아양망의 경지에는 이르지 못했지만 자리(自利)보다는 이타(利他) 면에 치중하면서 세속 법규에 조금도 어긋나지 않게 사는 사람을 이름하는 것입니다. 중근기의 인간, 이를테면 중등(中等) 사람이라고나 할까요. 셋째, 정으로 사는 사람이란, 예도 법도 다 모르고 오로지 인정(人情)으로만 세상을 살아가는 사람들입니다. 천치 같은 사람들이지요. (……) 성인의 문정(門庭)에서 보면 사회적 지식의 높고 낮음을 막론하고 다 유치원생올시다.[70]

---

68) 성백효(역주), 앞의 책, 228쪽. "己, 謂身之私欲也. (……) 禮者 天理之節文也."
69) 김탄허, 앞의 책(2001), 201쪽.
70) 김탄허, 앞의 책(2000), 86~88쪽.

진리와 같은 경지인, 예로 사는 상근기는『장자』의 최고 경지인 '물아양망(物我兩忘)'의 '무아(無我)'의 경지라고 설명하고 있다. 윗글에서 보듯이 탄허는 예로써 사는 경지를 단순히 세속의 예법을 따르는 차원으로 이해해서는 안 된다고 말한다. 예는 천리의 대명사이며 예로써 사는 삶이란 천리에 부합하는 삶이라는 것이다. 바로 이것이 상근기의 삶이 보여주는 경지인 것이다. 나아가 이러한 '복례(復禮)'의 경지가 곧『장자』의 최고 경지인 '물아양망'의 '무아'의 경지와 다름없다고 말하며, 유가의 최고 경지와 도가의 최고 경지를 융회하고 있음을 볼 수 있다. 탄허가 유가의 '극기(克己)', 도가의 '무기(無己)', 불가의 '무아(無我)'를 융회하여 회석(會釋)하고 있는 다음 구절을 살펴보자.

『논어』에 '극기복례(克己復禮)'라, 몸을 극복해서 망상을 극복해서 예를 진리를 회복한다. 유교에서 주자(朱子)가 자꾸 반발하면서 성인의 말씀과 같이 극기라고 해야 말이 되지 무기(無己)라고 하면 황당무계하다고 그랬거든. 우리가 유·불·선을 통해서 보지 못할 때에는 액면 그대로 받아들이지마는 지금은 다 통해서 보니까 주자의 비판이 잘못됐다는 것이란 말이야. 공자의 극기라는 말이나 장자의 무기라는 말이나 둘이 있는 소리가 아니라 이 말이여. 왜? 공자께서는 학자(學者)들을 대상으로 말을 하니까 극기라 했고, 이건 대인(大人)의 경지에서 말하니까 무기라고 하는 것이거든. 그러니까 '극기(克己)의 극공(極功)'이 무기(無己)야. 극기가 극치가 되면 무기라 이 말이여. 무기가 되려고 극기를 하는 거라 이 말이여. 그래서 공자는 '절사(絶四)'라 하여 무의(毋意), 무필(毋必), 무고(毋固), 무아(毋我)라, 의도함도 없고 기필함도 없고 고집함도 없고 아도 없다고 했잖아. 무아(無我)와 무기(無己)가 같은 말 아니여?[71]

탄허는 유교에서 말하는 극기(克己)의 극공(極功)이 바로 도교의 무기와 같고, 이것이 곧 불교의 무아와 같은 것이라 해석한다. 학자를 대상으로 하기에 '극기'라는 용어를 썼고, 대인을 대상으로 하기에 '무기'라는 용어를 썼으며, 수행자를 대상으로 하기에 '무아'라는 용어를 사용하게 되었을 뿐 그 근본 종지는 조금도 다르지 않다는 견해이다. 공자의 '사무(四毋)'[72]에도 분명히 '무아(毋我)'라는 말이 나오고 있지 않느냐는 것이다. 또한 그는 무아가 되지 않고서 생명의 본체에 이를 수가 없다[73]고 강조하면서 공부는 무아가 되기 위한 것이라고 단언했다.

공부를 해야지. 공부를 한다는 것은 분명히 밝히지만 연습이 아니야. 당대에 무아가 되자는 발심을 해야지. 무아의 경지를 볼 수 있으면 더욱 좋고, 보지 못한다고 해도 공부를 한다는 것은 결코 연습이 아니야. 공부는 분명히 내생에 훨씬 뛰어난 것을 만드는 인(因)이 되고 있으니까 말이야. 무아이고자 하는 노력은 설사 도를 이루지 못했다 해도 내생에 껑충 뛰어서 일어나

---

71) 김탄허(역해), 앞의 CD(1).
72) 『논어』 「자한(子罕)」, "子絶四, 毋意, 毋必, 毋固, 毋我."
73) 김탄허, 앞의 책(2001), 187쪽.

는 게지.[74]

    탄허는 무아에 대해 설명하면서 『금강경』에서 말한 아상(我相)·
인상(人相)·중생상(衆生相)·수자상(壽者相)의 사상(四相)이 있으면
중생이요, 이 사상이 없으면 불·보살이라고 했다.[75] 무사상(無四
相)을 정확히 파악하는 것이 바로 극기·무기·무아의 실질적인 내
용임을 역설했다. 탄허는 생사(生死) 문제가 끊어져서 생사가 본래
없는 자리를 '성(性)자리'로 보았기 때문에 공자의 "조문도(朝聞道)
면 석사(夕死)라도 가의(可矣)"[76]라는 말도 "조문도(朝聞道)면 조사
(朝死)라도 가의(可矣)"라 바꾸어 말해도 아무 상관없다고 했다.[77]
생사의 문제와 귀신의 문제를 놓고 공자와 자로(子路) 사이에 펼쳐
졌던 대화에 대해서도 그는 명확하게 해설했다. 공자에게 자로가
죽음에 대해 물었더니, "삶도 알지 못하는데 죽음을 어찌 알겠는
가"라고 했고, 귀신 섬기는 법을 물었더니, "사람 섬기는 것도 잘
알지 못하는데 귀신 섬기는 것을 어찌 알겠는가"[78]라 한 것을 두
고 말하는 것이다. 자로의 질문에 대한 공자의 답변에 대해 탄허
는 생사가 끊어진 도(道)자리이자 시공이 끊어진 성(性)자리에서
답한 것이지 생사가 붙어 있는 자리에서 대답한 것이 아니라고 했
다. 불교의 교리 전체가 시공간의 실체가 없고 생사가 본래 없음

---

74) 김탄허, 앞의 책, 186쪽.
75) 김탄허(역해), 앞의 책(2004), 49~50쪽 참조.
76) 『논어』 「이인(里仁)」.
77) 김탄허, 앞의 책(2000), 113쪽.
78) 『논어』 「선진(先進)」, "未知生, 焉知死. (……) 未能事人, 焉能事鬼."

을 설하고 있듯이 공자의 대답 또한 삶과 죽음이 본래 둘이 없기 때문에 삶의 문제부터 배우면 죽음의 문제까지 터득하게 된다는 논리라는 것이다.[79]

이에 대해 탄허는 『장자』 「제물론」에서 공자의 일생을 거론한 대목을 연계하여 다음과 같이 설명했다.

> "육합지외(六合之外)는 성인(聖人)이 존이불론(存而不論)하시고 육합지내(六合之內)는 성인이 논의불의(論而不議)하시며 춘추경세(春秋經世)는 선왕지지(先王之志)라 성인이 의이불변(議而不辨)하시니라." 천지사방의 밖에 대해서는 성인이 놔두고 말씀하지 않으셨다. 알지 못해서 말 못했다고 말이 안 나왔습니다. 천지사방 밖의 천당이니 지옥이니 죽음이니 하는 것은 놓아두고 거론하지 않았다. 육합의 안에 대해서는 성인은 말을 했지만 옳으니 그르니 논평을 안 했다. 시비하지 않았다는 것입니다. 춘추시대의 경세는 선왕의 뜻이라 성인은 논평은 했으되 변별하지 않았다. 시비는 했으나 감정을 실어 좋고 나쁘고를 말하지 않고 사실만 기록했다는 것입니다.[80]

탄허는 이 구절이 장자가 공자를 성인으로 인정하고 존경했다는 증거라고 했다. 그의 『장자』 번역의 주본인 선영(宣穎)의 주석 『장자남해경해(莊子南華經解)』에서도 "장자가 홀연히 『춘추(春

---

79) 김탄허, 앞의 책(2001), 289~290쪽; 김탄허, 앞의 책(2000), 113쪽.
80) 김탄허(역해), 앞의 책(2004), CD(1).

秋)』를 열거한 것을 보면 장자의 마음에는 잠시도 공자를 잊은 적이 없다"[81]라 했다. 이 구절로 인해『장자』가 유교를 근본으로 하는 '이유위종(以儒爲宗)'의 증거가 된다는 연구 결과가 나오기도 했다.[82] 탄허는 이 '존이불론(存而不論)'에 대해 다음과 같이 주해했다.

> 『논어』에 자로가 사(死)를 묻는데 공자가 이르시되, 생(生)을 알지 못하면 어찌 사를 알리오. 또 자로가 귀신 섬기는 법을 묻는데 공자가 이르시되, 능히 인(人)을 사(事)하지 못하면 어찌 능히 귀(鬼)를 사(事)하리오라 한 등이 존이불론(存而不論)의 도리다. (……) 이미 현실로써 교법(敎法)을 세운 이상 현실 바깥 문제를 들어 말하면 우중(愚衆)들의 이목을 혹란(惑亂)케 할 뿐 아니라 또한 생사(生死)와 인신(人神)이 주야의 상대와 같아서 결코 둘이 아닌 고로 사후 일보다 생하는 법을 먼저 알고 사신(事神)보다 사인(事人)하는 법을 먼저 알라는 말이다. 만일 사생(死生) 등 문제가 막연하여 말하지 아니했다면 '부지이불론(不知而不論)'이라 하고 '존이불론'이라 하지 않을 것이며, 또 「계사(繫辭)」에 시(始)를 원(原)하고 종(終)을 요(要)하는 고로 사생의 설을 안다는 친설(親說)이 있지 못했을 것이다.[83]

---

81) 박완식,『장자를 만나다: 남화경해(南華經解) 선영주(宣穎註)』, 박문사, 2001, 182쪽. "看他忽然擧春秋, 莊子胸中, 未嘗須臾忘夫子也."
82) 錢奕華,『宣穎南華經解之硏究』, 萬卷樓, 2000 참조.
83) 김탄허(역해), 앞의 책(2004), 131~132쪽.

탄허는 생사의 문제와 같은 육합 밖의 일에 대해서는 '놔두고 논하지 않았던[存而不論]' 것이지 '알지 못해서 논하지 않은 것[不知而不論]'이 아니라고 주해했다. "어찌 죽음을 알겠는가"라 했던 '언지사(焉知死)'라는 말은 죽음을 알지 못해 대답을 회피한 '부지사(不知死)'의 의미가 아니라는 것이다. 즉, 생사가 본래 하나[生死一如]이므로 생사가 끊어진 자리에 대해서는 인간의 언어가 더 이상 붙지 못함을 알려주려 했다는 의미이다. 생사가 본래 둘이 아닌 것이므로 삶을 아는 것이 죽음을 아는 것과 같아서 죽음에 대해서는 그대로 놓아두고[存] 논하지 않고[不論] 눈앞에 펼쳐진 현실의 삶부터 알게 하여 죽음도 자연스럽게 알게 하려 했던 것이 공자의 의도라고 해설하고 있는 것이다. 공자와 자로 간의 문답은 제자의 수준에 따라서 가르침을 펴고 현실적인 문제에 더 관심을 보인 유교적 특색과 함께 생사불이(生死不二)의 보편적 진리도 함께 내포하고 있는 것으로 결론을 내린 것이다.

내소사 부도밭에는 탄허가 쓴 "생사어시(生死於是)나 시무생사(是無生死)라"[84]는 8자(字)의 짧은 비문이 있다. "생사가 여기에 있으나, 여기에 생사는 없구나"라는 뜻이다. 앞면을 보면 '해안범부지비(海眼凡夫之碑)'라 되어 있어 호남의 선지식이었던 해안(海眼, 1901~1974)의 비명임을 알 수 있다. 생멸의 자리에서는 이와 같이 생사가 나누어졌으나 진여의 자리에는 본래 생사가 없다는 골수법문을 개진한 것임을 추측 가능하다. 여기에 덧붙여 호남을 대

---

84) 월정사·탄허문도회, 앞의 책, 330~331쪽.

표하던 선지식을 '범부'라 칭하여 범부와 성인이 둘이 아닌 '범성불이(凡聖不二)'의 이치까지 보여주고 있다. 사리탑을 보는 이에게 생사가 끊어진 본래 자리를 투철히 살피라는 무음(無音)의 일갈(一喝)이다. 탄허는 자로와의 문답에서 공자 역시 생사불이의 보편적 진리를 가르치고 있다고 회석하고 있는 것이다.

(2) 『맹자(孟子)』의 성선(性善)과 구방심(求放心)

탄허는 맹자의 성선설(性善說)에 대해서 근본 진리를 드러낸 보편적 학설이라고 높이 평가했다. 그가 늘 강조한 '성(性)자리'를 있는 그대로 화반탁출(和盤托出)한 이론이라는 것이다. 즉 불교의 근본성품을 지시하는 불성, 법성, 자성과 함께 맹자가 말한 성선의 '성' 역시 시공간이 끊어지고 시비분별이 완전히 사라진 근본도자리의 의미를 가진다는 것이다. 탄허는 동양 사상 특강에서 맹자의 성선설에 대해 강의하던 도중에 한 스님으로부터 질문을 받았다. 순자의 성악설(性惡說), 혹은 성에 선악이 혼잡되어 있다는 설이 옳은 것이 아닌가 하는 요지의 질문이었다. 그의 대답은 이러했다.

그것도 어지간히 생각해 본 소리지만 그것은 일시적 병을 고치는 것에 불과한 것이지 성(性)이라는 근본 술어를 가지고 성이 악하다 혹은 선악이 혼잡되었다고 하면 그것은 큰 망발이고 후학에게 크나큰 병을 집어넣어 준 거란 말이여. '성악'이라고 하

면 만세에 죄악을 끼친 거여. 본성이 본래 악한데 어떻게 부처
가 될 수 있느냐, 본성이 본래 악한데 어떻게 성인이 되느냐 말
이여. 그건 만세에 해독을 끼친 거야. 그것은 큰 문제가 되지.
성선설은 만세에 이익을 끼친 것이고. 그것은 성과 정(情)을 구
별을 못해 가지고 정 속에서 자꾸 성을 혼동을 한 것이란 말이
야. 그래서『맹자』7편을 수천 년 동안 유교의 교과서로 쓰는 것
도 순자 학설도 뛰어났지만 그것보다 더 뛰어났기 때문에 그런
것이지.[85]

　탄허는 순자의 성악설에 대해서 만세에 죄악과 해독을 끼친 학
설이라고 폄하했다. '성'이라는 근본술어는 악하다거나 선악이 혼
재되어 있거나 하는 그런 분별이 가능한 용어가 아니라는 것이다.
근본 본성이 악하다면 부처나 성인이 될 가능성 자체를 없애 버
리는 것이기 때문에 크나큰 망발을 저지른 것이라며 단호하게 순
자의 성악설을 부정했다. 심(心)은 '심통성정(心統性情)'으로 성정(性
情)을 함께 일컫는 말인데 성악설의 논리는 성과 정을 혼동하여
생긴 이론이라는 것이다.
　탄허의 논리를 요약하면 이론의 여지없이 성선설이 올바른 이
론이며, 많이 양보하여 순자의 의도를 최대한 받아들인다 해도
'정악설(情惡說)' 정도의 표현이라면 수긍할 수 있겠지만 성악설은
말도 되지 않는다는 것이다. 이는 분명 학계에 큰 논란을 일으킬
수 있는 대목이다. 하지만 탄허는 단호했다. '성'이라는 말은 선악

---

85) 김탄허(강설), 앞의 CD(4).

과 시비를 떠난 개념이며 선악이전 소식(善惡以前 消息)이자 선악이 끊어진 자리로 보았다. 철저한 '성' 중심적 사유가 드러난 대목이며 순자보다 맹자가 '성'에 더욱 철저했고 '성'에 대한 관점이 탄허의 관점에서 볼 때 본질을 훨씬 명징하게 드러냈다고 파악한 것으로 해석된다.

순자가 교육을 강조하고 사회의 제도적 개혁을 추구하는 사상을 갖고 있었다 할지라도 율곡이 『성학집요(聖學輯要)』에서 말한 기질을 교정한다는 '교기질(矯氣質)'[86]의 의미 정도로 말했어야 했는데 인간의 근본 성품이 악하다고 말한 것은 역사에 길이 남을 망발이요 세상을 미혹케 하는 이론이라는 평가이다. 이처럼 탄허는 성(性)을 심(心)의 본체로 보는 맹자의 성선설에 철저히 공감했다.

이와 함께 탄허는 맹자의 '양지양능(良知良能)'을 매우 높이 평가했다. 맹자가 말한 양지의 '지(知)'는 아는 것이 많다는 의미의 '지'가 아니라 아는 것이 끊어져서 모르는 것이 없어진 인간의 '근본지(根本智)'를 의미한다고 했다. 화엄학에서 말하는 인간이라면 누구나 본래 갖추고 있는 '보광명지(普光明智)'나 '문수지(文殊智)'로 '양지'를 회석(會釋)한 것이다. 맹자가 "사람은 누구나 요순이 될 수 있다"[87]라고 했는데 그의 성선과 양지의 학설은 이를 뒷받침하는 것으로 일체 중생이 불성을 갖추고 있다는 『열반경』의 구절과 서로 상통한다고 보았다.

---

86) 한국학중앙연구원(편), 『율곡전서(4), 성학집요』, 율곡학회, 2007, 134~147쪽 참조.
87) 『맹자』 「고자하(告子下)」, "人皆可以爲堯舜."

이처럼 유교도 불교의 종지와 다르지 않은 가르침을 가지고 있지만 유교에는 도학방법론(道學方法論)이 희박하다는 것이 탄허의 분석이다. '극기복례'나 '일이관지'처럼 유교에도 돈법(頓法)이 엄연히 존재하지만 그 경지에 도달하기 위한 방법론인 입도방편(入道方便)이 부족할 뿐 아니라 구체적이고 세부적이지 않다는 것이다.

> 유교학으로 말할 것 같으면 도에 들어가는 방법론이 굉장히 희박합니다. 맹자는 학문의 도는 바깥으로 치주하는 마음을 거둬들이는 데 있을 뿐이라는 구방심(求放心)이 제시되고 있지만 구방심하는 방법론이 없는데 이는 맹자가 몰라서 안 하신 게 아니고 당시에 어떻게 구방심하느냐고 질문하는 사람이 없으니까 방법론이 없는 것입니다. 그 후 공자의 도통연원이 끊어졌던 것을 주렴계와 정자가 이었는데 정자가 "마음을 통일해서 새어 나가는 것이 없음을 경[主一無適之謂敬]"이라 했습니다. 이 정자의 한마디는 후학에게 얼마나 영향을 주었던지 그 공훈이 우 임금이 9년 홍수를 다스려 백성을 편하게 함보다 못하지 않다[功不在禹下]라 했으나 주일무적(主一無適)하는 방법론이 없습니다.[88]

탄허의 이러한 언급은 동양 사상사를 학술적으로 정립하는 데 있어 매우 중요한 발언으로 보인다. 탄허는 유교에도 공부법이 있으니 그 대표적인 것으로 맹자가 말한 '구방심(求放心)'[89]과 정자(程

---

88) 김탄허, 앞의 책(2001), 266쪽.
89) 『맹자』「고자상(告子上)」, "人有雞犬放, 則知求之, 有放心而不知求. 學問之道無他,

子)가 경(敬)의 공부법으로 제시한 '주일무적(主一無適)'이 바로 그것이라고 보았다. 하지만 유교의 가장 큰 문제점은 구방심과 주일무적을 하기 위한 체계적이고 조직적인 방법론이 부재하다는 것이 불교와의 가장 큰 차이라는 것이다.[90]

하지만 유교의 입도방편이 부족하다고 하여 결코 유교의 경지를 폄하하지는 않았다. 맹자에게 구방심의 방법론이 없었던 것이 아니라 제자가 이어서 계속 질문하지 않았기 때문에 이에 대한 구체적인 대답이 남아 있지 않았을 뿐이지 맹자가 그것을 몰랐던 것은 전혀 아니라는 것이 탄허의 관점이다.

유교에 입도방편이 부족한 또 하나의 중요한 이유로 탄허가 분석한 것이 있다. 불교는 경전 전체가 도 밝힌 이야기뿐이지만, 유교의 경우에는 도 닦는 이야기는 2할에 불과하고 세속사가 8할이기 때문이라는 분석이다.[91] 즉 유교는 모든 근기를 아우르는 대상에게 현실의 세상사를 중심으로 설한 것이 경전의 대부분을 구성하기 때문이라는 말이다. 반면 상·중·하의 근기에 따른 불교의 입도 방법은 각기 다르게 제시되어 있다고 하였다. 상근기를 위해서는 참선법이 있고, 중근기를 위해서는 관법(觀法)이 있으며, 하근기를 위해서는 염불문(念佛門)이나 진언문(眞言門)이 있다는 것이다.[92] 참선, 관법, 염불 등 여러 수행법을 제시한 것은 한 중생도 누락됨 없이 일체 중생을 제도하기 위해 입도의 방법론을 중

求其放心而已矣.”
90) 김탄허, 앞의 책(2001), 266쪽.
91) 김탄허, 앞의 책(2000), 185쪽.
92) 김탄허, 앞의 책(2001), 267쪽 요약.

중무진(重重無盡)으로 베풀어 놓은 것으로 설명했다.

> 누구든지 도에 들어갈 수 있는 것이지요. 예컨대 이 세계가 고
> 해라면 일체중생이 모두 고해에서 헤매는데 부처님의 대자비로
> 고래 잡는 것 같은 그물로는 상근(上根)을, 명태나 대구 잡는 것
> 같은 그물로는 중근(中根)을, 새우나 멸치 잡는 것 같은 그물로
> 는 하근(下根)을 모두 남기지 않고 고해에서 건져내 주는 것이
> 라고 생각할 수 있습니다.[93]

탄허가 동양학을 강의 때마다 『맹자』와 관련하여 빠뜨리지 않
고 언급하는 것은 '군자삼락(君子三樂)'[94]이었다. 천하의 영재를 얻
어 교육하는 것이 군자의 큰 낙이며 천하의 왕 노릇 하는 것은 이
즐거움에 들어 있지 않다고 했던 맹자의 언명은 시대를 초월한 명
언이라며 공감했다.[95] 맹자의 군자삼락은 공자의 불세(不世)의 사
업(事業)과 더불어 탄허가 소싯적 유학을 학습하면서부터 공맹(孔
孟)을 계승한 원력임과 동시에 평생을 역경과 교육에 헌신하며 인
재양성에 힘써 온 자신의 삶이 함께 투영된 구절이기도 하다.
탄허는 맹자의 '명(命)'에 대한 해석을 매우 의미심장하게 받아
들이면서 이를 『금강경 오가해(金剛經 五家解)』의 육조(六祖)의 주

---

93) 김탄허, 앞의 책, 268~269쪽.
94) 『맹자』「진심상(盡心上)」, "君子有三樂而王天下不與存焉. 父母俱存, 兄弟無故, 一
    樂也, 仰不愧於天, 俯不怍於人, 二樂也, 得天下英才而敎育之, 三樂也, 君子有三樂
    而王天下不與存焉."
95) 김탄허(강설), 앞의 CD(9).

석에 배대하여 다음과 같이 설명하기도 했다.

> 성인(聖人)은 하늘이 명령 못 한다. 사대(四大)가 몸을 지배하겠
> 는가. 진공(眞空)을 수용하지 못한 이는 업식(業識)이 지배하여
> 하늘의 명령을 받게 된다.『금강경 오가해』맨 뒤의 육조(六祖)
> 스님 주석에 보듯이 천명을 하늘이 명령한다고 보지 말고 있는
> 그대로 보자.『맹자』에 보면 주자 이전에 이미 천명(天命)에 대해
> 서 말해 놓은 것이 있다. "막지위이위자 천야, 막지치이지자 명
> 야(莫之爲而爲者 天也, 莫之致而至者 命也,「萬章上」)", 주자의
> '명령'으로 본 주석보다 맹자의 주석과 육조의 오가해의 설명이
> 더 타당하다. 지배와 피지배의 개념 없이 보는 것이 좋다.[96]

맹자는 천명(天命)에 대해서 "그렇게 함이 없는데도 그렇게 되는
것은 천(天)이요, 이르게 함이 없는데도 이르는 것은 명(命)"이라고
했다. 주자가『중용』1장의 '천명지위성(天命之謂性)'을 주석하면서
'명(命)'을 '령(令)'이라 하여 '성(性)'을 '하늘의 명령'으로 보았던 것보
다 맹자가 말했던 것이 훨씬 타당하다는 것이다. '명'을 하늘의 명
령으로 보게 되면 주객이 분리되어 명령을 주고받는 지배와 피지
배의 개념이 생기므로 맹자처럼 애초에 대대(待對)의 관계를 버리
고 보는 것이 수승하다는 설명이다.
   탄허는 맹자의 '명'에 대한 이러한 견해를『금강경 오가해』의 육
조의 '명'에 대한 설명과 회통시켰다. 다음은 육조가 오가해의 마

---

96) 김탄허, 앞의 CD(9).

지막에서 언급한 '명'에 대한 내용을 발췌한 것이다.

> 법성(法性)이 원적(圓寂)하여 본래 생멸이 없건마는 생념(生念)
> 이 있음으로 말미암아 드디어 생연(生緣)이 있게 된 까닭에 천
> (天)이 얻어 이를 명(命)하여 나게 하니 이런 연고로 '명'이라 말
> 한다. (……) 이른바 '성(性)'이란 것은 원만구족하여 공연(空然)하
> 여 물(物)이 없고 담연(湛然)히 스스로 그러하여 그 광대함이 허
> 공과 같아서 왕래하고 변화함에 일체가 자유로우니 천이 비록
> 나를 명하여 나게 하고자 하나 그것이 가능하겠는가. 천도 오히
> 려 나를 명하여 나게 하지 못하거늘 하물며 사대(四大)며 하물
> 며 오행(五行)이랴.[97]

육조가 말한 '성(性)'은 본래 생멸 자체가 없고 무물(無物)이며 허
공과 같아서 하늘이 명(命)하여 생(生)하게 하거나 멸(滅)하게 할
수 없는 것이다. 하지만 한 생각이 일어나면[生念] 생하는 인연[生
緣]이 형성되어 이것이 명이 되어 자연스럽게 생하는 바가 있을
뿐 하늘이 명하여 생하게 할 수는 없다는 것이다. 『중용』에서 말
한 '천명(天命)'으로서의 '성(性)'은 주자 방식의 해석과 같이 '하늘의
명령'이 아니라 맹자와 육조의 해석처럼 명령하고 받음이 없는 일
념(一念)의 생멸에 의해 함이 없음에도 그렇게 된 것으로 해석함

---

97) 김탄허(역해), 『금강경(金剛經)』, 교림, 2006, 272~273쪽. 탄허의 직역을 필자가
   현대어투로 바꾸어 번역했다. "法性圓寂, 本無生滅, 因有生念, 遂有生緣, 故天得命
   之以生, 是故謂之命. (……) 所謂性者, 圓滿具足, 空然無物, 湛乎自然, 其廣大與虛空
   等, 往來變化, 一切自由, 天雖欲命我以生, 其可得乎. 天猶不能命我以生, 況於四大
   乎, 況於五行乎."

이 옳다는 것이 탄허의 주장이다. 탄허는 '성자리'를 통해 모든 사상을 회통하였는데 여기서는 맹자와 육조를 회통하여 '명'을 설명했다. 이를 앞에서 살핀 성선에서의 '성' 개념과 연계해서 보면 맹자의 '명' 개념 역시 탄허의 관점에서는 불가의 근본 종지와 정확히 부합한다고 파악했던 것이다.

(3) 『대학(大學)』의 명덕(明德)과 치지(致知)

탄허는 유교에서 『대학』이라는 책이 가지는 지위는 아주 중요하다고 했으며 자신 역시 『대학』을 매우 중시했다. 그는 『대학』경(經) 1장(章)에 대해서 다음과 같이 설명했다.

> '명덕(明德)'은 본래 밝은 덕이란 말로 불교적으로 말하면 본각(本覺)을 의미하는 것으로 예를 들어 말할 것 같으면 본래 산속에 묻혀 있던 금과 같은 것을 말하는데 그 명덕을 다시 밝힌 것이니까 본각을 깨치는 것으로 시각(始覺)이라고 하는 것이지. 시각은 산속에 묻혀 있던 금을 캐낸 것을 말하는 것이야. 지선(止善)은 성선(性善)이라고 할 때와 같이 선악이 끊어진 자리를 말하는 것이며 '지어지선(止於至善)'은 불교에서 말하면 구경각(究竟覺)을 말하는 것이야.
> 유교의 명명덕(明明德), 신민(新民), 지어지선(止於至善)이나 불교의 자각(自覺), 각타(覺他), 각만(覺滿)은 술어만 다를 뿐이지 내용은 비슷한 것이야. 지어지선은 구경각과 같은 것이고 자각 이

후 중생을 위한 보살행을 하여 깨닫게 해 주는 각타가 신민이고 각행원만(覺行圓滿)인 각만이 되는 것이 구경각이 되는 것이야.[98]

 탄허는 『대학』 1장의 '명덕(明德)'을 본각(本覺)–자각(自覺)으로, '명명덕(明明德)'을 시각(始覺)–각타(覺他)로, '지어지선(止於至善)'을 구경각(究竟覺)–각만(覺滿)으로 불교에 배대하여 설명한다. '명덕'은 바로 탄허가 강조한 '성(性)'이요 '명명덕'은 '수(修)'로 『대학』 전체를 불교가 말하는 성수불이(性修不二)와 동일한 체계로 통석(通釋)한 것이다. 이는 우익 지욱(藕益 智旭)이 『대학직지(大學直指)』[99]에서 제시한 유불회석(儒佛會釋)과 정확히 일치한다.

 탄허는 주자의 『대학장구(大學章句)』에 대해서 생애를 통틀어 가장 심혈을 기울인 주석이자 평생의 정력이 이 한 권에 있다고 할 만큼 주자에겐 중요한 경전이라고 언급했다.[100] 하지만 그는 『대학』의 해석만큼은 맹자의 양지설(良知說)을 계승한 왕양명(王陽明, 1472~1528)의 해석을 주자의 것보다 존중하였다. 이것이 바로 탄허의 『대학』 해석의 가장 큰 특징이다. 그는 성리학 일변도의 조선 유학의 가풍을 계승하여 한학을 수련했지만 양명학도 폭넓게 섭렵하여 불교의 종지를 중심으로 이치에 맞게 융섭시켰다.

 탄허는 평소 왕양명의 전생시(前生詩)를 줄줄 외워댔다. 양명은

---

98) 김탄허(강설), 앞의 CD(7).
99) 藕益 智旭, 『周易·四書禪解』, 巴蜀書社, 2004 참조. 우익 지욱의 『대학』에 대한 불교적 해석은 문광, 앞의 논문(2012a), 87~97쪽을 참조.
100) 김탄허(강설), 앞의 CD(9).

50세에 출장입상(出將入相)했는데 산중암자의 문을 뚫고 보니 벽에 전생의 자신이 썼던 시가 있었다는 일화도 설명했다.[101] 양명의 시 가운데 학문의 요체를 밝힌 것으로는 아래의 시를 거론했다.

> 왕양명 말씀이 무선무악(無善無惡)은 시심지체(是心之體)요 선한 것도 악한 것도 없는 것이 마음의 본체요, 유선유악(有善有惡)은 시심지용(是心之用)이요 선도 있고 악한 것도 있는 것은 마음의 용이고, 지선지악(知善知惡)은 시양지(是良知)요 선도 알고 악도 아는 것은 곧 양지(良知)이며, 위선거악(爲善去惡)이 시격물(是格物)이라 선만 하고 악한 것을 벗는 것이 격물(格物)이다.[102]

이 시는 양명학의 진수를 담고 있다고 평가받는 것이다. 56세 때 마지막 출병을 떠나기 전날 지은 그의 대표적인 사구결(四句訣)로 격물(格物)과 치지(致知)에 대한 정수가 고스란히 담겨 있다. 양명은 '자득(自得)'과 '진오(眞吾)' 두 단어를 좋아했다고 한다.[103] 그는 자신이 36세 때 용장(龍場)에서 오도(悟道)하고 이미 유·불·

---

101) 김탄허(강설), 앞의 CD(8). "五十年前王修仁이 開門人是閉門人이라 精靈剝後에 還歸復하니 始信禪門不壞身이라."

102) 위의 CD(8). 2구에 '시심지용(是心之用)'은 원문에는 '시의지동(是意之動)'이라 되어 있다. 탄허의 제자들에게 물어보면 가끔 일부러 원문과 다르게 외우고 있는 문장들이 더러 있었다고 한다. 그 이유는 잘못 암기한 것이 아니라 더 쉽게 외우거나 더 뜻이 드러나게 하기 위해서 의도적으로 원문과 다르게 외웠기 때문이라 한다. 여기서 '의지동(意之動)'을 '심지용(心之用)'이라 외우고 있는 것 역시 의도성이 보이는 대목으로 1구의 '심지체(心之體)'와 대를 이루어 암기한 것으로 보인다.

103) 진래(陳來)(저)/전병욱(역), 『양명철학』, 예문서원, 2009, 29쪽과 36쪽 참조.

선을 하나로 합일시킨 상태였기 때문에 누구든 자득(自得)하여 진리를 자기 것으로 만들기만 하면 인정해 주었다고 한다.[104] 양명은 "마음 밖에는 물(物)도 없고, 마음 밖에는 사(事)도 없으며, 마음 밖에는 이(理)도 없고, 마음 밖에는 의(義)도 없으며, 마음 밖에는 선(善)도 없다"[105]라고 할 정도로 불교의 선승과 같은 사상을 갖춘 인물이다.

탄허는 『대학』을 강의할 때면 주자의 「대학장구서(大學章句序)」가 아닌 왕양명의 「대학고본서(大學古本序)」를 강의했다. 특히 '격물치지장(格物致知章)'에 대해서는 양명의 해석이 옳다고 강력하게 주장했다. '격물(格物)'에 대해서 주자가 '격(格)'을 '지야(至也)[이를 격]'로 보아 '물건에 나아가서 지(知)를 통달한다'고 해석한 것에 대해 탄허는 양명식으로 해석하여 '격'을 '정야(正也)[바로잡을 격]'로 보아 '지'를 양지(良知)의 의미로 보았다. 그러므로 치지(致知)는 양명의 언명과 같이 '치양지(致良知)'에 다름 아닌 것이 된다. 어느 세월에 물건 사물 하나하나에 모두 나아가서 치지하게 될 것인가 하는 것이 양명의 의문이었는데[106] 탄허는 양명의 격물치지론을 지지하는 입장이었다. 이는 격물에 중심을 두기보다 치지의 지를 양지로 보아 인간의 근본지(根本智)를 중시하는 견해를 제시한 것이기도 하다. 화엄에서 말하는 '근본지', '문수지(文殊智)', '보광명지

---

104) 진래(저)/전병욱(역), 앞의 책, 36쪽.
105) 위의 책, 65쪽에서 재인용. 「여왕순보이(與王純甫二)」 "心外無物, 心外無事, 心外無理, 心外無義, 心外無善."
106) 양명이 대나무를 격물한 것과 관련해서는 다음 책을 참조. 뚜웨이밍(저)/권미숙(역), 『한 젊은 유학자의 초상: 청년 왕양명』, 통나무, 1994.

(普光明智)'로 치지를 해석한 것이다. 즉 『대학』의 핵심은 '지'로 치지가 근본이고 격물은 치지의 방법일 뿐이라고 본 것이다. 양명은 "지(知)가 마음의 본체"[107]라고 했고 "양지(良知)가 마음의 본체"[108]라고도 했는데 탄허 역시 마음의 본체는 '지'에 있다고 항상 강조했다. 이 '지'는 아는 것이 완전히 끊어져서 저절로 모르는 것이 없어진다는 의미인 불교의 '영지(靈知)'로 해석한 것이다.

탄허는 주자가 「격물치지장」을 「보망장(補亡章)」으로 보충했으나 이는 본래 필요 없는 것이며 왕양명의 「대학고본서」가 『대학』의 진정한 서문일 뿐 아니라 유교 경전 전체의 종지(宗旨)라고 하였다. 주자가 '친민(親民)'을 '신민(新民)'으로 고친 것에 대해서 양명은 반대하며 원문을 못 고치게 했는데 탄허는 이러한 양명의 의견에 전적으로 동의했다.[109] 탄허의 『대학』 강의는 마치 양명학 강의 시간이라는 생각이 들 정도로 왕양명의 격물치지론을 불교와 회통하여 화엄의 '보광명지'와 선의 '성(性)자리'를 통해 명덕과 치지의 해석에 중점을 두고 유불(儒佛)을 융합했다.

(4) 『중용(中庸)』의 중(中)과 성(誠)

탄허는 『중용』 제1장의 강의에서 '천명지위성(天命之謂性)'을 설명하다가 바다를 보지 않고는 물을 봤다고 할 수 없고, 히말라야

---

107) 진래(저)/전병욱(역), 137쪽 재인용. "知是心之本體"
108) 위의 책, 138쪽 재인용. "良知者心之本體"
109) 김탄허(강설), 앞의 CD(7) 요약.

산을 보지 않고는 세상을 구경했다고 할 수 없듯이 불교를 보지 않고는 '성(性)' 얘기를 하지 말아야 한다고 했다. 불교처럼 인생관과 우주관의 핵심인 성자리를 철저하게 잘 밝혀 놓은 것은 없다고 단언한 것이다.[110)

탄허는 유학에서 도를 가장 잘 밝힌 경전은『중용』이라고 했다. 『대학』이 체계적인 학통을 공부해 나가는 과목을 얘기한 것이라면『중용』은 실제로 도 닦는 법을 얘기한 것이라고 했다.[111) 세존이 49년 동안 혀가 닳도록 설법을 해 놓고선 한 글자도 설한 바가 없다고 한 것은 바로 이 '성자리'에서 하는 말인데 이에 대한 대명사가 무수히 많지만 유교에서는 이를 '중(中)'이라 한다는 것이다. '중'이란 가운데를 의미하는 것이 아니라 시간과 공간이 끊어진 자리로 '한 생각이 일어나기 전의 소식'의 의미인 '희노애락(喜怒哀樂)의 미발(未發)'로 천하의 대본(大本)이자 우주의 핵심체라고 할 수 있다고 했다. '화(和)'라는 것은 하루 종일 칠정(七情)을 써도 쓴 자리가 없는 것을 말하며 '중'자리를 깨닫지 못하고는 불가능한 것으로 천하의 달도(達道)라 부른다고 했다.[112) 성인도 희로애락이 없을 수 없지만 칠정이 일어났다가도 바로 중(中)의 자리로 돌아갈 수 있다고 했다. 이렇게 마음을 '진실무망(眞實無妄)'하게 쓸 수 있는 것을『중용』에서는 '성(誠)'이라 표현한다는 것이다.[113) 유

---

110) 김탄허(강설), 앞의 CD(8).
111) 김탄허, 앞의 책(2000), 138쪽.
112) 김탄허, 앞의 책(2001), 233~234쪽 요약.
113) 월정사·탄허문도회(편), 앞의 책, 421~422쪽.

교의 '성'은 불교의 '선(禪)'과 비슷한 것[114]으로 성인은 '성(性)자리'에서 마음을 쓰고 범부는 '정(情)자리'에서 마음을 쓰는 차이만 있을 뿐 '중'과 '성'은 범성(凡聖)을 가리지 않고 본유(本有)하고 있다고 설명했다.

탄허는 쌍용의 창립자 김성곤 회장에게 '성곡(省谷)'이란 아호를 지어 주며 성찰(省察)이란 것은 곧 중(中)과 성(誠)일 뿐이라고 다음과 같이 말했다.

> 마음을 성찰하여 보다 더 성찰하는 경지에 이르면, 저절로 마음이 비고 신령스럽게 된다. 신령스럽게 비춰 보는 것은 밝음이요, 밝음의 실상은 성(誠)이요, 성의 도는 중(中)이요, 중이 발한 것을 화(和)라 한다. 중화(中和)는 공(公)의 아버지요, 생(生)의 어머니이다. 진실하고 진실하여 안이 없고 드넓고 드넓어서 바깥이 없다.[115]

유학에서 『중용』의 미발(未發)의 중(中)과 이발(已發)의 화(和)는 주자도 골몰했던 난해한 철학적 주제였다. 주자는 나이 마흔이 되기 전에는 감정이 일어나지 않는 미발의 중이라는 것은 없다고 보아 이발의 화에만 몰두했는데 이 시기의 견해를 '중화구설(中和舊說)'이라고 한다. 이후 문제점을 발견하고 중과 화를 함께 공부해야 한다는 요지의 '중화신설(中和新說)'을 입론하게 된다.[116]

---

114) 김탄허(강설), 앞의 CD(8) 요약.
115) 월정사·탄허문도회(편), 앞의 책, 412쪽. 「성곡서(省谷敍)」.
116) 이와 관련해서는 이승환의 다음 논문들을 참조. 「정문(程門)의 미발설(未發說)

조선의 호락논쟁(湖洛論爭)에서도 낙학파(洛學派)의 외암 이간(巍巖 李柬, 1677~1727)은 미발은 순선(純善)하다는 '미발순선론(未發純善論)'을 주장하여 이(理)의 동일성인 이통(理通)을 강조한 반면, 호학파(湖學派)의 남당 한원진(南塘 韓元震, 1682~1751)은 미발에도 선과 악이 존재한다는 '미발유선악론(未發有善惡論)'을 주장하여 기(氣)의 차별성인 기국(氣局)을 강조하며 논쟁을 벌였다.[117] 이렇듯 미발논변(未發論辨)은 사단칠정논쟁(四端七情論爭)과 더불어 조선의 주요한 논쟁의 중심에 있었다.

하지만 탄허는 소자유(蘇子由, 1039~1112)가 『노자해(老子解)』 「제노자도덕경후(題老子道德經後)」에서 주장한 중(中)은 '불성(佛性)의 이명(異名)'이요 화(和)는 '육도(六度)·만행(萬行)의 총목(總目)'[118]이란 언급을 적극적으로 설파했다. 소자유의 이 저술은 『노자』를 불교와 유교를 넘나들면서 해석한 것인데 형인 소동파(蘇東坡)는 이 책을 다 읽지도 않은 채 책을 덮고서 감탄했다고 한다. "전국 시대에 이 책이 있었다면 상앙(商鞅)과 한비(韓非)가 없었을 것이며, 한(漢)나라 초에 이 책이 있었다면 공자와 노자가 하나가 되었을 것이며, 진송지간(晉宋之間)에 이 책이 있었다면 석가와 노자가

과 구중(求中) 공부」, 『철학연구』 제38집, 고려대 철학연구소, 2009; 「주자(朱子)는 왜 미발체인(未發體認)에 실패하였는가」, 『철학연구』 제35집, 고려대 철학연구소, 2008; 「주자 수양론에서 미발(未發)의 의미」, 『퇴계학보』 제126집, 퇴계학 연구원, 2009.

117) 이와 관련해서는 다음 논문을 참조. 이천승, 「외암(巍巖)의 미발설과 심성일치(心性一致)의 수양론」, 『철학연구』 제40집, 고려대 철학연구소, 2010; 홍정근, 「남당 한원진의 심성론 -미발에서의 심과 성의 삼층구조 분석을 중심으로-」, 『유교사상연구』 제21집, 한국유교학회, 2006.

118) 蘇轍(注), 『老子解』, 中華書局, 1985, 64~65쪽.

둘이 아니었을 것"[119]이라며 극찬한 것이다.

하지만 소자유가 세상을 뜨고 18년 뒤에 태어난 주자는 「소황
문노자해(蘇黃門老子解)」를 지어 소자유와 소동파를 극력 비난하
기에 이른다. 소자유는 유가를 노자에 합하다가 충분치 못한 부
분은 석가에까지 합했으니 잘못을 저질렀고, 이를 보고 만년에
생각지도 못한 기쁨을 얻었다고 한 소동파 역시 부끄럼이 없는
자[120]라고 힐난했던 것이다. 주자독존(朱子獨尊)의 조선 성리학 학
풍에서 중(中)을 불성(佛性)에 배대하여 해석하는 것은 용납할 수
없는 일이었을 것이며 이런 연유로 우리는 소자유의 주석을 볼
수 없었던 것이다. 탄허가 이러한 유불분수(儒佛分殊)의 학통을
돌파하고 유불융합(儒佛融合)의 주해를 적극적으로 발굴·소개한
것만 보아도 그의 회통 사상의 확신과 깊이를 가늠할 수 있는 단
초가 된다 하겠다.

탄허는 『중용』의 핵심을 '성(性)'·'중(中)'·'성(誠)'의 세 가지 키
워드로 요약했다. 유·불·선 삼교원융의 사상으로 『중용직지(中
庸直指)』라는 동일한 제명의 저작을 남긴 감산 덕청(憨山 德淸,
1546~1623)과 우익 지욱(藕益 智旭)에 비교해 보아도 탄허의 회통
론은 가장 폭이 넓고 적극적이다. 감산 덕청은 『중용』 전체를 오

---

119) 蘇軾(著)/傅成穆儔 (標點), 『蘇軾全集 (下)』, 上海古籍出版社, 2000, 2102쪽. 「跋
子由老子解後」 "昨日子由寄老子新解, 讀之不盡卷, 廢卷而嘆. 使戰國時有此書, 則
無商鞅·韓非. 使漢初有此書, 則孔·老爲一. 晉·宋間有此書, 則佛·老不爲二. 不意老
年見此奇特."
120) 「蘇黃門老子解」, "蘇侍郎晩爲是書合吾儒於老子以爲未足又并釋氏而彌縫之可謂
舛矣. 然其自許甚高至謂當世無一人可與語此者而其兄東坡公亦以爲不意晩年見此奇
特以予觀之其可謂無忌憚者." 『四部備要本 朱子大全(第9冊)』, 中華書局, 1983, 23쪽.

직 성(性)과 중화(中和)로만 해석하고 성(誠)은 그다지 주목하지 않는 '중화일관론(中和一貫論)'[121]의 관점을 피력하면서 불교와 융합했다. 우익 지욱은 『노자』 5장의 '중을 지킴[守中]'은 제7식 말나식과 대체로 비슷하지만 『중용』에서 말하는 미발의 중은 제6식의 독두의식(獨頭意識) 정도의 수준에 불과한 것이라고 폄하했다.[122] 하지만 방편을 열어 진리를 드러내는 '개권현실(開權顯實)'의 입장에서 유교의 중화설(中和說)을 수용할 수 있다는 '유맥귀불론(儒脈歸佛論)'을 주장하여 불교 우위적인 유불융합론을 제시했다.[123]

이상에서 보듯 탄허는 소자유의 주석을 적극적으로 수용하여 중을 불성과 조금도 다르지 않음을 주장하여 삼교 성인의 차별이 본래 없음을 강조했다. 『중용』 해석에 나타난 그의 유불융회는 마치 화엄의 바다와 같이 넓고 포괄적이어서 일체의 사상을 융섭하는 대방광(大方廣)의 광활함을 잘 보여주는 사례라고 하겠다.

(5) 『시경(詩經)』의 사무사(思無邪)

탄허는 『시경(詩經)』을 설명하면서 중국의 주문왕(周文王)에서 열국(列國)의 역사까지 총망라되어 있고 내용들이 무궁무진하여 웃고

---

121) '중화일관론'에 대해서는 문광, 앞의 논문(2012a), 48~75쪽 참조. 원문은 감산 덕청(저)/원조 각성(강해), 『중용직지(中庸直指)』, 통화총서간행회(統和叢書刊行會), 1998을 참조.

122) "中之一字, 名同實異, 此書以喜怒哀樂未發爲中, 若隨情解之, 只是獨頭意識邊事耳. 老子不如守中, 似約第七識體, 後世玄學, 局在形軀, 又非老子本旨矣." 우익 지욱, 앞의 책, 325쪽.

123) 문광, 앞의 논문(2012), 75~110쪽 참조.

들어갔다가 울고 나온다고 했다. 하지만 시삼백(詩三百)의 핵심 종지는 공자가 말한 '사무사(思無邪)'라는 일구(一句)에 있다고 하면서 이에 대한 해석으로 『시경』 전체에 대한 설명을 대체하곤 했다.[124]

> 『시전(詩傳)』 3백 편이 한 말로 가리키면 생각이 삿됨이 없다는 것입니다. 이 『시전』 3백 편에는 온갖 소리들이 많지요. 그렇지만 이 『시전』을 '사무사(思無邪)'라 함은 중(中)의 자리에서 보기 때문입니다. 이 『시전』을 성인의 경(經)으로 받드는 것도 바로 그 사무사 때문이지요. 희(喜)·노(怒)·애(哀)·락(樂)·애(愛)·오(惡)·욕(慾), 즉 모든 생각이 일어나기 전을 중이라 합니다. 이 중이라 함은 시간과 공간을 초월한 자리를 말하지요. 그런데 희로애락이 없을 수 없는 것이니까 일단 났다가 도로 절차에 합한다는 것이 중입니다.[125]

『시경』에는 중국 고대의 온갖 역사와 문화, 물상과 이름들이 등장한다. 수많은 감정과 온갖 인간 군상들이 등장한다. 그래서 중국 고대의 백과사전이라 해도 과언이 아닌 복잡한 텍스트이다. 하지만 탄허의 『시경』 해석은 심플하다. '사무사' 한 단어를 불교와 통섭하여 종지를 요약한다. 『시경』의 시에 나타난 온갖 감정들이 분출한 칠정(七情)도 다시금 이발의 화(和)를 통해 한 생각 일어난 바 없는 미발의 중(中)으로 돌아오기에 그것은 지나치지 않고 절묘하며 생각에 삿됨이 없다고 할 수 있는 것이다.

---

124) 김탄허(강설), 앞의 CD(9).
125) 김탄허, 앞의 책(2001), 150쪽.

공자가 "즐거우면서도 지나치지 않고 슬프면서도 해치지 않는다"[126]라고 했듯이 감정을 일으키되 본래 한 생각 일어난 바 없는 중(中)의 자리로 다시 돌이킬 줄 아는 것은 화(和)의 작용이며 이를 통해 하루 종일 마음을 써도 쓴 바가 없게 되는 것이다. 공자가 산시(刪詩)하면서 연애시나 이별시 등을 많이 남겨 두어 윤리적 잣대로만 모든 것을 재단하지 않았던 것은 생각에 삿됨이 없는 사무사의 관점으로 본 것이다. 탄허는 『시경』 전체를 이렇게 파악한 공자를 과연 성인이라 할 만하다고 보았고 이에 다시 불성의 다른 이름인 중(中)과 6바라밀과 보살행의 총칭인 화(和)의 회석(會釋)을 통해 "사무사(思無邪)가 곧 불성(佛性)"임을 밝혔다. 『시경』에 등장하는 수많은 시들이 인간 세계에 펼쳐진 복잡한 세상사의 총체적인 개진이지만, 사무사를 통해 만유(萬有)가 일심(一心)으로 수렴될 수 있으니 탄허적 관점에서 볼 때 『시경』의 '사무사(思無邪)'는 『중용』의 '중화(中和)'와 같고 생멸문(生滅門)을 그대로 진여문(眞如門)으로 바꿀 수 있는 일심(一心)의 불성(佛性)인 것이었다.

(6) 『서경(書經)』의 정일집중(精一執中)

『서경』에 대해서 탄허는 현대의 정치 문제와 연관하여 많은 설명을 한 바 있다. 근·현대 선사 가운데 현실 정치 문제에 가장 많은 관심을 표방했던 인물은 바로 탄허였다. 그는 『서경』의 핵심 구

---

126) 『논어』, 「팔일(八佾)」, "子曰, 關雎 樂而不淫, 哀而不傷."

절은 하(夏)·은(殷)·주(周) 삼대(三代)의 요(堯)·순(舜)·우(禹)가 서로 전수한 '유정유일(惟精惟一)'과 '윤집궐중(允執厥中)'[127]이라고 했다. 『서경』의 「대우모(大禹謨)」에는 "인심(人心)은 위태롭고 도심(道心)은 은미하니 오직 정미하게 하고 한결같이 하여야 진실로 그 중(中)을 잡을 것이다"[128]라는 구절이 나오는데 이것이 바로 옛 성인들이 천하를 다스리는 법을 전수해 준 심법(心法)이었던 것이다. 이 원리는 동양 정치사상의 핵심을 이루는 것으로 탄허는 미래에는 이 사상으로 서양 정치사상의 대안을 찾아야 한다고 했다.

　저는 동양의 4천 년 전 요·순·우 삼대 정치가 진정한 민주정치였다고 생각합니다. 요 임금은 민심에 따라 왕위를 자기 아들 단종(丹宗)에게 물려주지 않고 순 임금에게 넘겼으며, 순 임금도 역시 민의(民意)에 따라 정권을 아들 상균(商均)에게 이양하지 않고 우 임금에게 전했습니다. 이를 법통(法統)이라고 합니다. 우 임금은 어진 신하 익(益)에게 정사(政事)를 맡겼으나 섭정 연한이 짧았고 아들 계(啓)도 또한 현철하여 백성들이 모두 익을 마다하고 계를 따랐으므로 계가 왕위를 이었는데 이때부터 혈통이 시작된 것입니다.
　이와 같은 요·순·우 3대 정치는 법통·혈통을 막론하고 모두가 덕화(德化)로 이루어진 것이기 때문에 진정한 민주정치라고 보는 것입니다. 그러므로 『서경』에 "백성은 무상회(無常懷)하야 회우유덕(懷于有德)"이라고 했습니다. 즉 만민은 한 사람만을 떳떳

---

127) 김탄허(강설), 앞의 CD(9).
128) 『서경』 「대우모」, "人心惟危, 道心惟微, 惟精惟一, 允執厥中."

하게 생각하지 않고 덕이 있는 이를 생각한다는 것입니다. 보십시오. 선거가 무슨 필요가 있습니까? 이것이 바로 민주정치가 아니겠습니까?[129]

탄허의 동양 정치사상에 대한 향념은 매우 이상주의적 낙관론이라 할 수 있다. 요·순·우 3대의 정치를 민주주의 최고의 이상으로 볼 수 있으며 현재의 정치 상황을 이를 통해 개혁해야 한다는 견해는 지금의 현실 상황에 비추어 볼 때 매우 우원(迂遠)해 보인다. 하지만 그가 『서경』을 통해 제시한 '정일집중'의 원칙은 동서고금을 막론하고 국가와 사회를 이끌어 나갈 정치가라면 반드시 닦아 나가야 할 지침이자 근본정신이 되어야 할 것이다. 탄허는 동양 삼교 학술의 요체는 결국 일(一)에 수렴하는 것으로 유교는 '정일집중'이고, 불교는 '만법귀일(萬法歸一)'이요, 도교는 '득일만사필(得一萬事畢)'이란 말로 정리할 수 있다고 했다.[130]

마지막으로 탄허는 제자 심백강이 유교의 십삼경의 난해점에 대해 문답한 『경의문답(經義問答)』의 서문에서 유교 경전 전체의 핵심에 대해서 다음과 같이 설명했다.

공자가 말하기를 "글로써는 말을 다할 수 없고, 말로써는 그 뜻을 다할 수 없다." 하니, 이는 13경의 저술이 성현의 부득이한 데에서 나온 것임을 말해 주는 것이다. 그러나 성현의 학문이란 심

---

129) 김탄허, 앞의 책(2000), 125~126쪽.
130) 문광(편), 「미국 홍법원 10주년 기념 세계평화 고승대법회 초청 법문」, 앞의 책, 179쪽.

성(心性)일 뿐이다. 천 마디 만 마디 말이 각각 다르지만 그 귀취를 살펴보면, 격물치지(格物致知), 박문약례(博文約禮), 박학독행(博學篤行), 일관충서(一貫忠恕)의 도에서 벗어나지 않는다.[131]

탄허는 공자의 말을 인용하여 진리는 말로 다할 수 없으므로 유교 13경 전체도 성현의 부득이함에서 나온 것임을 밝혔다. 결국 유교 경전 전체도 '심성' 두 글자에서 벗어나지 않는다고 하여 유불부동(儒佛不同)의 근본 종지를 제시한 것이다. 또한 유교의 귀결처는 격물치지, 박문약례, 박학독행, 일관충서라 하여 자신의 유학 사상을 집약하여 요약하고 있다.

이어서 성인과 범부가 하나의 이치, 동일한 본체를 가지고 있어서 누구나 요순이 될 수 있다는 것[132]과 언어 밖의 뜻을 깨달으면 공자의 미의(微意)와 수많은 성인이 전하지 못한 비밀스런 뜻이 이 세상에 다시 나타나게 될 것이라는 말도 남겼다. 불교의 선에서 말하는 천성부전(千聖不傳)의 비밀과 언외(言外)의 뜻을 활연히 깨닫게 되면 말로 할 수 없는 공자의 미언대의(微言大義)도 세상에 다시 나타나게 될 것이라 하여 유불 양대 성인의 종취(宗趣)가 궁극에는 은미하게 함께 비장되어 있음을 강조했다.

---

131) 월정사·탄허문도회(편), 앞의 책, 268~270쪽. "孔子曰 書不盡言이요 言不盡意라 하시니 此는 十三經之作이 出於聖賢之不得已者也니라 雖然이나 聖賢之學은 心性而已라 雖有千言萬語之不同이나 而究其歸則不過曰 格物致知 博文約禮 博學篤行 一貫忠恕之道而已니라."

132) 위의 책, 270~271쪽. "聖凡之所以一理同體而人皆以爲堯舜者 以此也. 豁然有得於言外之旨 則孔子之微意與千聖不傳之秘, 庶幾復現於天下."

3. 노장과 불교의 융회(融會)

1)『노자 도덕경(老子 道德經)』의 선주(選注)

탄허 최후의 역경불사는 바로『현토역해(懸吐譯解) 도덕경선주 (道德經選注)』였다. 탄허는 입적하기 일주일 전까지 이 책의 교정을 보았고 그의 사후 49재를 기해서 비로소 이 책은 출간될 수 있었다. 탄허는 자신의 입적 날짜를 6년 전에 이미 공지한 바 있었고, 실제로 시간까지 정확히 지켜 자신이 예고한 날인 1983년 6월 5일 유시(酉時)에 입적하였다. 이처럼 탄허가 자신의 입적 날짜를 시간까지 미리 알고 있었던 것을 볼 때, 탄허는『현토역해 도덕경선주』가 자신의 마지막 역경불사가 될 것임을 알고 있었다고 볼 수 있다.

『도덕경』역주 작업에 들어가기 이전에 그는 이미 불교의 중심 경전이 되는 강원의 주요 교재들과『화엄경』까지 역주해 마친 상황이었다. 하지만 탄허는 불교 경전의 역주에만 그치지 않고 역경의 대상을 유가, 도가의 대표적 경전인『주역』과『도덕경』으로 확장시키고자 하였다. 이는 유·불·선 회통을 중시했던 자신의 사상을 역경을 통해 실천해 보이고자 했던 것으로 볼 수 있다. 그렇기에 그는 시간의 촉박함을 무릅쓰고 필사적으로 역경 작업에 몰두하여『도덕경』역주까지 마무리하고자 했던 것으로 보인다. 이러한 상황에서 이『도덕경』역주 작업은 탄허 자신의 주석과 해석은 가급적 최소화한 상태에서 고금의 주석들 가운데 최고의 선본을 취사 선별하는 데에 중점을 두게 되었으며, 책의 명칭 또한 '선주(選注)'가 된 것으로 보인다.

이런 연유로 탄허의 『도덕경』 역주를 분석하기 위해서는 주석의 세부적인 선별 현황을 먼저 고찰하는 것이 무엇보다 중요하다고 판단된다. 따라서 이 장에서는 역대 『도덕경』의 주석본들 가운데 그가 선택하고 선별했던 주석의 채택 상황을 먼저 분석하고, 이를 바탕으로 내용의 세부 분석에 들어가고자 한다. 강의나 집필에서의 『도덕경』에 대한 언급이 『장자』에 비해 현저히 적었던 점을 감안하면 주석의 선별 현황을 정밀하게 파악하는 것도 그의 『도덕경』에 대한 관점과 해석의 특질을 이해하는 데 도움이 될 수 있을 것이다.

(1) 선주의 중점 : 주석의 선별[133)]

탄허는 『도덕경선주』의 서문에서 『도덕경』이라는 책을 다음과 같이 정의했다.

일만 개의 실이 옷이 아님은 아니지만 하나의 실로써 한 벌의 옷을 이룰 수는 없고, 일만 개의 그물코가 그물 아닌 것은 아니지만 하나의 그물코로는 그물이 되지는 못한다. 벼리를 들면 그물이 저절로 들어지고 깃을 들면 옷이 저절로 들어지게 마련이

---

133) 이 장의 내용은 필자가 이미 발표한 아래 논문 Ⅲ장의 1절을 확대·보완한 것임을 밝혀 둔다. 문광, 앞의 논문(2016a), 231~235쪽.

다. 바로 이 『도덕경』은 벼리를 들고 옷깃을 들어준[擧綱振領] 가르침이다. 이른바 백천중류(百千衆流)가 바다에 이르러서 다하고 삼라만상이 공(空)에 이르러서 다한 것이니라.[134]

탄허는 『도덕경』이라는 책에 대해서 벼리를 들고 옷깃을 들어준 '거강진령(擧綱振領)'과 같은 가르침으로 보아 마치 모든 물결이 바다에 이르러서 멈추고 삼라만상이 공(空)에 이르러서 다한 것과 같다고 설파했다. 『도덕경』이야말로 심오한 진리를 논한 핵심 중의 핵심이 되는 경전이라는 의미이다. 하지만 이렇게 심오한 이치가 저속한 주해서들로 인해 그 진리의 실상이 드러나지 못하게 되었다며 매우 안타까워했다.

> 고금의 주소(注疏)가 무려 수백가(數百家)로되 각각 자기의 뜻으로써 경(經)을 해석하고 경의 뜻으로 경을 해석하지 못하였다. 이 때문에 우유가 성 밖의 것이 아닌 것이 매우 많으며 또 저것이 이것보다 나은 것은 있으나 전경(全經)의 대의(大義)를 얻지는 못하였다. 그러므로 근래에 들어 성명(性命)의 학(學)이 세상에 강론되지 않아서 도덕(道德)이 분열된 지 오래이다. 세상의 학자가 불행하게도 두루 하지 않고 한쪽으로 치우친 책에 가려져서 나날이 저속한 주해에 골몰함으로써 스스로 성명(性命)의 실정을 잃은 나머지 다시는 천지(天地)의 대순(大醇)과 고인(古人)의 대체(大體)를 알지 못하나니 아아 슬프다. 고통이 심부(心

---

134) 김탄허(역해), 『도덕경선주 (1)』, 교림, 2011(b), 38~39쪽. 탄허의 직역을 필자가 문맥을 해치지 않는 범위에서 현대어에 맞게 조금 바꾼 것이다.

腑)에 얽어 묶였도다.[135]

『도덕경』의 주석이 수없이 많아도 경전 전체의 대의를 얻은 것은 없고, 한 곳으로 치우친 수준 낮은 주해들만 넘쳐나며, 학자들은 이러한 주석에만 골몰했기 때문에 세상에 성명의 바른 이치가 강론되지 않고 도덕이 분열되었다고 본 것이 탄허의 입장이었다. 그래서 그는 기존의 유명한 주석들의 문제를 지적하면서 매우 생경해 보이는 주석본을 주본(主本)으로 새롭게 제시했던 것이다.

> 이제 역해한 선주는 고인의 주소(註疏)의 정밀하고도 은미한 것을 선별하여 『강의(講義)』본으로 정(正)을 삼고 제가(諸家)의 해의(解義)로 조(助)를 삼은 것이니, 도덕(道德)의 요체와 오묘함이 다시 남김이 없어서 사람들이 모두 성명(性命)의 바른 도로 회복할 것이다. (……)
> 경전을 보는 법은 먼저 경문을 읽고 이어서 또『강의』를 보며 그 뒤에 여러 제가의 주해를 보면서 경의(經義)의 한 문장 한 구절까지 막힘이 없게 되면 그 뒤에는『강의』와 제가의 주해를 모두 놓아 버리고 다시 경문을 보면서 숙독하고 완미하면 환하게 얼음이 녹듯 하고 기쁘게 이치가 막힘이 없어서 길은 달라도 같은 곳으로 귀결되고 생각은 많으나 이르는 곳은 하나일 것이다. 알 수 없는 경지에 노닐게 되어 무엇을 생각하고 무엇을 염려할 것도 없는 하늘에 소요하게 될 것이다.[136]

---

135) 김탄허(역해), 앞의 책, 39쪽.
136) 위의 책, 39~40쪽.

여기에서 탄허는 다양한 주소 가운데 가장 정미롭다고 판단한 '강의본'으로 정(正)으로 삼고 제가(諸家)의 주해들로 조(助)를 삼았다고 한다. 여기서 '강의본'이라 함은 청대에 삼교(三敎)를 자유자재로 회통했던 송상성(宋常星)[137]의 『태상도덕경강의(太上道德經講義)』[138]를 말하는 것이다. 이 책은 한국에서는 다소 생소하지만 1687년(강희26) 강희황제가 칙령을 내려 편찬케 하여 종실의 황손들과 문무백관들도 일람하도록 했을 만큼 당시 높이 인정받았던 주해서이다.[139]

　송상성은 유학 공부를 마치고 과거에 합격하여 여러 요직을 거친 관리였다. 벼슬에서 물러난 뒤 고향으로 낙향하여 20여 년을 도교 수련을 하고 그 공부를 바탕으로 『도덕경강의』를 저술했다고 전한다. 그의 이력을 볼 때 이미 유가와 도가에 모두 능통했음을 알 수 있고 불교에도 능했기 때문에 그의 『도덕경강의』는 삼교화회(三敎和會)를 지향하는 탄허의 『도덕경선주』의 정본(正本)으로 선택되었다.

---

137) 송상성(宋常星): 호는 용연자(龍淵子), 산서(山西) 사람이다. 1649년(순치6)에 갑과 3등으로 과거에 선발되어 도찰원도어사(都察院都禦史) 겸 경연강관(經筵講官), 국사관총재(國史館總裁)와 시독학사(侍讀學士) 등을 역임했다. 1669년(강희18)에 벼슬을 접고 낙향하여 오직 도교 수련을 쌓아 20여 년이 경과한 뒤 그 내공을 바탕으로 『도덕경강의(道德經講義)』를 저술했다고 한다. 강희제(康熙帝)는 강의본(講義本)을 극도로 존중하여 특명을 내려서 목판에 인쇄하여 유통하게 하고 황손과 문무백관들에게 읽을 것을 명했다고 한다. 송상성은 또 다른 도교 경전인 『고상옥황본행집경(高上玉皇本行集經)』을 주해했고 『황경강의(皇經講義)』도 저술했다. 송상성(宋常星)에 관한 내용은 다음을 참조 바람.
http://zhidao.baidu.com/question/495663464.html
138) 嚴靈峰(編), 『無求備齋 老子集成 初編』, 藝文印書館, 1965 참조.
139) 宋常星, 『道德經講義』, 自由出版社, 1976, 3~4쪽, 「御製道德經講義序」.

'제주(諸註)' 혹은 '제가(諸家)의 해의(解義)'라 했던 것을 면밀히 분석해 보니 총 31가(家)의 주석을 말하는 것이었다. 그 대표적인 주해를 살펴보자면, 소자유(蘇子由)의 『노자신해(老子新解)』와 조선의 서계 박세당(西溪 朴世堂, 1629~1703)의 『신주도덕경(新注道德經)』, 그리고 초횡(焦竑, 1540~1620)의 『노자익(老子翼)』[140]을 중심으로 하여 그 밖의 여러 학자들의 주석본들을 종합적으로 선별한 것임을 알 수 있다. 주석이 채록된 인물과 횟수를 살펴보면 소자유(77회), 여길보(呂吉甫)(69회), 박서계(61회), 이식재(李息齋)(51회)의 주석이 가장 많이 활용되었고, 임희일(林希逸)(21회), 초횡(15회), 왕원택(王元澤)(12회), 오유청(吳幼淸)(11회), 이굉보(李宏甫)(11회)가 10회 이상 인용되었으며, 육희성(陸希聲)(8회), 왕순보(王純甫)(5회), 정구(程具)(5회), 한비자(韓非子)(5회) 등이 그 다음으로 많이 활용되었다.

육농사(陸農師), 설군채(薛君采), 동사정(董思靖), 섭몽득(葉夢得), 왕개보(王介甫)가 각각 2회씩 인용되었으며, 엄군평(嚴君平), 이영(李榮), 두도견(杜道堅), 구마라집(鳩摩羅什), 장뢰(張耒), 조지견(趙志堅), 유중평(劉仲平), 장안(章安), 이약(李約), 황무재(黃茂材), 진벽허(陳碧虛), 유개(劉槪), 왕보사(王輔嗣) 등도 각각 1회씩 인용되어 총 31가의 제가의 주석이 활용되었다. 여기에 탄허 자신의 주석과 송상성의 주본(主本)인 『도덕경강의』를 합하면 『현토역해 도덕경선주』는 총 33가의 주석을 담고 있는 것이다. 여기에서 특기

---

140) 焦竑, 『漢文大系(9): 老子翼·莊子翼』, 富山房, 1984.

할 사항은 『노자 왕필주(王弼注)』가 겨우 한 번만 인용된 사실이다. 귀무론(貴無論)적 입장에 있었던 왕필의 주석에 대해 탄허는 고인(古人)의 대체(大體)를 알지 못했고 전경(全經)의 대의(大義)를 얻지 못한 주해로 규정한 바 있다. 이러한 탄허의 관점이 주석 선택에 영향을 미쳤던 것으로 보인다.

이렇듯 '선주(選注)'라는 이름이 상징하듯이 『도덕경』 역해의 중점은 주석을 선별(選別)하여 제시함으로써 바른 안목을 갖추게 하는 데에 그 주안점이 있었음을 알 수 있다. 탄허는 고금의 주석들 가운데 한쪽으로 치우친 견해를 제시한 주석들은 대부분 배제하고 삼교원융의 종지를 드러낸 주석들을 중심으로 현토·역주한 다음에 매 주석마다 짧은 '찰기(札記)'와 같은 형태로 간략하게 한두 문장씩 덧붙여서 자신의 견해와 안목을 드러내는 방식을 취했다.

실례를 살펴보면, 노자 제2장 관요장(觀徼章)의 박서계의 주에 대해서 "비록 노자의 본의에 심합(深合)하지는 않으나 그 자구(字句)의 소개가 제주(諸注)보다 상세한 것이 특장(特長)이다"[141]라고 하여 간단한 언급만으로 그 주석의 가치와 장단점을 바로 지적한 예가 그것이다. 또 제2장의 오유청의 주에 대해서는 "차주(此注)는 깊이 언외(言外)의 종지(宗旨)를 처파(觑破)하여 일경(一經)의 총주(總注)로도 볼 수 있는 것이다"[142]라 하여 주석에 대한 자신의 명쾌하면서도 간략한 총평을 드러내었다.

---

141) 김탄허(역해), 앞의 책(2011b)(1), 35쪽.
142) 위의 책, 65쪽.

(2) 박서계(朴西溪) 주석의 활용

『도덕경선주』의 역해에서 또 하나 주목해야 할 대목은 탄허가 조선의 서계 박세당(西溪 朴世堂)이 쓴 『신주도덕경(新注道德經)』을 특별히 중시하여 주석의 첫머리에 올려 싣고 있다는 것이다. 『도덕경』 81장 가운데 총 61장의 주석을 박서계의 주석에서 채택하고 있는데 소자유(蘇子由)와 여길보(呂吉甫) 2인의 주석만이 박서계의 주석보다 더 많이 인용되었을 뿐이다.

다음은 『도덕경』 81장 가운데 박서계 주석의 세부 내용을 표를 통해 살펴본 것이다.

〈표 4〉『도덕경선주』에서 박서계 주석의 지위[143]

1	2	3	4	5	6	7	8	9	0
○	○	× (이굉보)	○	○	× (소자유)	○ (소자유)	○	○	○
11	12	13	14	15	16	17	18	19	20
○	× (소자유)	× (소자유)	× (소자유)	○	○	○	× (소자유)	× (임희일)	× (소자유)
21	22	23	24	25	26	27	28	29	30
× (임희일)	○	○	○	○	○	○	× (소자유)	○ (임희일)	○

---

143) 위의 표에서 '○(한비자)'와 같은 경우는 박서계의 주석이 실린 장이나 첫 머리에 한비자의 주석이 실린 경우를 말하고 '×(소자유)'와 같은 경우는 박서계의 주석이 실리지 않았으며 소자유의 주석이 첫머리에 배치된 것을 말한다.

31	32	33	34	35	36	37	38	39	40
○	×(왕보사)	○	×(소자유)	○	×(소자유)	○	○	×(임희일)	○
41	42	43	44	45	46	47	48	49	50
○	○	○	○	○	○	○	×(구마라집)	○(임희일)	○
51	52	53	54	55	56	57	58	59	60
○	○	○(한비자)	×(소자유)	×(임희일)	×(임희일)	○	○	○(한비자)	○(한비자)
61	62	63	64	65	66	67	68	69	70
○	○	○	○	○	○	○	×(임희일)	○	○
71	72	73	74	75	76	77	78	79	80
○	○	○	○	○	○	○	○	○	○
81									
×(소자유)									

　이 표에서 볼 수 있듯이 박서계의 주석은 『도덕경』 81장 가운데 총 61개의 장에 등장하고, 이 중에 주석의 첫머리에 배치된 것은 총 55개의 장이며, 20개의 장에는 인용되지 않았다.

　탄허는 『장자남화경』 역해에서도 박서계의 주석인 『남화경주해산보(南華經注解刪補)』의 주석을 많이 활용했다. 그는 박서계의 주석을 『도덕경선주』에서 소자유(77회)와 여길보(69회)에 이어 세 번째로 많이 인용했듯이 『장자남화경』에서도 성현영(260회)과 곽상(78회)의 주해 다음으로 많이 인용(53회)했다. 『도덕경선주』의 주해에서는 맨 처음에 박서계의 주석이 등장하지만『장자남화경』의 주해에서는 박서계의 주석이 결론을 맺는 데 활용되어 맨 마지막에 위치하고 있다.

탄허가 노(老)·장(莊)을 번역·주해하면서 제자들에게『서계전서 (西溪全書)』[144)를 구해 줄 것을 당부하자 책을 구해 준 제자가 의문을 품었다고 한다. 그래서 서계의 주석보다 좋은 중국 주석들이 많은데 왜 서계주를 그렇게 중시하냐고 탄허에게 질문했는데 탄허는 "우리 한국의 주석이기 때문"이라 했다고 한다. 한국의 주석본 가운데 좋은 주석이 있으면 적극적으로 활용해야 한다고 하면서 유교 독존의 조선사회에서 박서계처럼 노·장의 주석서를 쓴다는 것은 그 자체만으로도 진정한 노장학의 대가임을 입증하는 것이라고 대답했다는 것이다.[145)

탄허는 학술적인 측면에서 박서계에 대한 연구자로서도 선구자에 해당한다. 박서계의 노·장 주해본인『신주도덕경』과『남화경주해산보』를 완역하지는 않았지만 상당히 많은 분량을 번역하여 자신의『도덕경선주』에 실어 국내에서 최초로 출판한 장본인이기 때문이다. 탄허의 번역 이후에 박서계의 노·장 주석의 번역본을 다시 보기까지는 상당히 긴 시간이 경과하기를 기다려야 했다.[146)

---

144) 박세당,『서계전서』, 태학사, 1979.
145) 교림출판사 서우담 선생과 탄허기념박물관 혜거 스님과의 인터뷰에서 확인한 내용이다.
146) 학계에서 최초로 발표된 박세당의 노장학에 관한 연구로는 김경탁,「박세당의 노장학」,『중국학보』제10집, 한국중국학회, 1969이 있다. 박세당의『신주도덕경』의 번역본으로는 박세당(저)/김학목(역),『박세당의 노자』, 예문서원, 1999이 있으며『남화경주해산보』의 번역본으로는 다음의 2종이 있다. 박세당(저)/박헌순(역),

탄허의 노장학 관련 주석과 번역에서도 살펴볼 수 있듯이 그의 역경불사에는 '민족주의적 역경'의 특징이 고스란히 드러난다. 이는 그가 『기신론』에서 신라 원효의 소(疏)·별기(別記)를, 『금강경』과 『원각경』에서 조선 함허의 설의(說誼)와 해(解)를 채택한 것처럼 한국의 주석 가운데 종지를 드러내는 훌륭한 주석이 있다면 적극적으로 활용한 사례와 맥을 같이한다.

탄허는 대규모 역경불사의 과정에서 단 한 차례도 일본학자의 주석을 사용한 적이 없었다. 이는 그가 역주 과정에서 고수했던 엄격하고 객관적인 주석 선별의 원칙을 위배한 유일한 예외 규정이었다. 일본인의 주석만큼은 철저하게 의도적으로 배제시킨 것이다. 일본의 불교학이 아무리 발전했다 하더라도 탄허는 그들의 주석을 활용하지 않았으며 관심조차 두지 않았다. 그는 일본인을 미워했고 철저한 민족정신에 입각한 배일(排日)의 정신으로 투철하게 무장되어 있었다.[147] 오대산 수련원에 일본 조동종 승려가 와서 선방에 방부를 들이고 여러 철 안거를 난 적이 있는데 탄허는 그 일본 승려를 아주 미워했었다고 상좌 희태는 증언한 바 있다.[148] 일제강점기였던 소년 시절에 신학문을 배우지 않고 전통 한학만을 고집했고, 독립운동을 하던 부친의 옥바라지를 하면서 골수에 뿌리내린 독립정신은 그로 하여금 철저한 민족주의적 학술

『박세당의 장자읽기, 남화경주해산보1』, 유리창, 2012; 박세당 (저)/전현미(역주), 『박세당의 장자, 남화경주해산보 내편』, 예문서원, 2012.

147) 이와는 반대로 중국의 주석들은 방대하게 섭렵했고 1960년대에 이미 중국어를 틈틈이 배워서 백화를 어느 정도 구사할 수 있었다. 강의 도중에 현대 중국어를 구사하는 녹음 내용이 존재한다.

148) 한암문도회·김광식(편), 『그리운 스승 한암스님』, 민족사, 2006, 79쪽.

경향을 형성하도록 만들었다. 이처럼 한국의 주석을 중시하여 적극 활용하면서도 일본의 주석은 전혀 사용하지 않았던 점 역시 탄허 역경의 또 하나의 두드러진 특색이라 할 수 있겠다.

(3) 천선(天仙)과 일승(一乘)의 화회(和會)

탄허는 청량 징관(淸凉 澄觀)이 삼현(三玄)에 대해 언급한 "『주역』은 진현(眞玄)이고 『노자』는 허현(虛玄)이며 『장자』는 담현(談玄)인데 『노자』보다는 『장자』가 더 진일보하여 훨씬 깊고 높다"라는 말을 자주 인용하곤 했다.[149] 대중을 위해 강의했던 빈도수나 언급했던 주요 내용들을 살펴보면 『노자』보다는 『장자』에 대한 그의 선호가 압도적이었던 것을 알 수 있다. 그도 그럴 것이 출가 전 『장자』를 공부하다 언어 이전 소식인 '도'에 막혀 입산하게 되었기 때문이다. 그의 내면에는 늘 투과하지 못한 『장자』의 문장들이 어른거리고 있었을 것이다.

앞에서도 누차 언급되었듯이 탄허는 출가 이후 불교의 선(禪)과 교(敎)를 겸수(兼修)하는 과정을 통해 유교와 불교 사이에서 노장학은 자득(自得)이 되었다고 했다. 꽉 막혔던 『장자』가 저절로 빙소와해(氷消瓦解)되는 체험을 거치면서 모종의 법열을 느낀 그에게는 이후 『장자』가 주된 강의 대상이 될 수밖에 없을지도 모른다. 특히 그는 『노자』를 공부할 때 반드시 주의해야 할 사항이 있

---

149) 김탄허(강설), 앞의 CD(5).

다고 했으니『노자』는 법박(法縛)에 걸리기 쉬운 함정이 도사리고
있다는 것이다. 반면『장자』의 웅변은 유사 이래 천고의 제일이라
고 하였으니[150]『노자』를『장자』보다 적게 언급했던 것은 대중들이
혹시『노자』의 법박에 걸릴까 근심했던 것이 아닐까 짐작해 본다.

우선 탄허의 도교에 대한 전체적인 설명과 그가 노자라는 인물
을 어떻게 인식하고 있는지부터 살펴볼 필요가 있다. 탄허는 노자
와 장자라는 인물의 사상과 그 이후 성립된 도교는 철저히 분리
해서 보았다. 그는 도교를 네 가지의 유파로 분류했다. 다음은『도
덕경선주』서문의 내용이다.

> 노자의 교(敎)는 네 유파로 나뉘어 있다. 첫째는 현리파(玄理派)
> 이다. 진대(晉代)의 청담가(淸談家)인 하안(何晏)·왕필(王弼) 등
> 이 바로 그들이다. 둘째는 단정파(丹鼎派)이다. 위백양(魏伯陽)·
> 갈지천(葛稚川) 등이 바로 그들이다. 셋째는 점험파(占驗派)이다.
> 우길(于吉)·곽박(郭璞)·이순풍(李淳風) 등이 바로 그들이다. 넷
> 째는 부록파(符籙派)이다. 장각(張角)·장도릉(張道陵)·도홍경(陶
> 弘景)·구겸지(寇謙之) 등이 바로 그들이다.
> 선도(仙道)의 연원은 황로(黃老)로부터 나온지라 황제(皇帝)가 정
> 호(鼎湖)에서 용을 타고 상천(上天)하고 노자가 함곡관(函谷關)
> 에서 소를 타고 둔세(遯世)함이 이미 그 단서를 연 것이니, 소위
> 단정파라는 것이 이것이니라.『황정경(黃庭經)』[노자의 소저(所
> 著)],『참동계(參同契)』(위백양의 소저),『단경(丹經)』(오진인悟眞人

---

150) 김탄허(강설), 앞의 CD(5).

의 소저)과 같은 등이 수련의 요결이며 복이(腹餌)의 비방이 아님이 없나니, 만일 그 공이 행하여 단(丹)이 이루어진즉 백일승천하여 장생불사를 얻는다 말한 것이 곧 그 술(術)이니라.[151]

　탄허는 도교를 현리파, 단정파, 점험파, 부록파의 네 가지 유파로 분류했다. 이 가운데에 단정파의 대표적인 수련 요결로는 『황정경』, 『참동계』, 『단경』 등의 책이 있으나 이는 장생불사를 얻기위한 하나의 술로 노자의 종지를 벗어난 것으로 보았다.

　그는 불교에 보살·연각·성문의 삼승이 있듯이 선가(仙家)에도 천선(天仙)·신선(神仙)·귀선(鬼仙)·지선(地仙)·인선(人仙)의 오선(五仙)이 있다고 했다. 천인(天人)과 물아(物我)가 둘이 아님을 알고, 생사와 화복이 둘이 아님을 보는 것은 오선 가운데 유일하게 '천선'의 학(學) 하나뿐인데 노·장의 학만이 천선의 학에 해당한다고 하였다. 이는 마치 불교에 이(理)와 사(事)가, 성(性)과 상(相)이, 중생과 부처가, 자(自)와 타(他)가 둘이 없어서 필경에 사(事)와 사(事)를 무애(無碍)하게 보는 일불승(一佛乘)의 화엄학만이 요의라고 했던 것과 같은 경지라는 설명이다.[152] 즉, 천선의 학인 노·장 이외의 나머지 사선과 그 뒤에 형성된 도교의 네 분파는 모두 방문(傍門)에 불과하여 논할 가치가 없다는 것이다.

　여기에서 잠시 천선·신선·귀선·지선·인선의 오선으로 분류하는 유래에 대해서 잠시 살펴볼 필요가 있다. 선(仙)을 구분하여 설

---

151) 김탄허(역해), 앞의 책(2011b)(1), 36쪽.
152) 김탄허(역해), 앞의 책(2004), 319쪽.

명하는 방식은 『포박자』에서 천상의 신선인 천선과 지상의 신선으로 구분한 데서 가장 처음 보인다.[153] 그 이후 오선으로 정확하게 분류하기 시작한 것은 종리권(鍾離權)과 여동빈(呂洞賓)의 『종려전도집(鍾呂傳道集)』[154]에서 본격화된 것이다. 탄허는 이 『종려전도집』의 오선 분류를 그대로 차용하고 있는 것이다. 이에 대한 설명을 더 들어보자.

> 불교에는 삼승(三乘)이 있고 선가(仙家)에는 오등(五等)이 있다. 불승(佛乘) 이외엔 권설 아닌 것이 없고 천선(天仙) 이외엔 모두가 방문(傍門)이다. 천선(天仙)의 학문은 노장이 바로 그것이다. 장자가 이르기를 "죽고 삶 또한 크지만 생사와 더불어 변하지 않고 하늘이 무너지고 땅이 커져도 함께 사라지지 않는다"라고 하며, 노자가 이르기를 "죽었으되 사라지지 않는 자를 수(壽)"라 하니, 사생(死生)이 하나의 법이요 천인(天人)이 하나의 근원이다. 사대(四大)가 본래 나의 소유가 아닌데 어떻게 사생을 보며 식심(識心)이 원래 환화(幻化)인데 어찌 생멸(生滅)을 볼 수 있겠는가? 이는 몸과 마음의 세계가 혼융하여 하나가 되어서 모두 일진법계(一眞法界)가 된다. 맹자가 말한 "성인(聖人)으로서 알 수 없는 자를 신인(神人)"이라 한 것과 장자가 말한 '물화(物化)'란 모두 이를 가리킨 것이다.[155]

---

153) 갈홍(저)/이준영(해역), 『포박자』, 자유문고, 2014, 21쪽.
154) 종리권·여동빈(저)/이봉오 외(역), 『종려전도집』, 세창출판사, 2013, 25~28쪽.
155) 김탄허(역해), 앞의 책(2011b)(1), 36~37쪽.

선가의 오선과 불교의 삼승을 함께 논하고 있는 것은 『성명규지 (性命圭旨)』에 그 연원을 두고 있다.[156] 탄허가 『성명규지』를 애독한 흔적은 곳곳에서 발견되는데 강의 도중 한문 원문을 그대로 외우고 있는 것들도 더러 있다.

탄허는 『노자』의 5천여 언과 『장자』의 10만여 언이 전부 딴소리를 하는 것 같지만 결국 귀결은 하나가 되는 것을 두고 '천선의 재주'라고 부른다고 했다.[157] 노자와 장자는 아무리 다른 표현을 썼다고 해도 근본 종지는 다르지 않다는 것이다. 결국 노자가 말하는 '도'라는 것은 사생이 본래 하나이며 물아가 본래 하나인 근본도리를 가리키고 있기 때문에 장자 「제물론」의 '물화'와 불교 화엄의 '일진법계'와 유교의 맹자가 말한 '신(神, 聖而不可知)'이 같은 진리를 말하고 있다는 것이다. 따라서 도교가 노·장을 이었다고 하나 오선 가운데 천선을 제외한 다른 사선인 신선·귀선·지선·인선과 도교의 네 유파인 현리파·단정파·점험파·부록파가 지향하는 승천이나 불로장생은 모두가 노자와 장자의 근본 종지에 부합하지 않는다는 것이 탄허가 노장학을 보는 기본 시선이다.

탄허는 불교, 유교, 도교의 삼교를 지칭하는 용어로 항상 '유·불·선'이라는 용어를 사용했다. 자신이 승려라고 해서 '불도유'나 '불유도'와 같이 불교를 맨 앞에 두는 용례를 쓰지 않고 대중들이 일반적으로 쓰고 있는 용례를 따랐다. 그런데 흔히 '유·불·선'보다는 '유불도'라고 지칭하는 경우가 많지만 그는 항상 '도'가 아

---

156) 윤진인(尹眞人)의 제자/이윤희(역), 『성명규지』, 한울, 2017, 150쪽.
157) 김탄허(강설), 앞의 CD(5).

닌 '선'이라는 용어를 사용한 것이 특이한 점이다. '도'라는 용어는 유·불·선 삼교가 공통적으로 서로 끌어다 쓰고 있는 술어로써 도교만의 전매특허 술어가 아니기에 적절치 않다고 분명히 언급한 바 있다.[158] 게다가 탄허는 지금까지 살펴본 바와 같이 노장의 학과 도교를 명백히 구분하고 있다. 노장의 학은 오선 가운데에서도 천선에 해당하는 것으로 이것만이 불교의 일승과 같이 생사가 끊어진 근본 진리를 보유하고 있는 것이며, 이 사상을 바탕으로 형성된 도교의 네 개 유파는 본래 노장의 근본 종지와는 동떨어진 방향으로 전개된 사상체계로 보았다. 생사가 본래 없다는 종지와는 어긋나서 변질된 것이 바로 불로장생을 지향하는 '도교'이므로 그러한 이미지를 갖고 있는 '도'라는 글자를 쓰고 싶지 않았던 것이다.

탄허는 "노자의 도는 청정무위(淸淨無爲)로써 종(宗)을 삼고 허명응물(虛明應物)로써 용(用)을 삼고 자(慈)·검(儉)·겸하(謙下)로써 행(行)을 삼는다"[159]라고 했다. 그가 말하는 도교는 노자와 장자 두 인물이 보여준 생사가 끊어지고 양변이 사라진 근본 이치를 담고 있는 천선의 경지를 말하는 것이다. 그리고 이는 불교의 최고 경지이자 그가 주장하는 불교의 유일한 요의경인 화엄학의 일승의 진리와 완전히 부합한다고 보았다. 이것이 바로 탄허가 유교와 불교 사이에서 자득한 노장학의 진면목이며 이를 일승의 화엄과 융회관통시킨 것이 그의 독보적인 회통 사상이라 할 수 있겠다.

---

158) 김탄허, 앞의 책(2000), 143쪽.
159) 김탄허(역해), 앞의 책(2011b)(1), 37쪽.

다음은 『도덕경』의 제1장을 바탕으로 탄허가 어떻게 삼교를 융회시키고 있는지 그 실질적인 내용을 살펴보자.

(4) 「관묘장(觀妙章)」과 삼교융회(三敎融會)

탄허가 간헐적으로나마 언급했던 『도덕경』에 대한 해설 가운데 가장 핵심을 이루는 것은 역시 제1장인 「관묘장(觀妙章)」[160]으로 주로 '도(道)'와 '무(無)'에 관련된 내용이다. 그는 "유교의 『중용』과 『대학』도 제1장을 알게 되면 그 책 전체가 다 풀리는 것"[161]처럼 『도덕경』 역시 제1장을 알면 전체를 알게 된다고 보았다.[162] 탄허와 같이 삼교 회통적인 사상을 가지고 있었던 감산 덕청 역시 제1장에 대해서 "이 장은 도의 체용(體用)을 총체적으로 말한 것으로 노자의 학(學)은 여기에 모두 담겨 있다. 나머지 5천여 언(言)은 부연된 것으로 오직 이 1장을 부연한 것이다."[163]라고 한 바 있다.

따라서 탄허가 제1장에서 가장 집중적으로 설명하고 있는 내용들을 뽑아 면밀히 살펴본다면 그의 『도덕경』 전체에 대한 대략적인 요체를 관규(管窺)해 볼 수 있을 것이다. 『도덕경』의 제1장은 구

---

160) 탄허는 『도덕경』 81장의 장명(章名)에 대해서 제1장은 「관묘장(觀妙章)」, 제2장은 「관요장(觀徼章)」이라 하여 송상성의 『도덕경강의』의 명칭을 그대로 사용하고 있다. 하상공(河上公)의 경우엔 제1장을 「체도장(體道章)」, 제2장을 「양신장(養身章)」이라 한 바 있다. 여기서 필자는 탄허가 제1장의 핵심으로 '관묘'와 '관요'에 대해서 중점적으로 설명했기 때문에 '제1장'이라 하지 않고 '관묘장'이라 하였다.

161) 김탄허, 앞의 책(2000), 143쪽.

162) 위의 책, 142쪽.

163) 憨山, 『憨山大師法彙初集 (第九册) 老子道德經解』, 香港佛經流通處, 1997, 51쪽. "此章, 總言道之體用, 老氏之學, 盡在於此, 其五千餘言, 所敷演者, 唯演此一章而已."

두 문제가 논란이 아주 심하고 해석상의 이견이 매우 많기로 유명하기 때문에 탄허가 해석한 제1장의 현토와 직역을 함께 살펴보기로 한다.

도가도(道可道)면 비상도(非常道)요, 명가명(名可名)이면 비상명(非常名)이니, 무명(無名)은 천지지시(天地之始)요, 유명(有名)은 만물지모(萬物之母)라. 고(故)로 상무(常無)로 욕이관기묘(欲以觀其妙)하고 상유(常有)로 욕이관기요(欲以觀其徼)니 차양자(此兩者)는 동출이이명(同出而異名)이라. 동위지현(同謂之玄)이니 현지우현(玄之又玄)이라 중묘지문(衆妙之門)이니라.

도(道)를 가히 도라 한다면 상도(常道)가 아니요, 명(名)을 가히 명이라 한다면 상명(常名)이 아니니, 무명(無名)은 천지(天地)의 시(始)요, 유명(有名)은 만물(萬物)의 모(母)니라. 고(故)로 상무(常無)로써 그 묘(妙)를 관(觀)하고자 하고 상유(常有)로써 그 요(徼)를 관하고자 할지니, 이 양자는 같이 출(出)했으되 명(名)이 이(異)한지라 모두 현(玄)이라 이르나니 현하고 또 현한지라 중묘(衆妙)의 문(門)이니라.[164]

탄허는 "무명(無名)은 천지지시(天地之始)요, 유명(有名)은 만물지모(萬物之母)라. 고(故)로 상무(常無)로 욕이관기묘(欲以觀其妙)하고 상유(常有)로 욕이관기요(欲以觀其徼)"라고 구두했다. 이는 "무(無)

---

164) 김탄허(역해), 앞의 책(2011b)(1), 41~43쪽.

는 명천지지시(名天地之始)요, 유(有)는 명만물지모(名萬物之母)"라고 해야 옳다고 했던 진고응(陳鼓應)이나 김충열 등의 현대 노장학자들과의 견해와는 상반된 것이었다. 탄허와 같은 관점에서 유(有)·무(無)가 아니라 유명(有名)·무명(無名)으로 보아야 한다고 했던 학자로는 소자유, 여길보, 왕안석(王安石), 사마광(司馬光) 등의 학자가 있었다.[165] 또한 탄허는 상무(常無)와 상유(常有) 다음에 구두점을 찍는 것이 옳다고 했는데 "상무욕(常無欲)으로 이관기묘(以觀其妙)하고 상유욕(常有欲)으로 이관기요(以觀其徼)"라고 구두점을 달리한 왕필의 견해와 상반된다. 즉 왕필의 경우 "늘 욕심이 없어 마음을 텅 비우면 만물을 시작하는 미묘함을 볼 수 있고, (……) 항상 욕심이 없으면 만물을 마치는 귀결을 볼 수 있다"[166]라고 주석하였다. 하지만 탄허는 『노자』 1장에서는 욕심의 유무에 대해서 설하는 것이 아니라 유와 무에 대한 본체적 설명으로 해석했다.

따라서 이 논란 많은 구절에 대해 탄허가 무명-유명과 상무-상유의 문제로 보았고 무-유와 무욕-유욕의 문제로 보지 않았다는 점이 중요하다. 그는 박서계의 제1장 주석을 『도덕경』 전체의 첫 주석으로 사용했는데 "서계 선생은 상무(常無)·상유(常有)를 유·무로만 보지 않고 상무는 상문(上文)의 상도(常道)와 무명(無名)을 해괄(該括)한 것이며 상유는 상문의 상명(常名)과 유명(有

---

165) 김충열, 『김충열 교수의 노자강의』, 예문서원, 2011, 131~132쪽.
166) 왕필(王弼)(주)/김시천(역주), 『노자도덕경주』, 전통문화연구회, 2017, 53~55쪽, "常無欲空虛, 可以觀其始物之妙, (……) 常有欲, 可以觀其終物之徼." 왕필은 '묘(妙)'를 '미묘함의 극치[微之極]'로, '요(徼)'를 '돌아가 마침[歸終]'으로 보았다.

名)을 해괄한 것이라 함이 특장(特長)인 것이다"[167]라고 하여 자신의 견해와 같음을 보였다. 탄허가 노자 사상의 핵심의 하나로 '무(無)'를 천명하고 있는 것은 여느 학자와 동일하다. 그러나 무를 유(有)의 상대적인 개념으로 보는 것은 단호하게 반대한다. 그러므로 위에서 보듯 '무―유'로 구두를 끊는 것을 반대하고 '상무―상유'로 구두를 끊어서 읽으면서 '상무'의 내용을 상도와 무명을 포괄하는 것으로 보았다. 그러므로 박서계의 주석이 자신과 생각이 같음에 대해서 반가움을 표한 것이다. 즉 유에 상대되는 단순한 무로 보는 것이 아니라 '항상된 도[常道]'이지만 '이름을 붙일 수 없음[無名]'을 포괄하는 유무의 분별마저 완전히 끊어진 '절대적인 무로 보았던 것이다.

이와 관련해서는 아래 설명에서 그 세부 내용을 확인해 보자.

노자의 『도덕경』에 보면 "도가도(道可道)면 비상도(非常道)요" 도를 가히 도라고 하면 떳떳한 도가 아니요, "명가명(名可名)이면 비상명(非常名)이다" 이름을 가히 이름이라 쓸 때는 떳떳한 이름이 아니다. 그래서 "무명(無名)은 천지지시(天地之始)요" 이름이 없는 그 자리는 천지의 근원이고, "유명(有名)은 만물지모(萬物之母)다" 이름이 있는 그 자리는 만물의 어머니이다. 여기서 "무명은 천지지시"라는 무극(無極)의 이치를 말한 것이다 이거야. 태극(太極)의 본신(本身)이 무극 아닙니까? 태극이나 무극이나 같은 것이지만 무극이라 할 때는 태극이라는 말조차 붙지 못

167) 김탄허(역해), 앞의 책(2011b)(1), 46쪽.

하는 상태를 말합니다. "유명은 만물지모"라 할 때는 태극의 경지를 말한 것입니다. 노자의 말씀은 그래서 "도생일(道生一)하고 일생이(一生二)하고 이생삼(二生三)하고 삼생만물(三生萬物)이라" 했는데 그러면 도생일, 도가 하나가 됐다는 것은 뭐냐 그 하나가 태극을 의미하는 거야. 여기서 도라 할 것 같으면 태극 이전, 즉 무극의 자리요. 그 무(無)란 '무지극(無之極)'이란 뜻으로 무의 극치다. 다함이 없는 진리다 이거야. 그러니까 유의 상대적 개념이 아니지.[168]

탄허는 "무명 천지지시(無名 天地之始)"는 무극(無極)의 이치를 말한 것이며 "유명 만물지모(有名 萬物之母)"는 태극(太極)의 경지를 말한 것이라고 하였다. 무극이라 할 때는 태극의 본신이면서도 태극이라는 말조차 붙지 못하는 상태를 말한다고 설명했다. 즉 무명과 유명은 무극과 태극인데 이것은 상호 대립되어 있는 무-유의 상대적 관계가 아니라는 것이다. 무극은 유무의 상대적 관계를 떠나 있는 '무지극(無之極)'으로 '무의 극치(極致)'라고 설명하고 있다.

그러므로 『도덕경』 42장의 '도생일(道生一)'의 '도(道)가 일(一)을 낳는다'고 할 때의 도는 무극이요 일은 태극이 되며 도는 도라는 말도 붙일 수 없는 무극이라는 것이다. 『도덕경』 25장에 "그 이름을 알지 못하지만 억지로 글자를 붙여 도라고 한다"[169]라고 했으

---

168) 김탄허, 앞의 책(2000), 141쪽.
169) 『도덕경』 25장, "吾不知其名, 强字之曰道"

니 여기서의 '도'가 바로 '무극'으로 그저 이름을 붙일 수 없어서 억지로 '도'라는 언어를 붙인 것이라는 설명과 부합된다.

탄허는 이를 설명하기 위해 불교의 공(空)을 끌어와서 회석(會釋)했다. 불교의 공 역시 유(有)나 색(色)의 반대 술어로 쓰이기도 하여 이러한 때는 공과 유가 유무(有無)와 같이 상대적인 의미로 쓰이기도 한다는 것이다. 하지만 '진공(眞空)'이라 할 때는 유무나 색공(色空)의 상대적인 의미가 완전히 떨어진 공이라는 것이다. 노자가 설하는 무 역시 유무의 상대적인 무가 아니라 유무가 완전히 끊어진 '절대적 무'라는 것이다.[170] 이러한 논리와 개념의 난해함 때문에 탄허는 『도덕경』은 법박(法縛)에 걸리기 쉬운 함정이 존재한다고 보았고 잘못된 이해에 집착하지 않도록 당부한 것으로 판단된다.

〈표 5〉 무명(無名)-유명(有名), 도(道)-일(一), 무극(無極)-태극(太極)의 관계

노자 42장	도(道)	일(一)
노자 1장	무명(無名)	유명(有名)
	천지지시(天地之始)	만물지모(萬物之母)
태극도설	무극(無極)	태극(太極)

그는 이어서 제1장 「관묘장(觀妙章)」에 대해 다음과 같이 해설한다.

---

170) 김탄허, 앞의 책(2000), 140쪽.

도교에서는 태극을 기(氣)로, 무극을 리(理)로 보는 겁니다. 그걸 유교에서는 반대하지요. 태극이 이인데 왜 기로 보느냐 이거야. 유교에서는 또 그렇게 보는 재미가 있지. 그런데 도교에서는 태극을 기로 보면서 그 기에는 이미 음양이 내포되었다고 보는 것입니다. 그리고 기의 이전 한 기가 일어나기 이전을 무극이라고 보는 거야.

다시 『도덕경』을 보면 "고(故)로 욕이관기묘(欲以觀其妙)하고" 항상 없는 것으로서 묘[妙, 만물의 본체 양지(良知)자리]를 보고자 하고 그 자리가 참 묘한 자리올시다. "상유(常有)로 욕이관기요(欲以觀其徼)니" 항상 있는 것으로써 요(徼, 우주 만물이 기숙하는 자리)를 관(觀)하고자 하는 것이니 차양자(此兩者)는, 묘와 요는 동출이명(同出異名)이라. 한 근본에서 나왔는데 이름이 달라 동위지현(同謂之玄)이니 마찬가지로 그것을 현(玄)이라고도 할 수 있다. 왜? 도대체 있다고 하자니 동서남북으로 고금으로 아무리 찾아도 볼 수 없고, 또 없다고 하자니 소소명명(昭昭明明)하게 나타난다 이거야. 그러니 현(玄)이야, 가물가물하다 이거야. 그래서 "현지우현(玄之又玄)"이 현하고 또 현한지라 가물가물해서 현인데 그 현까지도 붙지 않게 현해 그것이 "중묘지문(衆妙之門)"이라 만물의 핵심이다. 이것은 『도덕경』 첫 꼭대기에 있는 소리야.[171]

앞의 단락에서 말한 상도(常道)-무명(無名)을 포괄한 상무(常無)

---

171) 김탄허, 앞의 책, 142~143쪽.

와 상명(常名)-유명(有名)을 포괄한 상유(常有)는 다시 위의 단락에서는 상무-관묘(觀妙)와 상유-관요(觀徼)의 관계로 맺어짐을 설명하고 있다. 하지만 이 두 가지 묘(妙)와 요(徼)는 한 근본에서 나와서 이름만 다른 것으로 그것을 일러 '현(玄)'이라고 한다는 것이다. 이 '현'에 대해서 있다고 하자니 찾아도 찾을 수 없고 없다고 하자니 밝게 드러나기 때문에 가물가물한 것이라 한 것이며, 현하고 또 현하여[玄之又玄] 현이라고 하는 것까지도 붙지 않게 현해서 '중묘지문(衆妙之門)'이라 하는데 이것이 '만물의 핵심'이라는 것이다. 여기에서 탄허는 '관묘'의 '묘'를 설명하면서 유교의 『대학』과 『맹자』를 설명할 때 맹자와 왕양명이 말한 '양지(良知)'와 같은 것으로 유비하여 유선(儒仙)을 회통하는 모습을 보인다. 그는 또 관묘와 관요에 대해서는 『중용』과 불교를 함께 융회하여 다음과 같이 설명했다.

> 소자유가 이르되 "중(中)이란 것은 불성(佛性)의 이명(異名)이요 화(和)란 것은 육도(六度)·만행(萬行)의 총목(總目)이라" 하니 희노애락(喜怒哀樂)의 미발(未發)이 어찌 관묘(觀妙)의 도(道)가 아니며, 발이개중절(發而皆中節)이 어찌 관요(觀徼)의 도가 아니랴. 형이상자(形而上者)가 어찌 상무(常無)의 도가 아니며 형이하자(形而下者)가 어찌 상유(常有)의 도가 아니랴.[172]

유교 『중용』의 '중'과 '화'를 '불성'과 '6바라밀행'으로 설명했던 소

---

172) 김탄허(역해), 앞의 책(2011b)(1), 37쪽.

자유의 담론을 여기 『도덕경』 관묘장에 이어와서 관묘와 관요를 중과 화의 관계로 설명함과 동시에 관묘는 불성의 이명이요, 관요는 6바라밀의 보살행으로 다시 연결시킨 것이다. 또한 상무와 상유를 『주역』 「계사전」 12장의 '형이상'의 '도(道)'와 '형이하'의 '기(器)'로도 회석하여 『도덕경』 1장의 상무와 관묘의 도를 유교의 중화, 양지, 형이상으로 융회하고 나아가 불교의 불성에까지 관통시켰다. 이 내용을 도표로 정리해 보면 다음과 같다.

〈표 6〉 『노자』-『중용』-『주역』의 종지 회통

	현(玄)	
노자 1장	상무(常無)	상유(常有)
	묘(妙)	요(徼)
중용 1장	중(中)	화(和)
	희노애락(喜怒哀樂)의 미발(未發)	발이개중절 (發而皆中節)
	불성(佛性)의 이명(異名)	육도(六度)·만행(萬行)의 총목(總目)
주역 계사상전 12장	형이상(形而上)의 도(道)	형이하(形而下)의 기(器)

탄허는 『도덕경선주』 서문에서 삼교 성인의 도에 대해서 다음과 같이 요해(要解)했다.

소강절이 이르기를 "노자는 역(易)의 체(體)를 얻고 맹자는 역의 용(用)을 얻었다." 하니 어찌 체가 없는 용과 용이 없는 체가 있을 수 있겠는가? 체에 즉(即)한 용인 까닭에 용이 체를 여의지 않고, 용에 즉한 체인 까닭에 체가 용을 여의지 않나니, 이는 일(一)이면서 이(異)요 이(異)이면서 일(一)인 것이다. 이 때문에 공자와 맹자는 일찍이 노자를 칭찬하지도 않았고 훼담하지도 않았다.[173]

노자는 역(易)의 체를 얻고 맹자는 역(易)의 용을 얻었다는 소강절의 말을 인용하면서 체가 없는 용과 용이 없는 체는 있을 수 없다고 했다. 이는 결국 노자와 맹자가 하나이면서 둘이요 둘이면서 하나라는 말로 유가와 도가를 정면으로 융회·관통시킨 언명이다. 탄허는 공자와 맹자가 노자에 대해서 칭찬한 바도 없었지만 비판한 적도 없었다고 하면서 다음과 같은 세주(細注)를 남긴다.

『논어』에 "술이부작(述而不作)하고 신이호고(信而好古)를 내가 그으기 우리 노팽(老彭)에게 비(比)한다" 하며 맹자는 "양주(楊朱)·묵적(墨翟)의 화(禍)가 걸주(桀紂)보다 심(甚)하다"고 변론(辯論)했으되 일찍이 노자를 언급하지 않은 것임.[174]

탄허는 공자와 맹자가 노자의 도에 대해서만은 일체 비판이 없

---

173) 김탄허(역해), 앞의 책, 37~38쪽.
174) 위의 책, 38쪽.

었음을 강조하는 세주를 굳이 책의 「서문」에 넣으면서까지 공맹이 노자와는 뜻이 서로 상통했음을 강조했다. 이어서 탄허는 "성인은 때는 달라도 도는 같고 말은 달라도 이치는 합한다"[175]라는 말로 『도덕경』 서문의 결론을 삼고 있다. 탄허가 남긴 이 "시이도동(時異道同)하고 언수이합(言殊理合)"이라는 일구(一句)는 그가 자신의 생애의 마지막 번역본인 『도덕경』 역해를 마무리하면서 세상에 남기고 대중에게 보여주고자 했던 유·불·선 삼교융회의 말후구(末後句)라 해도 과언이 아닐 것이다.

2) 『장자 남화경(莊子 南華經)』의 역해

(1) 『장자』와의 인연

탄허는 10대 시절 유교의 주요 경서를 공부한 뒤 노장의 학술을 공부하다가 가르쳐 줄 선생이 없어서 결국 한암의 회상에 출가하게 되었다고 한다.[176] 출가하자마자 묵언 참선을 하고 7년 동안 불교의 내전 과목을 스승인 한암에게 배우고 나서야 막혔던 노장학이 저절로 풀어졌다고 한다. 이를 '유교와 불교 사이에서 자득(自得)이 되었다'고 표현했다. 이와 관련해서 동양 사상 특강 당시 다음과 같이 술회한 적이 있다.

175) 김탄허, 앞의 책, 38쪽.
176) 김탄허, 앞의 책(2000), 131쪽.

노장 사상은 불교를 몰라서는 해부를 못한다는 것이 내 결론입니다. (……) 내가 노장 사상을 공부하다가 중이 된 사람이거든. (……) 내가 20세부터 노장 사상을 파고들다가 선생님이 없어서 사방으로 선생을 구하다가 방한암 스님이 유명하다는 말을 듣고서 편지를 해보고 참 도가 있는 선비 같아서 3년간 서로 편지로 연애가 깊어져서 따라와서 중이 됐거든. 노장 사상은 불교를 모르고서는 해부할 수 없다는 것을 나는 딱 못 박아놓는 거예요. (……) 내가 유교칠서를 보고 나서 노장 사상에 달라붙어서 한 3년 동안을 그렇게 애를 써 봐도 해부가 안 돼. 중이 되어서 7년 동안을 내가 이력을 봤거든. (……) 이력을 7년을 보고 나서 그 뒤에 노장 사상을 다시 한 번 훑어봤다 이거야. 그러니까 이제 풀어졌어. 그게 내 경험이거든. 유교와 불교 사이에서 노장 사상이 자득이 된 거란 말이지. 그 전엔 절대 안 풀려. 유교칠서 봐 가지고는 안 풀려. 아무리 문리(文理) 좋아도 안 풀린단 말이야.[177]

탄허는 자신의 경험에 비추어 볼 때 노장 사상은 유교 경전에 통달하여 문리가 아무리 좋다 하더라도 불교를 공부하지 않고서는 절대 해부가 되지 않는다고 단언했다. 불교 내전의 공부를 마치고 나서 다시 노장학을 보니 그제야 막힘없이 환해짐을 느꼈다는 것이다. 막혀 있던 『장자』의 난맥이 풀린 뒤에 탄허는 한암의 허락을 얻어 상원사 선원에서 자유롭게 『장자』를 읽었다고 하는

---

177) 김탄허(강설), 앞의 CD(4).

데 훗날 조계종 종정이 된 고암과 전계대화상이 된 범룡은 당시 탄허가『장자』를 천 독하면서 줄줄 외웠다고 전한다. 또한 탄허가 유불 양가의 사이에서『장자』를 자득한 것이기에 더욱 자신이 있다고 스승 한암에게 고하자 한암은 선원의 방선 시간에 결재대중에게『장자』를 설명해 보라 했다고 한다. 그래서 탄허는 한철 동안『장자』를 대중들에게 강의하게 되었는데, 탄허의 강의를 지켜 본 한암은 자신의 스승이었던 경허가 일생 동안『장자』문자를 많이 쓴 이유를 알겠다고 했다고 한다. 공자의 제자 안연과 석가의 제자 가섭에 견줄 만한 천하제일의 웅변이라는 극찬과 함께 수좌들도『장자』는 한 번쯤 읽어 둘 만한 법문이라고 인정했다고 한다.[178]

『장자』에 대한 심입(深入)은 탄허에게『장자』의 대가라는 명성을 안겨 주게 되었다. 1955년 그는 한국대학의 요청으로 노장학 강의를 일주일 동안 하게 되었는데 수강생들의 열렬한 요청으로 연장 강연을 두 달 동안 하게 되었다.[179] 함석헌은 당시 강의를 들었던 수강생 중의 청강 1기생이었다.[180] 강의에 감동을 받은 함석헌이 당시 자칭 국보 제1호라고 했던 동국대 교수 양주동에게 탄허의『장자』강의를 한번 들어보라고 권했고 양주동은 1962년 교수와 대학원생들을 대동하여 상원사에서『장자』강의를 일주일간 듣게 되었다고 한다. 처음엔 탄허가 양주동에게 "이렇게 고매한

178) 오대산문도회·탄허불교문화재단·교림 편, 앞의 책, 45~46쪽.
179) 김탄허, 앞의 책(2001), 210쪽.
180) 김광식,『기록으로 본 탄허대종사』, 탄허불교문화재단, 2010, 106쪽.

분이 이 누추한 산사까지 왕림해 주셔서 감사하다"고 먼저 인사했다고 하나 일주일 뒤 강의가 끝나고서는 양주동이 탄허에게 삼배의 예를 올렸다고 한다. 함석헌은 탄허보다 12살, 양주동은 탄허보다 10살 위의 연배였다. 동국대 강의에서 양주동은 "장자가 다시 살아 돌아와 강의를 한다고 해도 오대산의 탄허를 능가하지는 못할 것"[181]이라는 찬탄을 남겼다는 유명한 일화가 전한다.

탄허의 『장자』 강의는 곳곳에서 이뤄졌는데 고려대·동국대 등지의 대학에서도 열렸고, 산사의 강당과 선원에서도 틈틈이 있었으며, 『화엄경』 교정을 보던 중에도 제자들에게 강의를 해 주었는데 「내편」 7편을 마치 『반야심경』 강송하듯이 단번에 외워 마쳤다고 전한다. 탄허에게 있어서 『장자』 일서는 매우 특별한 의미를 갖는다. 『장자』에 담겨 있는 난해한 도학의 문제가 출가하게 된 직접적 인연이 되었고, 스승 없이 노장학을 자득한 환희와 법열을 안겨다 준 장본인도 『장자』였으며, 당대의 쟁쟁한 동양학 학자들 가운데에서 엄청난 명성을 누리게 해 준 것도 역시 『장자』와의 인연을 통해서였다. 탄허는 동양학 특강에서 "인도 96파 철학을 모두 알려면 불교 공부 하나로 족하고, 불교의 팔만대장경 도리 전체를 알려면 『화엄경』 하나만 연구하면 되며, 중국의 구류철학(九流哲學) 전체를 파악하고자 한다면 『장자』 한 권을 연구하면 된다"[182]라고 했을 정도로 『장자』를 극도로 중시했다.

유독 『장자』에 대한 애착이 많았던 탄허는 20대 시절 한암 재

---

181) 김탄허(역해), 앞의 책(2004), 21쪽.
182) 김탄허(강설), 앞의 CD(6).

세 당시부터 상원사에서 중국의 여러 주석들을 구해 가며 원고를 작성하고 있었다고 한다. 그의 역경의 시작은 이『장자』에 대한 주석이 신호탄이었다고 볼 수 있다. 그러나 탄허는『장자』에 대해서는 적어도 100가의 주석은 구해 봐야지 겨우 몇십 가(家)의 주석을 본 것만으로는 책을 낼 수 없다고 하며 생전에는 작성한 원고를 쉽게 꺼내 놓지 않고 출판을 미루고 있었다고 한다.[183] 결국 탄허는『장자』의 역주와 해설 작업에 오랜 시간 동안 관심을 가지고 노력을 기울여 왔음에도 불구하고 그 역해본을 생전에는 출판하지 못했다.

그러던 와중에 입적 20년 만에『장자』에 대한 주해본 육필 원고 1341매가 발굴되는 우연에 힘입어 2004년에 탄허본『장자남화경』이 비로소 세상에 빛을 보게 되었다. '『현토역해 장자남화경(懸吐譯解 莊子南華經)』'이란 이름으로 출간되었지만 발견된 원고에는 '남화진경역해(南華眞經譯解)'라 되어 있었다. 아이러니한 것은 가장 일찍부터 준비했던『장자』의 번역 주해본이 가장 늦게 세상에 출간되었다는 점과 자신의 친필 서문과 최종 교정을 거치지 않고 간행될 수밖에 없었던 유일한 주해본이라는 점이다.

탄허의『남화진경역해』를 살펴보면 역대 자신의 모든 번역본과 주석서들 가운데 탄허 자신의 견해가 가장 활발하게 피력되어 있고 그만의 독창적인 주석들이 가장 많이 제시되어 있다. 특히 삼교를 자유자재로 넘나들면서 관통하는 내용이 잘 드러나 그의 동

---

183) 교림출판사 서우담 선생의 증언이다.

양 삼교의 회통 사상을 고찰하는 데 있어 매우 중요한 저작이라 할 수 있다. 또한『장자』에 대한 방대한 주석이 총망라되어 있어 역대 한국의『장자』주석서 가운데에서도 학술적 가치가 큰 희대의 저작이므로 향후 학술계의 재조명이 절실히 요구되는 주석서라 하겠다.

다음 장에서는 학술적·문헌학적 고증을 바탕으로 탄허의『남화진경역해』를 주석 방면과 내용 방면으로 나누어 분석함으로써 그의 장자관(莊子觀)과 회통 사상을 고찰해 보고자 한다.

(2) 역해의 특징 : 적극적 주해[184]

탄허 입적 후 새롭게 발굴된『장자』원고인『남화진경역해』는 「내편(內篇)」에 대한 역해이다.

탄허는 청대의 선영(宣穎)이 1721년(강희60)에 쓴『남화경해(南華經解)』[185] 33권을 소의 주해(所依 註解)로 활용했다. 선영이란 인물은 자(字)가 무공(茂公)으로『남화경해』자서(自敍)에서 구곡(句曲) 사람이라고 했으나 그에 대한 기록은 상세하지 않다. 다만 대만학자 전혁화(錢奕華)가『구용현지(句容縣志)』와『속찬구용현지(續纂句容縣志)』를 검토하여 고증해 낸 연구에 따르면 강소성(江蘇省) 구용현(句容縣) 숭덕향(崇德鄕)의 명문가의 후예로서 1655년(순치

---

184) 이 장의 내용은 필자의 아래 논문 Ⅲ장의 2절을 수정·확대한 것임을 밝혀 둔다. 문광, 앞의 논문(2016a), 235~241쪽.
185) 宣穎,『莊子南華經解』, 廣文書局, 1978.

12)에 등용되었으나 벼슬길이 순탄치 않아 고향에 은거했고 칠순이 넘어서야 비로소『남화경해』를 완성했다고만 전한다.[186] 선영은 자서에서 "장자를 도가에 넣어 이단으로 지목했지만 나는『장자』는『중용』과 서로 안팎으로 하나라고 생각한다"[187]라고 하여 '이유위종(以儒爲宗)'과 '유도일치(儒道一致)'의 관점을 제시했다.

이처럼 선영의『장자』를 보는 안목은 탄허의 종지와 부합하고 삼교 융회의 원칙과 상통했으며 심도 있는 세부 내용과 단락에 대한 분석, 그리고 치밀한 주석이 여타의 주해보다 뛰어났다.[188] 탄허는 한 인터뷰에서 "청초(淸初)의 선무공주(宣茂公註)가 나오자 곽자현(郭子玄)의 주석이 태양 앞의 이슬처럼 가치가 희박해져 버렸다"[189]라고 했다. 탄허는 선영의 주석을 중심으로 하고 백가(百家)의 주를 참고하였지만 선영 역시 불교를 모르는 곳이 없지 않고 백가의 주석 역시 부족한 부분이 없지 않다고 보았기에 본인의 주석을 대거 첨가하였다.[190] 구성을 보면 내편(7편)의 각 편 서두의 개설적인 설명인 '현판(懸判)'과 단락의 전체 요약인 '대의(大義)'는 선영의 것을 그대로 번역한 것이고 구두(句讀)와 강술(講述)은 탄허 자신의 직역과 강설에 해당한다.[191]

---

186) 錢奕華,『宣穎南華經解之硏究』, 萬卷樓, 2000 참조.
187) 박완식(편),『장자를 만나다: 남화경해 선영주』, 박문사, 2014, 18쪽. 탄허의 제자였던 박완식은 스승 탄허의 번역 방식을 계승하여 선영의『남화경해』의 번역을 직역과 의역 두 가지를 갖추어 출간했다.
188) 위의 책, 4쪽.
189) 김탄허, 앞의 책(2000), 203쪽.
190) 같은 책.
191) '현판(懸判)'이라는 용어는 탄허가 역해본에서 처음 사용한 것으로 마치『화엄경』의 '현담'과 유사한 의미로 쓴 것이다. 2004년에 출간된『장자 남화경』의「小

탄허는 "노장학의 주석은 대부분 다 가지고 있다"[192]라고 했을 만큼 역대의 많은『장자』주석들을 수집했다. 선영주 외에도 고금의 많은 주석들을 활용하고 있는데 이를 면밀히 분석해 보면 총 32가의 주석이 망라되어 있다. 선영의 주석과 탄허 자신의 주석까지 포함하면 총 34가의 주석을 담고 있는 것이다.[193]

인용빈도가 높은 주석들부터 살펴보면, 당(唐) 성현영(成玄英, 608~?)의『장자주소(莊子注疏)』[194]가 260회, 진(晉) 곽상(郭象, 252~312)의『장자주(莊子注)』[195]가 78회, 조선 박서계(朴西溪)의『남화진경주해산보(南華眞經注解刪補)』가 53회, 남송(南宋) 임희일(林希逸, 1193~1279)의『장자구의(莊子口義)』[196]가 30회, 청(淸) 임서중(林西仲)의『장자인(莊子因)』[197]이 17회, 청 유월(俞樾)의『장자평의(莊子平議)』가 13회의 순이다. 저백수(褚伯秀, 1265~1274)의『남화진경의해찬미(南華眞經義海纂微)』와 최선(崔譔)이 각 7회, 명대(明代) 초횡(焦竑, 1540~1620)의『장자익(莊子翼)』이 5회, 감산덕청(憨山德淸)·여길보(呂吉甫)·라면도(羅勉道)·가세보(家世父)가 각 4회, 사마표(司馬彪)·곽경번(郭慶藩)·왕선겸(王先謙)·육수지(陸樹芝)가 각

言」에는 "현판과 구두와 대의는 선영무공이 했고 강술은 탄허가 했다"라고 되어 있지만 구두는 탄허의 직역이다. 김탄허(역해), 앞의 책(2004), 26쪽.

192) 김탄허, 앞의 책(2000), 203쪽.
193) 국내에서 출간된『장자』역주본 중에 가장 많은 주석을 담고 있는 책은 안병주·전호근(역),『역주 장자 (1-4)』, 전통문화연구회, 2012이다.
194) '성(成)이 이르되', '성현영 소엔', '성주(成注)에'의 방식으로 소개되고 있다.
195) '곽(郭)이 이르되', '곽주(郭注)에'의 방식으로 소개되고 있다.
196) '임주(林注)엔', '임(林)이 이르되', '임희일이 이르되'의 방식으로 인용하고 있다.
197) 임희일의 주석과 혼동을 피하기 위하여 임운명(林雲銘)의 주석은 항상 '임서중이 이르되'의 방식으로 인용했다.

3회, 왕인지(王引之)·왕념손(王念孫)·진수창(陳壽昌)이 각 2회, 육덕명(陸德明)·육서성(陸西星)·장사유(張四維)·소여(蘇輿)·손월봉(孫月峰)·심씨(沈氏)·유수계(劉須溪)·진상도(陳詳道)·당순지(唐順之)·진심(陳深)·이정(李楨)·마서륜(馬敍倫)이 각 1회씩 인용되었다.

박서계의 것과 함께 총론에서 결론을 맺을 때에 주로 사용된 저백수의 『남화진경의해찬미』는 초횡의 『장자익』에 '관견총론(管見總論)'이란 이름으로 실려 있다. 서진(西晉)의 문학가이자 사학가인 사마표(?~306)의 『장자주(莊子注)』 역시 단행본으로 된 주석서를 구하지 못하고 『장자익』에 수록된 주석들로 활용되었을 것으로 보인다. 동진(東晉) 최선의 주석은 저서가 전하지 않지만 육덕명의 『경전석문(經典釋文)』에 남아 있는 일문(佚文)을 활용하는 정밀함을 보였다.

송대의 주석으로는 유진옹(劉辰翁, 1232~1297)의 『장자남화진경(莊子南華眞經)』, 여길보(1032~1111)의 『장자해의(莊子解義)』, 진상도의 『장자주(莊子注)』 등이 활용됐으며, 명대의 주석으로는 장사유(1526~1585)의 『장자구의보주(莊子口義補注)』, 육서성(1520~1605)의 『남화진경부묵(南華眞經副墨)』, 라면도의 『남화진경순본(南華眞經循本)』 등이 활용되었다. 청대의 주석으로는 왕념손(1744~1832)의 『장자잡지(莊子雜志)』, 육수지의 『장자설(莊子雪)』, 진수창의 『장자정의(莊子正義)』, 왕선겸(1842~1917)의 『장자집해(莊子集解)』 등이 활용되었다. 『장자』에 대한 훈고와 주소의 집대성으로 꼽히는 곽경번(1844~1896)의 『장자집석(莊子集釋)』을 통해 제가(諸家)의 주석들을 모두 점검하고 청대 고증학의 성취를 충분히 활용했던 것으로 보인다.

특히 청말 고증학을 대표하는 유월(1821~1907)의『장자평의(莊子平議)』를 적극적으로 활용하고 있다는 것은 탄허가 청대(淸代) 음운학의 학술적 성과를 적극적으로 수용하고 있었음을 반증하는 것으로 의미심장하다고 하겠다. 여기에 근대의 학자인 소여(1874~1914)의 주석을 인용하고『장자찰기(莊子札記)』(1919)와『장자의증(莊子義證)』(1930)을 저술한 현대의 학자 마서륜의 주석까지 활용하고 있는 점을 볼 때, 근현대의 학문적 성과까지 아우르며『장자』주석에 대한 완성도를 높이고자 했던 그의 열정과 방대한 학문적 편력을 확인할 수 있다. 1960~70년대 국내 동양학의 학문 수준을 고려해 볼 때 산중에서 이처럼 다양한 주석본을 수집하며 철저한 문헌 고증과 엄밀한 학술 태도를 견지했다는 것 자체만으로도 이채를 띤다고 하겠다.

한편 탄허는 감산의『장자내편주(莊子內篇註)』를 구해서 소의 주해(所依 註解)로 활용하고자 했으나 끝내 책을 구하지 못했다고 한다. 당시 탄허를 직접 시봉했던 문손 현해(玄海)는 "당시에는 감산 주석을 구해 보기가 힘들었고 그 책은 국내에 아직 보급되지 않았다"[198]라고 회고했으며 상좌 혜거(慧炬)는 육수지의『장자설』을 구하기 위해 몇 번이고 함께 서점과 헌책방을 동행했으나 결국 구하지 못했다고 회고했다. 이러한 증언에 의거해 볼 때, 탄허의 역해본에 감산의 주석이 4번, 육수지의 주석이 3번 보이는 것은

---

198) 김탄허(역해), 앞의 책(2004), 19쪽.

다른 주석본에서 재인용한 것으로 추측할 수 있다. 제자 통광(通光)과 송찬우가 공통적으로 감산의『장자내편주』의 역해본을 출간[199]한 것은 책을 간절하게 구했으나 끝내 아쉬움을 달래야 했던 스승 탄허를 추모하는 의미도 담겨 있으리라 생각된다.

이상에서 언급한 주석 활용의 전체적인 윤곽을 살펴보면, 곽상과 성현영 등의 전통적인 주석과 송·명의 유선회통(儒仙會通)과 삼교조화론(三敎調和論)에 기반한 주석, 그리고 청대의 엄밀한 고증학과 문헌학을 바탕으로 한 박학(樸學)과 근대와 현대를 아우르는 방대한 주석들이 총망라되었음을 알 수 있다. 이를 내편 7편으로 나누어 분석해 보면 다음과 같다.

〈표 7〉 탄허『남화진경역해』에 인용된 주석

逍遙遊	宣穎26, 朴西溪2, 林希逸2, 郭慶藩2, 王引之2, 司馬彪1, 崔譔1, 郭象1, 成玄英1, 呑虛41
齊物論	宣穎46, 郭象21, 成玄英12, 林希逸3, 朴西溪2, 陸樹芝1, 林西仲1, 崔譔1, 陳壽昌1, 王先謙1, 呂吉甫1, 焦竑1, 褚伯秀1, 呑虛97
養生主	宣穎13, 朴西溪5, 郭象4, 林希逸3, 家世父1, 俞樾1, 成玄英1, 褚伯秀1, 呑虛16
人間世	宣穎31, 成玄英51, 朴西溪9, 林希逸9, 郭象7, 林西仲4, 俞樾3, 蘇輿1, 劉須溪1, 家世父1, 王念孫1, 司馬彪1, 褚伯秀1, 張四維1, 呑虛41

---

199) 감산대사(저)/송찬우(역),『장자선해(莊子禪解)』, 세계사, 1991; 감산 덕청(저)/제월 통광(현토국역),『장자 감산주』, 통광불교연구원, 2015.

德充符	宣穎19, 成玄英34, 朴西溪12, 郭象8, 林西仲2, 崔譔1, 焦竑1, 林希逸1, 馬敍倫1, 俞樾1, 褚伯秀1, 吞虛28
大宗師	宣穎38, 成玄英113, 郭象23, 朴西溪14, 俞樾5, 林希逸4, 林西仲4, 家世父2, 釋德淸2, 王先謙2, 崔譔2, 郭慶藩1, 陳壽昌1, 陸西星1, 呂吉甫1, 羅勉道1, 孫月峰1, 焦竑1, 沈氏1, 陸樹芝1, 褚伯秀1, 陳詳道1, 吞虛71
應帝王	宣穎13, 成玄英48, 郭象14, 朴西溪9, 林希逸8, 林西仲6, 羅勉道3, 俞樾3, 呂吉甫2, 釋德淸2, 焦竑2, 褚伯秀2, 崔譔2, 唐順之1, 王念孫1, 陳深1, 司馬彪1, 陸德明1, 陸樹芝1, 李楨1, 吞虛31
합계	宣穎186, 成玄英260, 郭象78, 朴西溪53, 林希逸30, 林西仲17, 俞樾13, 崔譔7, 褚伯秀7, 焦竑5, 呂吉甫4, 家世父4, 釋德淸4, 羅勉道4, 司馬彪3, 郭慶藩3, 陸樹芝3, 王先謙3, 王引之2, 王念孫2, 陳壽昌2, 蘇輿1, 劉須溪1, 張四維1, 馬敍倫1, 陸西星1, 孫月峰1, 沈氏1, 陳詳道1, 唐順之1, 陳深1, 陸德明, 李楨1, 吞虛325(강술 179, 주석146)

우선 여기에서도 『도덕경』에서와 같이 조선 박서계의 주석이 중시되고 있다는 것을 볼 수 있다. 여타의 주석들을 나열하고 난 뒤 마지막에 '서계공(西溪公)이 이르되'라고 하며 결론적으로 박서계의 주석으로 마무리하고 있는 것이다. 또한 중국 주석과는 달리 반드시 '공(公)'이란 표현을 부기하여 존경을 나타내고 있는 모습도 볼 수 있다.

무엇보다 가장 주목할 만한 것은 탄허 자신이 직접 쓴 강술(講述)과 주석이 총 325회로 나타나 다른 주석가들의 주석에 비해서 압도적으로 많은 양을 차지하고 있다는 점이다. 『장자』 주석에 있어서만은 자신의 주석을 활발하게 개진하고 있음이 수치상으로

도 나타나고 있는 것이다. 탄허의 주석은 대부분 유·불·선을 자유자재로 왕래하면서 상호발명하고 회통한 내용들이다. 그 자신이 유·불·선을 통섭한 바탕 위에서『장자』를 자득했다고 자부했으므로, 그러한 자득에서 기인한 자신감으로 독창적인 주석을 적극적으로 전개해 나고 있는 모습을 볼 수 있다. 이는 기존의 역경불사 가운데 가장 활발하게 자신의 주석을 개진하고 역동적으로 전개해 나간 경우라 할 수 있다. 문단의 내용에 대한 강술 이외에 세부 사항에 대해 쓴 주석에서 유·불·선 삼교를 무애하게 넘나들며 삼교(三敎)를 원통(圓通)하는 면모가 잘 드러나는데, 그 구체적인 분포 현황은 다음과 같다.

〈표 8〉 탄허『남화진경역해』의 자가주석(自家註釋)의 유·불·선 분포 현황

	佛敎	儒敎	道敎
逍遙遊	華嚴經1, 華嚴論1, 金剛經1, 內典2, 涅槃經1	周易1, 中庸1, 孟子1	老子1, 列子3, 神仙傳1, 莊子1, 玄中記1
齊物論	禪家8, 永嘉禪師2, 內典3, 華嚴經7, 趙州禪師1	論語1, 孟子3, 大學1, 中庸4, 詩經1, 周易4, 春秋1, 太玄經1, 邵康節2, 程伊川1	老子6, 莊子2, 鬼谷子1, 素書1, 公孫龍1, 列子1
養生主	禪家1, 雲門禪師1, 涅槃經1	春秋左傳1	

人間世	禪家1, 內典2, 楞嚴經1, 法華經1	論語1, 周易1, 禮記2, 朱子1, 韓詩外傳1	
德充符	六祖慧能1, 內典2, 趙州禪師1	孟子1, 中庸1, 周易1, 禮記1, 程明道1	老子1
大宗師	華嚴經2, 華嚴論1, 禪家7, 內典4, 圓覺經1, 永嘉禪師2	論語1, 孟子3, 大學1, 周易1, 禮記2, 家禮1, 邵康節1, 程伊川1,	淮南子3, 老子3
應帝王	起信論1, 禪家4, 慧忠國師1, 內典1	孟子1, 周易3, 史略1	老子2, 列子5
合計	禪家21, 內典14, 華嚴經10, 華嚴論2, 涅槃經2, 楞嚴經1, 圓覺經1, 金剛經1, 起信論1, 法華經1, 永嘉禪師4, 趙州禪師2, 六祖大師1, 雲門禪師1, 慧忠國師1 총 63회(禪家30, 敎家33)	周易11, 孟子9, 中庸6, 禮記5, 論語3, 大學1, 春秋2, 詩經1, 太玄經1, 韓詩外傳1, 家禮1, 史略1, 邵康節3, 程伊川2, 程明道1, 朱子1 총 50회	老子13, 列子9, 莊子3, 淮南子3, 神仙傳1, 玄中記1, 鬼谷子1, 公孫龍1, 素書1 총 33회

위에서 탄허 자신의 주석에 이미 사상적 경향성이 그대로 반영되고 있음을 볼 수 있다. 총 146회의 주석 가운데 63회가 불교적 해석이며 그중 선(禪)이 30회, 교(敎)가 33회로 균형을 이루고 있다. 『화엄경』과 『통현론』이 12회로 교가(敎家)의 중심을 형성하고 있고 사교인 『금강경』, 『능엄경』, 『원각경』, 『기신론』이 모두 등장하고 있다. 선가(禪家)와 선사(禪師) 관련 주석이 21회와 9회로 주종을 이루는데 평소 강원 교육에 『영가집(永嘉集)』을 포함시켜 사교를 오교로 개편하자고 할 만큼 『영가집』을 중시했던 그의 사상이

그대로 주석에 반영되어 있다.

유교에서는 소강절과『주역』관련 주석이 총 14회로 역학 내용이 주석의 중심을 이루고,『중용』과『맹자』와 관련한 내용의 주석이 다음으로 높은 비중을 보이고 있다. 그 밖에 사서삼경과 관련된 내용의 주석이 모두 나타나고 있다.

도교의 경우에는『노자』주석이 13회로 가장 많고『열자』가 뒤를 이어『장자』를 상호 발명하고 있다. 의외로 도교 관련 전적들이 주석에 적게 등장하는 것은 앞 장에서도 살펴보았듯이 노장학을 제외한 사선(四仙)과 불로장생을 꿈꾸는 네 부류의 도교 유파에 대해서는 도(道)가 아닌 술(術)로 보아 천선(天仙)이 아닌 것으로 치부했기 때문에 주석에 많이 활용하지 않은 것으로 보인다.

요약하자면 탄허는 역대 주석을 방대하게 참고하면서도 노장학의 종지가 곧장 드러나고 삼교 회통이라는 자신의 관점과 상통하는 주석들을 선택하였으며, 부족한 부분은 자신만의 독창적인 견해와 불교적인 안목을 담아 낸 주석을 집중적으로 개진하여 기존의 주석들보다 풍부하고 일관된『남화진경역해』를 탄생시켰다고 하겠다. 이『남화진경역해』는 유·불·선 삼교가 상호 균형을 이루고 선교(禪敎)가 융합하고 있어서 통관삼교(統貫三敎)와 포함삼교(包含三敎)가 실현된 자가주해(自家注解)라고 볼 수 있다.

앞서 언급한 바와 같이 탄허 평생의 역경불사 가운데 그는『장자』에 대한 주해본에서 자신의 주석을 가장 많이 수록하였다. 이는 탄허가『장자』에 관한 주석에 있어서만은 그 어떤 이의 권위도 최고로 인정하지 않았던 것을 반증하며 자득한 내용을 자신 있게 표출한 자긍의 표현이기도 하다. 그의『장자』강의는 도도한 파도와 같고 호쾌한 웅변과도 같아서 항상 자신만만했다고 전하는데 그의 주해본 역시 그러한 풍격이 내재되어 있다고 하겠다.

(3) 「내편(內篇)」에 대한 불선통석(佛仙通釋)[200]

이 장에서는『장자』「내편」 7편에 대한 탄허의 불교적인 해석 가운데에서 가장 독창적이면서 핵심적인 내용을 담은 부분들을 추출하여 고찰해 보고자 한다. 탄허의『장자』내7편에 대한 불교적인 통석(通釋)의 실질적인 내용을 살펴보기 위해서 필자는 그의『장자』강의에서 각 편의 핵심 종지로 뽑을 만한 중심어를 먼저 선별하고 이를 중심으로 불선통석(佛仙通釋)의 세부적인 사항을 논구해 나가고자 한다.

가) 「소요유(逍遙遊)」의 무기(無己)

탄허는『장자』의 첫 편인 「소요유」에 등장하는 '지인무기(至人無己)'에 대해 강의할 때마다 항상 도가의 '무기(無己)'를 불가의 '무아(無我)', 유가의 '극기(克己)'와 함께 회통하면서 설명하곤 했다.

---

200) 이 장의 내용은 필자가 이미 발표한 아래 논문의 내용을 수정·보완한 것임을 밝혀 둔다. 문광, 「탄허선사의『장자』에 대한 불교적 해석」,『불교학보』제81호, 동국대 불교문화연구원, 2017, 357~380쪽.

소요유의 대의는 뭐냐? 지인(至人)은 무기(無己)하고 지극한 사람은 나라는 것이 없고 여기에서 지인을 가장 높이 친 것입니다. 신인(神人)은 무공(無功)하고 신인은 공이 없고, 성인(聖人)은 무명(無名)이라 성인은 이름이 없다. 불교에서 이것을 비판하기를 지인은 무기라고 몸만 없다고 했으니까 아공(我空)만 됐고 법공(法空)까지는 못 됐다고 비판하는 사람이 있어. 천만의 소리. 인무아(人無我) 법무아(法無我) 근본이 아(我)라 이 말이야, 법아(法我)도 아(我)고 인아(人我)도 아고. 철저히 무기(無己)가 될 것 같으면 아공법공(我空法空)이 다 되어 버린 거여. 철저히 됐느냐 안 됐느냐가 문제인 거지. 무기라고 해서 아공만 됐다 그렇게 비판할 수는 없는 거여. 내가 없고 공(功)이 없고 이름이 없고 이세 가지가 없어야지 소요유가 되었다는 것입니다. 무기라는 한마디만 보면 불교 사상으로 볼 때 소승이 아니냐 하는데 불교에 법무아 인무아 그러잖아요. 법도 내가 없고 인도 내가 없다. 아공 법공을 말할 때 인무아 법무아라고 하는데 '나'라는 것이 철저히 없어지면 법공까지 되는 것입니다.[201]

탄허는 '망상을 극복하여 진리를 회복한다'는 의미로 유가의 '극기복례'를 설명했다. 도가의 무기(無己)는 물아양망(物我兩忘)의 의미이며 이는 불가에서 말한 인무아(人無我)인 아공(我空)뿐만 아니라 소승(小乘)의 경지를 넘어선 법무아(法無我)의 법공(法空)의 경지까지 완성한 아법구공(我法俱空)의 무아(無我)와 동일한 경지임

201) 김탄허(역해), 앞의 책(2004), CD(1).

을 설파한 것이다. 이는 유·불·선 삼교의 동일한 목표가 바로 '무아'이며, 삼교의 성인의 가르침은 모두 무아의 세계로 일체대중을 인도하기 위한 것임을 강조하고 있는 것이다.

탄허는 『장자』 전편의 종지는 바로 '무기(無己)'라는 두 글자에 있다고 하였고,[202] '지인무기(至人無己)'를 가장 수승한 경지로 보고 있다. 이 '무기(無己)'는 불교의 구경인 아공(我空)·법공(法空)이 구족된 '무아(無我)'와 동일한 경지라는 것이다. 탄허는 철저한 '무기'를 통해 대붕(大鵬)의 '소요유'가 완성된다고 보았으며, 이는 「양생주(養生主)」의 '현해(懸解)'와 더불어 불교의 부사의한 '해탈'의 경지와 동등한 대자유의 경계임을 역설했다.

> 공자께서는 '극기(克己)'라고 그랬거든. 『논어』에 '극기복례(克己復禮)'라, 몸을 극복해서 망상을 극복해서 예를 진리를 회복한다. 유교에서 주자(朱子)가 자꾸 반발하면서 성인의 말씀과 같이 극기라고 해야 말이 되지 무기(無己)라고 하면 황당무계하다고 그랬거든. 우리가 유·불·선을 통해서 보지 못할 때에는 액면 그대로 받아들이지마는 지금은 다 통해서 보니까 주자의 비판이 잘못됐다는 것이란 말이야. 공자의 극기라는 말이나 장자의 무기라는 말이나 둘이 있는 소리가 아니라 이 말이여. 왜? 공자께서는 학자(學者)들을 대상으로 말을 하니까 극기라 했고, 이건 대인(大人)의 경지에서 말하니까 무기라고 하는 것이거든. 그러

---

202) 선영도 "'무기(無己)' 이자(二字)가 비밀(秘密)의 법장(法藏)과 성신(聖神)의 화경(化境)"이 됨을 장자가 잘 알고 있음을 자부한 것이라고 주석하고 있다. 김탄허(역해), 앞의 책(2004), 67쪽.

니까 '극기(克己)의 극공(極功)'이 무기(無己)야. 극기가 극치가 되면 무기라 이 말이여. 무기가 되려고 극기를 하는 거라 이 말이여. 그래서 공자는 '절사(絶四)'라 하여 무의(毋意), 무필(毋必), 무고(毋固), 무아(毋我)라, 의도함도 없고 기필함도 없고 고집함도 없고 아도 없다고 했잖아. 무아(無我)와 무기(無己)가 같은 말 아니여?[203]

　탄허는 공자 사상의 핵심인 '극기복례(克己復禮)'의 '극기(克己)'를 '무기'와 함께 설명했다. 『논어』의 '극기'가 '극공(極功)'의 경지에 도달할 때 비로소 『장자』에서 말하는 '무기'의 경지가 된다고 했다. 또 '무기'가 철저해진다면 불교의 인무아·법무아를 함께 충족시키는 '무아'라고 설파했다. 탄허는 유·불·선 삼교의 핵심 사상으로 극기와 무기와 무아를 들어 회통시키고 있는 것이다. 삼교의 종지는 결국 '내가 없음'이라고 강조하고 있다. 기존에 삼교 일치나 삼교 회통을 거론하는 학자들 가운데에서도 탄허와 같이 극기, 무기, 무아를 완전히 동등하게 설명하는 경우는 쉽게 찾아보기 힘들다. 탄허의 회통론의 특징은 바로 이 대목에 있다고 해도 과언이 아니다.

　탄허는 다른 강의에서 생명의 본체이자 근본을 무아(無我)라고 했다. 생명의 본체는 원래 무형이며 시공이 끊어진 자리라고 하였다. 무아가 되지 못하고 유아(有我)에 머물 때 생명의 근본 자리로부터 이탈하게 되고 집착하게 됨으로써 고(苦)가 생겨나서 범부로

---

203) 김탄허(역해), 앞의 CD(1).

지내다 윤회의 고리에 떨어지게 되고 업을 지어서 본체를 매(昧)하게 된다고 했다.[204] 그는 무아가 되지 않고서는 결코 생명의 본체에 도달하지 못한다고 했다. 사람이 태어나서 공부를 한다는 것은 결국 당대에 무아가 되고자 발심을 하고 무아가 되고자 노력하는 과정이라고 설명했다.[205]

나) 「제물론(齊物論)」의 물화(物化)

탄허는 「제물론」의 종지를 물아양망(物我兩忘)을 뜻하는 '물화(物化)'로 보았다. '호접몽(胡蝶夢)'의 설명에 등장하는 '물화'는 '양행(兩行)', '천균(天均)' 등과 함께 불교의 아법구공(我法俱空)과 동일한 개념임을 다음과 같이 설명하였다.

> 과연 장주의 꿈에 나비가 된 것인지 나비의 꿈에 장주가 된 것인지 다 잊어버렸다 이거야. '차지위물화(此之謂物化)'니라 이것을 일러 '물화(物化)'라고 한다. 우주 만물이 화해 버렸다. 물아양망(物我兩忘)이라 이 말이여. 불교말로 하면 아법(我法)이 구공(俱空)이다 이거야. 나와 법이 다 쌍민(雙泯)되어 버렸다 이 말이야. 엿보기가 어려워 그 뭔 소린지.[206]

상근기의 삶이란 대인군자, 즉 우주와 자신을 함께 잊고[物我兩

---

204) 김탄허, 앞의 책(2001), 184~185쪽.
205) 위의 책, 186~187쪽 요약.
206) 김탄허(역해), 앞의 책(2004), CD(2).

278 탄허 선사의 사교 회통 사상

忘] 예(禮)로써 사는 성인적 경지를 말하는 것이니, 이들에게는 별다른 지도가 필요할 리가 없습니다. 중근기의 인간은 물아양망의 경지에는 이르지 못했지만 세속 법규에 조금도 어긋나지 않게 사는 사람을 말하고, 하근기의 인간은 예(禮)도 법(法)도 모르고 오직 정(情)에만 이끌려 사는 천치 같은 사람들을 말합니다.[207)

시비가 본래 없느니, 생사 문제가 본래 없느니, 너와 내가 본래 없느니 하는 그 정도 소리는 뒷간에 내버리는 소리야.『장자』에는 하도 수북하니까. 만일『장자』가 불경이 나온 다음에 나왔다면 전부 불경을 베꼈다고 할 거야. 장자 학설이 불경 나오기 이전이니까 망정이지.『장자』는 한무제(漢文帝) 이전 학설이거든. 시비(是非)·인아(人我)가 본래 없다는 것이「제물론」의 결론이야.[208)

노장 사상을 화엄 사상과 비교한다면 어떠하냐는 한 기자의 질문에 대해서 탄허는 아래와 같이 대답했다.

진리를 가르치는 면에선 같지만, 그것을 체계화한 면에선『화엄경』에 뒤떨어지지요. 그러나 양쪽에서 가르치는 진리는 같다고 봐요. 도교에서는 최고의 진리를 물아양망(物我兩忘)의 경지라고 합니다. 우주 만물과 나를 함께 잊어버린 상태, 불교에서는

---

207) 김탄허, 앞의 책(2000), 182쪽.
208) 김탄허(역해), 앞의 CD(2).

이를 아공법공(我空法空)이라 하잖아요? 물아양망이 된 이 최극치의 경지를 물화(物化)라고 그래요. (……) 우주 만물이 하나의 진리로 화해 버렸다는 뜻이지요.[209]

탄허는 자신의 『남화진경역해』에서 이 '물화'에 대해서 아래와 같은 주석을 덧붙인 바 있다.

물화(物化)의 '화(化)'는 『맹자』에 '대이화지지위성(大而化之之謂聖)'이라는 '화(化)' 자로 보아야 옳으니, 총(總)으로 말하면 우주(宇宙)가 통체일태극(統體一太極)이요, 별(別)로 말하면 물물(物物)이 각구일태극(各具一太極)인즉 무위자연(無爲自然)의 리(理)를 말한 것이다.[210]

탄허가 『장자』에 대해서 언급하기만 하면 빼놓지 않고 설명했던 호접몽의 물아양망(物我兩忘)의 이 경지는 유·불·선이 추구하는 동일한 극치이자 진리임을 설명한 것이다. 장자가 꿈속에서 나비가 된 것인지 아니면 나비의 꿈에 장자가 된 것인지를 모두 잊어버린 '물화'야말로 불교의 구극의 경지와 조금도 다르지 않다고 설명하고 있는 것이다.[211] 탄허는 유교의 『맹자』에서 '성인'을 논할 때 설명하는 '대이화지(大而化之)'[212]라는 말의 '화(化)'도 역시 『장자』의

---

209) 김탄허, 앞의 책(2000), 180쪽.
210) 위의 책, 167쪽.
211) 위의 책, 182쪽.
212) 『맹자』 「진심하(盡心下)」.

'물화'의 '화'와 조금도 다르지 않다고 보았다. 일체의 만물과 나를 동시에 잊어버린 상태요 우주의 만물이 하나의 진리로 화한 쌍민(雙泯)의 상태가 곧 불교에서 말하는 아공법공(我空法空)이라는 것이다. 이 경지는 상근기의 대인군자만이 도달 가능한 주·객이 완전히 끊어진 경지이며, 이러한 최상의 경지에 도달한 자들이 시비(是非)에 무심할 수 있는 이유는 근본이 본래 같으며 하나의 진리로 이루어져 있음을 깨달았기 때문이라는 것이다. 이처럼 탄허는 「제물론」의 '물화'를 「소요유」의 '무기', 불교의 '아공법공', 그리고 유교의 '통체일태극'의 경지와 조금도 다르지 않은 도라고 했고 범부는 쉽게 엿볼 수 없는 최상의 경지라고 설명했다.

다) 「양생주(養生主)」의 연독(緣督)

탄허는 「양생주」의 종지를 '연독(緣督)'으로 제시하고, 이를 '중도(中道)'와 마찬가지인 것으로 설명했다. 그의 강의 내용을 들어 보자.

『장자』의 종지는 하나야. 도(道) 밖의 것은 없다는 것, 도 밖의 것이 있다고 한다면 성인의 학문이 아니다. 성인의 학문은 무얼 가지고 얘기해도 근본이 하나로 돌아가는 겁니다. 그렇지 않으면 성인의 학(學)이 아니여. (……) 연독(緣督), 즉 중도(中道)로써 법을 삼으면 몸을 보전할 수 있고[保身], 생을 온전히 할 수 있고[全生], 부모를 봉양할 수 있고[養親], 수명을 다할 수 있으니

[盡年], 몸뚱이 기르는 양생의 법을 말한 「양생주」의 종지는 중도를 파악하는 것입니다. 자기의 마음이 중도에 서지 않으면 양생이 되지 않는다는 것이므로 「양생주」편의 근본은 중(中)자리를 체득하는 것이다.[213)]

탄허는 선영(宣穎)의 대의(大義)를 번역하면서 '연독' 두 글자가 「양생주」편의 묘지(妙旨)[214)]라고 했고, '해우(解牛)'의 비유는 '연독(緣督)'의 '독(督)'이 어디에 있는지 알게 하는 것에 불과하다고 했다.[215)] 탄허는 '연독'의 의미에 대해서 가세보(家世父)의 주석을 적극 활용했다. "기경팔맥(奇經八脈)에 임맥(任脈)과 독맥(督脈)이 있는데 신전(身前)의 중맥(中脈)을 임맥이라 하고 신후(身後의) 중맥을 독맥이라 하기에 독(督)은 '중(中)'의 뜻이요 연(緣)은 '순(順)'의 뜻"[216)]이라는 것이다. 즉 연독의 의미는 바로 중도(中道)를 따른다는 것이며, 기(氣)가 허(虛)를 따라서 행하는 것이라고 하였다. 허를 따라 행하는 중도의 의미를 명징하게 드러내기 위해 장자는 포정해우(庖丁解牛)의 일화를 가져 와서 '중도'의 참뜻과 양생(養生)의 오묘함을 설명했다는 것이다. 지극히 허한 곳이며 한 물건도 존재하지 않는 자리인 '중자리'가 바로 「양생주」편의 골자라고 주해하고 있는 것이다.

---

213) 김탄허(역해), 앞의 책(2004), CD(2) 요약.
214) 위의 책, 173쪽.
215) 위의 책, 171쪽.
216) 위의 책, 173~174쪽.

칼날은 뭐냐? 우리의 정신입니다. 소는 뭐냐? 소는 우주 만유의 객관경계를 말하는 것입니다. 우리 정신이 어디에 놀아야 상하지 않겠느냐? 중(中)자리에 합해야만 한다. 중자리는 지극히 허한 자리, 진공자리, 생사가 끊어진 자리를 중자리라고 합니다. 그것이 양생주의 골자입니다.[217]

포정의 칼이 뼈와 힘줄을 전혀 건드리지 않고 소를 잡는다는 것은 소를 보되 육안이 아닌 정신으로 본다는 의미이다. 육근의 분별이 이미 끊어진 경지로 설명한 것이다. 탄허는 연독의 '독'에 대해서 생사(生死)가 끊어진 자리이자 진공(眞空)자리이며 중자리라고 확대하여 해석함으로써 불교의 선(禪)과 교(敎) 역시 하나의 의미로 회통시키고 있다.

19년 동안 칼날을 한 번도 갈지 않고 사용했다는 포정의 일화 가운데 '19년'의 상징에 대해 탄허는 독창적인 주석을 남기도 있다. "고금학자들이 이에 대해 주석을 못 냈는데 역학의 원리로 말하자면 10은 음수의 극수이고, 9는 양수의 극수이니 음과 양의 극수를 합하여 '무한'을 표현한 것"이라고 했다.[218] 매우 독창적인 해석이라 할 수 있다. 하지만 탄허의 말대로 고금의 학자들이 모두 '19년'에 대해서 주석을 남기지 않은 것은 아니었다. 탄허는 감산 덕청의 주석본을 구해 보지 못했는데 감산은 『장자내편주』의 주석에서 '19년'에 대해 "10년을 한도로 하는데 지금 벌써 9년

---

217) 김탄허(역해), 앞의 책(2004), CD(2).
218) 위의 책, 179쪽.

간 사용했다"[219]라는 의미로 해석하고 있다. 탄허와 감산의 주석을 객관적으로 비교해 볼 때 필자의 판단으로는 감산의 주석보다는 탄허의 주석이 더욱 이치에 합당한 것으로 보인다. 「양생주」의 결말에 대해서 탄허는 다음과 같이 그 내용을 정리하여 강의하고 있다.

> 몸뚱이에 구애받지 않아야 진정한 양생이다. 몸뚱이가 있는지 없는지 잊어버려야 양생이다. 잘 먹고 사는 것이 양생이 아니라 마음이 자유로워야 양생이며, 의식주에 구애받지 않고 생사에 구애받지 않아야 진정한 양생이다. 양생의 골자는 정신이 죽지 않고 중도에 합해야 한다는 것이며 생사를 둘 아닌 것으로 투철히 보아 버린 것을 「양생주」에서는 '매달려 있는 것을 풀었다'는 의미로 '현해(懸解)'라고 하는데 불교의 해탈을 달리 말한 것이다.[220]

일반적으로 도교에서마저도 '양생'에 대해 삶을 연장하여 장생(長生)하는 것으로 보고 있지만, 탄허는 생사에 구애받지 않는 경지이며 생사가 끊어진 자리를 각파한 것으로 양생을 해석하고 있다. 즉 양생은 해탈의 의미와 동일한 것으로 해석하고 있는 것이다.

---

219) "臣之刀十年爲率, 今已用九年矣." 憨山, 『憨山大師法彙初集: 莊子內篇註』, 香港佛經流通處, 1997, 130쪽.
220) 김탄허(역해), 앞의 책(2004), CD(2).

라) 「인간세(人間世)」의 심재(心齋)

　탄허는 「인간세」의 핵심으로 '심재(心齋)'를 꼽았다. 그는 심재에 대해 인(人)·아(我)가 끊어진 경지이자 무아(無我)의 경지로 설명했다. 마음이 완전히 비어져서 주객이 끊어지게 되면 '마음 재계'가 된다고 보았다. 「인간세」의 '심재'는 공자와 안회의 대화로 나타나고 있는데 이 대화를 탄허의 번역과 강술로 살펴보자.

　　안회(顏回)가 심재(心齋)에 대해서 묻자, 공자는 "네가 뜻을 전일(專一)히 하여 귀로써 듣지 말고 마음으로써 들으며, 마음으로써 듣지 말고 기(氣)로써 들어라. 귀는 듣는 데에 그치고, 마음은 부험[분별]에 그치거니와 기란 것은 허하여 물(物)을 기다리는 것이다. 오직 도(道)가 허(虛)한 곳에 모이나니 텅 비어 버리면[虛의 極致處에 달하면] 심재니라."[221]

　탄허는 이를 『능엄경』 25원통의 이근원통(耳根圓通)을 통해 주해하고 있다. 『장자』의 핵심 개념들은 모두 불교적인 통석(通釋)을 내리고 있음을 주목할 필요가 있겠다.

　　그 마음을 비운즉 지도(至道)가 이에 있나니, 이 사바(娑婆, 堪忍 또는 缺減)세계는 음성(音聲)이 교체(敎體)가 될 뿐 아니라 또

---

221) 김탄허(역해), 앞의 책, 215쪽. "回曰敢問心齋. 孔子曰, 若一志, 無聽之以耳, 而聽之以心, 無聽之以心, 而聽之以氣. 耳止於聽(聽止於耳), 心止於符, 氣也者, 虛而待物者也. 唯道集虛, 虛者, 心齋也."

한 육근(六根)에 오직 성진(聲塵)이 가장 사무친 고(故)로 여기에 특히 청(聽)으로써 말한 것이니, 마치 『능엄경(楞嚴經)』의 25원통[圓通; 6근(根)·6(塵)·6식(識)의 18계(界)와 지(地)·수(水)·화(火)·풍(風)·공(空)·견(見)·식(識)의 7대(大)를 통하여 도에 들어가는 방법] 가운데에 관세음보살(觀世音菩薩)의 이근원통(耳根圓通)이 이 세계중생(世界衆生)에게는 제일 신속한 입도방편(入道方便)이라 논설(論說)됨과 대동(大同)하다.[222]

탄허는 대중강의를 할 때면 반드시 『능엄경』의 '이근원통'과 『장자』의 '심재'를 함께 설명하곤 했다. 『능엄경』 25원통 가운데에서 이근원통이 제일이라고 하는 이유는 입도(入道)가 가장 쉽기 때문이라는 것이다. 색(色)은 눈의 티끌이며 소리는 귀의 티끌이다. 눈으로 보는 색이 공(空)하다고 깨닫는 것은 쉽지 않다. 눈으로 보이는 경계가 그대로 현존하는 것으로 생각되기 쉽기 때문이다. 하지만 귀로 듣는 소리는 듣는 즉시 소리의 자취가 끊어지기 때문에 공하다는 것을 쉽게 알아차릴 수가 있다. 귀로 듣는 소리가 공하다는 이치를 깨달아 이를 눈으로 보는 색에 적용하게 되면 성(聲)과 같이 색 역시 본래 공하다는 것을 쉽게 알게 되어 원통(圓通)이 된다는 것이다.[223] 탄허는 자신의 해설인 강술(講述)에서 '귀는 듣는 데에 그치고[耳止於聽]'의 『장자』 원문의 의미에 대해 "귀로써 들은즉 다만 귀의 듣는 바에 그쳐서 문성(聞聲)을 반문(反

---

222) 김탄허(역해), 앞의 책, 217쪽.
223) 위의 책(2004), CD(2).

聞)하는 공(功)이 없을 것이요"[224]라고 부가적인 해설을 붙여『능엄경』의 '반문문성(反聞聞聲)'을 활용해 해석했다. 여기에서 보듯 탄허는『장자』「인간세」편의 핵심을 '심재'로 보았고, 이를 설명하기 위해 불교『능엄경』의 이근원통을 끌어와서 회통시키고 있다. '심재'와 '이근원통'을 회석한 불선통석(佛仙通釋)의 주해에서 유교와 불교 사이에서 노장학이 자득되었다는 말의 실상을 짐작할 수 있다.

마)「덕충부(德充符)」의 망형(忘形)

탄허는 '덕충부(德充符)'의 의미에 대해서 "덕(德)이 마음속에 채워지면 반드시 밖에 응험(應驗), 부험(符驗), 징험(徵驗)이 있다"[225]라는 의미로 해석했다. 따라서「덕충부」의 주제는 '윤리관'에 대한 것이라고 설명했다. 유가에서 불가와 노장을 비판할 때 흔히 '무부무군(無父無君)'이라 하여 윤리를 무시한다고 폄하했지만,「덕충부」에서 장자는 유교의 오륜(五倫)에서 더 깊이 들어가 육륜(六倫)을 거론하고 있다. 장자는 부자(父子), 형제(兄弟), 군신(君臣), 사제(師弟), 부부(夫婦), 붕우(朋友)의 여섯 가지를 논하고 있다는 것이다.[226]

탄허는「덕충부」편의 종지를 '망형(忘形)'으로 보았다. '망형'이란

---

224) 김탄허(역해), 앞의 책(2004), 215쪽.
225) 위의 책, CD(2).
226) 위의 CD(2) 요약.

형단(形段)을 잊어버리는 것, 혹은 외형(外形)을 보지 않는 것이라 설명한다. 부자와 형제 사이에는 혈연으로 맺어진 관계이기 때문에 외형이 아무리 못생기고 장애가 있다 하더라도 본래 형체를 전혀 보지 않는다. 하지만 부부와 붕우 사이는 의(義)로써 합한 관계이므로 외형을 따라 견해를 일으키는 어리석음을 범하게 된다는 것이다. 장자는 「덕충부」편에서 온갖 못난 사람들과 불구자를 등장시킴으로써 외형인 몸이 비록 흉하더라도 덕이 높으면 숭상하게 된다는 것을 부각시켰다. 이를 통해 외형만을 숭상하고 내면의 덕성은 힘쓰지 않는 이들을 경계시켰는데 '망형'의 핵심이 아래 문장에 고스란히 드러난다고 설명했다.

> 덕(德)이 장처(長處)가 있음에 형(形)은 잊는 바가 있나니 사람이 그 잊어버릴 바는 잊지 못하고 그 잊지 않아야 할 바를 잊으면 이것을 일러 참으로 잊어버린 것이라고 한다.[227]

탄허는 「덕충부」의 종지인 '망형'이 '사생(死生)'의 문제로까지 확장된다고 설명한다. 그는 생사의 문제를 자유자재로 하는 것이 불교의 궁극적인 목적이라고 했다.[228] 탄허가 『장자』를 강의하면서

---

227) 김탄허(역해), 앞의 책, 308쪽. "德有所長, 而形有所忘, 人不忘其所忘, 而忘其所不忘, 此謂誠忘." 탄허는 잊을 바[所忘]는 형(形)을 가리킨 것이요, 잊지 말아야 할 바[所不忘]는 덕(德)을 말하는 것이며 '성망(誠忘)'은 참으로 근본을 잊어버린 것으로 부정적으로 보았다. 하지만 성현영, 여길보, 진경원, 육서성, 감산덕청 등은 '성망'을 긍정적으로 본 주석을 남긴 바 있다. 본 연구에서는 탄허의 주석을 따라 '성망'에 대해 형은 잊지 않고 덕을 잊은 것으로 '잘못 잊은 것'으로 해석했다. 안병주·전호근(역), 『역주 장자(1)』, 전통문화연구회, 2012, 239쪽 참조.
228) 김탄허, 앞의 책(2001), 265쪽.

생사 문제에 관해서 가장 중시했던 아래 구절과 이에 대한 그의 해설을 살펴보자.

> 불교인은 아니지만 장자는, "사생(死生)이 역대의(亦大矣)로되 이
> 부득여지변(而不得與之變)하며, 수천지복추(雖天地覆墜)라도 역
> 장불여지유(亦將不與之遺)라. 죽고 사는 문제가 크되 생사에 변
> 하지 않으며, 비록 천지가 무너져 없어지더라도 또한 정신을 잃
> 지 않는다"고 했어요. 이와 같이 생사를 마음대로 한 것입니
> 다.[229]

이 문장은 박서계 역시 「덕충부」의 관건(關鍵)이라고 강조했던 구절이다. 탄허는 이 문장에 대해서 "마음의 생멸이 본래 끊어진 자가 어찌 사생의 변하는 바가 되랴"[230]라고 주해했다. 마음의 생멸이 끊어지게 되면 생사의 문제에 초탈하게 된다는 것이다. 외형으로 분별하거나 형단에 마음이 빼앗기는 일이 없게 되면 생사에도 역시 초연하게 된다는 것이다.

탄허는 장자를 생사의 문제를 마음대로 했던 사람으로 평가했다. 육신 벗는 것을 헌 옷 벗는 것처럼 자유자재했던 인물로 등은봉 선사(鄧隱峰 禪師), 관계 지한 선사(灌溪 志閑 禪師), 보조 국사(普照國師), 한암 선사(漢巖禪師) 등을 그 예로 들곤 했는데 장자 역시 이들과 같이 용무생사(用無生死)를 수용한 인물로 거론

---

229) 김탄허, 앞의 책, 204쪽.
230) 김탄허(역해), 앞의 책(2004), 277쪽.

했다.[231] 탄허가 장자를 선가(禪家)의 조사(祖師)들과 동등하게 평가한 것은 노장학을 불교와 동일한 경지로 인정하고 있다는 것을 의미한다.

> 불교에서 보는 궁극적인 생은 영원무궁한 생이지 백 년 미만의 생이 아닙니다. 영원무궁한 생이라는 것은 나는 것이 없는 생[無生의 生]입니다. 이것은 언제나 도(道)와, 다시 말해서 성(性)자리와 결부되어야 이루어질 수 있는 생입니다. 시공이 끊어진 그 자리가 바로 무생의 생, 즉 영원의 생이지요. 따라서 불교에서 생의 의미는 한마디로 말하자면 무생의 생, 즉 영원의 생이라고 하겠습니다. 무생의 생을 타파하고 나면 죽음의 길도 없습니다. 본래 생사는 둘이 없는 자리로, 나는 것이 있기 때문에 죽는 것이 있게 되고 나는 것이 없으면 죽음도 없는 것입니다.[232]

중생은 몸과 마음을 둘로 보기 때문에 마음에 생주이멸(生住異滅)이 있고, 성인은 몸과 마음이 불이(不二)함을 각파했기 때문에 마음의 생주이멸마저도 묘용(妙用)으로 바꿔 쓰는 것이다.[233] 「덕충부」의 핵심인 '망형'은 생사를 둘로 보지 않는다는 점에서 생사가 끊어진 '성자리'를 깨닫게 하는 불교와 일원(一元)이다. 탄허가 노장학과 불교의 접점을 발견하고 회통한 지점이 바로 여기이다.

---

231) 김탄허, 앞의 책(2001), 264~265쪽.
232) 김탄허(역해), 앞의 책(2004), 262~263쪽.
233) 위의 책, 264쪽.

바) 「대종사(大宗師)」의 좌망(坐忘)

탄허는 '대종사'의 편명에 대해 주석하며 다음과 같이 긴 문장을 남겼다.

> 만세(萬世)에 크게 종(宗)하여 사(師)할 바는 무엇이냐? 즉 신
> (身)과 심(心)이 둘이 아니요, 물(物)과 아(我)를 모두 잊은 대도
> (大道)다. 곽(郭)이 이르되, 비록 천지(天地)의 대(大)와 만물(萬
> 物)의 부(富)라도 그 종(宗)하여 사(師)할 바는 무심(無心)이라 하
> 니, 선가(禪家)의 소위 비록 만행(萬行)을 갖추 닦으나 오직 무념
> (無念)으로써 종(宗)을 삼는다 함이 이것이다. 차편(此篇)은 신선
> (神仙)의 술(術)하는 자들을 위하여 정문일침(頂門一鍼)을 내림
> 이니, 장자의 학(學)으로써 신선의 도(道)에 화회(和會)하는 자가
> 어찌 선(仙)에 오등(五等, 天仙·神仙·鬼仙·地仙·人仙)이 있고, 불
> (佛)이 삼승(三乘, 菩薩·緣覺·聲聞)이 있음을 알랴? 천인(天人)
> 과 물아(物我)와 생사(生死)와 화복(禍福)이 둘이 아닌 줄 보는
> 자는 천선(天仙)의 학이니 즉 장(莊)·노(老)가 이것이요, 이사(理
> 事)와 성상(性相)과 생불(生佛)과 자타(自他)가 둘이 없어 필경에
> 사(事)와 사(事)가 무애(無碍)한 줄 보는 자는 일승(一乘, 佛乘)의
> 법(法)이니 즉 화엄경(華嚴經)·론(論)이 이것이다.[234]

탄허는 '대종사'의 의미에 대해서 '크게 종으로 삼을 수 있는 스

---

234) 김탄허, 앞의 책, 319쪽.

승'으로 해석하면서 '대종사 자리'라는 표현을 사용하여 '근본 진리', '도자리' 등과 같은 의미로 풀이했다.[235] 곽상(郭象)은 '무념위종(無念爲宗)'을 인용하면서 '무심(無心)'이 대종사라고 주석하였는데 탄허도 불이(不二)·무이(無二)·양망(兩忘)의 의미로 보아 대대(待對)가 끊어진 자리로 설명했다.

탄허는 「대종사」편을 신선술을 행하는 자들에 대한 정문일침(頂門一鍼)으로 보았다. 신선의 5등에는 천선·신선·귀선·지선·인선의 다섯이 있으며 천인·물아·생사를 둘이 아닌 것으로 보는 천선의 학만이 노장의 경지라고 주해했다. 불교적으로 보면 성문·연각·보살의 3승 가운데 성상·이사·자타·생불이 무이(無二)해지고 사사무애하게 된 일승인 화엄이야말로 진정한 '대종사 자리'라고 회통하고 있다.

「대종사」에 등장하는 '진인(眞人)'에 대해서는 생사의 관문을 뚫고 지나가서 마음으로 생각할 수 없고 언어로 논할 수 없는 경지를 체득한 이를 '진인'이라 했다. '진인'은 천(天)이 곧 인(人)이고 인이 곧 천인 경지에 있어서 천인(天人)이 무이(無二)한 '진지(眞知)'를 갖추고 있다고 설명했다.[236] '진지'는 번뇌망상이 그대로 붙어 있는 망지(妄知)가 아니라 시비분별이 끊어진 것으로 이 진지를 갖춘 이가 곧 진인이라고 해설함으로써 물아양망(物我兩忘)의 경지에 있어서 불교와 노장학이 다를 바가 없다고 하였다.[237]

235) 김탄허(역해), 앞의 책(2004), CD(3).
236) 김탄허, 앞의 책(2001), 321~325쪽 요약.
237) 위의 책, 326쪽.

탄허가 휘호로 즐겨 썼던 문구인 '천하를 천하에 숨긴다[藏天下
於天下]'에 대해서는 작은 것을 훔치면 표시가 나게 되지만 국가와
같이 큰 것을 훔치면 잡아갈 사람이 없는 것과 같아서 세상의 진
리를 도적질하는 것이 '대종사 자리'요, 석가·공자·예수와 같은
성인들은 대종사를 도적질한 큰 도둑들"[238]이라고 했다. 공기나
우주와 같은 것들은 너무나 커서 본래 있는 줄도 모르기 때문에
훔쳐 가도 숨길 것이 없다고도 했다. 가장 큰 진리인 대종사 자리
를 훔쳐 버리게 되면 훔쳐도 숨길 필요가 없으며 일체 대중에게
다시 나눠주어 유용하게 쓰게 할 수도 있다[239]고 했다. 이처럼 탄
허는 '대종사'를 진인과 진지 두 의미를 함께 포함하는 것으로 보
았고, 도(道)나 진리의 대명사 가운데 하나로 보기도 했으며, 진지
를 체득한 지인(至人)이나 도인(道人)으로 해석하기도 했다.

탄허는 「대종사」편의 종지는 '좌망(坐忘)'이라 하며 아래와 같은
주석을 남겼다.

　　좌망(坐忘)은 좌치(坐馳)의 반대술어(反對術語)니, 기심(機心)이
　　쉬지 못하면 비록 밀실(密室)에 단좌(端坐)하나 심화(心火)가 습
　　습(熠熠)하여 좌치를 면치 못하거니와 이제 안회는 기심이 몰
　　록 쉬어 물아(物我)가 모두 공(空)한 고로 좌망이 된 것이다. 혹
　　(或)이 물어 이르되, 행주좌와(行住坐臥)와 어묵동정(語黙動靜)
　　에 모두 가히 도(道)에 들 것이거늘 어찌 반드시 좌망이라 했는

238) 김탄허(역해), 앞의 책(2004), CD(3).
239) 위의 CD(3).

고? 답(答)해 이르되, 이적(理的)으로 말하면 도를 행(行)하되 그 행함을 보지 못함이 좌(坐)의 의(義)가 아니며, 견해(見解)가 있으되 그 견해를 행치 않음이 망(忘)의 의(義)가 아니랴. 또 사적(事的)으로 말하면 성인의 진심(眞心)은 사위의(四威儀) 가운데 소분(少分)도 간단(間斷)이 없으나 우리 학자의 경지에 있어서는 정좌(靜坐) 중에도 오히려 마음을 쉬지 못하거든 하물며 행주(行住) 등으로 어떻게 능히 도(道)에 입(入)하랴. 고로 선가에 좌선을 많이 주장하고 『유마경(維摩經)』에 '불필좌(不必坐)'라 한 말씀도 역시 이를 의미한 것이니, 『장자』 입언(立言)의 지(旨)가 원대(遠大)하다.[240)]

탄허는 『부처님이 계신다면』의 서문에서 "저술보다는 사색, 사색보다는 좌망을 노력해 왔다"[241)]라고 밝힌 바 있다. 그는 『장자』의 '좌망'의 의미를 불교의 '좌선'과 동일한 것으로 파악했다. 평생 일관되게 새벽에 참선으로 하루 일과를 시작했기 때문에 주위의 반연들은 모두 그를 선사(禪師)라고 불렀다.[242)] '좌망을 노력해 왔다'는 표현은 이를 가리키는 것으로 『장자』에 대한 그의 은근한 애호가 드러나는 대목이라 하겠다.

위의 인용문에서 보듯 탄허는 '좌망'을 논한 장자에 대해서 "입언(立言)의 종지(宗旨)가 원대(遠大)하다"고 극찬을 아끼지 않았다. 앞에서 지적했듯이 중국에 불교가 들어오기 전에 『장자』가 이미

---

240) 김탄허(역해), 앞의 책(2004), 414~415쪽.
241) 김탄허, 앞의 책(2001), 4쪽.
242) 위의 책, 71~107쪽 참조.

존재했기 때문에 불교를 베낀 것은 아니라고 했던 탄허의 언명에서 그가 불(佛)·선(仙) 양가(兩家)의 좌선과 좌망을 동일시한 정황을 알 수 있다. '대종사'라는 용어는 현재 조계종단의 법계 가운데 최고단계를 지칭하는 칭호가 되어 있다. 이 역시 결코 우연만은 아닌 것으로 판단되며 불선회통(佛仙會通)의 한 단면으로 볼 수도 있을 것이다.

사) 「응제왕(應帝王)」의 혼돈(渾沌)

탄허는 『장자』 내7편의 마지막인 「응제왕」편의 '혼돈(渾沌)'에 대해서 강의 때마다 자주 언급했다. '혼돈'에 대한 설명은 다음과 같다.

> 인간 본연의 도덕을 파괴하고는 정치·경제·문화가 창조될 수도 없고 그 질서를 유지할 수도 없다는 것을 『장자』의 「응제왕」편 한 구절을 예로 삼아 보겠다. 「응제왕」편의 결론은 숙(儵)·홀(忽)·혼돈(渾沌)이라는 3명의 임금이 각각 남해와 북해, 중앙에서 통치를 하고 있는데, 언젠가 숙과 홀이 혼돈을 찾아가 융숭한 대접을 받았다. 두 임금은 혼돈의 대접에 답하고자 궁리한 끝에 자기들은 눈·코·입 등 7개 구멍을 몸에 갖고 있는데 혼돈은 없으니 그에게도 구멍을 뚫어 줘 인간의 향락을 누리게 하자고 했다. 그래서 두 임금이 매일 하나씩 혼돈의 몸에 구멍을 뚫기 시작하자, 7일째 되던 날 그는 죽어 버리고 말았다. 이는 약

삭빠른 인위적 지혜를 가진 숙과 홀이 우주 본체의 자연으로 인간에게 무한한 호의를 베푸는 혼돈에게 수정을 가하다 실패했다는 이야기다. 도가 상실되어 가는 과정을 우화적으로 설명한『장자』의 이 구절은 오늘의 인간 사회에 심각한 경종을 울려 주는 절실한 교훈을 던져 주고 있다 하겠다.[243]

 탄허는 '혼돈'에 대해서 단도직입적으로 '천지미분전 소식'이라는 선어(禪語)로 해석했다.[244] 또 현존일념, 기멸(起滅) 이전의 경지, 우리 몸이 생기기 전 소식, 우주가 생기기 전의 핵심체라고 표현하기도 했다.[245] 그가 유·불·선을 회통하며 강조했던『주역』의 '통체일태극(統體一太極)'과『중용』의 '중(中)', 열자의 '태역(太易)'과 노자의 '천하모(天下母)', 선가(禪家)의 '최초일자구(最初一句子)'와 화엄학의 '최청정법계(最淸淨法界)', 기독교의 '하나님'과 '성부(聖父)',『천부경』에서 말하는 음양미분전(陰陽未分前)의 '무시(無始)의 시(始)' 등은 모두 탄허가『장자』의 '혼돈'을 설명하면서 제시했던 개념들이기도 하다.[246]
 '숙(儵)'은 문득 한 생각이 일어나는 것이며 '홀(忽)'은 문득 한 생각이 멸하는 것이다. 잠시도 쉬지 않고 끊임없이 일어났다가 사라지는 우리 인간의 한 생각인 것이다.[247] 일념이 일어났다 사라지

243) 김탄허, 앞의 책, 103쪽.
244) 김탄허(역해), 앞의 책(2004), 320쪽.
245) 김탄허, 앞의 책(2000), 92쪽.
246) 김탄허(역해), 앞의 책(2004), 451쪽.
247) 김탄허, 앞의 책(2000), 91쪽.

는 것은 우주가 생멸하는 것과 같으며, 그 한 생각이 무념(無念)이 되어 완전히 끊어지면 바로 '혼돈'이 되는 것이다. 탄허는 「응제왕」 편은 제왕의 법칙에 어떻게 응할 것인가와 어떤 것이 제왕의 자격인가를 일러주고 있는 것으로 보았다.[248] 제왕의 법칙과 자격은 혼돈을 파괴하지 않는 것인데 여태껏 혼돈을 파괴하지 않은 제왕이 과연 몇 명이나 되었겠냐고 장자가 탄식하고 있다는 것이다.[249] 탄허는 도가 상실되어 가고 있는 현실에 대한 탄식이 『장자』 내편의 최종 결론이라고 설명했다.

탄허는 저백수(褚伯秀)의 총론을 인용하며 『장자』의 주해를 마무리 지었다. 「소요유」에서 시작하여 「응제왕」으로 마치는 구조는 무기(無己)에서 시작하여 제왕(帝王)에 도달하는 내성외왕(內聖外王)의 과정을 말한다고 보았다. 그 과정은 심재(心齋)와 좌망(坐忘)이라는 수행을 통하여 망형(忘形)과 중도(中道)의 덕(德)을 채우고, 진정한 양생(養生)을 통해 무기(無己)와 물화(物化)인 물아양망(物我兩忘)의 대종사(大宗師)[道자리]로 돌아가는 것으로 요약된다고 설명했다.[250] 즉 탄허는 불교의 아공법공(我空法空)의 '무아(無我)'로 『장자』 전체를 종합한 것이다.

탄허의 『장자』 해석 과정에서 나타나는 특징은 결론에서 반드시 불교를 통해 회통한다는 점이다. 그는 유교와 불교 사이에서 『장자』의 종지가 자득이 된 체험을 간직한 사람이다. 노장학의 의문을 푸는 열쇠는 불교에 있다고 확신했기 때문에 자신의 자득처

---

248) 김탄허(역해), 앞의 책(2004), CD(3).
249) 김탄허, 앞의 책(2000), 92쪽.
250) 김탄허(역해), 앞의 책(2004), 461~462쪽.

를 적극 활용하여 불선(佛仙)을 회통시켰다. 그의 회통 사상은 억지스런 관념에서 도출된 것이 아니라 자신의 수행과 학문의 과정에서 자연스럽게 귀결된 것이었다. 평생 부르짖었던 '수도이동귀(殊途而同歸), 백려이일치(百慮而一致)'와 '만수일본(萬殊一本), 일본만수(一本萬殊)'는 탄허가 『장자』라는 텍스트를 해부하기 위해 각고의 노력을 통해 도달한 고봉정상의 외침과도 같은 말이라 할 수 있다. 불교를 공부하지 않고는 『장자』가 환히 풀리지 않는다는 그의 신념이 자신의 전체 번역서 가운데 가장 많은 주석가의 주석을 활용하고 가장 많은 자가주석(自家註釋)을 채록한 주해본인 『남화진경역해(南華眞經譯解)』를 탄생시킨 것으로 보인다.

4. 기독교와 불교의 화쟁(和諍)

1) 기독교에 대한 광대한 포용

탄허는 불교·유교·도교의 동양 삼교를 융합하여 근본 진리를 설명하면서 기독교의 교리도 함께 설명하는 경우가 많았으며 석가·공자·예수를 동등한 성인으로 인정하며 자신의 회통론을 사교(四敎)로 확장해 나갔다. 그는 자신만의 독특한 선(禪)적인 기독교관을 확고히 견지하고 있었고 그 사유의 일단을 확신에 찬 음성으로 대중들에게 설파하곤 했다.

탄허는 적극적인 자세로 기독교 사상을 광대하게 포용했다. 종교 간의 차이보다는 근원적 동일성을 밝히는 데 주력함으로써 동서고금을 떠나 근본 진리는 하나임을 강조한 것이다. 동양학의 대가였던 그가 서양 사상을 대표하는 기독 사상에 대해 유독 깊은 관심과 조예를 갖고 상생과 조화의 사유를 전개했던 것은 동서 문명의 화합과 상호 존중을 통해 세계평화로 나아가는 학술적 교량을 건립하기 위함이었다. 탄허는 동서양의 문명이 대립이 아닌 대화로 융화될 수 있기를 간절히 소망했는데 "불교는 평화를 구축하는 원동력이 될 것"[251]이라고 했다.

탄허의 회통 정신을 가장 상징적으로 보여주는 "천하에 두 도가 없고 성인에게 두 마음이 없다[天下無二道 聖人無兩心]"라는 언

---

251) 김탄허, 앞의 책(2000), 203쪽.

명은 동양의 유·불·선 삼교에만 관통된 것이 아니라 기독교에도 그대로 적용되었다. 그는 기독교의 도가 불교의 그것과 결코 다르지 않음을 역설했고 예수가 석가와 조금도 다를 바 없는 동등한 성인임을 인정했다. "바다에 앉아서 보면 백천중류(百千衆流)가 하나도 버릴 것이 없다"[252]라고 했던 표현에서 볼 수 있듯이 탄허의 회통과 포용의 폭은 광대하여 동양 삼교의 교섭사에 등장한 기존의 삼교 합일의 성과를 넘어서 기독교 문명과의 융합에까지 넓게 확장되고 있다.

탄허가 회통 사상의 전례(前例)로 매우 중시했던 명말청초의 삼교일치론(三敎一致論)의 대표 주자 우익 지욱(蕅益 智旭)은 유가와 불가 양가의 상이함에도 불구하고 양가가 대상으로 삼은 법계(法界)는 하나일 수밖에 없다는 신념에서 유불일가(儒佛一家)를 주장한 바 있다.[253] 하지만 그는 기독교에 대해서만은 『천학초징(天學初徵)』, 『천학재징(天學再徵)』 등의 저술을 써서 그 교리를 배격함으로써 자신의 일진법계(一眞法界)에 대한 신념이 기독교에는 적용될 수 없음을 보여주었다.[254]

탄허에 앞서 20세기 초반에 기독교에 대해 가장 많은 연구를 하고 가장 체계적인 인식을 가졌던 불교인은 이능화(李能和)였다.

---

252) 김탄허, 앞의 책, 155쪽.
253) 우익 지욱의 유교와 도교에 대한 선해(禪解)는 다음 책과 논문을 참조. 智旭(著)/陳德述(註釋), 『周易·四書禪解』, 團結出版社, 1996; 문광, 앞의 논문(2012a), 77쪽.
254) 방인, 「퓨전의 시대와 크로스오버의 철학: 지욱의 주역선해를 읽고」, 『문학 사학 철학』 10호, 한국불교사연구소, 2007, 217~218쪽.

그가 쓴 『백교회통(百敎會通)』[255]은 불교인이 기독교에 관해 체계적으로 기술한 최초의 저술이라 할 만하다. 이 저작은 여러 종교를 불교와 비교한 것인데 전체 14장 가운데 가장 많은 분량을 차지하는 제5장에서 기독교와 불교를 비교 분석했다. 총 62개의 주제 항목에 걸쳐서 불교와 기독교를 대조하며 두 종교가 유사하다는 것을 보여주었다. 하지만 두 종교의 유사성을 밝히고는 있지만 상대적 우열조차 없다고 본 것은 아니었다. 이능화는 다른 종교의 모든 종지는 불교의 일부 종지에 불과하다는 것을 입론(立論)했다. 또한 불교가 다른 종교에 비해 개방성과 유연성 측면에서 가장 포용적인 면모를 보여주었다는 점에서 불교를 높게 평가했다.

지금껏 불교계는 기독교에 대해서 포교 방면에서는 배워야 할 것들이 많음을 인정했지만 사상적인 측면에서만큼은 근본적인 한계를 가지고 있어서 불교에 필적할 만한 것이 못 된다고 인식하는 것이 일반적이었다.[256] 이는 불교 교리의 우월함에 대한 지나친 확신에서 비롯된 것으로 기독교 사상을 불교와 함께 논의하지 않거나 아예 관심조차 가지지 않는 경향으로 이어져 왔다. 하지만 탄허의 경우에는 이와 달랐다. 그는 일평생 '외전(外典)'이나 '외도(外道)', '이단(異端)'이나 '사교(邪敎)'와 같은 용어를 사용한 적이 없다. 불가에서는 유가와 도가의 경전과 여타의 철학을 일반적으로 '외전'이라 표현하고, 불교 내부에서도 외도라는 표현으로 정법(正法)

---

255) 이능화(저)/강효종(역), 『백교회통(百敎會通)』, 운주사, 1989.
256) 김종인, 「20세기 초 한국 불교인들의 기독교에 대한 인식과 비판」, 『한국사상과 문화』 제54집, 2010, 521쪽.

과 구분 짓는 경향이 있다. 하지만 탄허는 "절집의 욕은 외도라고 하는 것이 가장 큰 욕"[257]이라고 하면서 외도의 의미에 대해서는 '자기마음에서 구하지 않고 마음 밖에서 구한 것[心外求法]'으로 설명했다.[258] '외도'의 의미에 대한 이러한 정의는 분명히 쟁론의 여지가 있을 수 있다. 정(正)과 사(邪), 내(內)와 외(外)의 구별은 불교의 근본 진리를 추구해 나가는 데 있어서 필수불가결한 과정이기 때문이다. 실제로 탄허가 『주역』이나 『장자』 등의 비불교적 텍스트를 대중에게 강의할 때 일부 스님들의 항의나 반대에 부딪힌 경우가 많았다고 한다. 하지만 그가 '외도'에 대해서 마음 안이 아닌 마음 밖에서 구한 것으로 설명했을 때엔 이미 유·불·선의 동양 사상과 기독교의 서양 사상까지를 광대하게 회통하겠다는 의지가 있었고 '마음'이라는 측면에서 볼 때 외도라는 것 자체가 본래 없음을 설하기 위함이 아니었을까 짐작해 볼 수 있다. "성현(聖賢)의 학(學)은 심성(心性)일 뿐"이라는 자신의 기본 관점에 비추어 볼 때 기독교 역시 근본을 자기 마음에서 구한다는 측면에서 유교, 도교와 함께 엄연한 성현의 사상이며 외도가 아니라는 것이다. 굳이 표현하자면 『장자』 강의에서 "다른 집안의 장점도 취할 줄 알아야 한다"라고 하며 사용했던 '타가(他家)' 정도의 용어가 기독교에 대한 탄허적 표현으로 보인다.[259]

　탄허는 승려로서는 역대에서 가장 적극적인 태도로 기독교 사

---

257) 김탄허(강의), 앞의 테이프(1).
258) 김탄허(강의), 위의 테이프(4). '자기 자성 밖에서 법을 구하는 것[性外求法]은 삿된 법[邪法]'이라 했다.
259) 김탄허(역해), 앞의 책(2004), CD(3).

상을 불교와 함께 거론하고 동양학 전체와 회통한 인물로 기록될 것이다. 화쟁국사(和諍國師) 원효(元曉) 이래 한국불교의 회통 정신이 현대적인 방식으로 가장 찬란하게 개화되었다는 측면에서 '기독교와 불교의 화쟁'이란 표현이 가능할 것이다.

탄허는 젊은 시절부터 기독교에 대해 깊은 관심을 가지고 체계적으로 이해하기 위해 적극적인 노력을 기울였다. 출가하기 전 유학과 노장을 공부하던 시절에 이미 『성경』을 한글본이 아닌 한문본으로 읽었다고 밝힌 바 있다.

> 학교 문턱에도 안 갔어. 사서삼경과 주역 등 한문학을 했습니다. 수백 독 했어요. 줄줄 외웠습니다. 지금도 마음만 먹으면 책을 통째로 외워 댈 수 있어요. 한문 성경도 읽었어요. (……) 성경은 단편적으로 공부했죠.[260]

현재 대전 학하리의 자광사에는 그가 보았던 한문본 『성경』인 홍콩에서 출간한 『신구약전서(新舊約全書)』[261]가 보관[262]되어 있다. 탄허는 불교를 학술적으로 연구하려면 얼마의 시간이 소요되느냐는 질문에 대해서 수재는 30년이 걸리고 둔재는 3백 년이 걸릴 것이라고 했다. 이에 반해 도교는 20년, 유교는 10년이면 족하다고 했으며, 기독교는 "나 같은 둔재도 3년이면 터득할 수 있으며

---

260) 김탄허, 앞의 책(2000), 192쪽.
261) 香港聖經會(印發), 『新舊約全書』, 香港: Hongkong Bible House, 1955.
262) 월정사·성보박물관, 『탄허대종사 유품·유묵 목록집』, 오대산 월정사, 2014, 78쪽.

재주꾼이라면 석 달이면 신·구약을 다 욀 수 있다"라고 했다.[263] 이는 불교의 사상과 깊이가 심오하다는 측면을 밝힌 것이지만 여기에서 기독교『성경』을 깊이 공부해 본 그의 경험이 오롯이 드러났다고 볼 수 있다. 탄허는 전통적 학문방법인 박문강기(博聞强記)의 방식으로 성현의 말씀을 통째로 외우는 공부를 주로 했고 그의 이러한 책을 외우는 '강학(講學)'의 방식은 기독교『성경』의 공부에서도 예외가 아니었다. 그는 동양 사상 특강 때마다 자주 기독교 신·구약의 문장을 그대로 읊는 경우가 많았는데 마치 목사가 설교에서 성서를 외워 대는 것과 같은 유창함이 있었다.

　탄허가 평생 가장 중시했던 것은 교육과 인재양성 방면이었다. 특히 유치원에서 대학에 이르기까지 학교 교육에서 도덕뿐만이 아니라 정신문화의 원천인 종교를 가르쳐야 한다고 주장했다. 그 주요한 텍스트로 불교의 화엄학과 유교의『주역』·『논어』·『중용』과 함께 기독교「마태복음」의 '산상수훈'을 반드시 가르쳐야 한다고 수차례 강조했다.

　　물질의 풍요만으로 복지국가라는 기준을 잡을 수는 없어요. 진정한 복지사회를 실현하려면 학교 교육에서 정신문화의 원천인 종교를 가르쳐야 한다고 생각합니다. 불교뿐만 아니라 인간을 풍요하게 한 모든 종교를 다루어야 할 것입니다. 예를 들면 기독교의 산상수훈, 유교의『논어』·『중용』·『주역』, 불교의 화엄학 같

---

263) 김탄허, 앞의 책(2001), 214쪽.

은 것 말입니다.[264)

현실적 조화를 위해선 어릴 때부터 도덕뿐만 아니라 종교를 가르침이 필요합니다. 도덕을 가르치는 것만으로는 소용이 없습니다. 실천할 줄 알아야지요. 그 실천의 방법이 종교입니다. 공자도 국민을 지도하는 중추가 바로 도덕과 예법이라고 했습니다. 그러니 초등학교에서부터 대학교까지 종교 과목을 두어 온 국민이 종교를 생활화해야 됩니다. 말하자면, 국민들에게 어릴 때부터 불교의 화엄학, 기독교의 산상수훈, 유교의 충효 일치 사상을 가르쳐야 하는 것입니다.[265)

탄허는 도의적인 인재양성을 위한 교육의 측면에서 교재를 선택하는 것은 매우 중요하므로 국민 교재로 사용하기 위해서『화엄경』을 완역했다고 했었다. 이처럼 교육에서 교재를 중시하여 엄밀히 선정할 것을 강조한 그가 반드시 기독교의「산상수훈」을 언급했다는 것은 기독교를 매우 중요하게 인식했다는 것을 방증하는 것임과 아울러 그의 회통 사상이 동양의 삼교에 국한되지 않고 기독교를 포함한 사교 회통의 성격이었음을 증명하는 것이라 할 수 있다.

---

264) 김탄허, 앞의 책(2000), 206쪽.
265) 김탄허, 앞의 책(2001), 195쪽.

2) 학리(學理) 개척과 해석의 새 지평

탄허는 기독교가 불교를 능가하는 장점으로 대중포교 방면과 병원 등의 복지 분야, 그리고 학교의 설립과 같은 교육사업을 꼽았다. 그것을 가능하게 만든 기독교 최고의 강점은 강력한 '조직력'이라 했다.

> 기독교는 서양을 배경으로 삼고 있고 서양은 지금 세계를 주도하고 있어요. 우리나라만 봐도 해방 이후 이승만 박사가 기독교였고, 장면 박사가 천주교, 윤보선 전 대통령이 역시 기독교로써 포교에 많은 힘을 기울였지. 거기다 학교를 많이 세워 인재를 수없이 양성했어요. 거기 비한다면 불교가 부동산은 많다지만 교육기관은 동국대 하나밖에 더 있어? 더구나 사람의 심리란 새것을 좋아해서 이미 유교나 불교는 낡았다고 생각하고 모여들지 않아요. 거기다 기독교의 조직력은 놀라울 정도예요. 우리처럼 매일 우주 바깥에서 오는 얘기나 해가지고는 조직력에서 당할 수가 없어요.[266]

탄허는 세상을 다스리는 치세지학(治世之學)으로는 유교가 제일이고, 몸을 다스리는 치신지학(治身之學)으로는 도교가 제일이며, 마음을 다스리는 치심지학(治心之學)으로는 불교가 제일이고, 조직을 다스리는 치조지학(治組之學)으로는 기독교가 제일이라고 했

---

266) 김탄허, 앞의 책, 220쪽.

다. 위정자는 이러한 사교의 장점을 골고루 취해서 대중을 다스리면 좋을 것인데 기독교에서 취할 수 있는 최대 장기는 바로 조직력으로 예수를 '조직의 왕'이라고 표현하기도 했다.[267]

탄허는 일반적으로 기독교를 비판하는 이들이 말하는 것과는 달리 기독 사상 자체에는 아무런 문제가 없고 근본에 있어서 동양 삼교의 정신과 다를 바가 없다고 보았다. 단지 후대 연구자들의 교리 연구가 한심하고 겉핥기 수준[268]에 불과하여 기독교의 근본정신을 훼손함으로써 현재의 기독교의 독단과 폐단이 발생한 것이라 분석했다. 그는 예수의 말씀도 뒤집어 놓고 보면 모두가 아는 것보다 깨달음이 중요하다는 것을 가르친 것이요, 기독 사상 역시 주관과 객관이 대립되어 있지 않은 가르침이라고 역설했다. 그는 연구자들의 학리(學理)가 부조리하고 가르침을 전달하는 포교가 잘못됐기 때문에 서양 철학자들이 "신은 죽었다"고 선언하고 신을 부정하게 된 것이라고 지적했다.

독일의 니체는 신이 죽었다고 했어요. 사르트르는 또 신을 부정하고 현실뿐이라며 실존을 내세웠고, 칼 마르크스는 신에 반대해서 유물사관을 주장했지. 이들이 모두 서양 사람들이기에 다행이지. 만일 동양 사람이 그런 말을 했다면 동서 대립이라고 몰아붙였을는지도 몰라. 서양 사람들이 어째서 그런 말을 했는가? 아마도 기독 사상의 학리가 부조리하고 포교가 잘못됐기

---

267) 김탄허, 앞의 책(2000), 182쪽.
268) 위의 책, 187쪽.

때문이 아닌가 싶어. 그러나 내가 알기로는 기독 사상이 주관과 객관이 대립되어 있지 않다고 봐요. 포교하는 사람들이 기독 사상의 바른 뜻을 잘못 전달했기 때문인 것 같아. 그들은 절대적인 하나님한테서 구원을 받아야 한다고 포교하고 있어. 그렇다면 나의 자유는 어디 있는가? 이런 모순 때문에 철인(哲人)들의 그런 말이 나온 것 같아.[269]

탄허는 1975년에 기독교 대표로 나온 감리교 신학대 윤성범 교수, 유교 대표로 나온 전남대 이을호 교수, 철학계 대표로 나온 윤태림 경남대학장과 함께 장장 11시간에 걸쳐 '종교의 본질과 성격'을 주제로 대담한 적이 있었다. 이 자리에서 그가 불교, 유교, 기독교를 종횡으로 회통하며 논리를 전개하자 남의 영역을 너무 침범한 것이 아니냐는 질문을 받았었다. 이에 대해 훗날 탄허는 "그때는 하도 답답하니까 참견을 좀 하긴 했지만 그건 침범이 아니라 타종교의 영역을 개척해 준 것"[270]이라 했고, 한 강의에서는 "다들 너무 맹꽁이 소리를 해서 유교와 기독교를 개척해 준 것"이라고도 했다.[271]

탄허는 분명 현재 기독교 학계의 교리와 학리 해석에 문제가 있어서 새로운 영역을 '개척'해 준 것이라고 말하고 있다. 이는 과거 유럽의 선교사들이 중국의 유교를 신학으로 보완해 주겠다는 의

269) 김탄허, 앞의 책, 214쪽.
270) 위의 책, 183쪽.
271) 김탄허(강설), 앞의 CD(2).

미로 펼쳤던 방대한 '보유론(補儒論)'[272]이 연상될 수도 있는 대목이다. 비록 탄허가 기독교 성서에 대해서 자구 하나하나에 대한 새로운 해석을 가하지는 않았지만 기독교의 본질과 근본정신에 대해 해석상의 오류가 있음을 지적하고 새로운 학리로 바른 뜻을 전달하려는 강렬한 의지를 내비쳤다. 이를 조심스레 탄허의 '보기론(補基論)'이라고 말할 수도 있을 것이다. 그러나 탄허가 전교(傳敎)의 목적으로 기독교 교리를 보완해 주겠다고 한 것은 아니다. 현재의 신학자들이 근본도리를 놓침으로 인해 발생한 많은 교리 논쟁들에 대해 불교적 안목으로 교량을 놓아 주고 화쟁의 방식으로 숨은 이치를 펼쳐 줌으로써 종교 간에 발생되는 많은 분란과 오해를 해결하고 서로 융회될 수 있도록 길을 터주는 차원에서 자신의 기독교관을 전개한 것이다.

탄허의 기독교 해석은 앞서 보았던 유·불·선 삼교의 회통과 융합에서 보았듯이 선(禪)적인 기독교관이자 『성경』에 대한 선해(禪解)의 성격이 강하다. '성(性)자리' 혹은 '성기적(性起的)' 성격을 띠고 있는 '심성(心性)' 중심의 기독교 해석이라 할 수도 있으며 불교와 기독교 간의 '사사무애(事事無碍)'의 불기회통론(佛基會通論)'이라고도 할 수 있겠다.

---

272) '보유론(補儒論)'은 16~17세기에 중국에 진출한 예수회 선교사들에 의해 형성된 것으로 기독교 사상이 유교 사상과 유사하다는 전제에서 유교를 이해하고 이를 토대로 기독교를 전교하려는 한 논리를 말한다. 보유론을 체계화한 인물은 마테오 리치로 기독교 교리를 유교이론과 접목하여 설명하는 천유일치(天儒一致)의 방식을 선택했는데 『천주실의』는 그 대표작이다. 상세한 내용은 데이비드 먼젤로(저)/이향만 외(역), 『진기한 나라 중국』, 나남, 2009의 제8장 '리치 적응주의의 절정으로서 『중국철학자 공자』'를 참조.

다음 절에서는 먼저 기독교에서 말하는 '성부(聖父)'와 '하나님'
의 의미를 불교의 '법신(法身)'과 '불(佛)'의 의미로 회통하는 논리를
살펴보고, 기독교의 '천국(天國)'에 대한 그의 해석을 들어본다. 다
음으로 탄허의 예수관과 예수의 근본 사상을 '허심(虛心)', '동자(童
子)', '좁은 문'에 대한 재해석을 중심으로 검토하고, 불교와 기독교
에 공통 핵심이 되는 '바른 믿음'이란 과연 어떤 것인가에 대한 그
의 설법을 고찰해 보고자 한다.

3) 선적(禪的) 기독교관과 불기회통(佛基會通)

(1) 성부(聖父, 하나님)와 법신(法身, 佛)의 회통

탄허는 기독교에서 말하는 '하나님'을 '하느님'이라는 말과 병행
해서 쓰기도 한다. 그가 보는 하나님은 나의 밖에 외재하는 존재
가 아니라 '시공(時空)이 끊어진 자리가 하나님'인 것이다. 다음은
그의 하나님에 대한 선해(禪解)이다.

> 기독교에서의 하나님이라는 것도 또한 시공이 끊어진 자리가 아
> 니겠습니까? 우주는 시간·공간을 의미하는 것인데, 시간·공간
> 이 나기 전, 우주가 생기기 전에 앉으신 분이 누구이겠어요. 그
> 분이 우주창조주인 하나님인데 그분이 시간·공간을 만들었어
> 요. 그러니까 성(性)자리에서 본다면 전부가 다 그 본체를 가지
> 고 있으므로 누구나 양보할 것이 하나도 없습니다. 우리가 성인

에게, 즉 예수님이나 부처님이나 공자님한테 양보할 것이 하나
도 없는 것이에요. 왜냐하면 성은 성인이나 범부나 똑같이 갖고
있으니까요. 그런데 범부는 성자리를 미(迷)해 가지고 있기 때문
에 못난 놈 노릇하는 거지, 성은 다 똑같은 존재라고 성인들이
말씀한 것 아닙니까.[273]

우주 창조주, 즉 하느님이라는 건 우주가 생기기 전의 면목을
타파한 걸 하느님이라고 한다. 그러므로 하느님이란 하늘 어느
한구석에 담요를 깔고 앉아 있는 어떤 실재인물이 아니란 말도
이해가 될 것이다.[274]

불교에서는 우주와 만물을 창조한 능작인(能作因)으로서의 하
나님을 인정하지 않는다. 다시 말해 기독교식의 창조론과 창조주
하나님을 인정치 않는 것이다. 그런데 탄허의 경우에는 '창조주 하
나님'이라는 용어를 부정치 않고 그대로 사용하고 있다. 기독교의
존립근거이자 기반인 창조주라는 용어를 그대로 인정하면서도 그
에 대한 해석과 설명을 달리할 뿐이다.
　탄허의 설명에 따르면 시간과 공간을 창조했다는 것은 시간과
공간이 끊어진 것을 의미하며, 우주의 창조주라는 것은 우주가
생기기 전의 면목을 타파한 것을 말한다. 즉 유형의 어떠한 물건
을 만들어 내듯 창조하는 것이 아니라 세계나 우주가 생기기 이

273) 김탄허, 앞의 책(2001), 234~235쪽.
274) 위의 책, 106~107쪽.

전의 면목을 훤히 알고 있는 것으로 창조주 하나님을 바꾸어 설명하고 있는 것이다. 하나님이 우주 어느 곳에 사람의 형상과 같이 공간을 점유하고 있는 실재 인물과 같은 그 무엇으로 볼 필요가 없다는 것이다. 탄허가 특화해서 사용하는 '성자리', 선에서 말하는 '이전 소식(以前 消息)', '본래면목'을 타파한 것으로 하나님을 해석하고 있는 것이다. 즉 한 생각이 일어나기 전, 우주가 생기기 전의 근본 자리로 하나님을 선해하고 있는 것이다.

『장자』「대종사」편의 "조물자(造物者)와 더불어 친구를 삼아 천지의 일기(一氣)에 노닌다"[275]라는 구절에서 탄허가 '조물자'에 대해 "일기와 같이 천지를 생성한 원기(元氣), 즉 천지음양(天地陰陽)이 미분(未分)한 혼돈(渾沌)의 경계(境界)"[276]라고 주석하며 창조주나 조물주가 아니라 음양이 나누어지기 전의 경계와 원기로 해석했던 것과 같은 원리이다.

또 탄허에게 니체의 "신은 죽었다"라는 말을 인용하며 니체의 신관(神觀)에 대해 한마디 해 달라고 요청하자 그는 "어지간하군. 신은 육도윤회하는 중생류의 하나야. 집착하면 분명하고 방하착(放下着)하면 생사윤회도 없는 거예요. 신안(神眼)으로는 신(神)이 보이고 영력(靈力)으로는 영(靈)이 보이는 게야. 엇비슷하게 맞춘 게로군"이라고 했다.[277] 니체의 "신은 죽었다"라는 말에 대해 탄허는 애초에 유일무이한 신을 설정하지 않고 화엄학에 등장하는 무

---

275) 『장자』「대종사」, "與造物者爲人, 而遊乎天地之一氣."
276) 김탄허(역해), 앞의 책(2004), 390~391쪽.
277) 김탄허, 앞의 책(2001), 180쪽.

수히 많은 윤회하는 중생류의 신에 불과한 것으로 답하고 있다. 그리고 신을 보는 것 역시 그 보는 사람의 경계에 따라 응해서 보이는 것으로 설명하여 자신의 마음이 텅 비어 일체가 무물(無物)이 되면 신 역시 없다고 말할 수 있는 것이므로 니체가 어지간하게 말을 잘했다고 한 것이다.

탄허는 조선일보 주필 선우 휘와의 대담에서 "신을 어떻게 이해해야 하겠느냐"는 질문에 대해 '신의 대명사는 천(天)'이라고 하면서 천에 대해서 4종으로 나누어 설명한다.

> 천(天)은 4가지로 구별할 수 있습니다. 첫째는 형체지천(形體之天)으로 창천(蒼天)·호천(昊天)·민천(旻天)·현천(玄天)의 춘하추동 네 절기 하늘입니다. 둘째는 운명지천(運命之天)이니 천명(天命)·천운(天運) 또는 "천야(天也)라 내하(奈何). 천명이라 어찌하겠나?" 등의 하늘이지요. 셋째는 주재지천(主宰之天)입니다. 하나님·옥황상제 등을 이름하는 것입니다. 넷째는 진리지천(眞理之天)이니 천리(天理)·천도(天道) 또는 "막지위이위자(莫之爲而爲者)는 천야(天也). 하는 것 없이 하는 것이 하늘이다."라는 등의 하늘입니다. 기독교에서는 주재지천(主宰之天) 하나만을 말하고 유·불·선 삼교에서는 때에 따라 사종천(四種天)을 다 말합니다.[278)]

탄허는 기독교의 하나님관이 주재지천 하나의 의미에만 매몰되

---

278) 김탄허, 앞의 책(2000), 102쪽

고 편협한 해석에 집착하고 있다고 보았다. 하지만 그러한 하나님에 대한 기독교리를 전면 부정하지 않고 해석의 영역을 확장하고 학리를 확장시켜 주는 방식으로 동양학과 조화시키려 노력했다.

기독교에서 말하는 '전지전능(全知全能)'이라는 말에 대해서는 이렇게 설명했다.

> 석가도 말했지만 아는 것이 끊어진 그 자리가 도(道)자리야, 모르는 게 곧 아는 거야. 안다는 건 반대로 모른다는 것이 있다는 말 아닙니까? 성경에서 전지전능이란 말이 나오는 데 모르기 때문에 전지전능할 수 있는 거예요. 아는 것이 끊어진 그 자리가 전지전능한 자립니다. 세상에 태어나자마자 그 자리를 아는 사람이 바로 성현들이야. 범인들은 배워야 깨우쳐야 그 자리를 알고.[279]

하나님이 전지전능하다는 것은 많이 알아서 그런 것이 아니라 시공이 끊어지고 아는 것이 완전히 끊어져서 모르는 것이 없어지는 무소부지(無所不知)의 경계로 설명하고 있는 것이다. 아는 것을 쌓거나 지식을 극한대로 해서 도달할 수 있는 경지가 아닌 것이다. 이처럼 철저히 선(禪)로 일이관지하고 있다.

탄허는 기독교의 '삼위일체론(三位一體論)'에 대해서 특히 높이 평가하면서 수차례 언급한 바 있다.

---

279) 김탄허, 앞의 책, 190쪽.

성인은 한 생각이 일어나기 전의 면목을 각파(覺破)했기 때문에 꿈도 우주도 없는 별천지—시공이 끊어진 세계 속에서 사는 것입니다. 이를 기독교에서는 성부(聖父), 유교에서는 중(中), 불교에서는 불(佛)이라고 합니다.[280)

기독교의 삼위일체, 성부(聖父)·성신(聖神)·성자(聖子)의 일체는 예수님 말씀이 아니고 그 제자들이 그 뒤에 진리를 표현하기 위한 방법론으로 전개한 말이지만, 대단히 좋은 말이거든요. 예수님이 어째서 예수님이냐 냉정하게 규명해 본다면 삼위일체가 되었기 때문 아니겠습니까? 즉 예수님인 성자가 성부 자리, 성신 자리와 일체가 되었기 때문에 예수님을 우리 만인이 성인이라고 우러르는 것입니다. 불교에는 삼위일체라는 말은 없지만 같은 의미의 술어가 많습니다. 즉 법(法)·보(報)·화(化) 삼신(三身)이 하나라는 거죠. 법신이 성부 자리이고, 보신이 성신 자리이고, 화신 석가모니불이 성자 자리입니다. 비유컨대 천강에 비치는 그림자 달이 화신이라면 달 광명은 보신이며 하늘에 있는 달은 법신입니다.[281)

앞에서 설명했듯이 탄허는 기독교 연구자들의 교리 연구가 한심한 수준이며 겉핥기에 불과하다고 비판했지만 유독 삼위일체론에 대해서는 칭찬을 아끼지 않고 있다. 성부인 하나님을 개별자인 인간과 명확히 구분 짓는 것이 아니라 성신과 성자와 일체를 이

280) 김탄허, 앞의 책, 104~105쪽.
281) 김탄허, 앞의 책(2001), 253~254쪽.

룬다는 것은 법·보·화 삼신(三身)이 일불(一佛)이라는 화엄학의 이치와 정확히 일치하는 좋은 이론이라는 것이다. 그는 재차 다음과 같이 설명하기도 했다.

> 삼신불을 기독교의 삼위일체와 연상해 보면 성부는 법신이고, 성신은 보신이고, 성자는 화신이 된다. 따라서 불타가 이 세상에 태어났다고 본다면 물그릇에 비친 달을 보고 하는 말이다. 백천 가지 물그릇에 비친 달을 보고 참으로 달이 온 것이라고 여긴다면 온 곳이 있으니 가는 곳이 분명히 있을 것이지만, 법신인 본래의 달은 온 것이 아니기 때문에 가는 것도 없고, 가고 오는 것이 없기 때문에 고금이 없고, 고금이 없기 때문에 피아가 없고, 피아가 없기 때문에 생사가 없다. 진리 면에서 볼 때 불타가 이 세상에 왔다고 보는 사람은 물그릇에 비친 그림자 달을 보고서 본 달로 잘못 인식하는 것과 같은 어리석은 중생이다. (……) 법신은 사람사람의 마음 본체를 지적한 것으로 시간·공간이 끊어진(우주가 생기기 전 면목) 이 우주의 핵심체를 법신이라고 한다.[282)]

탄허는 법신에 대해서 시간과 공간이 끊어진 경지, 우주가 생기기 전 면목이자 우주의 핵심체라고 설명하고 있다. 이는 그가 기독교의 창조주 하나님을 설명할 때와 동일한 설명 방식으로 기독교의 성부(하나님)와 화엄학의 법신을 일치시키고 있는 것이다.

---

282) 김탄허, 앞의 책, 67~69쪽.

기독교인도 성신은 잘 모른다. 체(體)·상(相)·용(用) 3대(大)에서
도 상(相)이 어렵고 법신·보신·화신의 3신에서 보신이 어렵듯이
삼위일체에서도 성신이 어려운 것이다. 달로 비유할 때 달의 모
양이 뭐냐 하면 어려운 것이다. 달의 상은 광명인 것이다. 성신
도 하나님 성부라는 진리의 광명을 말하는 것이다.[283]

탄허는 성부·성신·성자를 『기신론』의 체·상·용의 3대, 화엄학
의 법신·보신·화신의 3신으로 배대하고 달·광명·달그림자의 관
계로 유비하고 있다. 성신은 상과 보신처럼 난해한 것인데 성부라
는 진리의 광명으로 이해하라고 설명하고 있다.

삼위일체도 참 잘된 말입니다. 성부·성자·성신, 그런데 그것이
예수님의 전유물이란 말입니다. 예수님 한 분만 삼위일체가 될
수 있다 이겁니다. 왜 다른 사람은 삼위일체가 될 수 없습니까?
누구든지 되어야지. 그 점이 다르단 말입니다. 동양 사상에서는
누구나 삼위일체가 될 수 있습니다. 누구나 될 수 있다와 예수
밖에 누구도 될 수 없다 이 차이가 큽니다. 그러니까 끝까지 기
독교는 의타(依他), 타인에 의지하는 거지 주체성이 없습니다.
유교에는 의타가 없습니다, 의자(依自)지. 불교에선 의자가 의타
를 겸하는데, 의타는 애들한테 가르치는 거지.[284]

탄허는 범부도 수행을 통해서 시공이 끊어진 마음의 근본 자리

---

283) 김탄허(강설), 앞의 CD(3).
284) 김탄허, 앞의 책(2000), 187~188쪽.

를 각파하여 삼위일체가 된다면 부처님이나 예수님과 똑같이 될 수 있다고 말한다.[285] 이처럼 탄허는 시공이 끊어진 근본 자리인 성자리·도자리를 각파하는 것을 삼위일체가 되는 것이라 설명하고, 삼위일체가 된다면 부처님·예수님과 똑같이 될 수 있다고 했다. 다만 수행을 통해 본각(本覺)을 시각(始覺)해 나가는 견성의 과정이 기독교에는 부족하다고 지적하고 있다. 이는 기독교 신학에서의 학리의 부족이 기독교 수행을 미미하게 만든 결과를 만들고 말았다는 탄식으로도 읽을 수 있다.

나 스스로 삼위일체를 이루지 못하기 때문에 의타만 존재하는 기독교와 의타의 대상 자체를 밖에 두지 않고 의자를 추구하는 유교 사이에서 불교는 교량의 역할을 함으로써 기독교에는 의자를, 유교에는 의타를 새롭게 제공할 수 있게 되는 것이다. 즉 탄허는 불교를 통해서 진정한 회통의 고리가 이어질 수 있게 된다고 보는 것이다. 한 걸음 더 나아가서 탄허는 삼신에는 남녀의 구별도 본래 없어서 누구나 삼위일체를 다 가졌기 때문에 이를 믿고 수용하면 산속에 묻힌 금을 찾아서 쓰게 되지만 본래 나에게 갖춰졌다는 것을 믿지 않으면 산속에 영원히 묻힌 금처럼 금 노릇을 못한다고 했다.[286]

탄허가 화엄의 법신의 핵심을 투철히 밝힌 게송으로 이통현의 아래 사구게(四句偈)를 가장 중시했다는 것은 앞에서 살핀 바와 같다.

---

285) 김탄허, 앞의 책(2001), 257쪽.
286) 같은 책.

佛是衆生心裏佛　　부처는 중생 마음속의 부처이니
隨自根堪無異物　　자신의 근기의 감당함을 따르는 것이지
　　　　　　　　　다른 것이 아니다
欲知一切諸佛源　　모든 부처의 근원을 알고자 한다면
悟自無명本是佛　　자신의 무명이 본래 부처인 줄을
　　　　　　　　　깨달아야 한다.[287]

법신을 강조한 이 게송을 기독교 성부에 대한 탄허적 해석으로 필자가 다시 바꾸어 본다면 다음과 같은 게송으로 변모될 수도 있을 법하다.

父是衆生心裏父　　하나님은 사람들 마음속의 하나님이니
隨自根堪無異部[288]　자신의 근기의 감당함을 따르는 것이지
　　　　　　　　　다른 부분이 아니다
欲知一者聖父源　　하나님의 근원을 알고자 할진댄
悟自原罪本是父　　자신의 원죄(原罪)가 본래 하나님인 줄
　　　　　　　　　깨달아야 한다.

결국 '유일신'이라는 것은 '일(一)'의 의미인데 '일'은 '시공을 만들어 낸 현존일념(現存一念)'으로 지금 현재의 한 생각이다. 이 시공이 일어나기 전을 유교에서는 '통체일태극(統體一太極)'이라 하고,

---

287) 문광(편), 앞의 책, 2014, 20~21쪽.
288) 이통현의 게송의 '물(物)'을 '부(部)'로 바꾼 것은 운자(韻字)가 '불(佛)'에서 '부(父)'로 바뀌었기 때문에 운(韻)을 맞추기 위함이다.

도교에서는 '천하모(天下母)'라 하고, 불교에서는 '최초일구자(最初一句字)' 또는 '최청정법계(最淸淨法界)'라 하는데 탄허는 기독교에서 이를 '성부' 또는 '하나님'으로 표현했다고 보았다.[289] 성부와 하나님을 한 생각 일어나기 전, 우주 생성 이전 소식, 시공이 끊어진 성자리라는 탄허 특유의 선적 회통으로 융합시키고 있는 것이다.

(2) 천국은 진리의 대명사

탄허는 기독교에서 말하는 '천국'에 대해서도 불교적으로 해석을 가했다. 천국에 나는 것에 대해서 "불교학에서는 인천교(人天敎)에 해당하는데 이는 불교에서 학문으로 쳐 주지도 않는 유치원학설에 해당되는 것으로 소승 성문승의 초등학교 학설도 안 되는 것"이라고 했다.[290] 그는 "불교에도 지옥이 18지옥이 있어서 어느 죄를 지으면 어느 지옥으로 가고 천당도 28천당이 있어서 어느 착한 일을 하면 어느 천당에 간다는 것이 분명히 규정되어 있다"[291]라고 했다. 하지만 그 어떤 천국도 욕계(欲界)·색계(色界)·무색계(無色界) 삼계(三界) 내의 일일 따름이고 이 삼계의 윤회에서 벗어나는 출삼계(出三界)의 해탈을 목적으로 하는 불교에서는 천국에 가는 것 역시 윤회를 벗어나지 못하는 것으로 최종의 목표

---

289) 김탄허, 앞의 책(2000), 274쪽.
290) 김탄허, 앞의 책(2001), 174쪽.
291) 위의 책, 291쪽.

가 될 수 없다는 것이다.

『성경』에서는 "네가 사회적으로 아무리 착한 일을 했어도 하나
님을 부정하는 날 너는 지옥이요, 네가 사회적으로 아무리 죄
를 많이 지었어도 하나님을 믿는 날 너는 천국이라" 했습니다.
이 하나님은 진리의 대명사인 것입니다. 만일 진리의 대명사가
아니라면 사회적으로 모순된 말입니다. 진리의 대명사이기 때문
에 진리를 부정하는 날 지옥(캄캄한 세계라는 말)이고, 진리를
믿는 날 천국(맑고 깨끗한 세계)을 맞는다는 것입니다.[292]

탄허는 아무리 선행을 많이 해도 하나님을 부정하면 지옥이요,
아무리 악행을 많이 해도 하나님을 믿으면 천국이라고 한 『성경』
의 말씀은 하나님과 천국이 모두 '진리'의 대명사이기 때문에 가
능한 말이라고 보았다.[293] 즉 탄허는 천국과 지옥의 분별이 끊어
진 대해탈의 세계인 '진리'로 천국을 선해(禪解)한 것이다. 천국은
진리의 대명사요 분별이 끊어진 세계이자 시비가 사라진 마음의
근본 자리로 해석한 것이다.

진리라는 것은 모양이 끊어졌다는 말입니다. 온갖 대명사가 다
나오지마는 달을 가리키면 달은 안 보고 손가락만 봅니다. 결
국 대명사란 표현하기 위한 방법이기 때문에 때에 따라서 다른

---

292) 김탄허, 앞의 책(2000), 112쪽.
293) 김탄허, 앞의 책(2001), 291쪽.

술어로 표현하는 것입니다. '하나님'이라는 대명사, '중(中)'이라는 대명사, '도(道)'라는 대명사, '진리'라는 대명사 등 온갖 대명사가 많이 나오지만 때에 따라서 그 대명사가 나오는 것이고, 다만 그 물건, 즉 '성(性)자리' 하나를 지적하기 위해서 이렇게 많은 대명사가 나온 것입니다.[294]

탄허는 '진리'라는 것은 '생각과 모양이 모두 끊어진 것'을 말하며, 이를 표현하는 대명사는 다양할 수 있다고 보았다. 그래서 기독교의 '하나님', '성부', '천국'을 모두 진리의 대명사이자 근본 자리인 '성자리'로 풀이했다. 천국과 지옥을 설하는 것은 유치원 수준의 대중을 위한 하나의 방편설법에 불과하고 천국이나 극락은 마음 밖에 있는 것이 아니라 우리 마음 가운데 있다고 설명한다. 불교의 정토학에서 말하는 '유심정토(唯心淨土)'가 기독교로 확장되어 '유심천국(唯心天國)'이란 표현으로 변한 것이다.

성인의 가르침이 어떤 종교를 믿으라는 것이겠습니까, 천당지옥을 믿으라는 것이겠습니까. 오직 자기가 자기 주체를 믿으라는 것입니다. 그러니까 믿지 않는다면 자기의 주체를 부정하여 뿌리가 없는 나무와 같은 것이 되고 마는 것입니다.[295]

탄허는 한 생각 일어남이 없는 성자리에는 천국도 없고 지옥도

---

294) 김탄허, 앞의 책(2001), 236쪽.
295) 김탄허, 앞의 책(2000), 107쪽.

없으니 이것이 곧 해탈이라 했다.[296) 탄허가 볼 때에는 천국·지옥은 만인의 고통을 일시적으로 해소시켜 주려는 잠시의 방편에 불과하다. 모든 성인의 가르침의 귀결점은 천국이나 지옥을 믿으라는 것도 아니요, 지옥을 벗어나고 천국에 나게 하기 위함도 아니다. 오히려 천국과 지옥으로부터 대자유를 얻어서 천국과 지옥의 경계가 무너질 때 비로소 곧 진정한 천국이 도래한다는 것이다. 천국으로부터의 해탈, 이것이야말로 완전한 천국이라는 것이다.

(3) 예수는 도통(道通)한 각자(覺者)

탄허는 예수를 석가·공자와 조금도 다를 바 없는 성인으로 보았고 이에 대해 조금의 의심도 없었다. 그는 예수에 대해서 '각자', '꿈을 깬 사람', '태극이 나온 자리를 안 사람', '도통한 사람', '해탈한 사람' 등으로 다양하게 묘사했다.

> 태극이 나온 자리를 알면 그걸 도통한 자라 그러는 거야. 석가라 공자라 예수라 하는 사람들은 태극이 나온 자리를 본 사람들이야. 그래서 대접을 받는 겁니다. 태극을 아는 것을 각(覺)이라 합니다. 그것이 불교의 근본 사상이지. 그러면 그 자리, 우주만유가 한 근본으로 돌아간 그 자리는 천당이 있습니까, 지옥이 있습니까, 그렇게 해탈시키는 것이 성인의 학문이야.[297)

---

296) 김탄허, 앞의 책, 172쪽.
297) 위의 책, 148쪽.

탄허는 예수에 대해 태극이 나온 자리를 본 도통한 사람이라 했다. 예수는 각자이며 우주 만유의 근본 자리로 돌아가 본 성인이라고 했다. 예수에게는 천국과 지옥이 모두 끊어졌으며 이렇게 사람들을 해탈시켜 나가는 것이 유·불·선·기 사교의 모든 성인의 공통된 학문이라는 견해를 제시했다. 기존 신학에서 찾아볼 수 없는 새로운 예수관이며, 선적으로 재해석된 독특한 예수관이다.

> 한 생각이 끊어지고 아는 것이 끊어진 것이 각(覺)이요 도자리이다. 죽어도 없어지지 않는 이가 제일 오래 사는 사람이다[死而不亡者壽]. 그러면 이 세상에서 제일 오래 사는 이가 누구냐? 3대 성인이라는 양반들입니다. 석가, 공자, 예수 그분들이 제일 오래 사는 사람들이다. 그들은 생사일여관(生死一如觀)에 합한 이들로 이 우주를 자기 한 가정으로 보고 일체 중생을 자기 한 가족으로 본 사람들이니 이들은 죽어도 없어지지 않고 제일 오래 사는 사람들이다.[298]

생사(生死)가 일여(一如)하다는 것을 투철히 깨달은 인물이 예수이고, 한 생각이 끊어져서 도자리에 합한 이가 예수이며, 그래서 죽어도 없어지지 않고 제일 오래 사는 사람이 예수라는 것이다. 기독교에서 묘사한 예수보다 더 깊은 찬탄이라 해도 과언이 아니다.

대담에서 신학대 윤성범 교수가 시간과 공간은 시작이 있고 마지막이 있으며, 기독교에서 시간을 중요시하는 이유는 예수의 역

---

298) 김탄허, 앞의 책(2001), 56쪽.

사적 시간인 원년에서부터 30년이라고 하는 그 짧은 시기를 이 우주역사의 핵심으로 보고 언제나 그 핵심 속에서 새로운 빛을 받아 지금의 역사가 지속되어 나간다고 보기 때문이라고 했다.[299] 이에 대해 탄허는 예수를 시간이라는 주관적 관념과 환(幻)에 구애시킬 수 없다며 다음과 같이 설파했다.

> 시간이란 것은 잘 아시다시피 공간 위에서 가정하는 것이므로 시간이란 것이 실체가 없는 것이 사실 아닙니까? 그렇지만 환상으로라도 공간이 존재하는 이상에는 시간이 따라서 존재하는 것도 사실입니다. (……) 주관적인 관념이 끊어지면 객관적인 시공도 다 없는 것입니다. 물론 아주 없지는 않지요. 간밤 꿈도 환상으로는 있지만 실체는 없습니다. 그러므로 그것을 깬 사람[覺者]은 시간·공간의 지배를 안 받지만 꿈을 깨지 못한 사람은 시간·공간의 지배를 절대적으로 받습니다. (……) 예수님이나 공자님이나 부처님이 꿈에 잠꼬대하는 놈 옆에서 "야, 이 사람아, 자네 꿈이야 꿈"이라고 일깨워 주는 분들입니다. 성인들의 가르치는 것이 아마 그 점만은 대동할 것입니다.[300]

탄허가 예수를 설명하면서 가장 많이 사용한 표현은 '꿈을 깬 각자'이다. 시간과 공간도 결국엔 꿈이나 환과 같이 존재하는 것일 뿐이고 꿈을 깨면 시·공의 지배를 받지 않게 되는데 예수 역

---

299) 김탄허, 앞의 책, 305쪽.
300) 위의 책, 300~301쪽.

시 시·공의 경계를 부수고 거대한 꿈을 깬 각자라는 것이다. 이미 예수는 2천 년 전의 시간 속에 머물지 않고 모든 이들 역시 그 시간 속에서 벗어나 꿈을 깨라고 가르치는 인물이라는 해석이다. 즉 우리는 하루저녁 꿈을 깼다고 하면 예수는 '우주의 대몽(大夢)을 깬 분'[301]이라는 것이다.

(4) 예수의 근본 사상

가) 허심(虛心)

탄허가 기독교의 『성경』에서 가장 중요하게 여겨 애호했던 구절은 "마음이 가난한 자가 복이 있나니(……)"라는 말씀이었다. 이는 『신약성서』「마태복음」제5장에 나오는 「산상수훈」의 말씀으로 탄허는 이 말씀을 불교의 화엄학과 유교의 역학에 견줄 수 있는 기독교의 가장 핵심적인 가르침으로 손꼽았다.

기복으로만 흐른다는 것은 대개 약한 사람들이 종교를 믿을 때 나오게 되는 현상입니다. 이러한 면은 어느 종교에서나 비슷하다고 봅니다. 기독교에선 예수가 부활해서 구원할 때에 하느님을 믿지 않는 자는 하늘에 올라갈 사다리가 없다고 합니다. 그러니 우선은 이래야 믿게 될 게 아닙니까? 그래야 약한 중생들이 "아이구 내가 믿어야 되겠구나" 하는 마음이 생길 게 아닙니

---

301) 김탄허, 앞의 책, 300쪽.

까. 예수의 근본정신은 '허심자수복(虛心者受福)', 마음을 비우는 자가 복을 받는다는 것입니다.[302]

탄허는 예수의 부활보다 더 중요한 예수의 근본정신은 「산상수훈」의 "허심자수복(虛心者受福)"으로 "마음을 비우는 자가 복을 받는다"는 가르침이라 했다. 탄허가 기독교를 논할 때면 항상 이 구절을 예수의 핵심 사상으로 언급하며 마음을 비운다는 의미인 '허심'으로 동양 삼교와의 회통의 연결고리로 삼았다. 그런데 「마태복음」의 이 구절은 일반적으로 '마음이 가난한 자'로 알고 있는데 탄허가 굳이 '마음을 비우는 자'라 하며 한문으로 '허심자(虛心者)'라고 했던 것은 어떤 연유에서였을까? 이를 상세히 고찰하기 위해서는 탄허가 어려서 숙독했다는 한문본 『성경』을 중심으로 성서 번역의 과정을 좀 면밀히 살펴볼 필요가 있겠다.

탄허는 동양학 특강에서 현재의 한글본 성서보다 한문본 성서의 번역이 더 나은 측면이 있다고 하면서 「산상수훈」의 이 구절을 그 예로 들었던 적이 있었다. 서양 선교사들이 성서를 중국에서 처음 번역했을 때의 번역인 '허심'이 지금의 한글 번역인 '마음이 가난한 자'보다 훨씬 근본에 부합한 번역이라는 것이다. 영국 런던 선교회의 선교사 그리휘트 존(Griffith John, 楊格非, 1832~1912)의 1890년 중국어 번역본을 보면 「마태복음」 5장의 구절이 다음과 같이 번역되어 있다.

302) 김탄허, 앞의 책, 195쪽.

耶蘇見衆, 則登山, 既坐, 門徒就之, 乃啓口訓之曰, 虛心者 福
矣, 因天國卽其國也.[303]

1912년에 발간된 한문성경의 경우에도 몇 글자가 바뀐 차이는
있으나 "허심자 복의(虛心者 福矣)"라는 구절은 변함없이 유지되고
있음을 볼 수 있다.

耶蘇見群衆, 遂登山, 既坐, 門徒就焉, 乃啓口訓之曰, 虛心者
福矣, 因天國乃其國也.[304]

19세기말과 20세기 초의 한문본『성경』의 원문을 살펴보면 탄
허가 '마음을 비우는 자'라고 했던 것이 "허심자 복의(虛心者 福
矣)"에서 연유한 것임을 정확히 확인할 수 있다. 탄허는 "마음을
비우는 자가 복을 받는다"고 하여 "허심자 수복(虛心者 受福)"으로
원문을 약간 변형시켰다. 그는『화엄경』의 경문을 비롯해 원문을
조금씩 바꾸어 암기한 경우가 더러 있었다. 이는 경문의 의미가
더 드러나게 하기 위해서 외울 때 조금의 수정을 가한 경우에 해
당하는데 그의 강의에서 가끔 발견된다.[305]
　탄허는 '마음이 가난한 자 복이 있나니'보다는 '마음을 비우는
자가 복을 받느니'가 근본 종지에 더 부합한다고 확신했던 듯하

---

303) 楊格非(譯),『新約全書』(한국학중앙연구원 영인본), 英漢書館, 1890, 3쪽.
304) 김경수(편),『1912년에 발간된 한문성경』, 서예문인화, 2013, 4쪽.
305) 앞의 IV-2, 3)유학과 불교의 회석의『대학』부분에서 왕양명의 시를 탄허가 원
　　문과 다르게 외우고 있었던 사례를 통해 이미 설명한 바 있다.

다. 현재의 중국 백화문 성경에도 "쉬신더 런 요우 푸러(虛心的人 有福了)"[306]라고 되어 있어 '마음을 비우는 사람이 복이 있나니'라고 했던 19세기 한문본 성서의 번역이 그대로 현재까지 이어져 내려오고 있음을 알 수 있다.

한글본 성서 번역의 변천에 대해서 살펴보자면 1884년의 『예수성교성서』의 「마태복음」 5장에 대한 한글 번역은 다음과 같이 되어 있다.

예수 그 사름을 보고 산에 올나 안즈니 뎨자 나아오고날 예수 입을 열어 가라쳐 갈아샤딕 마암 궁빈한 쟈 복이문 텬국이 뎌의 나라이 되고[307]

1912년의 한글 번역에는 다음과 같이 되어 있다.

예수ㅣ 무리들을 보시고 산에 올라가 안즈시니 뎨ᄌ들이 나아오거늘 입을 열어 ᄀᄅ쳐 골ᄋ샤 ᄆᆞᆷ이 간난ᄒᆞᆫ 쟈는 복이 잇ᄂ니 텬국이 뎌희거시오[308]

19세기 말과 20세기 초의 한글본 성서를 보면 '마암 궁빈한 쟈

---

306) 히스미디어, 『圣经全书 (중국어 성경)』, 히스미디어 출판사업부, 2017, 4쪽, "虛心的人 有福了, 因爲天國是他們的."
307) 한국교회사 문헌연구원(편), 『한국성경대전집1: 예수성교성서(1884)』, 한국교회사 문헌연구원, 2002, 5쪽.
308) 김경수(편), 앞의 책, 5쪽.

제4장 유·불·선·기 사교 회통 사상 329

(마음 궁빈한 자)'와 'ᄆᆞ음이 간난ᄒᆞᆫ 쟈(마음이 가난한 자)'로 번역이
되어 있어서 한문본의 '마음을 비우는 자[虛心者]'의 번역과는 이
미 시작부터 다름을 알 수 있다. 한글본 성서에서는 주로 '마음이
가난한 자'로 계속 이어져 오다가 최근의 개역판 성서에는 대부분
'심령이 가난한 자'로 바뀌고 있다. '마음'을 '심령'이라는 용어로 대
체한 것이다. 탄허는 기독교의 삼혼설(三魂說)인 생혼(生魂)·각혼
(覺魂)·영혼(靈魂)에 대해서도 설명한 적이 있는데 이를 지나치게
인간 위주의 이론이라고 보았다. 불교에서는 동물까지도 마음자
리는 똑같다고 보기 때문에 '마음'이라는 용어는 훨씬 폭이 넓고
보편적일 수 있다는 설명이었다.[309] 최근의 개역 한글판의 「마태복
음」 5장을 살펴보자.

> 예수께서 무리를 보시고 산에 올라가 앉으시니 제자들이 나아
> 온지라 입을 열어 가르쳐 가라사대 심령이 가난한 자는 복이 있
> 나니 천국이 저희 것임이요[310]

최근의 다른 번역에는 "복되어라. 영(靈)으로 가난한 사람들. 하
늘나라가 그들의 것이니"[311]라고 바꾼 경우도 발견된다. 동일한 성
서의 구절을 놓고 '허심(虛心)'과 '심령의 가난'이라 달리 표현한 것
에서 상호간의 거리가 깊이 느껴진다. 탄허는 불교와 기독교가 서

---

309) 김탄허, 앞의 책(2000), 127쪽; 김탄허(역해), 앞의 책(2004), CD(3).
310) 대한성서공회, 『성경전서 (개역한글판)』, 대한기독교서회, 2001, 4쪽.
311) 200주년 신약성서번역위원회, 『200주년 신약성서 주해』, 분도출판사, 2009, 4쪽.

로의 거리를 좁히고 화쟁하며 회통하기를 고대했다. 21세기 융·복합의 시대를 맞이하여 동서 문명이 서로 조화를 이루기 위해서는 동서양의 종교가 먼저 그 접점을 찾아 대화의 장을 마련해야 한다. 탄허는 빛바랜 한문본『성경』에서 '허심'의 코드를 발굴하여 예수의 근본 사상을 불교의 종지와 융화시키고자 노력했다. 불기회통(佛基會通)을 바라는 그의 간절함이 배어 있는 대목이라 하겠다.

> 범부는 성(性)자리를 미(迷)해 가지고 있기 때문에 못난 놈 노릇 하는 게지, 성은 다 똑같은 존재라고 성인들이 말씀한 것 아닙니까. 그렇기 때문에 기독교의 산상수훈에도 마음을 비우는 자가 복을 받는다고 하지 않았습니까? 마음을 비우는 자가 바로 성자리를 각파(覺破)하여 시공이 끊어진 자리 아니겠습니까?[312]

탄허는 한문본「산상수훈」에서 '허심수복(虛心受福)'의 레토릭을 찾아 이를 불교의 '성자리 각파'로 곧장 연계시켰다. 마음을 비우는 자가 성자리를 각파하고 시공이 끊어진 자리를 증득한 자라는 말은 허심이 곧 견성(見性)이란 뜻이다. 이는 예수의 근본 사상 역시 자성(自性)을 자각하고 탐욕을 모두 비우는 것에 있음을 주장한 것이 된다.

탄허의 논리를 잠시 떠나 신학자의「산상수훈」에 대한 해설을 잠시 살펴볼 필요가 있겠다. 20세기 영국의 저명한 성경 연구가

---

312) 김탄허, 앞의 책(2001), 234~235쪽.

아더핑크의 『산상수훈 강해』의 설명을 요약 정리해 보면 다음과 같다.

첫째, 「마태복음」은 구약에 뒤이어 곧바로 신약의 첫 부분에 놓여 있기 때문에 그 둘 사이를 연계시켜 주는 연계가 되고 과도기적 성격이 있다.

둘째, 「산상수훈」은 『성경』에 기록된 예수의 말씀 가운데 가장 긴 말씀으로 예수의 모든 가르침의 전반적인 대의를 요약한 것이며, 예수는 여기에서 구약과 신약의 대의를 설명하고 있기 때문에 성경 전체의 열쇠라고 할 수 있다.

셋째, 「산상수훈」은 전반적으로 강력한 실천적 설교로 구성되어 있으며 그리스도께서 모세의 율법보다 훨씬 더 완전한 새로운 율법을 여기에서 제시하고 있다.

넷째, 오늘날 믿는다고 하는 대다수의 사람들 가운데에서도 이와 같은 참된 심령의 가난은 찾아볼 수가 없다. 오히려 그와는 정반대이다. '성령으로 충만하는' 방법을 가르쳐 주는 책은 많이 있지만 마음을 깨끗하게 비우는 방법, 즉 자신감·자만·자기의(自己義)를 비우는 방법에 대해 설명하는 책을 보기는 드물다.[313]

「산상수훈」은 『신약성서』의 시작인 「마태복음」에 들어 있기 때문에 구약과 신약을 연결시켜 주는 매우 중요한 매개체이자 예수의 가르침의 대의를 요약한 것이며, 성경 전체의 열쇠가 되고, 모세의 율법과도 같은 역할을 했던 실천적 설교였다는 것이다. 「산상

---

313) 아더핑크(저)/지상우(역), 『산상수훈 강해』, 크리스챤 다이제스트, 2015, 14~19쪽 요약 정리.

수훈」은 예수의 말씀 중 가장 긴 분량으로 성령을 '충만'하는 이야기가 아니라 반대로 마음을 깨끗하게 '비우는' 방법을 논했다는 점에서 매우 희유하다는 것이다. 탄허가 기독교 경전의 핵심으로 추출했던 「산상수훈」은 신학의 영역 내부에서도 매우 중요한 위치를 점유하고 있음을 알 수 있다. 탄허는 예수의 본질을 '충만'이 아니라 '허심'으로 포착한 것이다.

나) 동자(童子)

탄허는 예수의 근본정신으로 "마음을 비우는 자가 복을 받는다"는 허심수복(虛心受福)과 함께 「마태복음」 제18장[314]의 "동자(童子)가 되지 않으면 천국에 갈 수 없다"는 구절을 누차 제시한 바 있다. 그 설명을 들어보자.

> 예수의 근본정신은 허심자수복(虛心者受福), 마음을 비우는 자가 복을 받는다는 것입니다. 또 "네가 돌이켜서 동자가 되지 않으면 천국에 갈 수 없다"고도 했습니다. 그럼 여기서 동자가 된다는 말은 무엇이겠습니까? 동자란 천진난만한 어린애를 말하는데 어린애의 마음은 바로 성인의 마음과 같기 때문입니다. 성인의 마음은 곧 그 순간의 마음, 즉 앞뒤가 다 끊어진 마음을 갖고 사는 사람입니다. 도를 통한 사람도 그런 것입니다. 그래서

---

314) 『신약성서』 「마태복음」 제18장, "진실로 너희에게 이르노니 너희가 돌이켜 어린 아이들과 같이 되지 아니하면 결단코 천국에 들어가지 못하리라."

"네가 돌이켜서 동자가 되지 않으면 천국에 갈 수 없다"고 한 것은 바로 "도통한 자가 아니면 천국에 못 간다" 이 소리입니다. 그런데 이러한 예수님 말씀의 근본정신을 모르고, 예수가 구원해 준다니까 자기 스스로 구원할 생각은 않고 예수만 부르고 의지하려고만 드니 이것도 또한 바로 기복적인 경향인 것입니다.[315]

　탄허는 예수가 말한 동자에 대해서 천진난만하여 앞뒤가 다 끊어진 마음, 즉 순간의 마음을 갖고 사는 사람이라 했다. 동자는 성인의 마음과 같고 도를 통한 사람의 마음과도 같다고 했다. 탄허는 '동자가 되지 않으면 천국에 갈 수 없다'는 말의 뜻을 '도통한 자만이 천국에 갈 수 있다'는 의미로 재해석했다. 예수가 구원해 준다는 것은 유치원생에게 시설한 방편설이고 예수의 근본 사상은 한 생각이 일어나지 않은 동자의 마음을 회복하여 스스로 구원하는 데 있다는 것이다. 즉 예수 역시 의타(依他)의 방편 위에 의자(依自)의 본질을 설파한 것이 그의 근본정신에 해당한다는 것이다.
　탄허는 불교에도 칠성각에 기도나 드리고 아들 낳게 해 달라거나 남편 출세시켜 달라는 등의 기복신앙이 만연해 있으나 이 모든 것이 몽매한 중생을 하루아침에 도의 자리에까지 끌어올릴 수가 없으니 신심을 증장하기 위한 방편이라고 하였다. 모든 종교에서 동일하게 보이는 기복으로 일종의 방편이라는 것이다.[316] 하지만 모든 성인의 궁극적 가르침은 청정한 자기 마음의 본체를 밝

---

315) 김탄허, 앞의 책(2001), 195~196쪽.
316) 위의 책, 196쪽.

혀서 자기해탈과 이타행을 이루라는 것이며 예수 역시 자기구원
은 자신이 스스로 이루어야 함을 역설한 것으로 보았다.

> 「마태복음」인가에도 "네가 돌이켜서 동자가 되지 않으면 천국에
> 날 수 없으리라"고 분명히 말씀했습니다. 동자가 된다는 것은 성
> 자리 즉 분별없는 자리로 돌아가는 것입니다. 그렇다고 해서 어
> 린아이가 성자리를 타파한 도통군자라는 말이 아니고 동자의
> 천진한 것을 비유로 든 것입니다.[317]

　여기에서 탄허는 동자가 된다는 것에 대해 분별없는 자리인 성
자리로 돌아가는 것으로 재차 해석하고 있다. 이처럼 탄허의 기독
교에 대한 해석은 일관되게 성기적(性起的) 관점으로 일관한 선해
(禪解)의 성격을 띤다. 그는 유·불·선·기의 사교가 '동자'라는 키
워드를 통해 완전하게 일치하고 있음을 강조했다.
　유교에서는 맹자가 "대인(大人)은 어린아이의 마음을 잃지 않는
것이다"[318]라고 말하며 '적자지심'을 강조한 바 있다. 탄허는 이 구
절에 주목하여 맹자가 말한 '적자지심(赤子之心)'이 바로 기독교에
서 말한 동자와 같은 의미라고 하며 유교와 기독교를 회통시켰다.
　불교에서는 "선지식 81행(行) 가운데 영아행(嬰兒行)이 제일(第一)
이다"[319]라 하여 천진불(天眞佛) 사상을 강조한다. 『화엄경』「입법계
품」 전체의 주인공으로 한생에 묘각(妙覺)의 구경각을 성취하는

---

317) 김탄허, 앞의 책, 235쪽.
318) 『맹자』「이루하(離婁下)」, "大人者, 不失其赤子之心." 김탄허(강설), 앞의 CD(3).
319) 위의 CD(3).

인물 역시 선재동자(善財童子)로 천진면목을 그대로 발현한 동자의 상징성을 가지고 있다. 선재동자가 묘각에 이르기 직전 마지막으로 만나는 등각보살(等覺菩薩) 역시 덕생동자(德生童子)와 유덕동녀(有德童女)로 이러한 동자의 등장은 성불하기 직전의 상태가 바로 동자의 마음과 같음을 명확히 보여준 것이다.

도교의 『도덕경』에 나오는 '적자(赤子)'의 무심(無心)에 대해서도 탄허는 다음과 같이 설명했다.

> 도덕이 높은 이는 마치 어린아이와 같다. 어린아이가 뼈는 약하고 힘줄은 부드럽되 주먹은 꼭 쥐고, 음양(陰陽)의 교합(交合)을 모르되 생식기가 빳빳해 있는 것은 정기(精氣)가 지극한 것이요, 하루 종일 울어도 목이 쉬지 않음은 화기(和氣)가 지극한 것이라 하겠습니다. 우리는 한 시간만 울어도 목이 잠깁니다. 왜냐하면 우리는 유심(有心)이고 어린애들은 무심(無心)이기 때문입니다.[320]

이렇듯 탄허는 유교의 '적자지심', 불교의 '영아행', 도교의 '적자'를 기독교의 '동자'와 회통함으로써 사교합덕(四敎合德)의 진면목을 끌어내고 있다. 그는 '동자'를 예수의 근본 사상이자 무심의 상징으로 파악하여 동서고금을 막론한 모든 도학의 근본 지향점이자 청정한 수행의 귀착점으로 설명했다.

---

320) 『도덕경』 제52장, "含德之厚, 比如赤子. 骨弱筋柔而握固, 未知牝牡之合而全作, 精之至也, 終日號而嗌不嗄, 和之至也." 김탄허, 앞의 책(2001), 235쪽.

탄허는 영아행(嬰兒行)에 대해 강의할 때 "기독교인이 영아(嬰兒) 되는 공부를 안 해. 그걸 해야 될 텐데. 영아되는 공부를 하면 불교비방을 안 해"[321]라고 말한 바 있다. 예수의 근본 사상이 동자임에도 기독교에서 영아되는 공부를 하지 않고 있어 타종교를 비방하며 회통하지 못하고 있음을 안타까워한 것이다.

다) 좁은 문

탄허는 '동자'를 언급할 때면 반드시 "좁은 문으로 들어가라"는 말씀도 함께 언급했다. '좁은 문'은 「마태복음」에 "좁은 문으로 들어가라. 멸망으로 인도하는 문은 크고 그 길이 넓어 그리로 들어가는 자가 많고 생명으로 인도하는 문은 좁고 길이 협착하여 찾는 자가 적음이라"[322]라는 구절과 「누가복음」에 "좁은 문으로 들어가기를 힘쓰라. 내가 너희에게 이르노니 들어가기를 구하여도 못하는 자가 많으리라"[323]라는 구절에 보인다. 탄허는 이 '좁은 문'이라는 예수의 표현을 매우 깊은 의미체계로 받아들였다. '좁은 문'이라 함은 '아무것도 없는 자리'를 말하는 것으로 정의했다. '동자'가 무심의 경지이듯이 '좁은 문' 역시 종일 생각해도 생각한 게 없고, 종일 지껄여도 지껄인 게 없는 성인의 경지이자 텅 빈 마음의 다른 표현이라는 것이다.[324]

---

321) 김탄허(강설), 앞의 CD(3).
322) 『신약성서』「마태복음」제7장.
323) 『신약성서』「누가복음」제13장.
324) 김탄허, 앞의 책(2000), 187~188쪽.

기독교에서는 일반적으로 좁은 문을 '고난'의 뜻으로 해석하지 않느냐는 기자의 질문에 대해 탄허는 "그러니 순전히 겉핥기란 말입니다"라 하며 웃었다.[325)]

「마태복음」에는 "돌이켜 동자와 같이 되지 않으면 천국에 못 간다"고도 했고, "좁은 문으로 들어가라"고도 일렀어. 이런 기독교의 말씀을 놓고 우리가 가끔 농담으로 예수님 말씀이 정말이라면 천당 갈 사람 아무도 없다고 말하곤 하지. 왜냐하면 기독 사상에는 수행이 없고 믿음뿐이기 때문이지. 천국에 가기 위해서는 돌이켜 동자와 같이 천진하고 순수한 마음으로 돌아가야 한다고 기독교에서는 가르치면서 동자가 되려고 노력을 안 해요. 그저 믿기만 해서 어떻게 천국에 가겠는가.[326)]

탄허는 기독교의 '좁은 문'의 비유를 평소 설법에 적절히 활용하곤 했다. 그는 정치에 관심이 많아서 정치인들과 국정을 논하기를 마다하지 않았는데, 대중이 좋아한다고 해서 따라 좋아하고 대중이 싫어한다고 해서 따라 싫어하는 소신 없는 포퓰리즘을 경계시켰다. 원칙과 주관에 따를 것을 강조하면서 "자기 주관과 도에 따라 움직일 때 '좁은 문'으로 들어가는 자의 영광을 얻을 것"[327)]이라고 했다고 한다.

하루는 탄허가 "아는 것보다 깨달음이 중요하다"라고 하자 한

---

325) 김탄허, 앞의 책, 188쪽.
326) 위의 책, 214~215쪽.
327) 원행, 『탄허대선사 시봉이야기』, 에세이스트사, 2018, 174쪽.

기자가 그 의미를 물으니, "좁은 문이 바로 그 자립니다"라고 답했다고 한다.[328] 여기서의 '좁은 문'이란 지금껏 탄허가 강조한 '성'과 '도'를 포함하여 모든 근본 자리의 술어들과 동일한 것이다. 좁은 문으로 들어가는 공부, 동자가 되는 공부를 하지 않으면 기독교의 본질을 깨달을 수 없다는 뜻이다.

탄허는 예수의 근본 사상을 '허심', '동자', '좁은 문'이라는 세 가지 중심 개념으로 대별하여 불교와 기독교 양교를 선적으로 회통시켰다. 이는 기존의 기독교 신학에서는 좀처럼 찾아보기 힘든 독자적인 해석들이라 할 수 있을 것이다. 기독교계에서 탄허의 이와 같은 '기독교 선해'를 얼마나 수긍하고 받아들일지는 미지수이다. 하지만 탄허는 '성'과 '도'의 측면에서 현재 기독교 교리해석의 문제점을 제시하고 해석의 영역을 개척해 주고자 했다. 문명 간의 충돌을 피하고 종교 간의 대화를 확대하기 위한 하나의 시도로서도 그의 선적 기독교관은 의의가 크다고 하겠다.

(5) 정신(正信)은 무소득(無所得)의 믿음

탄허는 '기독 사상에는 수행이 없고 오직 믿음뿐'[329]이라고 했다. 앞에서 누차 설명했듯이 뿌리를 심는 유교는 '유식근(儒植根)', 뿌리를 기르는 도교는 '도배근(道培根)', 뿌리를 뽑는 불교는 '석발

---

328) 김탄허, 앞의 책(2000), 187쪽.
329) 위의 책, 214쪽.

근(釋拔根)'[330]이라는 탄허적 어법을 기독교에 그대로 적용해 본다면 기독교는 뿌리를 믿는다는 의미의 '기신근(基信根)' 정도가 될 것이다. 그만큼 기독교는 믿음이 거의 전부라고 해도 과언이 아닌 종교이다.

불교에서도 역시 믿음은 매우 중요하다. 『화엄경(華嚴經)』 「현수품(賢首品)」에서 "믿음은 도의 근원이요 모든 공덕의 어머니[信爲道元功德母]"라 하였고, 주(住)—행(行)—향(向)—지(地)의 근본 바탕이 되는 것 역시 십신(十信)이다. 십신이 완전히 원만구족되면 십주(十住)의 초주(初住)인 발심주(發心住)가 되는데 이를 '신만성불(信滿成佛)'이라 하며, '초발심주(初發心住)가 곧 정각(正覺)'이라는 '초발심시변정각(初發心是便正覺)'의 화엄학의 중심 사상도 바로 완전한 믿음을 전제로 한 입론인 것이다.

탄허가 비록 기독교는 믿음이 전부라고 말했지만 결코 믿음을 무시해서가 아니었다. 「고린도전서」에서 말하는 기독교의 삼덕(三德)인 믿음[信]·소망[望]·사랑[愛]의 덕목 가운데 제일이라 하는 사랑 역시 '바른 믿음'인 정신(正信)에 기반을 두지 않으면 그 사랑 역시 탐욕과 욕망의 개입을 막을 수 없게 될 가능성이 있기 때문이다.

지금 각 종교에 있어서 믿음이 많지만, 불교 사상에 비춰보면 거의 정신(正信)을 가진 사람이 몇이나 되는가가 문제지요. 그럼

---

330) 월정사·탄허문도회(편), 앞의 책, 263쪽.

어떤 것이 정신인가? 주관 밖의 어떤 객관체를 믿는 대상이 있으면 이것은 바른 믿음이 아니며, 또 그렇다 해서 객관체가 없는 주관만이 서 있다면 이것도 또한 정신이 못 되지요. 주관과 객관이 완전히 떨어진 믿음이라야 정신이 되는데, 흔히들 공부를 안 했기 때문에 그걸 몰라요. 다시 말해서 불교의 참 믿음은 믿는다고 하는 것까지 끊어진 믿음이라야 한다는 뜻이지요. 이 무소득(以無所得)이 반야 사상의 골자지만 이 믿음도 무소득(無所得)으로 믿어야 한다는 것입니다.[331]

탄허가 말하는 바른 믿음이란 '주객이 끊어진 믿음'이며 '얻을 바가 없는 무소득의 믿음'을 의미한다. 믿는 주체와 믿는 대상이 끊어진 믿음이라는 것은 집착과 욕심이 끊어진 상태의 믿음을 말할 것이다. 하나님이나 예수님을 믿는다 하더라도 주인과 노예와 같은 상하의 관계가 해결된 상황이어야 함은 당연함과 동시에 대등한 관계라고 하더라도 피아(彼我)가 끊어진 무아와 무심을 기반으로 한 믿음이라야 정신(正信)이라는 말이다. 주객이 끊어지지 않고 얻을 바를 원하는 믿음은 잘못된 기도로 빠질 우려가 있는데 이에 관해서는 다음과 같이 언급했다.

기도하는 것이 잘못하면 마(魔)가 붙기 쉬운 것입니다. 특히 여자들에게 마가 붙은 예가 많아요. 물론 기도도 마음 밖에 법이 없다[心外無法]는 생각으로 철두철미하게 하면 참선하는 것이나

---

331) 김탄허, 앞의 책(2001), 149쪽.

경(經) 보는 것이나 다름없지요. 그러나 그렇게 되지 못하고 마음 밖에 어떤 것을 추구하면 마가 붙게 되지요. 이런 틈을 타서 마가 붙게 되면 무슨 칠성(七星)이 붙었다 혹은 산신(山神)이 붙었다고 하는데, 이런 상태를 기독교에서는 신의 계시를 받은 상태라고 하여 크게 보지만 불교에서는 대수롭게 보지 않지요. 그런 상태를 얻기 위해 사람들에게 기도하라고 권할 수는 없습니다. 그렇게 되면 올바른 정견(正見)이 설 수 없으니까요.[332]

기독교에는 특히나 '계시'를 받았다는 내용의 얘기들이 많다. 계시를 받겠다는 것 역시 소득(所得)을 원하는 것으로 무소득(無所得)의 믿음과 기도가 될 수 없다. 믿음이 절대적으로 중요한 기독교에서 탄허가 '정신(正信)'을 거론한 것은 매우 시사하는 바가 크다고 하겠다. 앞에서 살펴보았듯이 마음을 비운 허심(虛心)의 사람만이 천국에 갈 수 있다고 했던 것도 여기에 그대로 적용될 수 있을 것이다. 마음을 비운 믿음만이 올바른 믿음이 될 수 있는 것이다.

이제는 충만의 시대에서 비움의 시대로, 실학(實學)의 시대에서 허학(虛學)의 시대로, 물질의 시대에서 정신의 시대로 다시금 종교가 반본(返本)하고 변모해 나가야 할 때가 되었다. 이는 기독교만의 문제가 아니라 불교를 비롯한 이 시대의 모든 종교가 함께 반성하고 반추해 보아야 할 사항이다.

---

332) 김탄허, 앞의 책, 157~158쪽.

4) 자각의 종교와 종교의 자각

  탄허의 외침이 울려 퍼지던 35년 전과 비교해 볼 때 세상은 훨씬 더 욕망의 분출과 소유를 위한 쟁탈로 혼란스럽다. 탄허는 유·불·선·기 사교의 가르침에 대해 세간과 출세간의 내용 비율을 언급한 적이 있었다. 불교는 전체가 출세간의 이야기뿐이라고 했고, 도교는 출세간이 8할이고 세간이 2할이며, 기독교는 유교와 함께 세간이 8할이고 출세간이 2할이라는 것이다.[333] 기독교나 유교가 세간의 이야기가 많다고 해서 세속적이라는 것이 아니라 대중들이 보다 잘 알아듣게 하기 위해서 세간적인 이야기를 많이 하게 되었다는 의미였다. 교리와 가르침으로 볼 땐 그러한데 과연 지금의 각 종교계에서 출세간적인 비율이 얼마나 될 것인지, 과연 얼마나 많은 관심을 도(道) 닦는 근본 문제에 두고 있는지는 의문이다.

  급격한 경제의 성장을 정신의 계발이 뒤따르지 못하는 현실에서 배금·낭비·사치·청소년 문제 등의 사회 문제는 탄허 재세시에도 매우 민감한 문제였다. 이 문제들에 대한 좋은 처방을 기자가 요청하자 탄허는 "정신을 제일의로 삼고 물질을 제이의로 삼아 정신과 물질을 조화시키는 데서 인간은 좀 더 인간다워지고 사회는 정화될 것"이라고 했다.[334]

---

333) 김탄허, 앞의 책(2000), 185쪽.
334) 김탄허, 앞의 책(2001), 194쪽.

이 문제는 불교에서만 이렇게 다루는 것이 아니라 기독교의 예수님이나 유교의 공자님이나 어떤 성인이든지 (……) 정신을 제일의로 보고 물질을 제이의로 보았다고 생각합니다. (……) 그런데 반종교적인 사상에서는 물질만 풍요하면 됐지 종교가 무슨 필요가 있느냐고 종교를 부정합니다.[335]

탄허는 정신과 물질을 설명하면서 유물론과 유심론에 대해서도 설명했는데 정신과 물질의 관계는 결국 부즉불리(不卽不離)의 관계로밖에 설명할 수 없다고 했다.

유물론이니 유심론이니 하는 것은 서양에서 나온 술어입니다. 불교에서도 물론 우주만법이 유심이라는 말이 있습니다마는 유물·유심을 갈라서 그렇게 하는 말은 아닙니다. 다만 우주 만유의 현실을 중생이 겉으로만 보아 집착하니까 너희들이 현실로 보는 이것이 곧 모양이 끊어진 네 정신 속에서 나온 것이라고 근본을 지적해 주기 위한 말입니다. 그러므로 정신과 물질의 관계란 것은 '부즉불리, 비일비이(不卽不離, 非一非異)'라고밖에 볼 수 없는 것입니다.[336]

탄허는 넓은 의미의 종교관을 가지고 있었는데 그의 종교관을 단적으로 표현하자면 "종교는 자각(自覺)하는 것"이라는 말로 집약된다. 유교에는 뚜렷한 내세관이 없어서 종교로 보지 않는 사람

---

335) 김탄허, 앞의 책, 362~363쪽.
336) 위의 책, 323~324쪽.

이 있다는 질문을 받고서는 다음과 같이 답변했다.

> 그것은 기독교의 입장에서 하는 이야기요. 그들은 종교는 신과
> 인간의 교섭이라고 하는데 동양에는 안 맞는 이야기야. 종교라
> 는 것은 끝까지 자각(自覺)하는 것이고 스스로 깨닫는 것이야.
> 자각하면 무엇이 오느냐, 모든 고통이 나가버려. 우주가 생기기
> 전의 자리 거기에 앉아 있으니까. 우주를 내 마음대로 하는 거
> 야. 이것이 종교의 개념이지. 불교에는 천당, 지옥설, 극락 뭐 이
> 런 게 기독교보다 백배나 더 많습니다. 그러나 그런 것은 유치
> 해. 아무 가치도 두지 않는 것이지. 어린애들 가르치는 거야. 최
> 고의 이념은 자각. 그래서 자기가 이고득락(離苦得樂)하는 거야.
> 자기만 그러는 게 아니라 중생도 그렇게 만드는 거야.[337]

탄허는 '종교(宗敎)'의 의미에 대해서 면(宀)시(示)[338]의 의미로 풀
었다. 제일 꼭대기 진리(宀)를 보인(示) 것이 '종교'라는 것이다. 꼭
대기 진리라 함은 우주가 생기기 전의 면목으로 유교의 태극이
요, 불교의 원상(圓相)이요, 기독교의 하나님을 의미한다고 했다.
우주가 모두 여기에서 비롯되었기 때문에 진리의 원천이 될 수 있
는데, 그 가장 높은 진리를 보여 준 것이 '종(宗)'자의 의미라는 것

---

337) 김탄허, 앞의 책(2000), 186쪽.
338) 『설문해자』에서도 탄허의 설명과 같이 '종면종시(從宀從示)'의 회의자(會意字)로
    보고 있다. 하지만 의미에 있어서는 '존숭(尊崇)하는 선인(先人)'이나 '조묘(祖廟)'를
    의미한다고 했다. 李孝定의 『甲骨文字集釋』에서 '시(示)'는 '신주(神主)'의 형상이고,
    '면(宀)'은 '종묘(宗廟)'의 형상으로 분석했다. 許慎/湯可敬(撰), 앞의 책, 1001쪽 참조.

이다.[339)]

　20세기의 격동의 세월을 겪고 맞이한 21세기의 한반도의 종교 지형 역시 많은 변화를 맞이했다. 탄허는 한국에서의 기독교의 비약적 확산에 대해서도 분석한 적이 있다. 한국은 간방(艮方)으로 열매를 맺는 곳인데 결실을 맺기 위해서는 꽃잎이 져야 하고 꽃잎이 지려면 금풍(金風)이 불어야 한다는 것이다. 금풍, 곧 서풍(西風)은 필수불가결한 것인데 그 대표적인 것이 바로 미국 바람이었다는 것이다.[340)] 미국을 대표하는 금풍은 바로 기독교 문화였고 이 종교가 급속도로 한국사회에 퍼져 문화를 잠식한 것이라 하였다. 하지만 인간이 아무리 노력한다고 해도 하늘의 섭리의 작용은 당할 수 없는 것이니, 동양의 정신을 중심으로 한 사상과 문화에 대한 관심은 날로 높아지고, 물질을 중심으로 한 서구문명의 한계는 점차 드러나 서서히 쇠퇴해가는 운으로 흘러가고 있다고 했다.[341)]

　탄허는 지구의 미래를 전망하며 서양과 동양의 종교가 서로 조화를 이루고 화합할 때가 도래한 것으로 파악했다. 현재 한반도에서는 동서의 문명이 함께 융합하고 있으며 종교의 측면에서도 동양의 삼교와 기독교가 균형을 이루며 발전해 나가고 있다. 이러한 동서 문명의 결합과 동서사상의 융합은 『정역』의 '간태합덕(艮兌合德)'[342)]으로 설명이 가능하며, 불교와 기독교의 화쟁과 회통은

---

339) 김탄허, 앞의 책(2000), 186쪽.
340) 김탄허, 앞의 책(2001), 124쪽.
341) 위의 책, 122쪽.
342) '간태합덕(艮兌合德)'에 대해서는 V-3, '『정역』의 해석: 민족적 역학'에서 상세히

'불기합덕(佛基合德)'이라고 새롭게 명명해 볼 수 있을 것이다. 그 통합의 원리는 바로 간방(艮方)인 한반도에서 출현할 것이며, 동양 사상을 중심으로 서양 기독교와 회통·융섭하고 조화·통일하여 광대화해(廣大和諧)의 상생(相生)이 이 땅에서 펼쳐질 것이라는 것이 바로 탄허의 지론이었다.

탄허는 도덕의 실천을 가르치는 것이 종교이며 도의사회(道義社會)는 종교가 중심이 되는 사회라고 했다.[343] 하지만 종교가 점점 타락해 간다면 어떻게 될 것인가에 대해서도 예견해 둔 바가 있었다. 동서양이 점점 균형을 맞추며 함께 융합해 나가는 문명의 전개와 더불어 그 반대의 상황 역시 펼쳐질 것으로 전망했다. 근본 자리가 동근(同根)임을 망각한 종교계가 독단에 빠져 시비를 일삼고, 문명 간에 서로 충돌이 발생하고, 종교 간에 반목이 심해지면 초종교 사회가 와서 지금의 종교는 무너지게 될 것으로 본 것이다. 초종교 사회에 대한 그의 언급을 들어보자.

종교는 어차피 낡은 껍데기를 벗어던져야 할 것이다. 현재의 종교는 쓸어 없애야 할 것이다. 신앙인끼리 괄목상대하고 네 종교내 종파가 옳다고 하며 원수시하는 천박한 종교의 벽이 무너진다는 뜻이다. 그 장벽이 무너지면 초종교가 될 것이다. (……) 새싹이 나기 위해서는 그 자체는 썩어야 한다.[344]

다루도록 할 것이다.
343) 김탄허, 앞의 책(2000), 195쪽.
344) 위의 책, 196쪽.

탄허는 앞으로 종교는 과연 어떻게 변모할 것인가 하는 질문에 대해서 모든 껍데기를 벗어버리고 종교의 알몸이 세상에 완전히 드러나게 될 것이라고 대답했다. 현재의 종교는 모두 망해야 할 것인데 여기서 망해야 한다는 것은 본질과는 멀리 떨어진 요소들은 모두 잘라 내게 된다는 의미라고 했다. 종교는 향후 새 길을 모색하게 될 것이며 '초종파 운동'이 일어나 수도(修道)만이 최고의 가치가 되고 정신교육에 최선을 기울이게 될 것이라 했다. 이러한 때에는 동양 사상이 부각되는 연대가 형성될 것이며 이 연대는 '좁은 문'으로 들어가는 자만이 영광을 얻는 성격이 될 것이라고 했다. 현재의 썩은 종교가 망하는 운명에 봉착하게 될 때엔 견딜 수 없는 진통을 거치게 된다고 했다.[345] 밝은 미래는 이러한 진통을 겪은 뒤에나 펼쳐지게 됨을 잊어서 안 될 것이라고 했다. 누구든지 몇 사람이라도 정신을 차리면 그 종교의 운명이 살아 있는 것이고 그런 사람이 없으면 그 종교의 운명이 떨어진 것이 될 것이라 했다.[346]

모든 종교는 '자각(自覺)의 종교'가 되어야 할 것이며 이를 위해서는 '종교의 자각'이 필요하다는 것이다. 이것이 바로 "새 시대를 맞는 새 자세"임을 힘주어 역설했다.[347]

---

345) 기독교의 종말론과 관련된 사항은 Ⅴ장의 '말세론'과 '미래학'에서 세부적으로 다루고자 한다.
346) 김탄허, 앞의 책(2001), 349쪽.
347) 위의 책, 61~63쪽 요약.

5. 사교 회통 사상의 종합적 정리

1) 유·불·선·기 사교 회통 사상 요약

지금까지 역학과 유학, 노장학과 기독교를 불교와 상호 회통한 내용들을 세부적으로 살펴보았다. 이러한 탄허의 유·불·선·기 사교 회통 사상의 내용을 한 지면에 요약하여 표를 구성해 보면 다음과 같다.

〈표 9〉 탄허의 사교 회통 사상에 대한 요약

동서 융합	동양[유·불·선 삼교]			서양[기]
사교 회통	유교	도교	불교	기독교
성(性) 자리	통체일태극(統體一太極; 주역), 중(中; 중용)	천하모(天下母; 노자), 혼돈(渾沌; 장자), 태역(太易; 열자)	각(覺), 법신(法身), 원상(圓相), 최청정법계(最淸淨法界), 최초일구자(最初一句子)	성부(聖父), 천국(天國)
심성 (心性)	존심양성(存心養性)·진심지성(盡心知性)	수심연성(修心練性)	명심견성(明心見性)	허심수복(虛心受福)
일(一)	정일집중(精一執中)	득일만사필(得一萬事畢)	만법귀일(萬法歸一)	일자(一者)·하나님
근(根)	유식근(儒植根)	도배근(道培根)	석발근(釋拔根)	기신근(基信根)

대표경전	주역(周易)	노자(老子)·장자(莊子)	화엄경(華嚴經)	산상수훈(山上垂訓)
습득기간	10년	20년	상근기: 30년 하근기: 300년	상근기: 3개월 하근기: 3년
장점	치세(治世)	치신(治身)	치심(治心)	치조(治組)
동자(童子)의 비유	적자지심(赤子之心)	함덕적자(含德赤子)	영아행(嬰兒行, 선재동자)	동자(童子)·천국(天國)
세간:출세간	세간: 8할 출세간: 2할	세간: 2할 출세간: 8할	출세간: 10할 (聖俗不二)	세간:8할 출세간:2할
말세론	황극경세서: 황(皇)·제(帝)·왕(王)·패(覇)·이적(夷狄)→금수운(禽獸運)	노자38장: 도(道)·덕(德)·인(仁)·의(義)→예(禮), 난지수(亂之首) 폐도덕(廢道德) 살혼돈(殺渾沌)	대집경: 해탈(解脫)·선정(禪定)·다문(多聞)·탑사(塔事)→투쟁뇌고(鬪爭牢固)	요한계시록: 최후의 심판(종말)

2) 사교 회통 사상의 결실 : 역경결사와 교육불사

탄허는 1982년 12월, 생애 마지막 대중강의인 동양 사상 특강을 마치고는 "나는 불보살의 심부름으로 세상에 온 것 같다. 그렇지 않고서 어떻게 이 많은 불사를 했겠는가?"[348]라는 말을 남겼다. 그는 스스로 생각해도 불사의할 정도로 많은 불사를 했다고 했을 만큼 역경과 교육활동 분야에서 남다른 열정과 업적을 보여주었다. 먼저 탄허의 역경불사와 관련된 행장만 따로 살펴보자.

---

348) 오대산문도회·탄허불교문화재단·교림(편), 앞의 책, 686쪽.

1949년(37세)까지 15년간 선원에서 좌선을 겸하며 불교 내전의 이력 과정을 모두 마쳤다. 주요 경전과『전등록』,『선문염송』,『육조단경』,『보조법어』,『영가집』등의 선어록까지 한암에게 사사하고 이통현의『화엄론』에 현토할 것을 부촉받았다.

1955년(43세)에 월정사 조실이 되고 이듬해 5년 과정의 오대산 수련원을 개원하여 인재양성을 시작했다.

1956년(44세)에 수도원의 교재로 쓰기 위해『신화엄경합론』등의 번역을 착수했고, 1959년(47세)에는 최초의 번역인『육조단경』과『보조법어』를 시작으로 본격적인 역경불사에 투신했다.

1961년(49세)에는 원보산의 후원으로 법보원에서『선문염송』을 간행할 때 운허·관응과 함께 현토에 참여하였다. 당시 운허는 탄허가 유·불·선 삼교에 해박하므로 현토의 교열을 탄허에게 일임했다고 한다.[349]

1966년(54세)에 수원 용주사에 설립된 동국역경원 초대 역장장에 임명되어 번역원고 증의를 보다가 '죽살이 바퀴돌리기'란 말의 원문이 '생사윤회(生死輪廻)'인 것을 보고 대중에게 원고 말미에 번역자 이름을 밝히라고 하고 고유명사나 숙어는 반드시 괄호 열고 표기하는 것이 옳다고 제안했으나 받아들여지지 않아 역장장의 직위를 내려놓고 오대산으로 돌아왔다.

1967년(55세)에 10년 만에 6만 3천여 장에 달하는『현토역해 신화엄경합론(懸吐譯解 新華嚴經合論)』번역을 탈고하고 새벽 3시

---

349) 무관,「탄허의 선사상」, 앞의 책, 112~113쪽.

부터 저녁 10시까지 8개월에 걸쳐 제자 각성·통광·무비·성일·혜등 등과 함께 원고 교정과 수정 작업을 마무리했다.

1970년(58세)에 이통현의 『화엄론』을 포함하여 『화엄경』을 완역했다는 소식이 일본에 전해져 동경대학(東京大學)의 초청을 받고 7일간 일본학자들과의 문답과 특강을 마치고 3배의 예를 받았다. 이듬해 대만대학(臺灣大學) 초청으로 비교종교철학 강연을 했다.

1975년(63세)에 번역 착수 18년 만에 『신화엄경합론』 47권(양장 23권)을 간행하게 된다.

1976년(64세)에 사집과(四集科) 교재인 『서장(書狀)』·『도서(都序)』·『절요(節要)』·『선요(禪要)』를 완간했으며, 1977년(65세)에 오대산 월정사에서 2개월간 『화엄경』 완간 기념 제1회 화엄법회(동양 사상특강)를 개최했다.

1980년(68세)에 사교과(四教科) 교재 『능엄경(楞嚴經)』·『금강경(金剛經)』·『원각경(圓覺經)』·『기신론(起信論)』을 완간하고 1981년(69세)에 『치문(緇門)』·『초발심자경문(初發心自警文)』을 완간했다.

1982년(70세)에 『주역선해(周易禪解)』를 완간하고 숭산 선사 초청 미국 홍법원 10주년 기념 특별법문을 했으며, 사미과·사집과·사교과 출판기념 제2회 동양 사상 특강을 월정사에서 개최했다.

1983년(71세) 『노자 도덕경(老子 道德經)』을 완역하고 마지막 교정을 마친 일주일 뒤 입적했다. 유고집인 『피안으로 이끄는 사자후』(1997년), 유고원고인 『영가집(永嘉集)』(2001년), 『발심·삼론(發心·三論)』(2001년), 『장자남화경(莊子南華經)』(2004년)이 간행되었다.[350)]

    탄허는 1956년부터 1983년까지 28년간 새벽 1~2시에 기상하여 몇 시간 참선 후 오전 동안은 줄곧 역경삼매(譯經三昧) 속에서 총 20종 80권의 유·불·선의 경전들을 번역했다. 지금까지 탄허의 저술에 대해서 그 정확한 숫자가 확정되지 않은 채 분분한 상태로 있었는데 본 연구에서 그 숫자를 확정하고자 한다. 1982년 최승순 교수와의 대담에서 저서가 얼마나 되느냐는 질문에 대한 탄허 자신의 대답을 통해 정확히 역저서의 숫자를 확인해 볼 수 있다.

> 『화엄경』 이외에 사교(『능엄경』 5권, 『금강경』 3권, 『원각경』 3권, 『기신론』 3권), 사집(『서장』 1권, 『도서』 1권, 『선요』 1권, 『절요』 1권), 사미(『치문』 2권, 『초발심자경문』 1권), 별전(『주역선해』 3권, 『도덕경』 2권), 『육조단경』 1권, 『보조법어』 1권, 『부처님이 계신다면』 등 아마 76권 정도입니다.[351]

    1982년 대담 당시 탄허 자신이 대답한 역저서의 수는 총 16종 76권이었다. 당시에 출간되지는 않았으나 번역 원고를 토대로 사후에 출간한 역서로 『영가집』과 『장자 남화경』이 있다. 여기에 『초발심자경문』의 부록으로 실었던 『삼론』의 경우는 성격이 달라서 따로 한 권의 책으로 출간되었으므로 별도의 책으로 보는 것이 타당하다. 여기에 직접 저술한 것은 아니지만 대담집인 『부처님이

---

350) 오대산문도회·탄허불교문화재단·교림(편), 앞의 책, 672~676쪽.
351) 김탄허, 앞의 책(2000), 154쪽.

계신다면』을 탄허 스스로 저서의 숫자에 포함시킨 것을 볼 때 입적 후에 동일한 성격으로 출간된 『피안으로 이끄는 사자후』 역시 그의 저서에 포함시켜야 할 것이다. 그렇다면 탄허의 역저서의 총수는 20종 80권(양장본 44권)이 된다. 향후 탄허 저서의 총수는 이를 기준으로 확정해서 더 이상의 혼동을 피했으면 한다. 그 전체 목록을 표로 나타내 보면 다음과 같다.

〈표 10〉 탄허의 역저서 목록

경전 이름	권 수	양장본
신화엄경합론(新華嚴經合論)	47	23
능엄경(楞嚴經)	5	3
금강경(金剛經)	3	1
원각경(圓覺經)	3	1
기신론(起信論)	3	1
서장(書狀)	1	1
선요(禪要)	1	
도서(都序)	1	1
절요(節要)	1	
치문(緇門)	2	1
초발심자경문(初發心自警文)	1	
육조단경(六祖壇經)	1	1
보조법어(普照法語)	1	1
영가집(永嘉集)	1	1
발심삼론(發心三論)	1	1

주역선해(周易禪解)	3	3
노자 도덕경(老子 道德經)	2	2
장자 남화경(莊子 南華經)	1	1
부처님이 계신다면	1	1
피안으로 이끄는 사자후	1	1
총 20 종	총 80 권	총 44 권

탄허의 역경은 『육조단경』과 『보조법어』같은 선어록의 번역에서 그 대장정이 시작됐다. 49세인 1959년에 나온 『육조단경』은 탄허의 역경 가운데 최초의 책으로 탄허의 번역 이전에는 한 번도 국내에서 완역된 적이 없었다.[352] 탄허가 『육조단경』과 『보조법어』부터 번역한 것은 한국불교의 정체성이 선불교에 있음을 명확히 하고 한국선의 사상적 근원을 확고히 정립해 보고자 했던 것임을 짐작할 수 있다. 탄허는 종지와 대의를 중시하며 경전이 내포하는 근본 뜻을 곧바로 파악해 들어가기 위해 철저히 선승의 안목으로 저본들을 선택한다. 즉 경전을 교학적인 관점에서 보고자 했던 것이 아니라 철저히 선(禪)의 관점에서 보고자 했던 것이다.

탄허는 화엄을 가까이 하려면 선에 깃들어야 하고 참선을 하면 그것이 바로 화엄의 수행이라 했다. 또 경을 공부하는 이는 참선을 해야 하며 화엄을 이해하기 위해서는 선에 의한 힘을 배양해야 한다고도 했다. 화엄을 교학의 범주에 국한시키지 않고 항상 선과의 관계 속에서 길항하는 상호융섭의 관계로 설명하고 있는

---

352) 윤창화, 「탄허스님의 불전역경과 그 의의」, 앞의 책, 355쪽.

것이다. 이러한 '선 중심주의'는 그의 역경 과정에서 저본을 선택할 때 중요한 판단기준과 역경 원칙으로 일관되게 작용했다.

한암의 부촉으로 송대(宋代) 이래의 선사들이 애독한 이통현의 『화엄론』의 현토에서부터 본격화된 『화엄경』의 번역은 탄허의 철저한 '선 중심'의 역경 원칙을 보여주는 대표적인 사례이다. 탄허는 『화엄경』을 번역할 때 화엄 교학의 대표 주자인 청량 징관의 『화엄경 소초』를 중심으로 삼지 않고 이통현의 『화엄론』을 중심으로 삼았는데, 이는 현수 법장-청량 징관-규봉 종밀로 이어지는 전통 화엄 교학의 계통이 아니라 이통현(화엄론)-보조 국사(화엄론절요)-한암 선사(화엄론 현토 부촉)로 이어지는 선종 계열의 화엄관[353]이 녹아 있는 역경불사임을 알 수 있다. 탄허는 『신화엄경합론』 서문에서 밝힌 바와 같이 『통현론』을 정(正)으로 하고 『청량소』는 조(助)로 하며, 종지는 『통현론』으로 하고 자구의 해석은 『청량소』로 하였다.[354] 이에 『통현론』은 원문과 함께 현토·완역한 것에 반하여 『청량소』는 선별하여 쌍행(雙行)의 할주(割註)로 삽입하는 정도에 그쳤다.

사교(四敎)의 경우, 『금강경』은 조선의 함허의 『설의(說誼)』로 주각(註脚)을 하고, 『능엄경』은 『정맥소(正脈疏)』의 역문(譯文)과 『계환해(戒環解)』의 현토를 병행하며, 『기신론』은 『원효소(元曉疏)』를 정(正)으로 하고 『진계주(眞界注)』를 조(助)로 하여 전통 강원에서 사용했던 『현수소(賢首疏)』는 사용치 않고, 『원각경』은 『함허해(涵虛解)』를 정(正)으로 하고 『통윤근석(通潤近釋)』을 조(助)로 하여 전

---

353) 윤창화, 앞의 논문, 363~364쪽.
354) 김탄허(역해), 앞의 책(2011), 3~7쪽.

통 강원에서 사용했던 규봉 종밀의 『원각경대소초(圓覺經大疏鈔)』는 교리 중심의 번쇄함으로 인해 선택하지 않았다.[355]

이처럼 탄허는 경전을 역해할 때에 반드시 종지와 대의의 핵심을 곧장 드러낼 수 있고, 번쇄하고 난삽한 자구에 얽매이지 않는 간명한 저본을 선택하였다. 이는 그의 선지(禪旨)를 중심으로 한 역경 원칙을 일관되게 관철시킨 결과이다. 오랜 전통을 지닌 『기신론 현수소』나 『원각경 대소초』를 강원 교재용 번역본에서 과감하게 배제한 것 또한 같은 맥락에서 이해할 수 있다. 이를 통해 탄허가 강원에서 문장의 해석 위주로 내전을 공부한 것이 아니라 선원에서 선지와 대의를 중심으로 이력을 마친 독특한 경력이 그의 역경관으로 발전된 것을 볼 수 있다

탄허의 역경 원칙은 직역과 축자역이었다. 자신은 직역과 축자역을 중심으로 도매상을 하겠으니 이를 활용하여 구어체와 의역을 곁들인 무한한 소매상이 뒤따라 나오기를 바란다고 말하며 자신의 역할 규정 속에서 고수한 원칙이었다. 그는 구어체와 의역은 변화가 빠른 언어의 속성상 30년 내지 50년이 지나면 새로운 번역이 필요한 운명에 처하게 된다고 보았다. 소매상이 당대의 언어 상황에 맞는 번역교재를 생산한다면, 탄허는 그들이 기본적으로 참조할 수 있도록 수백 년간 지속될 수 있는 근본 교재를 만들고자 했다. 그가 직역과 축자역을 고집한 이유가 여기에 있었다.

탄허의 역경 체재는 '한문 원문–현토–직역–주석1(正)–주석

---

355) 문광, 앞의 논문(2016a), 232쪽.

2(助)-탄허 주해'로 이루어져 있다. 원문을 현토하고 직역하는 데 그치지 않고 주석서를 함께 번역하고 자신의 주해까지 덧붙이고 있는 것이다. 이는 일반 대중이 쉽게 이해할 수 있는 번역서를 만드는 것보다는 학자와 전문가들이 한문 경전을 올바르게 익히고 깊이 이해할 수 있도록 근본 교재를 만드는 데 주안점을 두었기 때문이다. 탄허의 역경 전체를 그의 체재에 입각하여 표로 정리해 보면 아래와 같다.

〈표 11〉 탄허 역경에서의 주석의 정(正)과 조(助)

경전	주석(正)	주석(助)	특이점
신화엄경합론 (新華嚴經合論)	통현(通玄)의 논(論)	청량(淸凉)의 소초(疏鈔)	계환요해(戒環要解)· 보조(普照)의 원돈성불론(圓頓成佛論)
치문(緇門)	백암(栢庵)의 주(註)		불교의 소학(小學)
금강경 (金剛經)	오가해(五家解)	함허(涵虛)의 설의(說誼)	탄허의 주해 (금강경칠가해)
능엄경 (楞嚴經)	계환해(戒環解)의 현토(懸吐)	정맥소(正脈疏)의 역문(譯文)	원경(原經)의 중시
기신론 (起信論)	원효(元曉)의 소(疏)·별기(別記)	진계(眞界)의 주(注)	현수소(賢首疏) 배제· 해동소(海東疏) 부각
원각경 (圓覺經)	함허(涵虛)의 해(解)	통윤(通潤)의 근석(近釋)	규봉(圭峰)의 대소초(大疏鈔) 배제
서장(書狀)	탄허의 병입사기(并入私記)		자신만의 선지(禪旨) 공개
보조법어 (普照法語)	한암의 찬집(纂集)·현토(懸吐), 탄허의 역해(譯解)		보조법어 최초의 정본(定本)

영가집 (永嘉集)	함허(涵虛)의 설의(說誼)		사집과(四集科)가 아닌 오집과(五集科) 주장
주역(周易)	지욱(智旭)의 선해(禪解)	정주(程朱)의 전의(傳義)	김일부(金一夫)의 정역(正易)을 해설
노자 도덕경 (老子 道德經)	송상성(宋常星)의 태상도덕경강의 (太上道德經講義)	31가의 주석	박세당(朴世堂)의 신주도덕경(新注道德經)
장자 남화경 (莊子 南華經)	선영(宣穎)의 남화 경해(南華經解)	33가의 주석	박세당(朴世堂)의 남화진경주해산보 (南華眞經注解刪補)

    탄허는 역경할 때 하나의 신념이 있었다. 중국 중심의 주석서에서 벗어나 한국의 주석서를 적극 발굴하여 채택하였으며 일본의 주석서는 전혀 사용치 않았을 정도로 문화사대주의에서 탈피하겠다는 의지가 강했다. 원효의 『기신론소·별기』를 강원 교재로 사용하게 만들었고, 조선 시대 함허의 설의 등을 적극 활용했으며, 서계 박세당의 노장 주석을 적극 선양했다.

    탄허의 경전 번역은 '역경결사(譯經結社)'[356]의 성격을 가진다. 그는 역경불사를 종신결사(終身結社)의 형태로 밀고 나갔다. 번역만을 놓고 보면 1인 결사의 성격을 띤다고 볼 수 있으나 모든 경

---

356) 김호성, 김광식, 윤창화 등이 탄허의 역경을 '결사'라 정의한 이래 탄허의 역경 사업과 인재양성은 '역경결사'와 '교육결사'라 명명되고 있는데 이는 매우 타당한 견해로 필자 역시 이에 적극 동의한다. 김호성, 「탄허의 결사운동에 대한 새로운 조명」, 『한암사상』 3집, 월정사, 2009, 142~143쪽. 김광식, 앞의 책, 236~237쪽. 윤창화, 「탄허의 경전번역의 의의와 강원교육에 끼친 영향」, 『미래를 향한 100년, 탄허』, 조계종출판사, 2013, 173~175. 김호성, 『결사, 근현대 한국불교의 몸부림』, 씨아이알, 2016.

전의 교정을 반드시 5~6회에 걸쳐 대중들과 함께 읽고 토론·수정하는 것을 원칙으로 하였기에 역경자체가 결사의 형태를 띠고 있다고도 볼 수 있다. 게다가 교정 기간 중 점심공양 이후 2시간 동안은 대중에게 다양한 과목으로 강의함으로써 역경결사와 교육불사를 병행했다고 할 수 있다.

탄허는 "종지가 없는 학문은 죽은 학문"[357]이라고 했고, "성현의 학문은 '심성(心性)' 두 글자가 있을 뿐"이라고 했다. "나라와도 바꾸지 않을 인재를 양성해야 한다"라고 말하던 그는 1966년 동국역경원 개원식에서 "법당 백 채 짓는 것보다 스님 교육이 더 필요하다"[358]라고 역설했다. 이러한 그의 언명을 충족시키기 위한 불사가 바로 역경결사와 교육불사였다. 그는 "요즘 속학(俗學)에는 종지가 없다"[359]라고 하면서 대학을 나왔어도 삶의 기술은 배웠지만 인생의 근본이 무엇인지 터득하지 못한다고 했다. '성인의 우주관과 인생관이 포함된 경전을 통해 진정한 학문과 삶의 근본적인 의미를 알라는 뜻에서 번역도 하고 교육도 하는 것'이라고 했다.[360] 물질만을 추구하는 현대 사회는 머지않아 인재난(人材難)이 올 것이므로 청년들에게는 자신의 인격도야가 급선무요, 승가에서는

---

357) 월정사·탄허문도회 편, 앞의 책, 124쪽.

358) 원행, 앞의 책, 91쪽.

359) 탄허는 종지가 있는 학문이란 무엇인가에 대해서 강의한 적이 있다. "속학에는 종지가 없다. 우주 만유를 하나로 소급시키는 것이 있으면 종지가 있는 학문이고 이러한 종지가 없는 학문을 속학(俗學)이라 한다. 속학에는 종지가 없다. 유교도 종지가 있는 학문이다. 유교·도교에 종지가 없는 속학이라고 하면 그건 너무 과한 소리다"라고 하였다. 김탄허(강해), 앞의 간추린 법문 테이프(1).

360) 위의 책, 262쪽.

공부하는 스님을 양성하는 것이 시급하며, 국가에서는 도의적 인재양성이 국가의 미래를 결정할 것이라고 했다.[361]

탄허는 역사의 가치는 모방하는 데 있는 것이 아니고 창조하는 데 있다고 했다. 이를 위해 동서양의 정신문화를 필수과목으로 채택하는 교과과정의 일대 개혁을 단행하여 서양이나 이웃나라의 제도를 무조건 받아들여 모방하기에 앞서 우리의 정신교육을 강화하고 내실을 갖춘 한국인으로 성장시켜야 한다고 주장했다.[362] 그는 유·불·선·기 사교를 회통하여 불교의 화엄학, 유교의 역용지학(易庸之學), 선가의 노장학, 기독교의 산상수훈 등을 국민교육을 위한 교재로 만들어 창조적인 인재를 양성해야 한다고 역설했다.[363] 그에게 마지막 소원을 물어보자 성인들의 학설을 필수과목으로 하고 도의교육(道義敎育)을 국민교육의 바탕으로 삼아 국가와도 바꾸지 않을 인재를 양성하는 것이라고 했다.[364] 이러한 탄허의 염원은 동서양의 유·불·선·기 사교의 학술을 회통하여 창조적이고 도의적인 인재를 양성하기 위한 역경결사와 교육불사로 이어졌다. 이러한 탄허의 역경과 교육의 정신은 '과거를 회통하여 현재를 깨닫는다'는 의미의 '통고각금(通古覺今)'[365]의 과정이었다고 평가할 수 있을 것이다.

---

361) 앞의 책, 222쪽.
362) 위의 책, 205쪽.
363) 위의 책, 206쪽.
364) 위의 책, 272쪽.
365) 필자가 사용한 '통고각금(通古覺今)'이란 용어는 앞서 사용된 선례가 없다. 탄허가 강조했던 '회통'과 '깨침'의 정신에 주목하여 필자가 그의 회통 사상을 고금관(古今觀)으로 표현해 본 것이다.

제5장 사교 회통의 미래학 :
간산 사상(艮山思想)

　탄허의 미래학은 유·불·선·기 사교의 회통 과정을 통해 도출된 결론을 현실 문제에 적극적으로 활용하여 현재와 미래 세계에 투사한 것이다. 그는 동양 삼교의 사상이 점차 융화되고 나아가 동양과 서양의 정신문명이 서로 조화를 이루어 지구촌이 하나로 융합할 것으로 전망했다. 그러한 시대에 간방(艮方)인 한국이 주도적인 역할을 하게 되고 세계의 정신문명의 중심으로 도약할 것임을 예견했는데 이러한 탄허의 민족 사상을 필자는 '간산 사상(艮山思想)'[1]이라고 명명하였다. 이는 탄허가 한국의 지정학적 위치인 '간방(艮方)'을 역학(易學)과 사상적 방면에서 특별히 중시한 바 있고, 출가 전에 사용했던 그의 자(字)가 또한 '간산(艮山)'이었다는 점에 착안한 것이다. 본 연구에서는 이 '간산'이 내포하는 중층적인 의미를 통해 탄허의 미래학과 민족적 역학을 종합적으로 논구하고자 한다.

---

1) 문광, 『탄허학의 골수와 종지』, 탄허기념박물관, 2013, 61~82쪽.

1. 말세론(末世論) : 삼교의 말법시대 해석

1) 불교의 투쟁뇌고(鬪爭牢固)

탄허는 현대의 종교 상황에 대해서 논하면서 불교의 말법시대에 대해서 다음과 같이 언급했다.

부처님께서 일찍이 오오백세(五五百世)를 가지고 예언한 것이 있습니다. '제일오백세(第一五百世)는 해탈(解脫)이 뇌고(牢固)요, 제이오백세(第二五百世)는 선정(禪定)이 뇌고요, 제삼오백세(第三五百世)는 다문(多聞)이 뇌고요, 제사오백세(第四五百世)는 탑사(塔寺)가 뇌고요, 제오오백세(第五五百世)는 투쟁(鬪爭)이 뇌고라' 즉 2천 5백 년이죠. 부처님께서 이 세상을 떠나신 후에 제일오백년 동안에는 입산수도하는 사람이든지 불교를 믿는 사람이면 대개 해탈경지에 이르게 되고, 제이오백년의 천년 동안에는 낱낱이 해탈은 못하지만 선정, 즉 도를 닦을 줄 아는 사람이 많고, 제삼오백년 동안은 해탈도 선정도 없이 다만 많이 들어서 팔만장경의 교리를 통달하여 박문강기(博聞强記)하는 지식 면으로만 발달하고, 제사오백년 동안에는 해탈도 선정도 다문도 없이 절이나 짓고 탑이나 쌓는 사업만을 숭상하고, 제오오백년 동안은 즉 2천 5백 년이 되죠, 이때는 해탈도 선정도 다문도 탑사도 없이 다만 명예나 재리(財利)를 가지고 싸움만을 일삼는다고 하셨습니다. 부처님께서 이 2천 5백 년을 가지고 예언하신 것은 세강속말(世降俗末)이 될수록 도 닦기가 어려워지는 것을 말씀

하신 것입니다.[2]

탄허가 언급한 이 내용은 『금강경』의 정신희유분(正信希有分)에 '여래멸후 후오백세'라 하여 동일하게 등장한다. 『금강경 오가해』에서 규봉 종밀(圭峰 宗密)은 『대방등대집경(大方等大集經)』의 「월장분(月藏分)」의 내용을 바탕으로 주석하고 있다. '후오백세'는 『대집경』에 나오는 것으로 첫 5백 년은 해탈뇌고, 두 번째 5백 년은 선정뇌고, 세 번째 5백 년은 다문뇌고, 네 번째 5백 년은 탑사뇌고, 다섯 번째 5백 년은 투쟁뇌고라는 것인데, 원래 악세(惡世)이므로 믿지 못할 것을 의심했으므로 악세를 들어 의심을 끊은 것[3]이라는 것이다. 탄허는 오오백세에 관해서 수차례 언급하며 상세히 그 내용을 설명하곤 했다. 현대는 이 다섯 번의 오백세 가운데 '투쟁뇌고'의 시대로 해탈이나 선정, 다문이나 탑사는 사라져 버리고 오직 이익만을 추구하는 시기임을 알아야 한다고 했다.[4]

그리고 한국불교의 역사를 돌아보면서 신라의 불교는 평지에서부터 산 정상을 향해 올라가는 것이었고, 고려의 불교는 평지를 계속 걸어가는 것이었으며, 조선의 불교는 산 정상에서부터 평지로 내려오는 것이었는데 현대의 불교는 올라가지도 내려가지도 평지에 있는 것도 아니지만 그렇다고 해서 그 명맥이 끊어지는 것

---

2) 김탄허, 앞의 책(2001), 344~346쪽.
3) "後五百歲者, 大集云; 初五百歲, 解脫牢固, 二禪定牢固, 三多聞牢固, 四塔寺牢固, 五鬪爭牢固, 本疑惡世無信, 故擧惡世以斷疑." 김탄허(역), 『금강경』, 교림, 2006, 192~193쪽.
4) 김탄허, 앞의 책(2000), 236쪽.

역시 아니라고 했다.[5] 불교의 명맥이 끊어지지 않는다는 것은 마음공부가 사라지지 않는다는 의미로 받아들일 수가 있으며, 시대마다 발전과 쇠락이 존재하는 것은 당연한 이치이지만 그러한 현재적 상황을 어떻게 극복하고 운명을 개척하느냐가 관건이라는 의미이다.

탄허는 현재의 불교교단 역시 근본적인 수술이 필요하다고 했다. 하지만 승려들의 힘만으로는 불가능하며 정계인과 함께 해야 되는데 어느 시대나 그래 왔었다는 발언을 했다.[6] "비구승 열 명보다 불교인 정치가 한 사람이 더 요구된다"라고 하면서 불교인 정치가가 나와야 우리가 바라는 일이 추진될 수 있을 것[7]이라고 했다.

현대 한국 불교의 문제점을 어떻게 파악하고 있느냐는 질문에 대해서는 다음과 같이 답변했다.

> (찻잔을 들어 보이면서) 그것은 이 한 잔의 물로 산불을 어떻게 끌 것이냐고 묻는 것과 똑같습니다. 수극화(水克火), 물이 불을 이기는 건 원리입니다만, 그러나 한 잔의 물을 들고 있는 것이 김탄허의 현재 힘이요, 이런 때에는 거꾸로 화극수(火克水)가 될 수도 있단 말입니다. 앞으로 잘 되면 이 한 잔의 물이 동해바다 물같이 될 것입니다. 그때에는 산불을 어떻게 *끄*겠느냐고 하면 대답을 하겠는데 지금은 못 하겠어. (……) 때가 와야 합니다.

---

5) 김탄허, 앞의 책(2001), 346쪽 요약.
6) 김탄허, 앞의 책(2000), 221쪽.
7) 김탄허, 앞의 책(2001), 162쪽.

그러려면 위정자와 손이 맞아야 합니다.[8]

한국불교의 문제들을 지금 당장 탄허 개인의 힘으로는 감당하기 어려우나 시절인연이 도래하면 작은 한 잔의 물이 동해바다의 물이 되어 산불을 끌 수 있는 것과 같은 힘을 발휘하게 될 것이라고 했다. 탄허가 미래의 인재양성을 위해서 국민 교재로 쓸 수 있는 유·불·선·기 사교의 경전을 지정[9]하고, 동양 삼교의 핵심경전을 번역해 둔 것은 바로 먼 훗날을 준비하기 위함이었다는 것이다.

탄허는 날이 갈수록 산으로 들어오는 승려들의 질적 저하가 눈에 완연히 보인다고 했다. 공부하기 위해 출가하는 것이 아니라 이익을 따라 오는 것 같다고 했다. "총무원 감투를 중들이 대단하게 생각하는 것 같다"고 하면서 "주지하지 말라고 강제로 말해 봤자 소용없어요. 주지보다는 공부가 중하다는 것을 저절로 깨닫게 해야지요"라 하며 승려의 재교육을 강조했다.[10]

불교의 시대구분은 오오백세와 함께 정법(正法), 상법(像法), 말법시대(末法時代)로 나누기도 한다. 지금은 투쟁뇌고의 시대이자 말법시대이다. 말법시대에는 가는 곳마다 투쟁과 싸움이 벌어져 스님과 스님이 싸우고, 스님과 신도가 싸우고, 신도와 신도가 싸

---

8) 김탄허, 앞의 책(2000), 183쪽.
9) 앞 장에서 살펴본 바와 같이 탄허가 국민의 교재로 사용했으면 하는 경전들은 불교의 『화엄경』, 유교의 『주역』·『논어』·『중용』, 도교의 『노자』·『장자』, 기독교의 「마태복음」의 「산상수훈」 등이다.
10) 김탄허, 앞의 책(2001), 176~177쪽.

우게 된다는 것이다. 현재 교학(敎學) 내부에서도 대승불교와 초기불교가 싸우고, 선학(禪學) 내부에서도 간화선과 관법이 서로 옳다고 싸우는 양상이 나타나고 있다. 하지만 탄허는 "자리(自利)를 앞세우는 남방불교와 이타(利他)를 먼저 내거는 북방불교의 장점이 조화롭게 승화될 때 세계의 불교는 발전할 수 있는 것"[11]이라고 했다. 또 그는 스님네는 세속인을 욕하면 안 된다고 했다. 모든 스님들은 속세에서 살다가 출가했기 때문에 세속은 스님들의 본 고향이므로 속인들이 스님에게 실망하여 욕을 할 수는 있을지언정 스님은 세속이 고향이기 때문에 속인을 욕해서는 안 된다고 했다.[12]

탄허는 현대사회를 사는 모든 이는 지금이 바로 투쟁뇌고의 시대임을 명확히 인지하고 바른 신심을 내고 새로운 원력을 세울 것을 강조했다. 이러한 투쟁의 시대에도 공부하는 이들이 전혀 없는 것은 아니며 이런 시대일수록 공부하는 이들이 더 장하다는 것이다. 또한 그는 투쟁뇌고의 시대가 왔다고 해서 세상이 끝이 나는 것이 아니요, 다시 새롭게 되돌아오는 것이 우주의 섭리이므로 낙심하지 말고 새로운 기대를 걸고 정진하라고 당부했다.[13]

탄허는 당태종(唐太宗)의 『정관정요(貞觀政要)』의 '재불차어이대(材不借於異代)'라는 말을 인용하며 "재목을 다른 시대에서 구하지 않는다는 뜻으로 그 시대에 인재가 있다"[14]고 하여 투쟁뇌고인 현시

---

11) 앞의 책, 167쪽.
12) 김탄허(강해), 앞의 테이프(3).
13) 김탄허, 앞의 책(2000), 236쪽.
14) 김탄허, 앞의 책(2001), 213쪽.

대에도 좋은 재목들이 숨어 있을 것이라는 희망을 버리지 않았다.

2) 유교의 금수운(禽獸運)

탄허는 10대에 역학에 관심을 두고 『황극경세서(皇極經世書)』를 공부할 때 부친에게 소강절(邵康節, 1011~1077)이 군자인지 소인 이지 질문한 적이 있었다. 부친에게서 '송조(宋朝) 육군자(六君子) 의 한 분'이라는 대답을 듣고 그의 학술에 대해 믿게 되었다고 한 다.[15] 소강절이 술학(術學)에 뛰어남을 보고 그가 단지 아는 것이 많기만 한 술객이 아닌지 의심했던 것이다. 소강절이 산중에 들어 가 40년의 기간 동안 『주역』 공부를 하여 천지가 한 번 살고 죽는 일원(一元)의 수를 마치 하루를 들여다보듯이 했다고 탄허는 설명 한다.[16] 그러나 소강절이 단지 아는 것만 많았던 술객이 아니었다 는 증거로 「자여음(自餘吟)」이라는 소강절의 시를 제시한다.

'신생천지후(身生天地後)하고 심재천지선(心在天地先)이라 천지 자아출(天地自我出)이거늘 기여하족언(其餘何足言)인가.' 몸뚱이 는 천지가 생긴 뒤에 나왔고 마음은 천지가 생기기 전에 있었 다. 하늘과 땅도 나에게서 나왔거늘 그 나머지야 어찌 말할 것 이 있겠는가.[17]

---

15) 오대산 문도회·탄허불교문화재단·교림(편), 앞의 책, 32쪽.
16) 김탄허, 앞의 책(2001), 36~39쪽 참조.
17) 김탄허, 앞의 책(2000), 65쪽.

이는 소강절이 투철한 경계를 깨닫고 근원을 각파한 연후에 지은 시로 아는 것만 많아서는 지을 수 있는 시가 아니며 제대로 생각이 끊어진 것을 체험한 뒤에 나온 시임을 알 수 있다는 것이다.[18]

뒷날 탄허가 우익 지욱(藕益 智旭)의 『주역선해(周易禪解)』를 번역할 때 정(程)·주(朱)의 주석서인 『주역전의대전(周易傳義大全)』의 주석을 함께 첨가하면서 소강절에 대해 유자(儒者)들이 쓰던 호칭인 '소자(邵子)'를 그대로 사용하고 있는 것은 그가 소강절에 대해 아는 것이 끊어진 자리를 각파한 군자로 매우 존중했음을 잘 보여주는 예라고 할 수 있다.[19] 탄허는 유교에서의 시대구분론을 설명할 때에는 늘 소강절의 시대관을 활용했다.

> 유교학으로 보아도 소강절이 『황극경세서』 가운데에 시대의 조류를 평해 놓았는데, 삼황(三皇)·오제(五帝)·삼왕(三王)·오패(五霸)·이적(夷狄)·금수(禽獸)라고 했습니다. 삼황은 천황씨(天皇氏)·지황씨(地皇氏)·인황씨(人皇氏)이며, 오제는 복희(伏羲)·신농(神農)·황제(黃帝)·요(堯)·순(舜)이며, 삼왕은 우(禹)·탕(湯)·문무(文武)이며, 오패는 진목공(秦穆公)·진문공(晉文公)·제환공(齊桓公)·초장왕(楚莊王)·송양왕(宋襄王)이죠. 그러면 오패 때까지는 소강절이 보았다고 하지만 오패 이후는 예언입니다. 그러니까 이적운(夷狄運)이 청조(淸朝)가 되죠. (……) 청조의 이적운이

---

18) 앞의 책(2000), 65쪽.
19) 소강철의 '생애'는 이창일, 『소강절의 철학』, 심산출판사, 2007의 1장, 「삶과 저작」을 참조.

지나고 지금은 금수운(禽獸運)입니다. 그러니까 유학으로 봐도 금수운, 불교로서도 투쟁뇌고시대가 지났고 예수님 말씀도 말세 라고 하셨으니 어찌 안 그렇겠습니까.[20]

소강절의 『황극경세서』에 입각한 유교의 시대관[21]은 6단계로 시대를 구분하고 있는데 청나라까지는 이적운이었으며 그 이후 현재는 금수운에 돌입했다는 것이다.

앞서 보았듯이 불교에서 현시대를 투쟁뇌고의 말법시대로 보는 것과 유사하게 유교에서도 현시대를 금수운의 말세로 보고 있다. 하지만 탄허는 황·제·왕·패·이적·금수의 여섯 단계의 시대 조류 를 보게 되면 지금의 금수운이 지나가고 나면 다시금 처음의 황 운(皇運)이 오지 않겠느냐[22]고 하며 희망을 불어넣는 낙관적인 언 급 또한 잊지 않았다. 현 인류가 비록 암울한 말세를 살고 있기는 하지만 결코 절망할 일이 아닌 것은 금수운이 다시 황운으로 변 화되는 것이 바로 원시반종(原始反終)의 자연스러운 역학(易學)의 원리라는 것이다. 나아가 역학에 근거한 시대 조류를 목(木)→금 (金)→화(火)→수(水)→토(土)의 방식, 즉 오행(五行)이 서로 상극(相 克)하며 변화하는 방식과 연결 지어 과거와 향후 미래의 전망에

---

20) 김탄허, 앞의 책(2001), 348~349쪽.
21) [사부비요본(四部備要本)] 『황극경세서(皇極經世書)』 「관물외편하(觀物外篇下)」 제9 장, "孟子之言末嘗及易. 其間易道存焉, 但人見之者鮮耳. 人能用易, 是爲知易, 如孟 子, 可謂善用易者也. 學以人事爲大, 今之經典, 古之人事也. 春秋三, 傳之外, 陸淳啖 助可以兼治, 所謂皇帝王霸者, 非獨謂三皇五帝三王五霸而已. 但用無爲則皇也, 用恩 信則帝也, 用公正則王也, 用智力則霸也, 霸以下則夷狄, 夷狄而下是禽獸也."
22) 김탄허, 앞의 책(2000), 118쪽.

대해 설명했다. 요약해 보면 다음과 같다.

원시 시대에는 맨주먹으로 싸움을 하다가 시대가 발전하며 나무로 창을 만들게 되면서 열 개의 주먹[土]이 하나의 나무창[木]을 감당하지 못하게 되었으니 이것이 바로 목극토(木克土)의 원리이다. 그 후 쇠붙이로 창을 만들기 시작하니 열 개의 나무창이 하나의 쇠창[金]을 감당하지 못하게 되었으니 금극목(金克木)의 원리이다. 그 후 총을 만들어 화약을 달아 사용하게 되었는데 열 개의 쇠창이 하나의 총[火]을 감당하지 못하게 되니 화극금(火克金)의 원리이다. 다시 시대가 변해 불의 전쟁도 발전하여 오늘날의 원자폭탄은 바로 불을 극대화하여 사용한 것인데 이는 원자폭탄으로 종결을 맺은 것이다. 수소폭탄[水]이 나오게 되자 원자폭탄이 무력하게 되었으니 수극화(水克火)의 원리이다. 하지만 세상의 모든 이치는 물극즉반(物極則反)하는 법이어서 수소탄을 능가하는 것은 다시 맨주먹[土]이 될 것이니 토극수(土克水)의 원리이다. 이 맨주먹은 바로 도덕군자(道德君子)를 의미하는 것으로 도덕군자 앞에서는 총칼과 원자탄, 그리고 수소탄도 아무 쓸 데가 없어진다는 것이 탄허의 미래에 대한 전망이다.[23]

또한 탄허는 동양 사상의 근본인 인과법칙의 원리로 우리나라의 과거사를 통찰해 보고는 한국의 미래를 낙관적으로 전망하였다. 우리 조상들은 많은 역경을 겪으면서도 동양의 전통 가치를 잘 보존하고 평화를 사랑하며 타인을 해치지 않고 견뎌왔으며, 이

---

23) 앞의 책, 117~118쪽 요약.

러한 점이 결국 한국의 미래를 밝게 하는 원인이 될 것으로 내다봤다.[24]

앞서 언급한 바 있듯이 탄허는 역학적으로 볼 때 앞으로 세계가 금수운에서 황운으로 변화하면 토(土)로 상징되는 맨주먹이 모든 무력을 종식시키게 된다고 보았다. 맨주먹은 전통적인 도의(道義) 교육을 받은 도덕군자를 의미하는 것으로, 미래의 세상에서는 그러한 도덕군자가 세상의 중심으로 우뚝 서게 된다는 것이다. 이러한 시대에는 평화를 사랑하는 한민족이 세계의 중심국이 된다는 것이다. 역학적으로 볼 때 한국은 간방(艮方)으로 '도덕'의 방위를 상징하며, 향후 미래는 무력을 내세우는 나라는 위험에 처하게 되고 한국과 같이 평화를 사랑하는 군자국(君子國)이 복을 받게 된다는 것이다.

역학에서 쓰는 '물지종시(物之終始)'라는 표현이 있다. 여기에서 '시종(始終)'이라고 하지 않고 '종시(終始)'라고 한 것은 끝이 난 것 같지만 그것은 끝이 아니라 새로운 시작이라는 함의를 담고 있다는 것에 그 묘미가 있다. 『주역』의 63번째 괘가 기제괘(旣濟卦)이고 마지막인 64번째 괘가 미제괘(未濟卦)인 것은 바로 이러한 상징을 담고 있다. 모든 것이 완결된 기제(旣濟)인 듯 보이나 다시금 끝이 아닌 미제(未濟)로 이어지며 처음의 건괘(乾卦)로 연결되며 순환된다. 변역(變易)한다는 사실은 불변(不變)하므로 금수운이 왔다 하여도 그것이 기제가 아니라 미제인 까닭에 지구의 미래는 새로운

24) 김탄허, 『탄허록』, 휴, 2012, 43쪽.

황운을 맞이하는 생생(生生)의 도(道)를 제시함으로써 탄허는 말
세를 살고 있는 사부대중들을 새로운 희망과 낙관적인 미래로 이
끈 것이다.

게다가 탄허는 앞으로 '민본군말(民本君末)'[25]로 상징되는 민중의
시대가 펼쳐질 것임을 강조했다. 땅의 민중이야말로 핵무기를 극
복하는 원동력이 될 것임을 역학의 원리를 활용해 설파했으며 무
(武)를 문(文)이 대치하는 새로운 '문화'의 시대가 도래할 것을 예
견했다.[26]

'민본군말'은 맹자의 '민귀군경(民貴君輕)'[27]의 사상을 이어받은 것
으로, 청말 강유위(康有爲)·양계초(梁啓超) 등과 함께 변법자강운
동(變法自強運動)을 일으킨 무술육군자(戊戌六君子)의 한 사람이었
던 담사동(譚嗣同, 1865~1898)이 『인학(仁學)』에서 주장했던 개혁
사상이다. "백성이 있음으로 말미암아 그 뒤에 군주가 있는 것이
니 군주는 말단이고 백성은 근본인데 말단으로 인해 재앙이 근본
에 미치는 일은 없다"[28]라고 했던 것을 탄허가 「정역팔괘해설(正易
八卦解說)」[29]에서 사용한 것이다. 문왕팔괘에서 정역팔괘로 변화할
때 나타나는 가장 큰 특징 가운데 하나가 괘도(掛圖)의 수미(首
尾)가 도치되는 것이다. 수미가 도치된 것을 탄허는 상하(上下)와

---

25) 우익 지욱(저)/김탄허(역주), 앞의 책(3), 431쪽.
26) 김탄허, 앞의 책(2001), 377쪽.
27) 『맹자』「진심하(盡心下)」, "民爲貴, 社稷次之, 君爲輕."
28) 譚嗣同, 『仁學』, 『續修四庫全書(子部 儒家類) 953』, 上海古籍出版社, 1995, 215下
    쪽, "因有民而後有君, 君末也, 民本也. 天下無有因末而累及本者, 亦豈可因君而累及
    民哉."
29) 우익 지욱(저)/김탄허(역주), 앞의 책(3), 425~436쪽.

군신(君臣)의 위계질서가 뒤바뀌는 것으로 해석하였다. 복희팔괘와 문왕팔괘까지는 군주(君主)에게 천하신민(天下臣民)이 복종하던 형국이었는데 정역팔괘가 되면서 만민(萬民)의 의사가 주체가 되어 통치자는 이 의사를 반영시키는 것에 불과한 상황이 도래할 것이라고 해석한 것이다. 탄허는 『순자』의 '군주민수(君舟民水)'[30]를 인용하여 '백성이 물이라면 지도자는 배'인 것이므로 지도자는 국민의 힘을 의식해야 한다고도 했다.[31] 강태공의 "천하(天下)는 천하인(天下人)의 천하요 일인(一人)의 천하가 아니다"라고 했던 외침이 이제 실현될 것이라는 것이 탄허의 유교의 시대관에 입각한 미래전망이었다.[32] 사회의 모든 분야에서 잔존하던 갑을(甲乙) 관계가 천지개벽이 오듯이 역전되는 상황이 와서 각계 지도층의 부조리와 부정부패가 만천하에 폭로되는 시대가 온다는 것이다. 탄허는 이를 금수운에서 황운으로 변할 때 나타나는 세상의 거대한 변화 가운데 하나로 설명했다.

3) 기독교의 종말론

탄허는 『성경』을 독학으로 공부하였는데 기독교의 종말론에 관해서는 독창적인 분석과 거침없는 입담을 과시했다. 최후의 심판과 관련된 사항들은 기독교인들조차도 쉽게 거론할 수 있는 대상

---

30) 『순자』「왕제(王制)」, "君者舟也, 庶人者水也. 水則載舟, 水則覆舟. 君以此思危, 則危將焉而不至矣."
31) 김탄허, 앞의 책(2000), 232쪽.
32) 우익 지욱(저)/김탄허(역주), 앞의 책(3), 422쪽.

이 아니다. 하지만 탄허는 과감하면서도 확신에 찬 말투로 아래와 같이 발언하곤 했다.

『성경』에도 심판의 날이라고 해서 인류의 종말을 말하고 있지. 말세에 불로 심판을 하는데 그때는 예수도 천사도 모르고 오직 천주님만 안다고 되어 있어 멸망의 날이 언제인지는 모르고 『성경』에 보면 그때는 아기 가진 여자는 낙태를 할 것이고, 일단 문 밖으로 나간 이상은 다시 들어오지 말라고 했어. 곧 지진이 난다는 거야. 그러면서도 『성경』에는 멸망의 날이 어쩌니까 온다, 온 뒤에는 어떻다 라는 체계가 없어.[33]

위의 인용문에서 탄허가 기독교의 종말론으로 거론한 내용은 바로 「마태복음」 24장에 나오는 것이다. 탄허는 '심판의 날은 예수도 천사도 모르고 오직 천주님만 안다고 되어 있다'고 했는데 「마태복음」에는 "그때는 아무도 모르나니 하늘의 천사들도 아들도 모르고 오직 아버지만 아시느니라"[34]라고 되어 있다. 아기를 가진 여자는 낙태를 할 것이며 문밖으로 일단 나간 이상 다시 집안으로 들어오지 말라고 탄허가 표현했던 구절 역시 「마태복음」의 다음 구절을 설명한 것으로 보인다.

그때에 유대에 있는 자들은 산으로 도망할 지어다. 지붕 위에

---

33) 김탄허, 앞의 책(2000), 216쪽.
34) 『신약성서』 「마태복음」, 24장 36절.

있는 자는 집안에 있는 물건을 가지러 내려가지 말며 밭에 있는 자는 겉옷을 가지러 뒤로 돌이키지 말지어다. 그날에는 아이 밴 자들과 젖먹이는 자들에게 화가 있으리로다. 너희의 도망하는 일이 겨울에나 안식일에 되지 않도록 기도하라. 이는 그때에 큰 환난이 있겠음이라 창세로부터 지금까지 이런 환난이 없었고 후에도 없으리라."[35]

탄허는 『성경』에서 거론된 '인류의 종말'과 '심판의 날'에 대해서 기탄없이 언급하곤 했다. 하지만 그가 종말에 대해서 자주 언급했던 이유는 사람들이 막연한 공포감에 시달리지 않도록 하고 체계와 조리를 갖춘 미래 논의를 활성화하고자 함이었다. 탄허가 보기에는 기독교의 종말론은 체계를 갖추지 않은 미래 예견이었다. 대중들에게 심리적인 불안감을 주고 일상에 좋지 않은 영향을 미치게 될 뿐 안정적인 분위기에서 미래를 준비할 힘을 제공해 주지 못한다고 보았던 듯하다. 현재의 삶을 불안하게 만들고 미래에 대해 막연한 공포와 염세에 빠지게 하여 현실을 도피하고 극단적인 구원을 추구하게 한다고 판단했던 것이다. 기독교에서 주장하는 말세의 심판에 대한 탄허의 분석은 다음과 같다.

기독교 『성경』에는 말세에 불로 심판한다고 그랬지요. 그런데 그것들이 틀림없이 오기는 옵니다. 다만 그 말들에 조리가 없다는 거야. 어째서 멸망하느냐, 어떻게 멸망하느냐, 멸망한 뒤에 어떻

---

35) 앞의 책, 24장 16-21절.

게 되느냐, 또『성경』에도 어째서 불로 심판한다, 어떻게 불로 심판한다, 심판한 뒤에는 어떻게 된다 이게 없잖아요. 그러니까 부조리하다 이거야. (……) 역학적인 원리로 볼 때는 멸망이 아니고 성숙이야. 심판이 아니라 결실이다 이거야. 결과적인 면에서 좋게 보는 거야.[36]

탄허는 기독교의 종말론 역시 불교의 투쟁뇌고나 유교의 금수운과 동일한 함의를 담보하고 있는 말세론으로 인정하며 적극 수용한다. 그 역시 불로써 심판한다는 최후의 심판에 대해서 조금도 부정하지 않는다. 하지만 그 심판이라는 것의 시기와 이유, 상황과 전개 등에 대해서는 체계적이고 조직적인 설명이 전무하기 때문에 그것이 바로 문제라고 지적하고 있는 것이다. 불로써 심판한다는 것의 실체는 도대체 어떤 것이며, 심판의 결과는 과연 어떤 것인지에 대한 정보는 아무것도 없이 오직 하나님만 알고 있다는 식의 미래 예견은 기독교의 종말론이 전혀 체계를 갖추고 있지 않다는 증거라는 것이다.

탄허가 기독교의 종말론에 대해 언급할 때에는 반드시 동양의 역학 사상을 함께 언급했다. 특히 우리나라 사람인 김일부(金一夫, 1826~1898)[37]의『정역(正易)』을 항상 함께 거론했다. 탄허는 기독교에서 말한 최후의 심판과 종말론에 대해서 동양의 역학 사상을 통해 일생 동안 깊이 연구한 바 있다. 그의 결론은 "멸망이

---

36) 김탄허, 앞의 책(2000), 155~156쪽.
37) 유남상·임병학, 『일부전기(一夫傳記)와 정역철학』, 연경원, 2013 참조.

아니라 결실이요, 심판이 아니라 성숙"이라는 언명에 모든 것이 담겨 있다. 이것이 바로 탄허가 유·불·선·기의 사교를 회통하여 도달한 그의 말세관의 가장 큰 특징이라 할 수 있겠다.[38] 말법시대를 보는 그의 일관적인 관점은 '말세는 있을지라도 종말은 절대 없다'는 것이었다.

탄허는 '술이부작(述而不作)'의 정신을 간직하고서 평생을 일관하였던 인물이다. 성인의 말씀이 아니면 일체 언급하지 않았고, 물어보지 않으면 스스로 설법하지 않았으며, 사사로운 문장이나 집필에 시간을 들인 일이 없었고, 틈만 나면 참선에 몰두했었다. 그랬던 그가 강의가 있을 때마다 반드시 동양의 역학 사상을 거론했고, 김일부의 『정역』을 기반으로 향후 백 년 동안의 지구의 미래에 대해서 담론했고, 종말은 절대 없다는 것을 설파했다. 스님이 자꾸 미래를 예견하는 것에 대해 비불교적이라고 하여 불만을 품었던 제자들도 더러 있었으며 구설수에 오를 것을 미리 걱정하는 측근들도 존재했다.[39] 그럼에도 불구하고 탄허는 모든 종교가 거론했던 말세론을 회통하여 설함에 주저하지 않았으며 『정역』에

38) 본 연구에서는 별도의 장으로 나누어 언급하지 않았지만 노장학에서도 역시 이미 말세에 대한 언급이 존재했다. 『노자』 38장을 보면 난세(亂世)가 이미 시작된 것으로 보아 도(道)→덕(德)→인(仁)→의(義)→예(禮)의 과정으로 도덕이 폐해지고 혼란한 세계가 이미 도래했음을 설파하고 있다. 『장자』의 「응제왕」편에서 설한 '혼돈(混沌)'의 파괴 역시 말세의 도래에 대한 동일한 인식으로 볼 수 있을 것이다.
39) 탄허의 상좌 혜거는 미래 예견에 대해 스승과 활발발한 토론을 했던 일화를 필자에게 전해 주었다. 미래 예견을 하지 않는 것이 어떻겠느냐는 제자 혜거의 말에 대해 탄허는 역학을 알지도 못하면서 함부로 말을 한다고 노발대발했다고 한다. 이를 계기로 혜거는 절집을 떠나 『주역』과 역학을 깊이 연구하여 이 방면에 조예를 갖춘 뒤 다시 돌아와 스승 탄허와 비로소 역학에 대해 허심탄회하게 토론할 수 있게 되었다고 증언했다.

입각하여 기독교가 말하는 심판과 종말에 대해 진지하게 보완하겠다고 자임했다. 그는 자신의 설명이 훨씬 체계적이고 합리적이라고 확신하고 있었기에 그의 음성은 단호하고 확신에 차 있었고 그의 이러한 태도와 관점은 당시의 많은 청중들로 하여금 숨죽여 귀 기울이게 만들었다. 다음은 그의 말세관의 핵심이라 할 수 있는 심판과 종말이 아닌 성숙과 결실로 본 근거이다.

> 역학에서는 왜 성숙기로 보느냐? 지구라는 것은 여자와 같은 것이거든. 그런데 천지개벽 이래로 지구가 미성숙이었다 이거야. 삐딱하게 서 가지고. 그럼 성숙기란 뭐냐? 여자의 하초에 양기가 들어가면 성숙기가 오거든. 안 그래? 월경이 온다는 말이야. (……) 그와 같이 땅 밑구멍으로 잠재한 불이 들어간 지 백이십여 년 전부터였다 이거야. 이십 년 전에 이런 말을 하면 미친 놈이라고 했어. 그런데 지금은 믿어요. 북빙양이 녹아내린다는 것을 다 아니까. 그 북빙양이 완전히 풀릴 때가 성숙이야. 월경이 왔다 이렇게 되는 거야.[40]

> 기독교에서는 현대를 말세라고 해서 최후의 심판을 받게 된다고 합니다. 그러나 동양 『정역』의 원리는 후천세계의 자연계와 인류의 상태에 대해 빈틈없는 이치로 설명을 주고 있습니다. 서양의 예언들은 인류종말을 말하지만, 실은 오히려 온갖 인류의 부조리가 사라지고 낙원이 이룩되는 신세계입니다.[41]

---

40) 김탄허, 앞의 책(2000), 156쪽.
41) 위의 책, 199쪽.

기독교는 시(時)·공(空)을 하나님이 창조한 것으로 보았기 때문에 시간과 공간이 시작도 있고 끝도 있다고 알고 있다.[42] 이러한 서양의 역사관과 기독교의 시간관을 직선적인 시간관이라고 하는 반면 동양의 시간관은 원환적(圓環的)이고 순환적(循環的)인 시간관이라고 말할 수 있다. 기독교는 창조의 시작과 종말인 끝에 대한 관념이 철저하지만, 탄허는 동양학의 원상(圓相)이 보여주듯이 시간과 공간이 실체와 자성이 본래 없다는 불법의 요체를 통해 직선적인 종말론을 보완하고 있다. 그는 유교에서 말하는 금수운(禽獸運)도 원환운동을 통해 황운(皇運)으로 변화할 것이고, 불교에서 말하는 투쟁뇌고도 무상(無常)의 인연법을 통해 해탈뇌고의 시대로 변모할 것이며, 기독교가 말하는 종말론 역시 선천(先天)의 종말을 마감하고 후천(後天)의 개벽을 새롭게 열 것이라고 주장했다. 탄허는 불교·유교·기독교 삼교의 말세론을 회통하면서 종말론이 아닌 성숙론으로 결론을 내렸다는 점에서 그 의의를 찾아볼 수 있다고 하겠다.

---

42) 김탄허, 앞의 책(2001), 305쪽.

2. 미래학 : 간방(艮方)의 미래상 제시

1) 세계 변화의 조짐

　탄허는 당시의 고승들과는 달리 이례적으로 향후 백 년간의 지구의 미래를 예견하는 것으로 강의를 마무리하곤 했다. 그의 미래 예지의 핵심은 김일부의『정역』에 대한 자신의 독창적인 해설인「정역팔괘해설(正易八卦解說)」에 구체적으로 나타나고 있다. 지구내부의 잠재된 불기운이 지구의 밑으로 들어가 북극의 빙하를 녹이면서 지축에 변화가 생겨 대규모의 지진과 해일 등의 자연재해가 일어나서 전지구가 거대한 피해를 입게 된다는 것이다.

　한반도는 그동안 지진의 안전지대로 간주되어 왔다. 하지만 2016년 9월 12일 경주에서 발생한 진도 5.8 규모의 지진과 2017년 11월 15일 포항에서 발생한 진도 5.4 규모의 지진은 더 이상 한반도가 지진으로부터 안전하지 않다는 우려를 심어 주었다. 탄허의 지진과 관련된 미래 예견에 의하면 최근의 이러한 지진들은 앞으로 지구촌 전체에 대지진이 오기 전에 발생한 전진(前震) 정도로 파악되기에 그 문제의 심각성이 있다고 하겠다.

　탄허는 재세시 주변의 심한 반발에도 아랑곳 않고 미래에 대한 자신의 예견을 적극적으로 개진하여 많은 대중들이 향후 지구전체의 재난에 대해 체계적으로 인지하고 마음수행을 하여 미래를 미리 준비할 것을 강조했다. 그동안 탄허의 미래 예견에 대해서 세간에서는 단편적이고 자극적인 언급들로 이슈화하는 경우가 많았고 불교계에서는 이에 대한 언급을 최소화하고 소극적으로 담론하려는 경향이 다분했다. 하지만 이제는 그의 미래에 대한 날카로운 통찰과 예지를 깊이 있게 분석하고 그가 미래를 담론한 근본목적을 이해하고 공론화하여 국내외의 많은 사람들이 그 실상과 내막을 분명히 인식할 시기가 도래했다고 본다.[43]

탄허는 성현들이 미래를 예견하는 본질적인 이유에 대해서 제자 혜거에게 밝힌 바 있다.[44] 성현들은 미래를 예지하고 예견하는 본능과 능력이 있는데 이와 함께 그들이 함께 지니고 있는 언어의 힘을 통해서 미래가 보다 긍정적인 방향으로 나아갈 수 있도록 인도하려고 미리 예견해 놓는다는 것이다. 즉 앞으로 일어날 사태를 미리 예지한 뒤 그 일어날 일들이 보다 나은 방향으로 펼쳐지도록 언어로 예견해 둠으로써 미래가 좀 더 좋은 방향으로 전개될 수 있도록 발원한다는 것이다. 미래를 예측한 것이 적중했느냐 아니냐의 여부가 중요한 것이 아니라 다가올 미래가 조금이라도 나쁘지 않은 방향으로 펼쳐지도록 힘쓴다는 것이다. 탄허의 미래 예견이 항상 낙관적이고 희망적인 성격을 가지고 있었던 이

---

43) 탄허의 미래 예지와 관련된 연구로는 다음의 논문들이 있다. 자현, 「탄허스님의 미래인식과 현대사회의 다양성」, 『미래를 향한 100년, 탄허』, 조계종 출판사, 2013; 김성철, 「탄허스님의 예지, 그 배경과 의의」, 『되돌아본 100년, 탄허』, 조계종 출판사, 2013; 문광, 「탄허선사의 말세관과 미래학 -불교·유교·기독교의 말세론과 『정역』 해설을 중심으로-」, 『원불교사상과 종교문화』, 제71집, 원광대 원불교사상연구원, 2017.

44) 필자는 탄허의 탄신 백주년 기념사업이 활발히 펼쳐지던 2013년에 탄허기념박물관에서 혜거 스님으로부터 탄허의 미래 예견을 주제로 깊은 대화를 나눈 일이 있다. 혜거 스님이 스승으로부터 직접 들었다는 이 내용들은 탄허의 미래 예견의 성격에 대한 가장 적확한 평가가 될 수 있을 것으로 판단된다.

유가 바로 여기에 있었다고 하겠다. 따라서 그를 일반적인 세속의 예언가, 술학자, 도참가 등과 혼동하지 말아야 할 일이다. 탄허는 『정감록(鄭鑑錄)』 같은 비결서에 대해서 그다지 신뢰하지 않았는데 그가 어떤 시각으로 『정감록』을 파악하고 있었는지 잘 알려주는 대화내용이 있다.

> 『정감록』 같은 것을 다 믿어서는 안 됩니다. 맞는 것도 있고 안 맞는 것도 있지요. 『정감록』의 필자는 국가나 민족의 앞날을 근심하여 경고하고 예언한 게 아닙니다. 자기 자손들의 보전을 위해서 난이 일어나면 이런 데로 피하라 이런 식이지요. 그렇다고 그 자손들이 그 비결을 이용하지는 못합니다. 지혜 있는 자가 그걸 이용하겠지요. 또 『정감록』에는 더러 허름한 것을 비결이라고 갖다 붙여서 와전된 게 많거든요. 그러니까 액면 그대로 다 받아들일 수는 없는 것입니다.[45]

이 대화에서 보듯 탄허는 『정감록』을 지은 필자가 국가나 민족의 앞날을 걱정하여 경고한 예언이 아니기 때문에 그 가치를 폄하하고 있음을 알 수 있다. 탄허는 미래 예견의 목적이 개인적인 것에 편협하게 매몰되어서는 안 된다는 대원칙에서 그의 미래학을 전개해 나갔다고 볼 수 있다. 환란을 겪게 될 수많은 대중들의 안위와 대처를 걱정하는 보살심의 발현으로 평가할 수 있을 것이다. 마치 문왕의 우환의식의 발현이 『주역』이었던 것처럼 말이다.

---

45) 김탄허, 앞의 책(2000), 175쪽.

현재 우리는 불의 고리(Ring of Fire)를 중심으로 지구촌 전체가 강력한 지진의 피해를 입고 흔들리고 있는 상황에 직면해 있다. 탄허는 한 세대 이전에 이미 이러한 사태를 미리 예견하고 그 원인을 역학을 기반으로 체계적으로 설명하며 미래의 상황과 그 대책에 대해 구체적으로 역설했다. 그리고 이처럼 미래에 대한 예견과 예지를 전개하는 미래 담론을 "역학을 응용하여 미래를 투시하는 '미래학' 공부를 취미로 하고 있다"[46]라고 말한 데서 보듯이 '미래학'이라는 용어로 설명한 바 있다. 탄허 스스로 학문의 성격을 부여했던 탄허의 '미래학'에 대해 이제는 본격적으로 고찰할 때가 도래했다고 판단된다.

2) 미래 예지의 성격

탄허는 '예언'이라는 말은 거의 사용하지 않은 대신에 '예견'이나 '예지'라는 말을 주로 사용했다. 그는 자기 분야에서 도가 깊어지면 누구라도 '예지 능력'이 생기며 인간의 '예지 본능'은 무한대로 발휘될 수 있으며 "나의 예감은 차원이 다르다"라고 말했다.[47] 탄허가 미래 예지에 대하여 설명하고 있는 대목들을 잠시 살펴보자.

일반적 사회지식, 매스컴의 영향, 학문적 예지를 통해서 어떤 예감 같은 것이 인간에게 작용할 수 있지만, 나의 이러한 예감은

---

46) 김탄허, 앞의 책(2001), 216쪽.
47) 탄허, 앞의 책(2012), 34쪽.

그러한 것들과는 아무 상관이 없으며, 차원을 달리하고 있습니다. 하늘을 나는 새나 땅에 구멍을 파고 사는 동물들도 비가 오고 바람 불 것을 미리 알듯이, 개미가 높은 곳으로 올라가면 장마가 올 것이라는 것을 예고해 주고, 개미가 낮은 곳으로 가면 심한 가뭄이 들 것을 우리는 알 수 있습니다. 까치가 집을 지을 때 남쪽으로 입구를 내면 북풍이 강하게 불 것이고, 북쪽으로 입구를 내면 남풍이 강하게 불 것이라 합니다. 이렇게 날짐승이나 동물들도 예지 본능을 가지고 있는데, 하물며 사람에게야 어떠하겠습니까? 자연계의 섭리는 이토록 모든 생명체에게 예시라든가 예감 등의 본능을 부여하고 있는데, 그중에서도 만물의 영장인 인간의 예지 본능은 계발하기만 하면 무한대한 능력을 발휘할 수 있는 것입니다. (……) 이러한 인간 예지 본능과 우주의 섭리를 꿰뚫어 학술적 원리로 집대성하고 산학(算學)에 기초를 둔 역학(易學)을 통하여 질문한 내용들을 추리하고 답변할 수 있으리라고 생각합니다.[48]

(6.25를 미리 예견하고 상원사에서 부산으로 피난을 간 것에 대해서 기자가 물어보자) 아침에 일어나면 개미떼가 자기들끼리 싸움질을 해서 수백 마리씩 죽어 있는 것을 보곤 했습니다. 법당에서도 그렇고 이 중대 뜰에서도 그렇고 그런 게 보이는 것 아닙니까? 하늘은 하늘의 상을 보이고 땅은 땅의 상을 보이고 사람은 사람의 상을 보이고, 꼭 사람의 상만 보는 것이 관상이 아니거든요. 짐승들도 지진을 예지한다는데 하물며 그런 큰 난리의 조

48) 김탄허, 앞의 책(2001), 115쪽.

짐은 다 보이게 되는 겁니다.[49]

미래를 보는 눈은 역사적·철학적·논리적으로 현실을 분석하고 수학적, 지리적 현실을 분석해서도 가능하지만 역학을 근거로 하여 미래를 보는 눈은 그보다 훨씬 포괄적이며 나아가서 인류 사회의 미래를 우주적인 차원에서 볼 수 있다는 큰 장점을 가지고 있습니다.[50]

나는 역사발전을 유·불·선의 동양 사상을 중심으로 파악하고 있으며 그렇기 때문에 일반 역사학자들과는 달리 과거의 역사보다는 미래의 역사에 대하여 더 많은 관심을 가지고 있습니다.[51]

위에서 보듯 탄허는 자신의 미래 예지는 역사·철학·논리·과학과 같은 단순한 학문적 예지가 아니라 인간 본유의 예지 본능을 계발하고 동양학에 기반을 둔 역학을 집대성하여 미래를 우주적 차원에서 예측하는 성격의 것이라고 했다. 그리고 매일 새벽 참선 정진을 통해 아는 것이 끊어지고 생각이 끊어진 무심(無心)과 무아(無我)의 경지에서 본 것이기에 일반적으로 신통(神通)이라 알려진 지(知)와 술(術)의 경지를 넘어서서 각(覺)과 도(道)의 견지에서 미래를 투사해 본 것이라는 성격을 지닌다고 하였다.[52]

---

49) 김탄허, 앞의 책(2000), 163쪽.
50) 김탄허, 앞의 책(2001), 128쪽.
51) 위의 책, 116쪽.
52) 위의 책, 115쪽.

임진왜란 전의 인재들 중에 남사고·이토정·이율곡 같은 이들이 자신의 예지 본능으로 닥쳐올 국난을 미리 예견하고 그 대책에 부심하며 예지를 보였던 대표적인 선인들[53]이라고 했으며, 이토정과 소강절을 아는 것이 끊어져서 모르는 바가 없어졌던 각(覺)과 도(道)의 예로, 정북창과 원천강을 단지 많이 알기만 했던 지(知)와 술(術)의 대표적인 인물로 평가하기도 했다.[54]

탄허는 실제 6.25가 나기 전에 전쟁을 미리 예견하고 남행하여 통도사로 피난했던 적이 있었고, 『화엄경』 번역 원고를 월정사에서 삼척 영은사로 15일 전에 미리 옮겨서 울진·삼척의 무장공비 침투사건으로부터 원고를 무사히 보호한 바 있었다.[55] 숭산 스님에게 미국이 베트남전에서 패배할 것임을 역학을 바탕으로 예견한 적이 있었으며,[56] 그 밖에 무수한 예견들을 통해 한반도의 미래와 지구촌의 운명에 대해 언급한 바 있었다.

다음은 2011년 진관사의 진관 스님이 증언한 내용으로 그동안 알려지지 않았던 탄허의 한반도 관련 미래 예견이다.

앞으로는 여자들이 장관도 하고 대통령이 된다고 그러셨어요. 그러시면서 오뉴월 삼복더위에 남자들은 목을 조르고 다니지만 여자들은 벌거벗고 다닌다고 그랬어요. (……) 탄허 스님은 우리나라는 평화통일은 안 된다고 그러셨어요. 북한의 변동을 말하

53) 김탄허, 앞의 책, 144~147쪽.
54) 위의 책, 29~42쪽.
55) 위의 책, 112~115쪽.
56) 위의 책, 123쪽.

시면서, 애들이 성냥곽 갖고 놀면서 불장난을 하다가 성냥곽 안에 있는 성냥에 불이 번져서 확 타버리는 듯한 그런 증세는 있을 것이라고 했어요. 또 이북에 나이 젊은 사람이 무슨 장(長)이 되어 변화는 있을 것이라고 그러셨어요. 그리고 천안까지는 조금 위험하고 천안 아래로는 괜찮다는 말도 하셨어요.[57]

탄허의 예견대로 그동안 여성이 장관과 총리, 그리고 대통령을 모두 역임한 것은 한국뿐만의 일이 아니라 이제는 세계적 추세가 되었다. 또 최근 북한의 젊은 지도자 김정은이 핵실험과 미사일 발사로 연일 세계 뉴스에 오르내리고 있는 사태를 보면 30여 년 전의 탄허의 예지를 다시금 주목하게 된다. 특히 북한의 젊은 지도자가 성냥곽을 갖고 놀다가 성냥에 불이 번져 타버리는 듯한 사태가 있을 것이며 천안까지는 좀 위험하다고 한 언급은 남북관계가 냉각과 대화를 반복하고 있는 한반도 상황을 고려할 때 깊은 우려를 낳게 하는 대목이기도 하다.

탄허는 자신의 미래 예지의 핵심이 『주역』과 『정역』을 바탕으로 한 역학임을 누차 밝힌 바 있다. 그는 『주역』의 사과(四科) 가운데 미래 예측은 그 주요한 한 축을 구성하는 것이며 자신 역시 문자로써 말을 다할 수 없고 언어로써 뜻을 다할 수 없는 역리(易理)를 일생을 통하여 연구함으로써 언외(言外)의 종지를 절언절려(絕言絕慮)한 경지에서 얻었음을 밝힌 바 있다.[58]

---

57) 월정사 · 김광식(편), 앞의 책(상), 363~364쪽.
58) 우익 지욱(저)/김탄허(역주), 앞의 책, 436쪽.

중생들로 하여금 근본 자리로 소급을 하여 도통하게 하는 것, 그것이 『주역』의 대의입니다. 그러나 보통 사람들이 모두 그렇게 도통할 수는 없는 것입니다. 그래서 『주역』은 성인이 되는 네 가지 길을 밝혔습니다. (……) 복서(卜筮)로써 하는 자는 그 점(占)을 숭상한다. 이것은 사회적으로 말한다면 술수·점성학입니다. (……) 수백 년 앞의 미래를 안다는 것은 점성학의 소속입니다. 점성학이란 것이 내일 모레 비 온다, 바람 분다는 그런 것이 아닙니다. 천문학, 지리학, 의학, 상학(相學), 사주학이 포함되어 있습니다. 이것으로 추리를 하는 거지요. 주역의 역리(易理)는 아는 것이 근본이 아니요, 아는 것이 끊어진 그 자리가 근본입니다.[59]

탄허는 아는 것이 끊어진 자리를 타파하여 도달한 자신의 예지력에 대해 "나 같은 사람이나 그걸 알고 앉았지 알고 있는 놈이 없다"[60], "지금 얘기하면 못 알아들으니까 내가 미친놈이 된다"[61]라는 말을 입버릇처럼 함으로써 일반인과 상통하기 어려움을 토로한 바 있다.

"'상봉차리입담자(相逢此理立談者)여, 천만인중무일인(千萬人中無一人)이라'는 고인(古人)의 말과 같이 과연 이렇게 오는 한국의 장래를 누구와 더불어 이야기해 보겠습니까"[62]라는 그의 외침은 자

---

59) 김탄허, 앞의 책(2000), 172쪽.
60) 위의 책, 157쪽.
61) 위의 책, 156쪽.
62) 위의 책, 120쪽.

제5장 사교 회통의 미래학 : 간산 사상   389

신의 고독한 예지력에 대한 극적인 표현이다. '서로 만나 이러한 이치를 담론하는 이는 천만 인 가운데에서 한 사람도 없을 것이다'는 『성명규지(性命圭旨)』[63]의 이 구절은 선지자(先知者)로서의 탄허의 고독감을 대변한다고 하겠다.

3) 지진 발생에 대한 예견

탄허는 몇몇 주변인들의 만류에도 불구하고 미래에 대한 자신의 예지를 적극적으로 피력했다. 전 대중들이 다가올 지구촌의 대격변과 변화에 대해 보다 체계적으로 인지하고 적극적으로 대비할 필요가 있음을 강조하기 위함이었다. 하지만 그가 입적한 후 한 세대가 지나는 동안 그의 미래학은 '예언'과 같은 세간의 자극적인 표현과 단편적인 이슈물로 그 종지가 훼손되는 경우가 적지 않았다. 탄허는 지구촌의 미래를 예견할 때엔 반드시 지진과 해일에 대해서 언급했었다. 매년 강력한 지진이 지구촌 곳곳에서 발생하고 있는 현시점에서는 그의 지진에 대한 통찰과 분석을 공론화하고 명확하게 그 논지를 인지할 필요가 있다고 판단된다.

---

63) 『성명규지(性命圭旨)』는 1670년 청나라 강희제 당시 윤진인(尹眞人)의 수제자가 받아쓴 것으로 『용호경(龍虎經)』·『참동계(參同契)』·『오진편(悟眞篇)』 등의 경전과 어깨를 나란히 한 것으로 심신수련비법과 내단술을 집대성한 도교서이자 단학지침(丹學指針)이다. 유교의 『주역』, 불교의 『사십이장경』, 도교의 『노자도덕경』 등의 내용을 종합한 유·불·선 삼교일치 사상을 담고 있으며 인간이 수련해서 도달할 수 있는 최고의 경지를 「초출삼계도(超出三界圖)」와 「비로증과도(毘盧證果圖)」 등의 불교적 내용으로 설명하고 있다. 탄허가 인용한 구절의 전문은 "煉鑛成金得寶珍, 煉情歸性合天眞, 相逢此理交談者, 千萬人中無一人"이다. 윤진인의 제자/이윤희(역), 『성명규지』, 한울, 2017 참조.

2016년과 2017년 경주와 포항에서의 지진 이후 진도 6에서 7까지 육박하는 지진이 한반도에서도 발생할 수 있다는 예측이 제기되기 시작했다. 언론에서는 그 근거로 『승정원일기』에 기록된 조선 인조 21년(1643년) 7월에 발생했던 울산 부근의 대지진을 예로 들며 5백 년 대지진 반복설을 조심스럽게 제기하고 있다.[64] 하지만 탄허의 예견은 이러한 지질학이나 기상학에서 말하는 것과 같이 주기적으로 반복되는 지진을 단순히 지칭하는 것이 아니다. 기존의 역사에서 찾아볼 수 없는 대격변으로서의 지진과 해일을 언급하고 있는 것이다.

다음은 탄허가 예견했던 지진과 관련된 언급들을 모은 것이다. 지진의 여파로 인해 변화할 한반도와 주변국의 상황에 대한 언급들을 살펴보자.

(1) 우리나라는 동남 해안쪽 백 리의 땅이 피해를 입을 것인데 그러나 우리의 영토는 서부해안 쪽으로 약 2배 이상의 땅이 융기해서 늘어날 것입니다.[65]

(2) 비극적인 인류의 운명인데 이는 전 세계 인구의 60내지 70%가 소멸된다는 것이며, 이 중 많은 사람들이 놀라서 죽게 되는데 『정역』의 이론에 따르면 이때에 놀라지 말라는 교훈이 있습니다.[66]

64) 〈중앙일보〉 2017.11.20.
65) 김탄허, 앞의 책(2001), 131쪽.
66) 위의 책, 131쪽.

(3) 주역에서 간(艮)은 덕(德)이라 하며 '지야(止也)'로 풉니다. 이는 곧 우리나라가 도덕적으로 제일가는 나라이며 그치는 방향에 있음을 말합니다. 그치는 방향이란 곧 세계적인 지진이 있어도 이곳에서 그친다는 것을 말합니다.[67]

(4) 지금 지구를 보면 육지는 4분의 1, 물은 4분의 3이나 됩니다. 그러나 그때, 지구에 변화가 온 뒤에는 물이 4분의 1, 육지가 4분의 3으로 늘고 인류는 6할이나 8할이 줄어드니까 전쟁이 있겠습니까? 십 리를 가도 사람이 하나 살까말까 할 것인데.[68]

(5) 우리나라가 낙관적이란 것은 이 변화 속에서 다른 나라들은 물에 잠기고 반쪽이 나고 하지만, 우리나라만은 강토가 늘어납니다. 서해가 육지가 되면서 만주가 우리한테 옵니다. 일본은 어떻게 되느냐? 일본은 손방(巽方)인데, 손(巽)은 주역에 입야(入也)로 풉니다. 북극 얼음물이 녹을 때 잠기고 말 겁니다. 일본에 가서 총독할 준비나 해요. 통일은 소소한 문제지요. 만주가 우리 땅이 된다니까요.[69]

(6) 중국 본토의 균열로 인해서 만주와 요동 일부가 우리 영토에 포함되고 일본은 독립을 유지하기도 너무 작은 영토밖에 남지 않기 때문에 한국의 영향권 내에 들어오게 되며 한미 간의

---

67) 김탄허, 앞의 책, 133쪽.
68) 김탄허, 앞의 책(2000), 169쪽.
69) 위의 책, 170쪽.

관계는 더욱더 밀접해질 것입니다.[70]

(7) 그때 그 시기에는 우리나라가 제일 좋게 되는 나라가 된다 이 말이야. 지금 얘기하면 미친놈이 되지, 못 알아들으니까. 어째 제일 좋은 나라가 되는고 하니 서해와 북해에 연륙(連陸)이 수천 리가 드러납니다. 만주가 우리 땅이 됩니다. 이건 김탄허의 얘기가 아니다 이거야. 주역 팔괘가 그렇게 돼 있으니까.[71]

(8) (미국 같은 나라는 어떻습니까?) 전부가 소(沼)가 되지요. 확 변해 버리지. 만주가 우리한테 들어올 때는 생각해 보십시오. 어떻게 해서 그렇게 되는지 일본의 3분의 2가 물이 되어 버립니다. 제일 참혹하지. 일본이 조그만 섬이 되어 버려. 우리가 홀딱 삼켜 버리지. 저렇게 큰 놈을 어떻게 삼켜.[72]

(9) 지진에 의한 자동적인 핵폭발이 있게 되는데 이때는 핵보유국들이 말할 수 없는 피해를 받을 것입니다. 남을 죽이려고 하는 자는 먼저 죽고 남을 살리려고 하면 자기도 살고 남도 사는 법입니다. 수소탄을 막을 수 있는 것은 민중의 맨주먹뿐입니다. 왜냐하면 오행의 원리에서 토극수(土克水)함으로써 민중의 시대가 핵시대를 대치해서 이를 제압할 것이 아니겠습니까.[73]

---

70) 김탄허, 앞의 책(2001), 132쪽.
71) 김탄허, 앞의 책(2000), 156~157쪽.
72) 위의 책, 157쪽.
73) 김탄허, 앞의 책(2001), 130~131쪽.

탄허는 강연과 대담이 있을 때마다 대지진에 대해서 언급한 바 있다. 2016년 경주와 2017년 포항의 지진과 관련된 내용을 본다면 (1)의 한반도 동남쪽의 해안 백 리의 땅이 큰 피해를 입는다는 대목을 주목하게 된다. 탄허는 이미 40여 년 전에 포항, 울산, 부산 등지의 동남쪽 해안지방이 지진으로 큰 피해를 입을 것임을 경고한 바 있다. 게다가 해안으로부터 40킬로 안쪽까지인 백 리의 땅이 함께 피해를 보게 된다고 언급했다.

(9)에서 보듯 지진에 의한 자동적인 핵폭발이 있게 되어 핵보유국들은 엄청난 피해를 받게 될 것이라고 말하고 있다. 탄허의 이러한 예견에 입각해 보면 한반도 동남부 해안에 밀집된 원자력발전소의 문제는 심각한 고려의 대상이 된다. 심지어 대규모의 지진으로 인해 지구의 6할 내지 8할까지의 인구가 소멸될 것이라고 예견한 부분에서 지진 자체의 문제보다도 많은 이들이 놀라서 죽게 된다는 부분을 주목하게 된다. 거대한 지진이 일어난 뒤에 계속해서 이어지는 여진들은 공포와 불안을 야기하여 심리적·정신적 트라우마와 갖가지 병증을 유발하여 국가적 혼란을 일으키게 됨을 짐작할 수 있다.

하지만 탄허는 대규모 지진에도 불구하고 한국의 미래에 대해서는 낙관적인 전망을 내놓았다. 동남부 해안 쪽이 심한 피해를 보게 되지만 서해안 방면은 융기하여 2배 이상의 땅이 늘어나게 되고 서해가 육지가 되어 서쪽으로 대륙과 붙게 된다고 예견하고 있다. 북쪽으로도 땅이 이어져 만주가 우리 땅이 되는데 중국본토는 균열되어 요동 일부까지 우리 영토에 포함되게 된다고 했다.

심지어 "멀지 않은 장래에 기필코 크나큰 만주 땅이 우리 손에 들어오는 것을 보아야 할 텐데"[74]라고 말하기도 하였다.

한반도는 역학적으로 간방(艮方)이라 '지야(止也)'의 의미를 가지므로 세계적인 지진이 있어도 여기에서 그치게 되어 비교적 적은 피해를 입게 되지만, 일본은 손방(巽方)이라 '입야(入也)'의 의미를 가지므로 국토의 3분의 2가 바다로 침몰하고 자그마한 섬이 되어 독립을 유지하기도 힘든 영토만 남아 한국의 영향권 안으로 들어오게 된다고 보았다. 심지어 일본에 가서 총독을 할 준비나 하라는 말까지 남기고 있다. 미국의 경우도 지진의 피해를 입게 되어 국토 전체가 하나의 늪[沼]이 될 정도로 큰 변화를 겪게 되지만 한·미 간의 관계는 더욱 긴밀해질 것으로 전망했다.

탄허의 이러한 미래 예견은 일견 동학이나 증산도에서 말하는 후천개벽, 기독교에서 말하는 최후의 심판이나 이슬람교의 최후의 날, 서양의 예언가인 에드가 케이시나 루스 몽고메리 등의 예언들과 맥을 같이하는 것처럼 보일 수도 있다.[75] 하지만『주역』과『정역』을 중심으로 체계적인 학술적 원리를 통해서 이를 엄밀하게 설명하고 있다는 점에서 여느 예언들과는 그 성격을 달리하고 있다. 다음 장에서는 그의『정역』에 대한 독창적인 해설을 중심으로 대지진의 발생에 대한 역학적 근거와 설명들을 살펴본다.

---

74) 김탄허, 앞의 책, 216쪽.
75) 안경전,『이것이 개벽이다 (상)』, 대원출판, 2003을 참조.

3. 『정역(正易)』의 해석 : 민족적 역학

1) 김일부(金一夫)와 『정역』에 대한 평가

김일부는 1826년 10월 28일 충남 연산(連山, 지금의 논산군 양촌면)에서 태어났다. 36세 되던 1861년에 실학자 강산 이서구(薑山 李書九, 1754~1825)의 제자인 연담 이운규(蓮潭 李雲圭)를 스승으로 모시고 역학의 연구에 몰입하여 20여 년간의 일심정진 끝에 1885년에 『정역』을 완성했다. 탄허는 김일부를 강증산과 함께 "근래 일백 년 이래에 가장 뛰어난 이인(異人)"이라 칭했고,[76] 그의 저서 『정역』에 대해서는 한마디로 '압권'이라 평한 바 있다.[77] 또 그는 유·불·선 삼교 특강과 『화엄경』 강의에서 김일부에 대해 "뜨겁게 알았던 위인·대인·군자"라고 높이 평가했다. 『정역』에 대해서는 '참으로 위대한 저작'이며 "다른 나라에는 없는 한국적 역학이 있다는 것만으로도 우리가 절대적인 우월감을 가지고 살아도 된다"라고 말했다.[78] 김일부가 『정역』을 저술한 경위에 대해서 탄허는 「정역팔괘해설」의 첫 단락에서 다음과 같이 설명했다.

> 정역팔괘도(正易八卦圖)는 일부 선생이 자의로 안배포치(安排布置)한 것이 아니요 선생이 일찍이 계룡산 국사봉에 앉아서 수도

---

76) 김탄허, 앞의 책(2000), 167쪽.
77) 위의 책, 265쪽.
78) 김탄허(강설), 앞의 CD(11).

할 때에 그 도서(圖書)가 허공중에 나타나 소소역력(昭昭歷歷)한 것을 그려 놓고 이십 년 동안을 연구하다가『주역』「계사전」에 "신야자(神也者)는 묘만물이위언자야(妙萬物而爲言者也)"라는 일단문구가 바로 이 후후천(後後天)의 팔괘를 소개한 것임을 확인하고 드디어『정역』일 권의 학설이 나오게 된 것이다. 그러면 천지는 말이 없음으로 일부가 천지를 대신하여 천지의 말을 말한 것이라 하여도 과언이 아닐 것이다. 이 도서는 신해년(辛亥年, 1851년:필자주)에 시작된 것이니 지금부터 약 백이십 년 전이었다. 백이십 년 전에 이미 천지의 운기(運氣)는 이렇게 돌고 있다는 것을 역력히 보여 주었건만 세인이 몽매하여 알지 못하고 오직 일부 선생만이 이 도리를 처파(覰破)하여 우리에게 학술적으로 개시(開示)해 준 것이다.[79]

복희팔괘는 천도를 밝힌 것이고, 문왕팔괘는 인도를 밝힌 것이며, 정역팔괘는 지도를 밝힌 것[80]이며, 소강절을 비롯한 송대 역학에서 말한 복희선천과 문왕후천의 이론이 다시 복희·문왕선천과 정역후천으로 변화한 것이라는 것이 학자들의 공통된 견해이다.[81] 김일부는 복희팔괘와 문왕팔괘의 근원이 되었던 하도와 낙서가 세상에 돌연 나타난 것처럼 계룡산 자락에서 정진할 때 4~5년 동안 괘상이 공중에서 떠도는 것을 보았다. 이 그림을 놓

79) 우익 지욱(저)/김탄허(역해), 앞의 책(3), 427~428쪽.
80) 김탄허, 앞의 책(2000), 169쪽.
81) 임병학,「역학의 하도낙서 원리에 관한 연구」, 충남대 철학과 박사학위논문, 2005, 178쪽.

고 20여 년을 연구하다가 『주역』 「설괘전」 제6장[82]의 문장인 "신야자(神也者)는 묘만물이위언자야(妙萬物而爲言者也)"가 바로 이 괘상을 가리킨 것임을 알고 『정역』을 지을 수 있게 되었다고 한다. 이와 관련하여 탄허는 『주역선해』의 「설괘전」 6장에 대한 주해에서 다음과 같이 상세하게 설명하고 있다.

> 주자(朱子)가 이르되 "차(此)는 건곤(乾坤)을 버리고 육자(六者)만 전언(專言)하여 써 신(神)의 소위(所爲)를 현(現)한 것이다. 그러나 그 위서(位序)가 또한 상장(上章)의 설(說)을 용(用)했으되 그 의(義)가 상세(詳細)치 않다."
> [설괘전의] 제3장 이하는 선천지학(先天之學)인 복희팔괘(伏羲八卦)의 위차(位次)를 말한 것이요 제5장은 후천지학(後天之學)인 문왕팔괘(文王八卦)의 위차를 말한 것이라면 제6장은 선후천(先後天)의 변화가 오는 정역팔괘(正易八卦)의 원리인 것이다. 일부 선생이 정역팔괘의 원리가 이 제6장에서 근저가 됨을 파악하고 드디어 『정역』 일 권의 창작이 나온 것이다.[83]

주자는 『주역』 「설괘전」의 3장이 복희팔괘도를 설명한 것이고 5장이 문왕팔괘도를 설명한 것이라고 했으나 「설괘전」의 6장에 대해서는 "그 뜻이 상세치 않다"고 하여 주석을 내지 못하였다. 김일부는 계룡산에서 정진할 때 4~5년 동안 자신의 눈에만 보이던

---

82) 「정역팔괘해설」에서 탄허가 이를 『주역』 「계사전」의 문구라고 한 것은 그의 단순한 실수이다. 「설괘전」 6장을 주석할 때 『정역』을 언급하고 있다.
83) 우익 지욱(저)/김탄허(역해), 앞의 책(3), 85쪽.

이상한 괘상이 결국 주자가 모르겠다고 했던『주역』「설괘전」6장의 내용임을 알고 이것이 새로운 역(易)임을 간파하고 '정역팔괘'라 명명하고 연구하여『정역』일서를 완성하게 되었다는 것이다. 이에 대해 탄허는 다음과 같이 설명한다.

> 이 대목[설괘전 6장: 필자주]은 무엇을 말하는지 모르겠다고 주자 같은 그 박식군자도 주(註)를 내지 못했습니다. 그것이 앞으로 나타날 정역팔괘를 가리킨 것인데, 주자는 증거가 없어 주를 못낸 거지요. 여기에 힌트를 얻어 김일부 선생은『정역』을 저술하게 되었습니다.[84]

박상화의『정역과 한국』의 서문을 부탁받고 1978년에 쓴 글에서 탄허는 이를 다음과 같이 간략하게 정리하고 있다.

>『정역』은 연산(連山)에서 탄생한 김일부 선생의 저술한 바다. 일부가 일찍이 수무족도(手舞足蹈)를 금(禁)치 못하여 주야로 가무(歌舞)와 궁리(窮理)에 정진하던 중 기묘년(1879: 54세)부터 그 팔괘도가 수년간을 허공 중에 나타났다는 것이다. 일부는 이것이『주역』「설괘전(說卦傳)」에 "신야자 묘만물이위언자야(神也者 妙萬物而爲言者也)"라는 대문(大文)의 말한 것과 부합됨을 확인하고 정역팔괘도(正易八卦圖)를 획(畵)한 선생은 계속 추연(推衍)과 연마를 쉬지 않아 드디어『정역』을 내게 된 것이다.[85]

---

84) 김탄허, 앞의 책(2000), 169~170쪽.
85) 박상화,『정역과 한국』, 공화출판사, 1981, ⅰ쪽,「서(序)」.

탄허는 김일부에 대해서는 항상 '선생'이라 호칭하며 깊은 존경을 표현했고 『정역』에 대해서는 절대적인 신뢰를 드러냈다. 앞 장에서 살펴보았듯이 『정감록』과 같은 비결서를 그다지 믿지 않았던 것과는 매우 대조적이라 하겠다. 이처럼 탄허는 김일부와 『정역』에 대해서는 절대적인 존경과 신뢰를 보여주었다.

2) 복희역(伏犧易)·문왕역(文王易)·정역(正易)의 비교

탄허가 삼역(三易)을 요약하여 설명한 내용은 다음과 같다.

> 복희팔괘는 우주대자연의 위치 그대로를 그려 놓은 것이요, 문왕팔괘는 후천적 인사(人事)의 교구(交媾)를 말한 것으로 부애장녀(父愛長女)하고 모애소남(母愛小男)하는 부조리(不條理)한 교구어니와, 정역팔괘는 건곤이 교구로 정위(正位)하고 육자(六子)가 각기 진손(震巽)·감리(坎離)·간태(艮兌)로 조리 있게 교구가 된 것이다. 그리고 곤남건북(坤男乾北)에 이천칠지(二天七地)라고 둔 것과 선후천 팔괘로 수미(首尾)가 도치(倒置)된 것이 우주의 미래상을 암시한 것이다.[86]

『주역』「설괘전」의 제3장[87](복희팔괘도), 제5장[88](문왕팔괘도), 제6

---

86) 우익 지욱(저)/김탄허(역해), 앞의 책(3), 85쪽.
87) 『주역』「설괘전(說卦傳)」 3장, "天地定位, 山澤通氣, 雷風相薄, 水火不相射, 八卦相錯, 數往者順, 知來者逆. 是故易逆數也."
88) 『주역』「설괘전」 5장, "帝出乎震, 齊乎巽, 相見乎離, 致役乎坤, 說言乎兌, 戰乎乾,

장[89](정역팔괘도)의 내용을 그림으로 함께 나열해 보면 아래와 같다. 이 세 괘도를 설괘전 3장, 5장, 6장의 원문과 비교해 보면 그 함의가 정확히 드러남을 알 수 있다.

〈그림 2〉복희팔괘도　〈그림 3〉문왕팔괘도　〈그림 4〉정역팔괘도

세 종류의 팔괘도를 살펴보면, 복희팔괘도는 '팔(八)'까지, 문왕 팔괘도는 '구(九)'까지, 정역팔괘도는 '십(十)'까지 괘도에 숫자가 표시되어 있음을 알 수 있다. 특히 정역팔괘도에 '십(十)'이 나타나고 있는 것은 매우 중요한 의미를 지닌다.

김일부는 1879년에 정역팔괘를 긋고, 1881년에 전체 서문인 「대역서(大易序)」를 짓고, 1884년에 상편인 「십오일언(十五一言)」을, 1885년에 하편인 「십일일언(十一一言)」을 지어 『정역』을 완성했다. 여기에서 '십(十)'은 무극(无極)이고 '일(一)'은 태극(太極)이며 '오(五)'

勞乎坎, 成言乎艮."

89) 『주역』 「설괘전」 6장, "神也者, 妙萬物而爲言者也. 動萬物者, 莫疾乎雷, 撓萬物者, 莫疾乎風, 燥萬物者, 莫熯乎火, 說萬物者, 莫說乎澤, 潤萬物者, 莫潤乎水, 終萬物始萬物者, 莫盛乎艮. 故水火相逮, 雷風不相悖, 山澤通氣, 然後能變化, 旣成萬物也."

는 황극(皇極)을 의미한다. 따라서 「십오일언(十五一言)」은 '무극이 황극(无極而皇極)'과 연관되어 있고, 「십일일언(十一一言)」은 '태극이 무극(太極而无極)'과 관련되어 있다.[90]

문왕팔괘도를 살펴보면, 건곤의 부모가 서북과 서남에 기울어져 위치[傾危]하여 어린 딸인 소녀(少女) 태(兌)의 생장을 돕는 데 주력하고 있다. 기울어진 균형을 유지하기 위해 맏아들인 장남(長男) 진(震)은 정동(正東)에 위치하여 부모의 기울어진 빈자리를 지키고 장녀(長女) 손(巽)은 장남 진의 옆자리를 지키고 있었다. 문왕팔괘도에서 정역팔괘도로의 변화된 모습을 잘 살펴보면, 칠태(七兌)가 삼태(三兌)로 완전히 성숙한 뒤 짝인 팔간(八艮)을 향하게 됨에 따라 부모인 건곤은 기울어진 자리에서 본래의 자리인 정남북(正南北)의 정위(正位)를 회복하게 된다. 이처럼 십오(十五)의 빈 자리에 건곤을 다시 모신 것을 김일부는 '존공(尊空)'이라 표현하고 있다.[91] 이러한 '존공사상(尊空思想)'은 백행(百行)의 근본이 되는 효(孝)가 무너진 선천시대의 말류를 청산하고 다시 정륜(正倫)의 연원이자 근원의 자리로 돌아감을 『정역』이 보여주는 것이라 할 수 있다. 그리고 정역팔괘도에는 문왕팔괘도에서 보이는 한가운데 위치한 오(五)의 황극이 가운데 자리를 벗어나 남쪽으로 물러나 있는 것을 볼 수 있다. 중앙을 상징하는 토(土), 황색(黃色),

---

90) 이정호, 『정역과 일부』, 아세아문화사, 1987, 361쪽, 「일부선생의 초세간적 측면」 참조.
91) 이정호, 『정역연구』, 국제대학 인문사회과학연구소, 1976, 33~35쪽의 「항각이수 존공시(亢角二宿尊空詩)」, 「구구음(九九吟)」와 53쪽의 「십일음(十一吟)」을 참조.

황제(皇帝), 오(五)가 중심을 독점하는 불변의 황제의 자리는 사라지고 일태극(一太極)이 완성을 이루어 누구나 황극으로 진출할 수 있게 되는 인격의 완성을 볼 수 있다. 이를 '황극사상(皇極思想)'이라 부른다.[92]

선천(先天)의 황극인 오(五)는 일(一)과 구(九)의 중(中)이며 태극을 키우는 데 여념이 없었지만, 후천(後天)의 황극은 십(十)과 일(一)의 중으로서 이미 완전히 자란 태극을 무극으로 환원시키는 역할을 한다.[93] 지금은 일반적으로 중간수를 말하라고 하면 5라고 말한다. 하지만 그것은 1과 9의 중간수에 익숙해진 것인데 실제 1과 10의 중간수는 5와 6이 된다. 선천의 세계는 복희팔괘도와 문왕팔괘도에서 보이듯 십무극(十无極)이 등장하지 않는다. 보통 우리는 바둑이나 태권도 등에서 최고의 경지를 9단이라고 하고 10단은 입신(入神)의 경지라고 하여 비현실적인 것으로 치부한다. 하지만 후천의 세계는 인간이 성현의 가르침을 따라 끊임없이 인욕하고 정진함으로써 본래 가지고 있는 자성(自性)의 가능성을 놀라울 정도로 실현하여 완성시키는 세계라고 설명한다. 선천은 역생(逆生)하니 일구(一九)의 중(中)은 오(五)이고, 후천은 도생(倒生)하니 십일(十一)의 중이 역시 오(五)이며 실수(實數)로는 육(六)인 것이다. 그 상(象)을 논한다면 선천의 5는 후천의 6이요 후천의 6은 선천의 5인 것이다. 따라서 오황극(五皇極)의 실수는 선천에는

---

92) 이정호, 『제삼(第三)의 역학(易學)』, 아세아문화사, 1992, 69쪽의 「황극풍(皇極風)」과 이정호, 앞의 책(1987), 137쪽의 「정역의 황극론」을 참고하여 정리한 것임.
93) 이정호, 앞의 책(1987), 365쪽.

5요 후천에는 6인 것이다. 이것을 『정역』에서는 '포오함육(包五含六)'이라 한다.[94]

　문왕팔괘에서 진(震)은 동방(東方)을 손(巽)과 함께 도맡아서 지키고 있는 모습을 보이는데 이를 김일부는 '뇌풍정사(雷風政事)'[95]라 했다. 현실적으로 지난 역사를 돌이켜 보면 중국[震]과 일본[巽]이 동양을 대표하고 있었다고 볼 수 있다. 하지만 '중(中)'을 나라의 이름으로까지 사용했던 중국이지만 삼진(三震)인 중국은 '일오(一五)의 중(中)'에 불과하여 미친 영향이 지역적이었다. 하지만 정역팔괘에서의 한국 팔간(八艮)은 '십오(十五)의 중'으로서 천하의 중을 얻어 그 영향력이 인류에게 모두 미칠 만큼 세계적이 될 것이란 뜻으로 풀이한다.[96] 이렇듯 한국은 문왕팔괘에서는 동북방의 한 나라였는데 정역팔괘에서는 세계의 중심국으로 자리매김되고 있는 것이 괘상에 나타나고 있다. 중국[震]이나 미국·유럽[兌]이 무력과 패권, 물질과 금전으로 세계를 쟁패하기 위해 중심 쟁탈전을 벌인다면 새로운 후천세계의 한 중심축인 간방(艮方)은 도덕[止]과 문화, 동방의 광명과 간(艮)이 상징하는 산(山)의 자연성과 순수성으로 세계의 중심이 되는 것이다.

　정역은 복희역(八), 문왕역(九)과 달리 십수역(十數易)이 되어 완전함을 구현하고 있는 역이며 문왕역은 괘수의 상대합수가 각각

---

94) 이정호, 앞의 책(1976), 제4장 「포오함육(包五含六)」을 정리한 것이며 원문은 48~50쪽의 「십일귀체시(十一歸體詩)」를 참조 바람.
95) 위의 책, 51쪽의 「뇌풍정위용정수(雷風正位用政數)」를 참조.
96) 이정호, 앞의 책(1992), 144쪽, 「정역과 우리나라」 참조.

404　탄허 선사의 사교 회통 사상

십(十)이 되니 십무극(十无極)을 배태한 것으로 정역을 기다린 것으로 풀이된다.[97] 김일부는『정역』의「구구음(九九吟)」에서 공자가 위편삼절(韋編三絕)이 될 정도로『주역』을 많이 읽었지만 무극에 대해서는 뜻만 두고 말은 하지 않았다고 했다.[98]

이와 관련하여 공자가 만년에 "나에게 몇 년의 세월을 더해 주어 오십(五十)으로써 역(易)을 배운다면 가히 큰 허물은 없을 터인데"[99]라고 한 이 구절에 대해서는 해석이 분분했다. 나이 50으로 해석하면 도통 맞지 않아서 '지천명(知天命)'의 나이를 상징적으로 썼다고도 하고, '오십'은 과거의 문서에 세로쓰기로 할 때 초서로 쓰면 '졸(卒)'과 유사하니 '끝내'의 뜻이란 해석도 있으나[100] 모두 뭔가 석연찮은 주석들이다. 그런데『정역』을 연구한 이들은 이 부분에 대해 "오(五)와 십(十)으로써 역(易)을 공부한다면"으로 풀고 있다.[101] 무극[十]과 태극[一]만으로 역을 공부하는 것이 아니라 "황극[五]와 무극[十]으로 역을 공부한다면"의 의미로 해석하여 미래의 역학인『정역』의 원리를 말한 것으로 본 것이다.

복희팔괘도, 문왕팔괘도, 정역팔괘도를 비교·정리해 보자면 아래와 같다.

---

97) 박상화,『정역석의(正易釋義)』, 동아출판사, 1971, 107쪽의「간소남(艮少男)으로 본 한국」참조.
98) 이정호, 앞의 책(1976), 34쪽, "三絕韋編吾夫子, 不言无極有意存."
99)『논어』「술이(述而)」, "子曰, 加我數年, 五十以學易, 可以無大過矣."
100) 성백효(역주), 앞의 책, 136~137쪽.
101) 이정호, 앞의 책(1987), 366쪽.

<표 12> 복희팔괘도·문왕팔괘도·정역팔괘도 비교

	복희팔괘도	문왕팔괘도	정역팔괘도
삼재(三才)	천도(天道)	인도(人道)	지도(地道)
역(易)의 변화	생역(生易): 탄생	장역(長易): 성장	성역(成易): 완성
문자와의 관계	문자 이전 자연(自然)의 역(易)	문자 이후 인위(人爲)의 역(易)	문자 초월 신화(神化)의 역(易)
전거	설괘전 3장	설괘전 5장	설괘전 6장
선·후천	선천역(先天易)		후천역(後天易)
	선천의 선천	선천의 후천	후천의 선천
역법	윤역(閏曆)		정역(正曆)
삼극	태극 일(一)	황극 오(五)	무극 십(十)

3) 「일세주천율려도수(一歲周天律呂度數)」의 독자적 해석

탄허는 기독교 『성경』에서의 계시와 서양 예언가들의 예언이라
는 것은 도무지 체계적이지 않다고 평했다. 하지만 김일부의 『정
역』은 체계적이고 합리적인 이론적 근거를 토대로 설명하기 때문
에 "세계적인 운명의 변화가 오는 것을 『정역』을 통하지 않고서는
알 수가 없게 되어 있다"[102]라고 단언했다. 그의 주장에 귀를 기울
여 보자.

---

102) 김탄허, 앞의 책(2000), 167쪽.

몇 년 전 프랑스의 예언가 노스트라다무스가 말하기를 앞으로 25년 후에 세계의 멸망기가 온다고 했습니다. 그의 예언은 평소 99%가 맞았다고 합니다. 그러나 종말이 틀림없이 오지만 그의 예언은 부조리한 내용을 지니고 있습니다. 어째서 멸망한다는 까닭도 없고, 어떻게 멸망한다는 얘기도 없고, 멸망 후에 어떻게 되리라는 얘기도 없고, 어째서 25년 후이냐는 점을 밝히지도 않았기 때문입니다.[103]

『성경』에 예수는 마지막에 불로써 심판하리라 했습니다. 그 심판의 날짜는 예수도 모르고, 천사도 모르고, 다만 주님만 아시느니라 그렇게 되어 있습니다. 그때는 아이 밴 자가 위험하다. 왜? 놀라서 낙태하니까. 아이 가진 자가 위험하다. 왜? 아이들 내붙이다가 머리가 깨지니까. 일단 문밖에 나간 이상에는 옷 가지러 집안으로 들어가지 말아라. 이게 무슨 소리냐 하면 지진으로 집이 흔들리니까, 집이 무너지니까, 여자들은 문밖에 나갔다가 내 유똥 치마, 비로도 치마하면서 들어가지 말라는 거예요. 심판 시기를 암시하는 거란 말입니다. 『성경』이나 노스트라다무스의 예언은 체계적인 것이 없습니다. 이론의 뒷받침이 없습니다. 어째서 인류가 멸망하느냐, 어떻게 멸망하느냐, 멸망한 뒤에는 어떻게 되느냐 하는 데 대해서 합리적인 설명이 없습니다. 김일부 선생의 『정역』은 이런 문제를 밝혀 주고 있으며, 누구도 부인하지 못할 증거들을 보여 주고 있습니다.[104]

---

103) 김탄허, 앞의 책, 119~120쪽.
104) 위의 책, 167~168쪽.

탄허는『성경』에서 말하는 불의 심판과 노스트라다무스의 지구 멸망의 예언이 우리의 역학만큼 체계적이지 못하다는 것을 강조한다.『정역』은 체계적이고 합리적인 이론으로 뒷받침하며 역학은 미래에 전개될 세계를 보여주기 때문이라는 것이다.『정역』의 역학을 통해 보면 '심판'과 '멸망'이 아니라 '성숙'과 '결실'로 본다는 것이다. 또한 한국은 유·불·선이 하나가 되고 낙관적인 미래가 기다리고 있다고 했다.[105]

우리는 예로부터 도덕의 나라인 간방에 살아왔기 때문에 우리 선조들은 맞고만 살아왔고 그 음덕이 자손에게 미쳐 앞으로는 희망적이며,[106] 우리 국토엔 낙관만이 있을 뿐이라고 했다.[107] 일본은 지난 5백여 년 동안 무려 49차에 달하는 침략행위를 일삼았는데 우리 선조들은 타민족에게 늘 침략을 당하고도 타방을 해칠 줄 모르고 전통적인 동양의 가치관을 그대로 지키고 살아왔다는 점을 강조했다.[108]

나아가 탄허는 한국에서 세계를 구제할 정신적인 영도자가 나올 것이며 세계 인류를 구출할 방안을 가지고 있는 곳은 한국밖에 없다고 했다. 어느 나라가 길방인지 어느 지역이 흉방인지 하는 것이 모두 나타나 있는『정역』을 알고 있는 곳은 한국뿐이라는 데서 그 원인을 찾을 수 있다고 했다.[109] 역학의 원리는 복희·문

105) 김탄허, 앞의 책, 265~266쪽.
106) 위의 책, 119쪽.
107) 김탄허, 앞의 책(2001), 216쪽.
108) 위의 책, 203쪽.
109) 김탄허, 앞의 책(2000), 218쪽.

왕·주공·공자 등 4인의 저술인 열네 권의 『주역』이 기본이다. 하지만 탄허는 한국의 김일부가 저술한 『정역』이 역학 가운데 최고의 압권이며 이는 향후 백 년 동안의 지구의 대격변을 예고하는 것이라고 하였다. 이러한 격변의 세월동안 갖은 고통을 겪고 나면 한국이 문화적·종교적으로 세계의 중심이 된다고 보았다.[110]

이제 탄허 자신이 미래 예지의 바탕이라 했고 누구도 부인하지 못할 증거라고 제시했던 『정역』 속의 핵심 내용을 살펴보자. 우선 탄허가 1977년에 『정역』 관련 서적에 대한 서문을 써 달라는 요청으로 쓴 「간행사」의 전문을 보자.

> 복희는 선천의 선천이요, 문왕은 선천의 후천이요, 정역은 후천의 선천이다. 일부(一夫)의 말에 의하면 "물이 남천(南天)에 불어나고[水潮南天] 물이 북지(北地)에서 마르도다[水汐北地]"라고 하며, 증산(甑山)은 "물이 불에서 나왔기 때문에 천하에 상극(相克)의 이치가 없다[水生於火故, 天下無相克之理]"고 하니, 이 즈음에 뜻은 얻기가 쉽고 그 사이에 말은 붙이기 어렵다. 아! 만일 어떤 사람이 이 이치를 안다면 선천 후천의 변역을 알 수 있을 것이다.[111]

지금까지 소강절을 비롯한 전통 역학에서는 복희역(伏犧易)이 선천역이고, 문왕역(文王易)이 후천역이라는 것이 상식으로 되어

---

110) 김탄허, 앞의 책, 157쪽.
111) 오대산문도회·탄허불교문화재단·교림(편), 앞의 책, 237~238쪽.

있다. 하지만 '제3의 역학'이라는 일부역[정역]이 한국의 계룡산에서 등장한 뒤 복희역은 선천의 선천, 문왕역은 선천의 후천, 정역은 후천의 선천으로 보는 관점이 등장했으며[112] 탄허 역시 이 관점에 적극 동의한다. 『정역』 전체의 서문이 되는 매우 짧은 「간행사」를 쓰면서 탄허는 김일부의 "물이 남천에서는 불어나고[水潮南天] 물이 북지에서는 마른다[水汐北地]"라는 단 하나의 구절만을 『정역』 원문을 대표해서 인용했다. 그리고 "물이 불에서 나왔기 때문에 천하에는 상극의 이치가 없다[水生於火故, 天下無相克之理]"라는 강증산의 말과 함께 인용하여 이 이치를 안다면 선천과 후천의 변역(變易)을 모두 알 수 있을 것이라고 했다. 그가 인용한 이 두 구절은 탄허의 정역관(正易觀)의 추기(樞機)를 응집적으로 보여주고 있다. 먼저 "물이 남천에서는 불어나고 물이 북지에서는 마른다"의 의미부터 살펴보자.

탄허는 『주역선해』의 부록에 「정역팔괘해설」을 수록했는데 『정역』 원문에 대해 상세하게 해석한 부분은 「일세주천율려도수」 한 단락뿐이다. 총 4769자로 이루어진 『정역』 원문 전체 가운데 「일세주천율려도수」의 79자를 추출하여 『정역』 전체의 핵심으로 거론한 것이다. 그의 번역문을 살펴보자.

일부선생이 이르되, 오호라, 천(天)이 어찌 말씀하시며 지(地)가 어찌 말씀할까마는 일부가 능히 말하노라. 일부가 능히 말함이

---

112) 이정호, 앞의 책(1992)의 책은 제목 자체가 '제3의 역학'이었다.

여, 수(水)가 남천에서 불어나고 수가 북지에서 마르도다. 수가 북지에서 마름이여 조모(早暮)를 판별키 난(難)하다. 수화(水火)는 기제(既濟)함이여 화수(火水)는 미제(未濟)로다. 대도(大道)가 천(天)을 종(從)함이여 천이 말씀하지 않으랴. 대덕(大德)이 지(地)를 (從)함이여 지가 좇아 말한다. 천일(天一)의 임수(壬水)여, 만(萬) 번 꺾어 반드시 동(東)으로 가도다. 지일(地一)의 자수(子水)여, 만 번 꺾어 돌아간다.[113]

탄허가 『정역』의 문장들 가운데 이 부분만을 뽑아 『정역』 전체를 설명한 이유는 '수조남천(水潮南天)'과 '수석북지(水汐北地)'의 함의를 『정역』의 핵심으로 봤기 때문일 것이다. "물이 북지에서 마르는데 이르고 늦음은 판별키 어렵다"라는 구절도 『정역』 전체에서 지구의 미래를 예견하는 중요한 언급으로 파악했다.

그럼 '수조남천'과 '수석북지'의 의미에 대해 알아보자. 아침 조수는 '조(潮)'라 하고 저녁 조수는 '석(汐)'이라 하며 밀물은 '조'라 하고 썰물은 '석'이라 한다. 조석간만의 차이라고 말할 때의 그 '조석'이다. 따라서 수조남천과 수석북지는 남쪽에서는 물이 밀물처럼 몰려오고 북쪽에서는 물이 썰물처럼 빠져나간다는 말이며 '물이 북쪽에서 빠져나가 남쪽에서 모이는 것'[114]을 의미한다. 앞에서

---

113) 우익 지욱(저)/김탄허(역주), 앞의 책(3), 426쪽. "一夫先生曰, 嗚呼, 天何言哉, 地何言哉, 一夫能言. 一夫能言兮, 水潮南天, 水汐北地. 水汐北地兮, 早暮難判, 水火既濟兮, 火水未濟. 大道從天兮, 天不言. 大德從地兮, 地從言. 天一壬水兮, 萬折必東. 地一子水兮, 萬折于歸."
114) 이정호, 앞의 책(1987), 247쪽, 「국역과 주」 참조.

'수석북지 조모난판(水汐北地 早暮難判)'이라 하여 '수석북지'가 반복되는 것을 보면 북지에서 물이 빠져나가는 변화가 훨씬 중요한 사태이며 그 일이 일어나게 되면 다음에 일어날 상황에 대해선 어떤 일이 발생할지 전혀 알기 어렵다는 것이다. 물이 북쪽에서 빠져나가려면 일단 북쪽에서 물이 대규모로 생성되야 하므로 이는 북극의 빙하가 녹아내리는 사태를 전제로 하게 된다. 이를 탄허는 북극의 빙하가 녹게 되고 그 물이 남쪽으로 흘러 내려옴에 따라 지축에 거대한 변화가 오고 대규모의 기상이변과 지진·해일이 발생하는 근본 원인으로 해석한 것이다.[115] 이를 계기로 선천세계가 후천세계로, 문왕팔괘의 시대가 정역팔괘의 시대로 바뀌면서 지구에 거대한 변화가 오게 되는데 그 향후 백 년간의 미래상을 보여주는 것이 바로『정역』이라는 것이다.

탄허는 '만절필동(萬折必東)'과 '만절우귀(萬折于歸)'라는 구절에 대해서도 주석을 하면서 '동(東)'은 '극동(極東)인 일본을 의미'한다고 했고, '귀(歸)'에 대해서도 '북극의 빙하가 필경 일본에 가서 그침을 의미'[116]한다고 하여 다른『정역』주석과는 달리 구체적으로 일본을 직접적으로 지적했다. 원래 '만절필동'은 황하물이 아무리 흘러간다 하더라도 결국 동쪽 바다를 향해 가게 되어 있는 것처럼 사람의 일에 아무리 많은 곡절이 있다 하더라도 결국은 사필귀정이 된다는 것을 비유적으로 한 말이다.[117] '만절우귀'의 '우귀

---

115) 이러한 분석은 전적으로 탄허의 역학적 해석을 바탕으로 한 것이며 '수조남천'과 '수석북지'에 대해서는 달리 해설하는 경우들도 당연히 존재한다.
116) 이정호, 앞의 책(1987), 427쪽.
117) 권영원,『정역과 천문력』, 상생출판, 2013, 362쪽.

115) 이러한 분석은 전적으로 탄허의 역학적 해석을 바탕으로 한 것이며 '수조남천'과 '수석북지'에 대해서는 달리 해설하는 경우들도 당연히 존재한다.
116) 이정호, 앞의 책(1987), 427쪽.
117) 권영원,『정역과 천문력』, 상생출판, 2013, 362쪽.

412　탄허 선사의 사교 회통 사상

(于歸)'는 신부가 처음 시집에 가는 것을 말하는 것으로 『시경』에 등장하는 용어이다. 이는 '수석북지(水汐北地)'로 인해 '수조남천(水潮南天)'하여 일어나는 현상을 언급한 것으로 북극 빙하가 녹은 물이 남쪽으로 불어나다가 그 물이 결국에는 동쪽으로 모여든다는 것을 강조한 내용이다. 그런데 탄허는 동쪽을 구체적으로 밝히며 이를 북극에서 녹은 물이 일본을 향해 흘러 내려오는 것으로 해석한 것이다.

『정역』 연구자 그 누구도 탄허의 해석과 같이 구체적으로 이 구절을 통해 일본의 침몰을 언급한 경우는 드물다. 이는 탄허 특유의 과감한 해석으로 볼 수 있지만 기존의 일본 침몰에 대한 막연한 예언들이 체계적인 근거나 합리적인 설명이 없는 경우와는 달리 그의 예견은 이처럼 역학적 근거와 『정역』의 구절을 바탕으로 해석했던 것임을 알 수 있다.

4) 세계 변화의 원인 : 이천칠지(二天七地)

탄허는 '수석북지'와 '수조남천'의 변화를 북극 빙하가 해빙되면서 생기는 세계적인 대변화라 했는데 그 근본적인 이유와 원리를 '이천칠지'의 원리를 통해 세밀하게 설명하고 있다.

> 이 도서는 후후천(後後天)의 미래상을 조금도 여지없이 바로 보여 준 것이니 복희 선천괘(先天卦)가 천도(天道)를 주(主)로 밝힌 것이라면 문왕 후천괘(後天卦)는 인도(人道)를 주로 밝힌 것이요

〈그림 4〉 정역팔괘도

이 정역 후후천괘(後後天卦)는 지도(地道)의 변화를 주로 밝힌 것이다. 세계적인 변화가 지도의 변화를 따라서 번천복지(飜天覆地)하는 대변화를 나타내는 것이다. 지도의 변화는 바로 곤남건북(坤南乾北)의 이면에 '이천칠지'라 적어진 것이 그 변화의 상을 암시해 준 것이다. 이칠화(二七火)의 이(二)는 음수(陰數)를 의미한 것이요 칠(七)은 양수(陽數)를 의미한 것이며 지(地)는 수(水)를 의미한 것이요 천(天)은 화(火)를 의미한 것이니 이천(二天)이라면 음화(陰火), 즉 잠재한 불이다. 이 잠재한 화(火)가 120년 전부터 지구의 밑으로 들어가서 천중만첩의 빙해빙산을 녹이게 된 것이다. 이 빙해가 풀려서 아무리 빨리 달려도 매일 사백여 리밖에 못 오는 것인데 빙해가 하류하여 극동(일본)에까지 접한 것이 해방되던 해 즉 을유년(1945년) 후로 본다면 지금은 점점 창일(漲溢)하여 오는 것이 사실일 것이다.[118]

이 단락에서 탄허는 앞으로 있을 세계적인 대격변은 지도(地道) 변화로 인해서 발생하는데 그 양상은 '번천복지'로 표현할 수 있다고 했다. 즉 천지가 뒤집어진다는 것이다. 그 근본적인 원인으로 거론한 것이 바로 정역팔괘도의 가운데에 있는 '이천칠지'라는

118) 우익 지욱(저)/김탄허(역주), 앞의 책(3), 428~429쪽.

말이다. 이는 건북(乾北)의 이면에 적힌 이천(二天)과 곤남(坤南)의 이면에 적힌 칠지(七地)를 나타내는데,『정역』연구자 가운데 '이천 칠지'를 탄허만큼 강조하고 중시한 이는 없었다. 또한 '이천칠지'에 대한 탄허의 해설은 그의『정역』해설 가운데에서도 가장 독창적 이고 특색 있는 분석내용을 보여준다.

'이천'은 '잠재한 불'인 음화를 말한다. 이것이 지구의 북극인 건 북의 내면에 들어가서 북극의 빙하를 녹이고, 그 녹은 물이 '수석 북지(水汐北地)'의 원리로 '만절필동'과 '만절우귀'로 남하하여 '수조 남천(水潮南天)'이라는 남쪽에서 물이 불어나는 현상을 만들게 된 다. 이것이 바로 괘도에 나타난 곤남의 '드러난 물'로 양수인 '칠지' 이다. 이 물이 처음으로 일본에 도달하기 시작한 것이 1945년의 일이며 현재도 계속 물이 불어나고 있다는 것이다. 현재 우리는 북빙하가 이미 많이 녹았고 지금도 계속 녹고 있다는 사실을 언 론을 통해 잘 알고 있으며 이로 인한 기상이변이 속출하고 있다 는 것 역시 분명히 숙지하고 있다. 하지만 탄허는 1970년대에 이 미『정역』의 '이천칠지'의 역학적 해석을 통해 이를 미리 설명하고 향후 지구의 대변화들을 예견했다.

일반적으로 복희팔괘는 천도, 문왕팔괘는 인도를, 정역팔괘는 지도를 밝힌 것으로 앞으로의 땅의 변화가 정역팔괘도에 나타나 고 있다는 것으로 보고 있다. 즉 정역팔괘도는 앞으로 다가올 지 구의 땅의 변화와 대규모의 격변을 설명하고 있는 것이다. 이에 대해 탄허는 '이천칠지'의 원리에 의거해서 수많은 강의에서 자신 의 미래 예지를 다음과 같이 설파했다.

백이십 년 전에 지구의 밑바닥으로 불이 들어갔습니다. 그게 정역팔괘에 딱 그려져 있는 겁니다. 역학에 밝은 사람이 보면 다 드러나 있단 말입니다. 추호도 속일 수 없는 거지. 그러면 김일부 선생 자기 생각대로 그렇게 그린 거냐? 그렇다면 그게 가치가 없는 거지. 이 정역팔괘는 그 양반이 계룡산에서 공부를 하는데, 한 사오 년 동안 그 그림, 정역팔괘의 그 그림이 공중에서 떠도는 거야. 물론 다른 사람의 눈에는 보이지 않는 거지.[119]

역학의 이천칠지에 의하면 지축 속의 불기운[火氣]이 지구의 북극으로 들어가서 북극에 있는 빙산을 녹이고 있다고 합니다.[120]

정역팔괘에 불이 지구의 밑바닥으로 들어갔다는 이치, 이천칠지의 이치가 쓰여 있어요. 북빙하의 해빙으로부터 시작되는 정역시대는 이천칠지의 이치 때문입니다.[121]

탄허는 기독교의 『성경』에 말세에 최후의 심판을 받게 된다고 하면서 '불로써 심판을 받을 것'이라 했는데 여기에 대한 체계적인 설명이 없지만, 사실 이는 땅속의 잠재한 불기운이 북빙하를 녹이면서 일어나는 상황에 해당하며 그 원리가 『정역』의 '이천칠지'라고 설명했다. 현재 전 세계에 대규모로 일어나고 있는 지진들 역시 지구 내부에 발생한 잠재된 불기운인 음화(陰火)의 활동이 극도로

---

119) 김탄허, 앞의 책(2000), 169쪽.
120) 김탄허, 앞의 책(2001), 130쪽.
121) 위의 책, 129쪽.

활발해지고 있는 것으로 설명하는 것이다. 탄허가 대규모의 지진과 해일을 미리 예견했던 근거는 바로 여기에서 기인한 것이었다.

앞서 탄허의 「정역 간행사」에서 보았던 "물이 불에서 나왔기 때문에 천하에 상극(相克)의 이치가 없다"던 강증산의 말 역시 탄허는 '잠재한 불[陰火=二天]'에서 '드러난 물[陽水=七地]'이 나오는 것으로 『정역』을 통해 해석했으며 천하에 상극이 없다는 것도 대격변이 지나고 나면 세계는 용화세월(龍華歲月)과 유리세계(琉璃世界)와 같은 평화의 시대가 온다고 했던 『정역』 원문을 통해 설명했다.[122] 기독교에서 말하는 '불의 심판'은 잠재한 불로 인한 대변화로 설명하였고, 그들이 말한 '심판'과 '종말'은 '성숙'과 '결실'이라고 달리 설명하고 있다.

『성경』에 보면 말세는 불로써 심판을 받을 것이라고 되어 있고 그때는 아기 가진 여자가 위험하니 집 밖에 나가 있으라고 쓰여 있습니다. 이는 곧 지진에 의하여 집이 무너진다는 말이라 할 수 있겠습니다. (……) 이러한 예들은 지구의 종말에 대하여 어떤 일치점을 가지고 있습니다.[123]

역학의 이천칠지에 의하면 지축 속의 불기운이 이미 북극으로 들어가 북극에 있는 빙산을 녹이고 있는 중이야. 이런 현상은

---

122) 김탄허, 앞의 책(2001), 134쪽. '용화세월'이라는 표현은 『정역』의 「십일귀체시(十一歸體詩)」에 나오며 '유리세계'라는 표현은 『정역』의 「십일음(十一吟)」에 나온다. 자세한 내용은 권영원, 『정역구해(正易句解)』, 상생출판, 2011을 참조.
123) 위의 책, 129쪽.

북빙양에서 눈에 띄게 나타나는데, 미국의 노티라스 원자력잠수함이 이미 10년 전부터 북빙양의 얼음 밑을 통과해서 단숨에 아이슬란드의 소련 백해(白海)로 빠져나가고 있다는 사실이 이를 증명해 주고 있어요. 이렇게 되어 북빙양이 완전히 녹으면 대양의 물이 불어 하루에 4백 40리의 속도로 흘러내려 일본과 아시아 국가들을 휩쓸고 해안지방이 수면에 잠기게 되지. 들리는 얘기로는 미국 캘리포니아 서부해안이 점차로 가라앉고 있으며 바닷물이 강으로 역류하는 현상이 점차로 관찰되고 있는데, 이것은 북빙양이 녹는 증거이기도 해.[124]

역학에서는 왜 성숙기로 보느냐? 지구라는 것은 여자와 같은 것이거든. 그런데 천지개벽 이래로 지구가 미성숙이었다 이거야. 삐딱하게 서 가지고, 그럼 성숙기란 뭐냐? 여자의 하초에 양기가 들어가면 성숙기가 오거든. 안 그래? 월경이 온다는 말이야. 그런 다음에 시집가고 장가가고 그렇잖아? 그와 같이 땅 밑구멍으로 잠재한 불이 들어간 지 백이십여 년 전부터였다 이거야. (……) 북빙양이 완전히 풀릴 때가 성숙이야. 월경이 왔다 이렇게 되는 거야. 그럼 지구가 머리를 번쩍 든단 말이야. 지구가 반듯이 설 때는 보름이 그믐 되고 그믐이 보름이 되어 버려. 윤달 윤일이 없어져 버려. 왜 그런고 하니 적도·환도가 기울어져 있던 것이 반듯하게 되거든. 그때 그 시기에는 세계적인 해일, 세계적인 지진이 와요.[125]

---

124) 김탄허, 앞의 책(2000), 216~217쪽.
125) 위의 책, 156쪽.

탄허의 『정역』 해석에 의하면, 복희팔괘와 문왕팔괘에서 볼 수 없던 이천칠지의 원리가 1880년대부터 시작되어 잠재된 불기운이 북극으로 들어가서 북극의 빙하를 녹이기 시작하고, 북빙하가 완전히 녹아내릴 때 23도 7분가량 기울어진 지축이 바로 서면서 극한(極寒)과 극서(極暑)의 이상기후·기상이변과 함께 대규모의 지진과 해일이 세계적으로 발생한다는 것이다. 해를 거듭할수록 여름에는 폭염이 기승을 부리고 겨울에는 혹한이 몰아치는 등 전 세계가 이상기후에 몸살을 앓게 되리라는 것이다. 지축이 기울어져 있음으로 인해 생겼던 윤달과 윤년의 윤도수(閏度數)는 모든 방면에서 정도(正道)를 구현하지 못하는 과도기로 부정부패와 부조리의 원인이 되면서 세계 도처에 전쟁과 분쟁이 일어나고 군자인 척 가장한 비인격적인 선비들이 활개를 친다는 것이다.[126]

지구에 잠재된 불덩이인 음화(陰火=二天)가 땅 밑으로 들어가서 빙산을 녹이는 현상에 대해 탄허는 음양을 모르던 처녀가 규문(閨門)을 열고 초조를 치르면서 성숙한 처녀로 변모하는 과정으로 설명하고 있다. 여성의 성숙은 곧 지구의 성숙을 은유하는 것으로 지구의 기울어졌던 지축이 바로 서게 되는 것이 바로 지구가 미성숙한 상태에서 성숙해 가는 과정을 의미한다는 것이다. 지금은 지구가 본격적으로 성숙해지는 시기로 뜨거운 여름을 지나 가을의 성숙기로 접어드는데 이는 『정역』에서 말하는 '금화교역(金火交易)'[127] 혹은 '하추교역(夏秋交易)'을 의미한다. 즉 지구의 수

---

126) 김탄허, 앞의 책, 135쪽.
127) '금화교역(金火交易)'은 『정역』 원문의 「금화송(金火頌)」이나 「금화정역도(金火正易

명은 춘하추동 네 계절 가운데 여름과 가을 사이에 와 있어서 아직 반을 막 넘어선 것에 지나지 않고, 간방(艮方)에 간도수(艮度數)가 접합됨으로써 어두운 역사는 끝을 맺고 이제는 새 역사가 시작될 수밖에 없다는 것이다.[128] 역의 진행 원리로 볼 때 문왕팔괘의 윤도수는 막을 내리고 한국에 간도수가 와 있기 때문에 모든 세계의 문제가 한국을 중심으로 새롭게 시작하고 종결된다고 보았다.[129] 한국의 미래에 대한 그의 낙관적 미래관은 단순한 민족주의나 국수주의의 아전인수적인 희망이 아니라 『정역』의 원리를 바탕으로 한 역학적 해석에 근거했던 것이다. 한편 그는 『정역』이론에 입각하여 한반도는 지구의 중심축 부분에 위치하기 때문에 가장 적은 해를 입게 된다고 보았다.

이러한 파멸의 시기에 우리나라는 가장 적은 피해를 입게 되는데 그 이유는 한반도가 지구의 주축 부분에 위치하기 때문입니다. 정역 이론에 따르면 한국은 지구의 중심 부분에 있고 간태(艮兌)가 축으로 되니까 일제 시대 일본의 유끼사와 박사는 계룡산이 지구의 축이라고 밝힌 적이 있습니다.[130]

앞의 〈그림 4〉의 정역팔괘도를 보면 동서축에 간(艮)과 태(兌)가

圖)」 등에 항상 등장하는 용어이다. 『정역』의 별칭이 '금화정역(金火正易)'이며 이와 관련된 자세한 연구는 이정호, 앞의 책(1987)의 「금화정역의 인간학적 고찰」을 참조 바람.
128) 김탄허, 앞의 책(2001), 118~119쪽.
129) 위의 책, 119쪽.
130) 위의 책, 131~132쪽.

위치하고 있음을 알 수 있다. 문왕팔괘도에는 동서축에 진(震)과 태(兌)가 위치해 있는 데 반해 정역팔괘도를 보면 진이 간으로 바뀌어 있다. 탄허가 기독교와 같은 서양 사상에서 종말이나 심판을 논한 것을 성숙과 결실이라 한 것은 지구축에 큰 변화가 일어나고 대격변이 올 때 우리나라는 중심축이 되는 간태축에 위치하여 다른 지역보다 비교적 안전하다고 판단했기 때문이다. 즉 지구 중심축에서 많이 벗어나 있어 비교적 심한 피해를 보게 되는 곳인 기독교나 이슬람교 지역에서는 최후의 심판이나 최후의 날을 설정하고 있는 데 반해 지구 주축에 위치한 우리 간방은 새로운 시작을 기약하는 개벽이나 후천을 논하는 사상이 유독 많이 형성된 것으로 파악한 것이다. 김일부의 정역 사상, 최수운의 동학 사상, 강증산의 개벽 사상 등은 모두 이러한 지역적 기반 아래서 형성된 것으로 간방의 특수성에서 기인한 사상체계이자 위국론(爲國論)[131]이라고 볼 수 있다.

---

131) 김탄허, 앞의 책(2000), 233쪽.

4. 말세의 용심(用心) : 발진귀원(發眞歸源)과 불생허망(不生虛妄)

탄허가 북극의 빙하가 녹으면서 대규모의 지진이 일어날 것이라는 예견과 함께 미래에 대한 준비를 당부했음에도 당시에 이미 "듣기에 따라서는 예지의 거창함이 지나쳐 허황으로 이어지는 느낌을 뿌리치기 어렵다"[132]라는 논평도 있었다. 지금도 지축이 바로 선다거나 지구의 6할 내지 8할이 목숨을 잃을 것이라는 그의 예견은 여전히 불신을 초래하기 쉬운 너무나 큰 이야기들일 수 있다. 그럼에도 불구하고 한 세대가 지난 지금까지 탄허의 지진에 대한 예견과 미래 예지는 여전히 참조할 만한 가치가 있다고 본다.

탄허는 대규모의 지진의 발생과 지구촌 전체의 대격변을 예고하면서 "새벽이 밝기 전에 짧은 순간이지만 컴컴해질 수도 있는 것이니 각오가 있어야 한다"[133]라고 했다. 또 새 시대가 오기 위해서는 어차피 진통을 겪을 수밖에 없으며, 살이 찢어지는 고통을 겪어야 아기를 낳듯이 새 시대가 오기 위해서는 진통을 겪지 않을 수 없으므로 이 시대의 아픔은 희망찬 아픔[134]이라고도 했다. 새싹이 나기 위해서는 그 자체는 썩어야 하며,[135]밝은 미래는 견딜 수 없는 진통을 지나야만 펼쳐지게 되는 것임을 잊어서는 안

---

132) 김탄허, 앞의 책(2001), 375쪽. 동아일보 논설위원 김중배의 「발문」 참조.
133) 김탄허, 앞의 책(2000), 179쪽.
134) 김탄허, 앞의 책(2001), 60쪽.
135) 김탄허, 앞의 책(2000), 196쪽.

된다[136]는 경고도 잊지 않았다.

인간이 아무리 노력을 경주해도 천륜의 법칙을 당할 수는 없습니다. 인간의 자연에 대한 도전이 아무리 강력해도 결코 모든 자연을 완전히 정복할 수 없다는 결과에 도달하고 있는 것이 오늘의 추세가 아니냐 하는 것입니다. (……) 그렇다 해서 우리는 이러한 역학의 원리에만 매달려 있을 것이 아니고 우리 스스로의 노력을 더 많이 계속해야 될 뿐더러 우리의 정신무장을 더욱더 강화해야 할 필요가 있습니다.[137]

탄허는 유교의 소강절의『황극경세서(皇極經世書)』에서 시대조류를 평한 금수운(禽獸運), 불교의『대집경(大集經)』에서 말한 투쟁뇌고시대(鬪爭牢固時代), 기독교의『요한계시록』에서 말한 종말은 동일하게 말법시대를 지칭한 것이라고 보았다. 한 철학교수가 "그러면 속수무책으로 시간만 기다리고 있느냐"는 질문을 했다. 그때 탄허는 "왜 기다립니까? 우리가 도를 닦자는 것이지요."[138]라고 대답했다. 말법시대에도 도를 닦자는 것이다. 탄허는 평상시에 도라는 것은 죽어도 죽음이 없는 자리, 생사가 본래 끊어진 자리, 본래 생사가 붙지 못하는 자리라고 가르쳐 왔다. "불이 어느 곳이라도 다 붙을 수 있지만 허공에는 붙지 못하듯이 망상이 어디라도 다 붙을 수 있지만 생사가 끊어지고 시비가 끊어진 '도(道)자리'에

---

136) 김탄허, 앞의 책(2001), 63쪽.
137) 김탄허, 앞의 책(2000), 349쪽.
138) 김탄허, 앞의 책(2001), 340쪽.

는 절대 붙지 못하는 것"이라고 했다.[139] 그의 말대로 '시대가 지나가고 물질이 발달될수록 망상은 더 많아지고 도 닦기는 더욱 어려워지는 것'[140]이 사실이다.

탄허는 평소에 『능엄경』과 『원각경』을 인용하여 말법시대라고 하더라도 단 한 사람만이라도 참다운 발심을 하고 마음을 수행하여 허망심을 내지 않을 수 있다면 이 세계 그대로 부처의 광명세계가 될 것이라고 강조했다. 불교의 관점에서는 말법시대의 실체가 있는 것이 아니라는 것이다.

> 부처님께서 『능엄경(楞嚴經)』에 말씀하시기를, "일인(一人)이 발진귀원(發眞歸源)하면 시방허공(十方虛空)이 실개소운(悉皆消殞)이라." 한 사람이라도 진리를 발명(發明)해서 근원으로 돌아가면 시방허공이 모두 녹아떨어진다고 했습니다. 우리가 육안으로 보니까 허공이 보이는 것이지, 도통한 성인들은 허공이 안 보이고 대신 마음광명이 나타납니다. 이러한 마음의 광명 속에서 우주는 다 녹아 없어져 버리고 말지요. 또 『원각경(圓覺經)』에는 "말세제중생(末世諸衆生)이 심불생허망(心不生虛妄)하면 불설여시인(佛說如是人)은 현세즉보살(現世卽菩薩)이라" 했으니 말세의 모든 중생이 허망심을 내지 않으면 부처님이 말씀하시기를 이와 같은 사람은 현세에 곧 보살이라 한다 했습니다. 이 말씀은 부처님께서 나신 후 이천오백 년이 지난 지금 같은 말세에도 부처마음이요, 부처마음이 내 마음이라고 꼭 믿고 마음에 허망하다

---

139) 김탄허(역해), 앞의 CD(3).
140) 김탄허, 앞의 책(2001), 200쪽.

는 생각을 지니지 않으면 이런 이가 바로 보살도(菩薩道)를 행하는 이라고 한 것입니다.[141]

탄허는 『원각경』의 구절을 수차례 강조하며 현재의 전 대중이 비록 말법시대를 살아가고는 있으나 이 경구를 깊이 수지하고 실천해 나가는 것이 바로 현 시대를 극복하는 최선의 방도임을 명심하라고 당부했다. 신구의(身口意)가 청정한 것이 부처님이 출현하는 것이라는 말씀을 인용하며 부처는 오고 가는 데 있는 것이 아니라 삼업(三業)이 청정하면 부처가 오는 것이요 뜻과 행동이 청정치 못하면 부처는 이미 떠난 것이라고 설파했다.[142] 시대에 정법과 말법의 구분이 있으나 사람의 자성에는 정법과 말법의 구분이 있을 수 없으며, 경전의 예언처럼 말법인 투쟁뇌고 시대를 맞아 불법을 온전히 지키는 것이 비록 어렵지만 이런 고난에도 뜻을 청정히 간직한다면 부처님이 계시는 시대와 동일한 것이라고 했다.

그는 시간과 공간이 끊어진 근본 자성을 밝히고 본래의 자신을 회복하는 것이 인생관의 궁극적 핵심이라고 강조했다.[143] 의상조사의 「법성게」에 언급된 '십세(十世)'는 결국 구세(九世)라는 시간적 구분과 함께 현존일념(現存一念)[144]을 부과한 개념이다. 시간은 실체가 없고 오직 현존의 일념이 있을 뿐이라는 것이 불교가 시대를 관조하는 핵심이며 투쟁이 치성한 말법시대를 극복해 내는 지

---

141) 김탄허, 앞의 책, 200쪽.
142) 위의 책, 170쪽.
143) 김탄허, 앞의 책(2000), 122쪽.
144) '현존일념'에 대한 탄허의 논의는 위의 책, 273쪽 참조.

혜이자 탄허가 당부한 허망심 내지 않는 보살행의 본질이다. 탄허의 말세론 해석과 미래학의 중추는 『능엄경』의 "한 사람이라도 진리를 발명해서 근원으로 돌아가면[發眞歸源] 시방허공이 모두 녹아떨어진다"[145]라는 말씀과 『원각경』의 "말세의 모든 중생이 허망심을 내지 않으면[心不生虛妄] 부처님이 말씀하시기를 이와 같은 사람은 현세에 곧 보살이니라"[146]라는 말씀이었다.

탄허는 근래 백 년 이래 가장 뛰어난 이인(異人)으로 김일부를 꼽았고[147] 『정역』에서도 "앞으로 미래에는 유·불·선이 하나로 통합될 것이며 그 이면을 들여다보면 큰 집은 불교로 보고 있다"[148]고 되어 있다. 즉, 어떠한 미래에 대한 예지와 예견도 마음을 수행하여 도를 닦고 자리이타(自利利他)를 행하는 보살행으로 귀결하게 되어 있다는 것이다.

탄허의 미래 예지와 미래학은 그의 유·불·선·기 사교 회통 사상의 실용적 적용이다. 사교가 공통으로 설파하고 있는 말세론을 한국의 『정역』으로 회통하여 절망적인 미래가 아닌 새로운 희망과 성숙을 위한 민족적 역학으로 전개해 나간 것이다. 그의 회통 사상은 단순한 이론적인 회통이 아니라 앞으로 인류가 이루어야 할 모든 세계인의 대화와 조화, 협업과 평화를 예견한 낙관적 미래학으로 읽어 낼 수 있을 것이다.

---

145) 김탄허, 앞의 책(2001), 346쪽. "一人, 發眞歸源, 十方虛空, 悉皆鎖殞."
146) 위의 책, 346쪽. "末世諸衆生, 心不生虛妄, 佛說如是人, 現世卽菩薩."
147) 김탄허, 앞의 책(2000), 167쪽.
148) 위의 책, 182쪽.

탄허의 사교 회통 사상

　탄허 택성(呑虛 宅成, 1913~1983)은 현대 한국을 대표하는 대선사이자 대강백으로 역경과 교육 방면에서 크나큰 족적을 남긴 대석학이자 사상가였다. 총 20종 80권의 역저서(譯著書)를 남김으로써 조선시대 간경도감보다 많은 경전을 혼자의 힘으로 번역해낸 전대미문의 역장장(譯場長)이었다. 그는 법당 백 채 짓는 것보다 국가와도 바꾸지 않을 한 명의 인재를 양성하는 것이 더욱 시급하다고 역설하며 오대산과 영은사의 수련원을 시작으로 일평생 불세(不世)의 사업인 교육불사에 헌신했다.

　그의 '생애'에 관한 연구는 입적 30주년이자 탄생 백주년인 2013년을 기점으로 활발하게 진행되어 현재 많은 논문들이 발표되었고 연구도 지속적으로 축적되고 있다. 지금까지의 성과를 이어받아 본 연구에서는 미진했던 그의 '사상'에 대한 깊이 있는 천착과 철저한 분석을 통해 그의 회통 사상이 가지는 의미를 종합적으로 고찰하고자 하였다. 탄허의 사상은 선사상, 화엄 사상, 역학 사상, 유학사상, 노장 사상, 기독교관, 미래학(간산 사상) 등의 다양한 스펙트럼을 가지고 있다. 본 연구는 이러한 탄허의 광활한 학술을 유·불·선·기 사교 회통 사상이라는 하나의 주제에 집중하여 총합적으로 고찰한 것이다.

우선 탄허 사상의 종합적 고찰을 위해 현전하는 자료들을 최대한 수집하고 정리하였다. 연구의 대상이 되는 기본 자료는 80권의 역저서들 가운데 탄허의 독자적인 사상이라고 할 만한 주석과 주해들을 추출한 것을 일차 자료로 삼았다. 여기에 그가 강의한 내용을 담고 있는 테이프, 동영상, CD자료들을 입수하여 다양하게 활용했다. 문자로 기록되지 않은 그의 생생한 사유의 편린들은 강의와 강연 때에 대중들에게 거침없이 펼쳐졌으므로 본 연구의 작성을 위해서 필요한 대목들을 문헌화하여 앞으로의 학술 자료로 남을 수 있도록 대거 인용했다. 여기에 한곳에 결집되지 못한 채 흩어져 있던 탄허 관련 자료들을 취합하고, 현존해 있는 제자들을 직접 만나 당시의 정황과 전수받은 가르침을 수렴하여 연구에 적극 반영하였다.

제2장에서는 탄허의 생애를 '회통 사상의 형성'이라는 측면에 집중하여 출가 전의 학통과 출가 후의 법맥을 중심으로 살펴보았다. 이를 통해 그의 회통 사상이 어떻게 형성되고 완성되어 갔는지 분석해 보았다.

먼저 탄허가 출가 전에 수학한 유학의 학통을 처가였던 토정 이지함(土亭 李之菡) 문중의 학풍과 스승인 이극종(李克宗)의 학맥을 통해 분석해 보았다. 기호학파인 면암 최익현(勉庵 崔益鉉)의 학맥을 이은 이극종이 탄허의 언급대로 간재 전우(艮齋 田愚)의 학통 역시 계승했는지에 대한 문제도 재검토해 보았다. 이와 함께 문자 밖의 소식에 막혀 출가의 근본 원인이 되었던 노장학, 토정 이지함의 학풍을 계승하여 역학을 중시했던 처가의 가풍, 부친이 독립운동을 하며 2인자로 활약했던 강증산 계열의 보천교 등이 그의 회통 사상과 민족정신을 형성하는 데 막대한 영향을 미쳤음을 확인했다.

이어서 20대 초반 오대산 상원사로 출가한 뒤 스승 한암(漢巖)의 지도하에 묵언 참선과 7년 이력 공부를 하며 선교(禪敎)를 회통하고 선지(禪旨)를 갖추어 교학 연찬과 역경에 뛰어들게 된 과정을 살펴보았다. 이를 통해 탄허가 『통현론』을 중심으로 『화엄경』을 섭렵하고 『보조법어』 등을 배워 나갔던 일련의 수행 과정이 이후 그의 사상 형성에 크나큰 기반이 되었음을 확인할 수 있었다.

제3장에서는 탄허의 회통 사상의 근본 원리를 선사상과 화엄사상을 통해 추출해 보았다. 먼저 '회통'의 일반적인 의미와 탄허가 말하는 회통의 기본정신이 어떠한 것인지 살펴보았다. 한국불교사에서 전통적으로 내려오는 회통 사상의 역사를 간략히 검토하고 그가 영향 받은 원효(元曉), 최치원(崔致遠), 함허(涵虛) 등의 회통론을 고찰했다. 원효의 화쟁 회통의 정신과 최치원의 포함삼교(包含三敎)의 학술은 그의 회통론의 근거가 되었고, 함허의 "천하에 두 도가 없고 성인에게 두 마음이 없다[天下無二道, 聖人無兩心]"는 언명은 그의 회통 사상의 상징이었음을 확인했다.

탄허의 선사상으로는 선사로서 가지고 있었던 확고한 정체성과 선승으로서의 면모, 일상에서의 선수행과 역경의 과정에서 보이는 선중심적 사유에 대해 먼저 살펴보았다. 그리고 보조와 한암을 계승한 돈오점수 사상과 보조종조론을 분석함으로써 선교 회통의 구체적 양상들을 분석했다. 이어서 선의 방면에서 사교 회통의 근본 원리로 작동한 '성(性)자리'의 개념과 이와 동일한 다채로운 범주들의 결합에 대해서 구체적으로 논구해 보았다.

　다음으로 탄허의 화엄 사상의 특징을 회통 사상과 연관된 부분들을 중심으로 고찰하였다. 화엄이 대승(大乘)이 아니라 일승(一乘)임을 강조했던 부분, 화엄만이 유일한 요의경(了義經)임을 강조했던 의미, 일불승(一佛乘)과 회삼귀일(會三歸一)의 정신이 그의 회통 사상의 전개와 직접적인 연관을 맺고 있었다. 『청량소』는 조(助)로 하고 『통현론』을 정(正)으로 했던 번역원칙과 청량의 연기(緣起)보다 통현의 성기(性起)를 강조한 측면이 그의 회통 정신의 중추였음을 살펴보았다. 이것은 앞서 선에서 강조한 '심성'과 '성자리'의 중시와 동궤를 그리며 사교를 회통하는 이론적 기초를 형성했다. 탄허는 김지견에게 성기를 중심으로 화엄을 보는 안목을 전수함으로써 현대 한국의 화엄성기관을 형성하는 데 직접적인 영향을 미친 것으로 확인되며 이러한 그의 사상은 통현-보조-한암을 현대적으로 계승·발전시킨 것이었다. 그는 법계연기(法界緣起) 역시 적절하게 수용하였는데 특히 사사무애(事事無碍)는 여타의 사상을 회통하는데 활용한 주요한 원리였다. 그는 불교 내부에서는 선과 화엄을 회통하는 선교관을 펼쳤고, 이를 확장해서는 '심성'과 '성자리', '성기'와 '무애'를 근본 원리로 하여 다른 사상을 적극적으로 회통하였다. 탄허는 이러한 선교 회통에 멈추지 않고 향상일로(向上一路)의 일착자(一着子)를 투과(透過)하는 본분납자로서의 면모를 평생 견지하다가 용무생사(用無生死)의 당당한 입적을 말후일구(末後一句)를 통해 보여주었다.

제4장에서는 불교를 중심으로 역학, 유학, 노장학, 기독교를 회통한 사교 회통 사상의 실질적인 내용을 구체적으로 분석해 보았다.

'역학과 선의 통철(洞徹)'에서는 먼저 탄허가 설명하는 역학의 종지를 세부적으로 살펴보고 그의 선해(禪解) 방식이 갖는 독창성을 검토했다. 그는 '역학(易學)'이라는 용어를 기존의 방식과 달리 육십사괘→팔괘→사상→음양→태극으로 수렴하는 환멸문으로 설명했다. 이와 반대의 과정을 '역리(易理)'라 하여 생멸문에 배대했다. 또 '음양(陰陽)'을 '성적(惺寂)', '지관(止觀)', '정혜(定慧)', '영지(靈知)' 등의 선수행의 용어로 회통했다. 주렴계(周濂溪)의 「태극도설(太極圖說)」과 조동종의 「오위도(五位圖)」를 회통한 『조동오위요해(曹洞五位要解)』를 분석한 「주자태극도(周子太極圖)−조동오위도(曹洞五位圖) 비교」는 탄허가 출가 직후 만끽한 유석통철(儒釋洞徹)의 법열을 노년에 이르러 설파한 것이다. 탄허는 유교의 가장 깊은 사상은 『주역』에 담겨 있고, 그 『주역』을 가장 잘 요약한 것은 「태극도설」이며, 이를 다시 16자로 요약한 단하 선사(丹霞禪師)의 선지(禪旨)에서 회통의 근본적 가능성을 발견했다. 그는 이러한 회통론을 확장하여 칸트의 순수이성과 마르크스 사회주의 이론의 맹점을 비판하는 등 서양철학에까지 영역을 확장하여 동서회통(東西會通)을 시도하였다.

'유학과 불교의 회석(會釋)'에서는 탄허가 공자의 호학(好學)과 교육 정신을 계승했음을 먼저 살펴보았다. 그는 특이하게도 유불을 회통하면서 유교에도 돈법(頓法)이 존재한다고 주장했다. '일이관지(一以貫之)'와 '극기복례(克己復禮)'가 바로 유교의 돈법이라 했는데 이는 기존에 찾아보기 힘든 독창적인 학설이다. 이어서 그가 유교 경전을 강의한 것 가운데 유불회석의 예들을 일일이 고찰했다. 『논어』의 '극기(克己)'와 '문도(聞道)', 『맹자』의 '성선(性善)'과 '구방심(求放心)', 『대학』의 '명덕(明德)'과 '치지(致知)', 『중용』의 '중(中)'과 '성(誠)', 『시경』의 '사무사(思無邪)', 『서경』의 '정일집중(精一執中)'에 대한 그의 불교적 해석을 차례대로 분석했다.

'노장과 불교의 융회'에서는 『노자 도덕경』의 선주(選注)와 『장자 남화경』의 역해(譯解)에 드러난 주석의 채택과 선별의 양상을 분석함으로써 탄허의 노장관을 살펴보았다. 『노자』의 경우에는 31가의 주석을, 『장자』의 경우에는 32가의 주석을 활용했는데, 여기에서 그의 노장학에 대한 지극한 애호와 불선통석(佛仙通釋)의 자신감을 확인할 수 있었다. 그의 주석 활용에서 볼 수 있는 한 특징은 조선의 박서계(朴西溪)의 주석을 적극적으로 활용한 점이다. 동시에 그의 생애를 통틀어 일본의 주석은 단 한 차례도 활용하지 않았다는 점에서 그의 민족주의적 역경관을 확인할 수 있었다.

그의 노장관은 『노자』의 경우엔 제1장 해석에 나타난 도(道)─일(一), 무명(無名)─유명(有名), 상무(常無)─상유(常有), 묘(妙)─요(徼)를 중심으로 삼교의 회통을 살펴보았다. 『장자』의 경우엔 「내편」 7편에서 각 편의 중심이 되는 '무기(無己)', '물화(物化)', '연독(緣督)',

'심재(心齋)', '망형(忘形)', '좌망(坐忘)', '혼돈(渾沌)'을 중심으로 그 구체적 회석을 고찰해 보았다.

'기독교와 불교의 화쟁'에서는 기존의 불교인들보다 훨씬 광대하게 기독교를 포용했던 탄허의 선(禪)적인 기독교관을 고찰했다. 그는 기독교가 동양 삼교의 정신과 근본에서 다를 바가 없다고 보았는데, 교리 연구가 부족하고 그 가르침을 전달하는 포교가 잘못되었기에 기독교가 비판을 받는다고 하였다. 그가 기독교를 거론하는 것은 부족한 학리(學理)를 개척해 주고 새로운 지평을 열어주기 위함이라 했다. 그의 선적인 불기회통(佛基會通)의 핵심은 성부(하나님)와 법신(佛)을 회통하고, '천국'을 공간이 아닌 '진리'의 대명사로 보고, 예수를 생각이 끊어진 도통한 각자(覺者)로 보는 데에 있다. 예수의 근본정신으로 그가 중시한 것은『마태복음』의「산상수훈」이었는데 한문본『성경』에서 "마음이 가난한 자가 복이 있나니"를 '허심자 복의(虛心者 福矣)'로 번역한 부분을 들어 '허심(虛心)'이야말로 예수의 근본임을 강조했다. 또 "동자(童子)가 되지 않으면 천국에 갈 수 없다"는 말씀과 "좁은 문으로 들어가라"는 말씀을 중시했는데 '동자'나 '좁은 문'을 천진무구한 경지이자 생각이 끊어진 상태로 회석했다. 또 기독교에서 가장 중시하는 '믿음'에 대해서도 바른 믿음이란 믿는 주체와 믿는 대상이 끊어진 믿음이며 얻을 바가 없는 무소득(無所得)의 믿음이라야 한다고 역설했다. 탄허는 정신보다 물질을 중시하는 현대 사회에서 동서양의 모든 종교들은 종교의 본질인 '자각의 종교'로 되돌아가고자 하는 '종교의 자각'에 직면했다고 일갈했다.

다음으로 탄허의 이러한 사교 회통 사상을 도표를 통해 정리 요약해 보았다. 그리고 그의 사교 회통 사상의 최종적인 성과는 도의적인 인재양성을 위한 교육불사와 역경결사로 결실을 맺은 것으로 파악하여 그의 역경의 실상을 분석해 보았다. 그가 당대의 일은 하지 않고 천 년을 지속하는 불사를 짓겠다고 천명했던 번역의 '원칙'과 주석의 선별, 현토와 직역 위주의 번역의 이유를 살펴보았다.

　제5장에서는 탄허의 삼교의 말세론에 대한 해석과 앞으로 다가올 지구의 미래에 대한 예견인 미래학, 그리고 한국의 민족적 역학인 김일부의『정역』에 대한 그의 독자적 해석을 분석했다. 그의 미래학은 유·불·선·기 사교의 미래 예견을 회통하여 현실과 미래에 투사한 것으로 탄허 사상의 한 분야로 별립(別立)하여 설명할 가치가 충분하다고 판단된다. 이제 학계에서도 이를 공론화하여 학술적 엄밀성을 갖고 연구할 때가 되었다고 생각한다.

　탄허는 한국이 머지않은 미래에 세계의 정신수도인 신도(神都)가 될 것임을 낙관적으로 예견했는데 이를 필자는 '간산 사상(艮山思想)'이라 명명했다. 역학에서 말하는 한국의 방위인 '간방(艮方)'과 탄허가 어릴 때 사용한 자(字)인 '간산(艮山)'의 중층적 의미를 결합한 것으로 '탄허의 한국적 미래학'을 의미하는 술어이다.

　탄허는 인간 본유의 예지 본능과 동양 사상에 기반을 둔 역학, 그리고 생각이 끊어진 무심삼매를 바탕으로 미래를 예견하곤 했다. 그는 북빙하가 녹고 대규모로 지진이 발생하며 유래를 찾아보기 힘든 기후 변화가 도래할 것임을 누차 예견했다. 탄허는 그 원인을 『정역』의 '물이 남천(南天)에서 불어나고[水潮南天] 북지(北地)에서는 마르게 된다[水汐北地]'는 원리와 잠재한 불[陰火]이 북쪽으로 들어가 북빙하를 녹인다는 '이천칠지(二天七地)'의 이론을 통해 분석해 냈다. 기독교의 '불로써 심판한다'는 의미도 이를 토대로 해석했는데 종말이나 심판이 아닌 성숙과 결실이라고 설파했다.

과거는 단수이나 미래는 복수이다. 앞으로 닥칠 일에 대해서는 그 누구도 정확히 예측할 수 없다. 하지만 탄허의 지진 예견과 미래 예지는 한 세대가 지난 지금에도 여전히 유효하다. 그의 『정역』을 바탕으로 한 역학적 미래학에 대해 보다 깊은 전문적인 연구와 학술적인 관심을 투여할 필요가 있다. 냉철한 통찰력을 담보한 내실 있는 미래담론의 활성화가 필요한 시점에 이르렀다고 본다.

탄허는 말법시대에도 도를 닦아야 함을 역설했다. 생사가 끊어진 근본 자리로 돌아가는 발진귀원(發眞歸源)의 대발심과 난세에도 허망심을 내지 않으려는 보살심을 말세의 용심(用心)이자 심학(心學)의 매뉴얼로 제시했다. 팔이 바깥으로 굽지 않듯이[臂不外曲] 어떤 설법을 하더라도 일심(一心)에서 벗어나는 법이 없는 것이 탄허의 일관된 가풍이다.

탄허의 사상체계는 간단하지 않다. 본 연구는 탄허를 연구한 최초의 연구서이지만 복잡하고 광활한 탄허 사상을 연구하는 조그마한 시작에 불과하다. 앞으로 그의 사상을 보다 깊이 연구하기 위해서는 아직도 문자화되지 않고 남아 있는 음성 녹음 자료들을 하루속히 문헌으로 정본화해야 할 필요가 있다. 경전을 번역하는 것 이외의 저술에는 극히 소극적이었던 탄허의 풍격 탓에 학술적으로 의미 있는 자료들이 여전히 문자화되지 않고 강의 내용들 속에 파묻혀 있다. 이런 이유로 문자의 형태로 처음 소개되는 그의 강의 내용의 경우에는 되도록 중간에서 생략하지 않고 긴 인용문 그대로 실어 두었다. 향후의 연구와 미래의 자료적 가치를 위해서였다.

본 연구는 탄허의 사상을 단편적으로 파악하는 것에서 탈피하여 전체를 하나의 얼개와 일관된 사상체계로 보고자 했던 시도라는 점에서 그 의의를 찾을 수 있겠다. 게다가 그의 대표적인 사상 가운데 하나인 회통 사상을 동양의 삼교가 아닌 서양의 기독교를 포함한 사교에까지 확대하여 고찰하였다는 점에서 일정한 가치를 지닌다고 하겠다. 탄허의 사상을 종합적으로 개관할 수 있는 개론서의 용도로 활용되길 바란다. 본 연구의 특성상 소략하게 분석하고 지나칠 수밖에 없었던 화엄 사상과 교학사상들에 대한 보다 정밀한 연구는 이후의 지속적인 천착을 통해 보완하고자 한다.

참고 문헌

1. 원전류

實叉難陀 譯, 『大方廣佛華嚴經』(大正藏 10).

李通玄 撰, 『新華嚴經論』(大正藏 36).

李通玄 撰, 『略釋新華嚴經修行次第決疑論』(大正藏 36).

『大方等大集經』(大正藏 13).

曇無讖 譯, 『論語』, 『孟子』, 『大學』, 『中庸』, 『書經』, 『毛詩正義』, 『周易傳義大全』,
  『荀子』, 『皇極經世書』, 『明心寶鑑』, 『西溪全書』, 『艮齋集』, 『勉庵集』, 『聖學十
  圖』, 『聖學輯要』, 『普照全書』.

憨山, 『憨山大師法彙初集 (第八冊) 莊子內篇註』, 香港: 香港佛經流通處,
  1997.

憨山, 『憨山大師法彙初集 (第九冊) 老子道德經解』, 香港: 香港佛經流通處,
  1997.

郭紹虞(主編), 『中國歷代文論選 (1)』, 上海: 上海古籍出版社, 2011.

譚嗣同, 『仁學』, 『續修四庫全書(子部 儒家類) 953』, 上海: 上海古籍出版社,
  1995.

宣穎, 『莊子南華經解』, 臺北: 廣文書局, 1978.

蘇軾(著)/傅成穆儔(標點), 『蘇軾全集 (下)』, 上海: 上海古籍出版社, 2000.

蘇轍, 『老子解』, 北京: 中華書局, 1985.

宋常星, 『道德經講義』, 臺北: 自由出版社, 1976.

楊格非(譯), 『新約全書』, 北京: 英漢書館, 1890.

嚴靈峰(編), 『無求備齋老子集成初編』, 臺北: 文印書館, 1965.

嚴靈峰(編), 『無求備齋莊子集成初編』, 臺北: 藝文印書館, 1972.

藕益 智旭, 『周易·四書禪解』, 成都: 巴蜀書社, 2004.

蕅益 智旭(著)/陳德述(註釋), 『周易·四書禪解』, 北京: 團結出版社, 1996.

劉文典, 『莊子補正(上·下)』, 臺北: 新文豊出版公司, 1975.

程顥·程頤(撰)/潘富恩(導讀), 『二程遺書』 卷15, 上海: 上海古籍出版社, 2000.

焦竑, 『漢文大系(9): 老子翼·莊子翼』, 東京: 富山房, 1984.

許愼/湯可敬(撰), 『說文解字今釋 (全三卷)』, 長沙: 岳麓書社, 1997.

『四部備要本 朱子大全』, 臺灣: 中華書局, 1983.

『文淵閣 四庫全書(第710冊): 子部十六 儒家類, 性理大全書』, 臺灣: 商務印書館, 1985.

漢語大詞典編輯委員會, 『漢語大詞典』, 香港: 三聯書店有限公司, 1990.

2. 탄허 역서

김탄허(역해), 『初心·緇門』, 서울: 교림, 2009.

김탄허(역해), 『發心·三論』, 서울: 교림, 2001.

김탄허(역해), 『都序·節要』, 서울: 교림, 2012.

김탄허(역해), 『書狀·禪要』, 서울: 교림, 2012.

김탄허(역해), 『六祖壇經』, 서울: 교림, 2001.

김탄허(역해), 『普照法語』, 서울: 교림, 2005.

김탄허(역해), 『永嘉集』, 서울: 교림, 2011.

김탄허(역해), 『金剛經』, 서울: 교림, 2006.

김탄허(역해), 『楞嚴經 (전3권)』, 서울: 교림, 1981.

김탄허(역해), 『圓覺經』, 서울: 교림, 1999.

김탄허(역해), 『起信論』, 서울: 교림, 1997.

김탄허(역해), 『新華嚴經合論 (전23권)』, 서울: 교림, 2011.

김탄허(현토), 『華嚴玄談 (전4권)』, 서울: 교림, 1995.

김탄허(현토), 『大方廣佛華嚴經 (전5권)』, 서울: 교림, 2009.

김탄허(역해), 『道德經選注 (전2권)』, 서울: 교림, 2011.

김탄허(역해), 『莊子南華經 (CD 3장)』, 서울: 교림, 2004.

蕅益 智旭(저)/김탄허(역주), 『周易禪解 (전3권)』, 서울: 교림, 1996.

3. 연구 논저

1) 단행본

(1) 탄허 관련

고준환, 「불교중흥의 꽃을 피운 탄허 스님」, 『현대고승인물평전 (하)』, 서울: 불교영상회보사, 1994.

국립중앙박물관(편), 『월정사의 한암과 탄허』, 서울: 국립중앙박물관, 2013.

김광식, 『기록으로 본 탄허대종사』, 서울: 탄허불교문화재단, 2010.

김서령, 「지상에 없는 한 남자, 그만을 향한 50년」, 『신동아』 565호, 2006. 10월 호.

김탄허(강설), 『동양사상 특강 (CD 18장)』, 서울: 교림, 2002.

김탄허(강의), 『주역선해 강의 (테이프 22개)』, 서울: 교림, 1983.

김탄허(강의), 『화엄경 강의 테이프』, 화성: 신흥사, 1978.

김탄허(강해), 『탄허 스님 간추린 법문 (테이프 15개)』, 서울: 교림, 1983.

김탄허, 『부처님이 계신다면』, 서울: 교림, 2001.

김탄허, 『피안으로 이끄는 사자후』, 서울: 교림, 2000.

김호성, 『결사, 근현대 한국불교의 몸부림』, 서울: 씨아이알, 2016.

김호성, 『방한암 선사』, 서울: 민족사, 1995.

得通 己和(撰), 『顯正論』(『한국불교전서』 권7), 서울: 동국대 출판부, 1986.

문광(편), 『탄허 사상 특강』, 서울: 금강선원, 2014.

문광, 『탄허학의 골수와 종지』, 서울: 탄허기념박물관, 2013.

박희승, 『조계종의 산파 지암 이종욱』, 서울: 조계종출판사, 2011.

백금남, 『소설 탄허』, 서울: 동쪽나라, 2007.

보문문도회·김광식(편), 『보문선사』, 서울: 민족사, 2012.

오대산 월정사(편), 『되돌아본 100년, 탄허』, 서울: 조계종 출판사, 2013.

오대산 월정사(편), 『미래를 향한 100년, 탄허』, 서울: 조계종 출판사, 2013.

오대산 월정사, 『탄허대종사 유품·유묵 목록집』, 평창: 오대산 월정사, 2014.

오대산문도회·탄허불교문화재단·교림(편), 『탄허대종사 연보』, 서울: 교림, 2012.

원행, 『탄허대선사 시봉이야기』, 서울: 에세이스트사, 2018.

월정사·김광식(편), 『방산굴의 무영수 (상·하)』, 평창: 오대산 월정사, 2012.

월정사·김광식(편), 『오대산의 버팀목』, 평창: 오대산 월정사, 2011.

월정사·성보박물관(편), 『한암·탄허 선사 서간문』, 서울: 민족사, 2014.

월정사·탄허문도회(편), 『방산굴법어』, 평창: 오대산 월정사, 2013.

자현 외 8인, 『한암의 선사상과 제자들』, 서울: 쿠담북스, 2017.

자현, 『탄허-허공을 삼키다』, 서울: 민족사, 2013.

장화수, 『21세기 대사상』, 서울: 혜화출판사, 1996.

최승순, 「권두대담-탄허 스님」, 『禪思想』, 제28권, 1983. 2.

최재목, 『상상의 불교학-릴케에서 탄허까지』, 서울: 지식과 교양, 2017.

탄허, 「화엄경의 신앙세계」, 『불광』71~73호 1980년 7월호, 1980. 9~11.

탄허, 『탄허록』, 서울: 휴, 2012.

탄허기념박물관(편), 『탄허대종사 遺墨選』, 서울: 탄허기념박물관, 2010.

탄허불교문화재단(편), 『탄허 선사의 선교관』, 평창: 오대산 월정사, 2004.

탄허장학회(편), 『탄허강설집-신화엄경합론1』, 서울: 불광출판부, 2003.

한암문도회·김광식(편), 『그리운 스승 한암스님』, 서울: 민족사, 2006.

한암문도회·월정사(편), 『漢巖一鉢錄』, 서울: 민족사, 2010.

한암사상연구원, 『한암 선사연구』, 서울: 민족사, 2015.

혜거(편), 『呑虛大宗師 經學觀1-譯經序文을 중심으로』, 서울: 탄허불교문화재단, 2008.

(2) 불교

강건기·김호성(편), 『깨달음, 돈오점수인가 돈오돈수인가』, 서울: 민족사, 1992.

강원대 인문과학연구소(편), 『매월당-그 문학과 사상』, 춘천: 강원대 출판부, 1989.

鎌田茂雄(저)/한형조(역), 『화엄의 사상』, 서울: 고려원, 1987.

경허 성우/ 이철교(역),『禪門撮要』, 서울: 민족사, 2009.

기무라 기요타카(저)/정병삼 외(역),『중국화엄 사상사』, 서울: 민족사, 2005.

김상현,『교감번역 화엄경문답』, 서울: 씨아이알, 2013.

김잉석,『화엄학개론』, 서울: 법륜사, 1986.

김지견(강의),『大華嚴一乘法界圖註并序 —金時習의 禪과 華嚴』, 서울: 김녕사,
   1987.

김지견(편),『法界圖記叢髓錄』, 서울: 동방원, 1988.

김지견(편),『華嚴論節要』, 서울: 보련각, 1972.

김천학,『균여화엄 사상연구』, 서울: 은정불교문화진흥원, 2006.

민영규,『雪岑 曹洞五位要解 未定稿 校錄』, 서울: 동국대 도서관 소장본,
   1988.

보조 사상연구원(편),『普照全書』, 승주: 불일출판사, 1989.

신규탁,『규봉종밀과 법성교학』, 서울: 올리브그린, 2016.

의상(찬)/김지견(역),『一乘法界圖合詩一印』, 서울: 초롱, 1997.

이능화(저)/강효종(역),『百敎會通』, 서울: 운주사, 1992.

이능화,『백교회통』, 서울: 보련각, 1973.

이덕진(편),『한국의 사상가 10인-지눌』, 서울: 예문서원, 2002.

中村元 외(저)/석원욱(역),『華嚴思想論』, 서울: 운주사, 1990.

최귀묵(역저),『김시습 조동오위요해의 역주 연구』, 서울: 소명출판, 2006.

퇴옹 성철,『백일법문(상·하)』, 경남: 장경각, 2001.

퇴옹 성철,『선문정로』, 경남: 장경각, 1997.

한종만,『韓國曹洞禪史』, 서울: 불교영상, 1998.

해주,『의상화엄 사상사 연구』, 서울: 민족사, 1994.

해주,『화엄의 세계』, 서울: 민족사, 1998.

혜심·각운/김월운(역),『禪門拈頌 拈頌說話 (전10권)』, 서울: 동국역경원,
   2005.

(3) 유교

감산 덕청(저)/원조 각성(강해), 『中庸直指』 부산: 統和叢書刊行會, 1998.

권오봉, 『퇴계선생 일대기』, 서울: 교육과학사, 2001.

김석진(역해), 『周易傳義大全譯解』, 서울: 대유학당, 2011.

뚜웨이밍(저)/권미숙(역), 『한 젊은 유학자의 초상: 청년 왕양명』, 서울: 통나무, 1994.

성백효(역주), 『論語集註』, 서울: 전통문화연구회, 1990.

소강절(저)/윤상철(편역), 『皇極經世 (전5권)』, 서울: 대유학당, 2011.

우익지욱(저)/박태섭(역주), 『주역선해』, 서울: 불광출판사, 2007.

원조 각성, 『檀帝 天符經』, 부산: 통화총서간행회, 1997.

이창일, 『소강절의 철학』, 서울: 심산출판사, 2007.

이황(저)/최중석(역주), 『이퇴계의 자성록』, 서울, 국학자료원, 2003.

田愚, 『艮齋集 (전4책)』, 서울: 민족문화추진회, 2004.

정장철(역해), 『荀子』, 서울: 혜림출판사, 1994.

陳來(저)/전병욱(역), 『양명철학』, 서울: 예문서원, 2009.

청화, 『주역선해 연구』, 서울: 운주사, 2011.

한국학중앙연구원(편), 『율곡전서(4), 성학집요』, 서울: 율곡학회, 2007.

화서학회 면암학회(공편), 『勉庵集 (전8권)』, 청양: 면암학회, 2006.

(4) 도교

갈홍(저)/석원태(역), 『포박자 내편 (전2권)』, 파주: 서림문화사, 1995.

갈홍(저)/이준영(해역), 『포박자』, 서울: 자유문고, 2014.

감산 덕청(저)/심재원(역해), 『장자, 그 禪의 물결』, 서울: 정우서적, 2012.

감산 덕청(저)/제월 통광(역), 『장자 감산주』, 서울: 통광불교연구원, 2015.

감산대사(저)/송찬우(역), 『莊子禪解』, 서울: 세계사, 1999.

김충열, 『김충열 교수의 노자강의』, 서울: 예문서원, 2011.

김형효, 『노장 사상의 해체적 독법』, 서울: 청계, 1999.

박세당(저)/김학목(역), 『박세당의 노자』, 서울: 예문서원, 1999.

박세당(저)/박헌순(역), 『박세당의 장자읽기, 남화경주해산보1』, 파주: 유리창, 2012.

박세당(저)/전현미(역주), 『박세당의 장자, 남화경주해산보 내편』, 서울: 예문서원, 2012.

朴世堂, 『西溪全書』, 서울: 태학사, 1979.

박완식(편), 『장자를 만나다: 南華經解 宣穎註』, 서울: 박문사, 2014.

안병주·전호근(역), 『譯註 莊子 (1~4)』, 서울: 전통문화연구회, 2012.

王弼(주)/김시천(역주), 『老子道德經注』, 서울: 전통문화연구회, 2017.

尹眞人의 제자/이윤희(역), 『性命圭旨』, 서울: 한울, 2017.

錢奕華, 『宣穎南華經解之硏究』, 臺灣: 萬卷樓, 2000.

鍾離權·呂洞賓(저)/이봉오 외(역), 『鍾呂傳道集』, 서울: 세창출판사, 2013.

陳鼓應(저)/최진석 외(역), 『주역, 유가의 사상인가 도가의 사상인가』, 서울: 예문서원, 1996.

(5) 기독교

200주년 신약성서번역위원회, 『200주년 신약성서 주해』, 경북: 분도출판사, 2009.

김경수(편), 『1912년에 발간된 한문성경』, 서울: 서예문인화, 2013.

대한성서공회, 『새번역 신약전서』, 서울: 보진재, 1967.

대한성서공회, 『성경전서(개역한글판)』, 서울: 대한기독교서회, 2001.

데이비드 먼젤로(저)/이향만 외(역), 『진기한 나라 중국』, 파주: 나남, 2009.

송강호, 『중국어 성경과 번역의 역사』, 서울: 모리슨, 2007.

아더핑크(저)/지상우(역), 『산상수훈 강해』, 파주: 크리스챤 다이제스트, 2015.

楊格非 譯, 『新約全書』(한국학중앙연구원 영인본), 北京: 英漢書館, 1890.

한국교회사 문헌연구원(편), 『한국성경대전집1: 예수셩교셩서(1884)』, 서울: 한국교회사 문헌연구원, 2002.

한국교회사 문헌연구원(편), 『한국성경대전집2: 신약성서마태전』, 서울: 한국교

회사 문헌연구원, 2002.

香港聖經會(印發),『新舊約全書』, 香港: Hongkong Bible House, 1955.

히스미디어,『圣经全书 (중국어 성경)』, 파주: 히스미디어 출판사업부, 2017.

(6) 미래학

권영원,『正易과 天文曆』, 대전: 상생출판, 2013.

권영원,『正易句解』, 대전: 상생출판, 2011.

김재영,『보천교와 한국의 신종교』, 전주: 신아출판사, 2010.

김재홍,『正易理解』, 대전: 상생출판, 2016.

김정현(저)/양재학(역주),『正易註義』, 대전: 상생출판, 2015.

박상화,『正易과 柶枋圖』, 서울: 우성문화사, 1984.

박상화,『정역과 한국』, 서울: 공화출판사, 1981.

박상화,『正易釋義』, 서울: 동아출판사, 1971.

박상화,『정역은 말한다』, 서울: 우성문화사, 1988.

박순창,『미래학의 이해』, 서울: 청목출판사, 2016.

백남환,『미래학』, 서울: 피오디나라, 서울: 2016.

백문섭,『정역연구의 기초』, 대전: 일부선생기념사업회, 1980.

송재국,『송재국 교수의 역학담론』, 서울: 예문서원, 2010.

안경전,『이것이 개벽이다(상)』, 대전: 대원출판, 2003.

앨빈 토플러(편), 김배산(역),『미래학이란 무엇인가』, 서울: 종로서적, 1982.

유남상,『周·正易經合編』, 대전: 연경원, 2011.

유남상·임병학,『一夫傳記와 正易哲學』, 대전: 연경원, 2013.

윤종빈,『正易과 周易』, 대전: 상생출판, 2009.

이정호,『正易과 一夫』, 서울: 아세아문화사, 1987.

이정호,『정역연구』, 서울: 국제대학 인문사회과학연구소, 1976.

이정호,『第三의 易學』, 서울: 아세아문화사, 1992.

이현중,『正易과 三經』, 대전: 충남대 출판부, 2005.

한동석,『우주변화의 원리』, 서울: 대원출판, 2011.

참고 문헌 445

2) 학위 논문

고승학, Li Tongxuan's Thought and His Place in the Huayan Tradition of Chinese Buddhism: University of California at LA, 2011.

김지견, 『新羅華嚴思想の 研究』, 日本 東京大學 博士學位論文, 1973.

문광, 「韓·中 禪師들의 儒家 中和說에 대한 談論 比較研究: 憨山·智旭禪師와 性徹·吞虛禪師를 중심으로」, 연세대 중어중문학과 석사학위논문, 2012.

임병학, 「易學의 河圖洛書原理에 관한 研究」, 충남대 철학과 박사학위논문, 2005.

임상희, 「李通玄의 華嚴思想 研究」, 동국대 불교학과 박사학위논문, 2008.

정순일, 「화엄성기 사상가 연구-중국 화엄종을 중심으로」, 원광대 불교학과 박사학위논문, 1988.

정희경, 「지눌의 『화엄론절요』 연구」, 동국대 불교학과 박사학위논문, 2016.

해주, 『신라 의상의 화엄 교학 연구-일승법계도의 성기 사상』, 동국대 철학과 박사학위논문, 1989.

3) 일반 논문

각성, 「이통현의 화엄 사상」, 『탄허 선사의 선교관』, 평창: 오대산 월정사, 2004.

고승학, 「『신화엄경론』에 나타난 이통현의 『화엄경』 해석의 특징 -중국 고유사상과의 연관성을 중심으로-」, 『불교학연구』 제34집, 불교학연구회, 2013.

고승학, 「『신화엄경론』에 보이는 이통현의 법계관에 대한 비판적 검토」, 『불교학연구』 제52집, 2017.

고영섭, 「芬皇 元曉의 和諍會通 인식」, 『불교학보』 제81호, 동국대 불교문화연구원.

고영섭, 「탄허 택성의 노장관과 불교관」, 『문학·사학·철학』 제33호, 한국불교사연구소, 2013.

고영섭, 「탄허의 주역관과 불교관: 주역선해 역주를 중심으로」, 『한국불교학』 제66집, 한국불교학회, 2013.

고영섭, 「탄허택성의 삼현관과 불교관」, 『미래를 향한 100년, 탄허』, 서울: 조계종 출판사, 2013.

고영섭, 「탄허택성의 생애와 사상 —한국불교사적 지위와 한국불학사적 위상」, 『되돌아본 100년, 탄허』, 서울: 조계종 출판사, 2013.

고영섭, 「한국의 불전번역과 불서간행」, 『문학·사학·철학』 제25·26호, 한국불교사연구소, 2011.

고영섭, 「한암과 탄허의 불교관—해탈관과 생사관의 동처와 부동처」, 『종교교육학연구』 제26호, 한국종교교육학회, 2008.

고희숙, 「한국불교 강원 사미과 교재의 서지적 연구」, 『서지학연구』 제10집, 1994.

김경탁, 「박세당의 노장학」, 『중국학보』 제10집, 한국중국학회, 1969.

김광식, 「결사운동의 재검토와 탄허의 결사운동에 대한 의견」, 『보조 사상연구원 제80차 정기 월례학술대회 발표자료집』, 보조 사상연구원, 2008.

김광식, 「김탄허의 교육과 그 성격」, 『정토학연구』 제6집, 한국정토학회, 2003.

김광식, 「오대산 수도원과 김탄허」, 『탄허 선사의 선교관』, 평창: 오대산 월정사, 2004.

김광식, 「오대산수도원과 김종후」, 『민족불교의 이상과 현실』, 안성: 도피안사, 2008.

김광식, 「탄허 스님의 생애와 교화활동」, 『탄허 선사의 선교관』, 평창: 오대산 월정사, 2004.

김광식, 「탄허의 교육이념과 그 정신」, 『미래를 향한 100년, 탄허』, 서울: 조계종 출판사, 2013.

김광식, 「탄허의 시대인식과 종교관」, 『되돌아본 100년, 탄허』, 서울: 조계종 출판사, 2013.

김무봉, 『불경언해와 간경도감』, 동아시아불교문화 제6집, 동아시아불교문화학회, 2010.

김성철, 「탄허 스님의 예지, 그 배경과 의의」, 『되돌아본 100년, 탄허』, 서울:

조계종 출판사, 2013.

김종인, 「20세기초 한국 불교인들의 기독교에 대한 인식과 비판」, 『한국사상과 문화』 제54집, 2010.

김지견, 「의상조사의 생애와 『화엄일승법계도』」, 『大華嚴一乘法界圖注』, 서울: 문현, 2010.

김지견, 「해동화엄의 뿌리와 흐름」, 『범한철학』 제4집, 범한철학회, 1986.

김천학, 「동아시아 화엄 사상에서 의상과 법장의 위상」, 『불교학보』 제61집, 동국대 불교문화연구원, 2012.

김천학, 「현대 한국의 불교학자: 김지견」, 『불교평론』 제67호, 서울: 불교평론사, 2016.

김호성, 「결사의 정의에 대한 재검토」, 『보조 사상』 제31집, 보조 사상연구원, 2009.

김호성, 「탄허의 결사운동에 대한 새로운 고찰」, 『한암사상』 제3집, 한암사상연구회, 2009.

무관, 「탄허의 선사상」, 『탄허 선사의 선교관』, 평창: 오대산 월정사, 2004.

문광, 「탄허 선사 유불 회통론의 '呑'적 가풍 연구」, 『문학·사학·철학』 제28·29호, 한국불교사연구소, 2012.

문광, 「탄허 선사의 말세관과 미래학 −불교·유교·기독교의 말세론과 『正易』 해설을 중심으로−」, 『원불교 사상과 종교문화』, 제71집, 원광대 원불교 사상연구원, 2017.

문광, 「탄허 선사의 유교 경전에 대한 불교적 해석 −『論語』를 중심으로−」, 『한국불교학』 제80집, 한국불교학회, 2017.

문광, 「탄허 선사의 『장자』에 대한 불교적 해석」, 『불교학보』 제81호, 동국대 불교문화연구원, 2017.

문광, 「탄허택성과 동양사상 −『周易』의 宗旨와 『老』·『莊』의 注解를 중심으로−」, 『한국불교학』 제78집, 한국불교학회, 2016.

문광, 「탄허택성의 선사상 연구 −譯經觀과 修行觀을 중심으로−」, 『불교학보』 제76호, 동국대 불교문화연구원, 2016.

문광, 「탄허학의 골수와 종지」, 『문학·사학·철학』 제33호, 한국불교사연구소,

2013.

문광, 「현대 한국 선사상의 두 지평: 성철의 '徹'적 가풍과 탄허의 '呑'적 가풍」, 『동아시아불교문화』 제27호, 동아시아불교문화학회, 2016.

민영규, 「김시습의 조동오위설」, 『대동문화연구』 제13집, 성균관대 대동문화연구원, 1979.

박금규, 「김탄허의 삼교 회통 사상」, 『한국종교사상의 재조명』, 익산: 원광대출판부, 1993.

방인, 「퓨전의 시대와 크로스오버의 철학: 지욱의 『주역선해』를 읽고」, 『문학·사학·철학』 10호, 한국불교사연구소, 2007.

서경전, 「한국에 있어서 유불도 삼교의 교섭 —和를 중심으로—」, 『원불교 사상』 제20집, 원불교 사상연구원, 1996.

서대원, 「鐘呂의 修煉觀 考察」, 『동양철학』 제30집, 2008.

성본, 「탄허 선사의 선사상 고찰」, 『탄허 선사의 선교관』, 평창: 오대산 월정사, 2004.

송남주, 「事事無碍에 관한 철학적 고찰과 현대적 함의 —澄觀의 四法界說을 중심으로」, 『불교학연구』 제46집, 2016.

윤선태, 「탄허 스님의 구도과정과 인재양성」, 『미래를 향한 100년, 탄허』, 서울: 조계종 출판사, 2013.

윤창화, 「탄허 스님의 불전역경과 그 의의」, 『탄허 선사의 선교관』, 평창: 오대산 월정사, 2004.

윤창화, 「탄허의 경전번역의 의의와 강원교육에 끼친 영향」, 『미래를 향한 100년, 탄허』, 서울: 조계종 출판사, 2013.

윤창화, 「한암과 탄허의 동이점 고찰」, 『되돌아본 100년, 탄허』, 서울: 조계종 출판사, 2013.

윤창화, 「한암의 자전적 구도기 〈一生敗闕〉」, 『한암 선사연구』, 서울: 민족사, 2015.

이덕주, 「한글성서 번역에 관한 연구: 1882~1938년 간행된 성서를 중심으로」, 『한국기독교와 민족운동』, 서울: 보성, 1986.

이동국, 「탄허 택성의 서예미학」, 『문학·사학·철학』 제33호, 한국불교사연구소, 2013.

이승환, 「程門의 未發說과 求中 공부」, 『철학연구』 제38집, 고려대 철학연구소, 2009.

이승환, 「주자 수양론에서 未發의 의미」, 『퇴계학보』 제126집, 퇴계학 연구원, 2009.

이승환, 「朱子는 왜 未發體認에 실패하였는가」, 『철학연구』 제35집, 고려대 철학연구소, 2008.

이원석, 「출가 이전 탄허의 전통학술 수학과 구도입산의 궤적」, 『미래를 향한 100년, 탄허』, 서울: 조계종 출판사, 2013.

이원석, 「한암·탄허의 출가행과 오대산의 교육전통」, 『한국선학회 춘계학술대회 자료집』, 한국선학회, 2018.

이원석, 「漢巖重遠과 呑虛宅成의 佛緣 −탄허의 출가 배경−」, 『한국불교학회』 제79호, 한국불교학회, 2016.

이천승, 「巍巖의 미발설과 心性一致의 수양론」, 『철학연구』 제40집, 고려대 철학연구소, 2010.

임상희, 「이통현과 중국 전통사상」, 『한국불교학』 제50집, 한국불교학회, 2008.

임상희, 「이통현의 華嚴性起思想」, 『한국불교학회 학술발표논문집』, 한국불교학회, 2013.

임상희, 「탄허택성의 화엄 사상」, 『되돌아본 100년, 탄허』, 서울: 조계종 출판사, 2013.

자현, 「오대산 문수화엄 신앙의 특수성 고찰」, 『되돌아본 100년, 탄허』, 서울: 조계종 출판사, 2013.

자현, 「탄허, 그 위대한 생애와 정신」, 『문학·사학·철학』 제33호, 한국불교사 연구소, 2013.

자현, 「탄허 스님의 미래인식과 현대사회의 다양성」, 『미래를 향한 100년, 탄허』, 서울: 조계종 출판사, 2013.

정병삼, 「한국화엄 사상연구와 탄허」, 『탄허 선사의 선교관』, 평창: 오대산 월정사, 2004.

최연식, 「한국불교에서의 성기와 연기」, 『불교학보』 제74집, 동국대 불교문화연구원, 2016.

최재목, 「탄허의 철학사상에 보이는 회통적 사유의 근저」, 『문학·사학·철학』 제33호, 한국불교사연구소, 2013.

해주, 「탄허택성과 화엄 사상」, 『탄허 선사의 선교관』, 평창: 오대산 월정사, 2004.

혜거, 「三學兼修와 禪敎融會의 漢巖思想」, 『정토학연구』, 제8집, 한국정토학회, 2005.

홍정근, 「南塘 한원진의 심성론 −미발에서의 심과 성의 삼층구조 분석을 중심으로−」, 『유교사상연구』 제21집, 한국유교학회, 2006.

4) 신문·인터넷 자료

중앙일보사, 〈중앙일보〉, 2017. 11. 20.

현대불교신문사, 〈현대불교신문〉, 2003. 1. 13.

http://zhidao.baidu.com/question/495663464.html

표·그림 차례

〈표 차례〉

〈표 1〉 탄허가 '성(性)자리'로 회통한 동일 범주들 101

〈표 2〉 탄허의 선역 회통(禪易會通) 171

〈표 3〉 탄허의 『논어(論語)』와 『노자(老子)』의 회석 195

〈표 4〉 『도덕경선주』에서 박서계 주석의 지위 239

〈표 5〉 무명(無名)-유명(有名), 도(道)-일(一),
　　　　무극(無極)-태극(太極)의 관계 254

〈표 6〉 『노자』-『중용』-『주역』의 종지 회통 257

〈표 7〉 탄허 『남화진경역해』에 인용된 주석 269

〈표 8〉 탄허 『남화진경역해』의 자가주석(自家註釋)의
　　　　유·불·선 분포 현황 271

〈표 9〉 탄허의 사교 회통 사상에 대한 요약 349

〈표 10〉 탄허의 역저서 목록 354

〈표 11〉 탄허 역경에서의 주석의 정(正)과 조(助) 358

〈표 12〉 복희팔괘도·문왕팔괘도·정역팔괘도 비교 406

〈그림 차례〉

〈그림 1〉 주자태극도와 조동오위도의 비교 176

〈그림 2〉 복희팔괘도 401

〈그림 3〉 문왕팔괘도 401

〈그림 4〉 정역팔괘도 401, 414

【 ㄱ 】

간방(艮方) 38, 346, 434
간산(艮山) ⇄ 간산 사상 434
간산 사상(艮山 思想) ⇄ 간산 37, 362, 434
간태합덕(艮兌合德) 346
간화결의론(看話決疑論) 74
간화독존 33
감산 덕청(憨山 德淸) 19
강산 이서구(薑山 李書九) ⇄ 이서구 396
강증산(姜甑山) ⇄ 증산 46
경봉(鏡峰) 51
경허(鏡虛) ⇄ 경허 성우 74
경허 성우(鏡虛 惺牛) ⇄ 경허 48, 60
계사상전(繫辭上傳) 184
계사전(繫辭傳) 186
계초심학인문(誡初心學人文) 77
계환(戒環) 72
고려국보조국사법어(高麗國普照國師法語) 74
고려국보조선사어록찬집중간(高麗國普照禪師語錄纂集重刊) 74

고영섭 30
고운 최치원(孤雲 崔致遠) 59
공영달(孔穎達) 57
공자(孔子) 188, 189
관기회통(觀其會通) 56
관묘장(觀妙章) 249
관응(觀應) 51
교판론(教判論) 111
권수정혜결사문(勸修定慧結社文) 74
규봉 종밀(圭峰 宗密) 56, 69
금강경 50, 74, 204
금수운(禽獸運) 368
기독교 299
기무라 기요타카 135
길라(吉羅) ⇄ 돌길라 76
김광식 27
김일부(金一夫) 45, 377, 396
김지견 131
김호성 29

【 ㄴ 】

남악 회양(南嶽 懷讓) 85
남화경(南華經) 259

남화경해(南華經解) 264
남화진경역해(南華眞經譯解) 271
내교외선(內敎外禪) 83
노자(老子) 94, 194, 238, 251,
　432
노장관(老莊觀) 432

【 ㄷ 】

대기설법(對機說法) 192
대종사(大宗師) 291
대학(大學) 199, 217
대학장구(大學章句) 218
대학직지(大學直指) 218
대혜 종고(大慧 宗杲) 66
대혜보각선사서병입사기(大慧普覺
　禪師書幷入私記) 66
덕충부(德充符) 287
도교(道敎) 248
도덕경(道德經) 95, 232, 233
도덕경선주(道德經 選注) 232,
　233, 241, 257
도의 국사(道義 國師) 94
도학 방법론(道學 方法論) 212
돈법(頓法) 110, 192, 432
돈수론(頓修論) 91
돈오돈수(頓悟頓修) 33, 73, 82,
　87

돈오점수(頓悟漸修) 33, 73, 82,
　87
돈오점수론(頓悟漸修論) 80
돈점론(頓漸論) 90
돌길라(突吉羅) ⇄ 길라 76, 77
동산 양개(洞山 良价) 177
동자(童子) 333
동학(東學) 45
두구(杜口) 67
두보(杜甫) ⇄ 두자미 109
두자미(杜子美) ⇄ 두보 109

【 ㅁ 】

마르크스주의 185
마서륜(馬紋倫) 268
마조(馬祖) 90
마태복음 433
만법귀일(萬法歸一) 96
말법 시대 363
말변사(末邊事) 86
말세론(末世論) 363, 378
망지(妄知) 25
망형(忘形) 287
맹자(孟子) 209, 218
명덕(明德) 217
무기(無己) 274
무비(無比) 189

무아(毋我) 204
무애 사상(無碍 思想) 134
무애(無碍) 36
무지극(無之極) 253
문왕역(文王易) 400
문왕 팔괘도 402
물화(物化) 278
미래학 33, 383
미발논변(未發論辨) 224
믿음 79

【 ㅂ 】

박고봉 88
박금규 23
박서계(朴西溪) 239, 432
박완식 95
반야부(般若部) 112
발심(發心) 79
발심삼론(發心三論) 60
발진귀원(發眞歸源) 422
방등부(方等部) 112
방산굴 법어 66
배대(配對) 53
백교회통(百敎會通) 301
백장(百丈) 90
범룡(梵龍) 50
법계현경(法界玄鏡) 135

법성게 132
법화경 113, 114
법화부(法華部) 112
보광명지(普光明智) 80
보기론(補基論) 309
보유론(補儒論) 309
보조(普照) 73
보조법어(普照法語) 50, 65, 74,
 75
보조선사법어(普照禪師法語) 74
보조종조론(普照宗祖論) 91
보조후신한암설(普照後身漢巖說)
 94
보천교(普天敎) 30, 39, 45
복희역(伏犧易) 400
복희팔괘 400
본성(本性) 69
불기합덕(佛基合德) 347
불기회통(佛基會通) ⇄ 불기회통론
 (佛基會通論) 310
불기회통론(佛基會通論) ⇄ 불기회
 통 309
불생허망(不生虛妄) 422
불선일치(佛仙一致) 71
불승(佛乘) 107
불요의경(不了義經) 112

【ㅅ】

사교 회통(四敎 會通) 94

사교 회통(四敎 會通) 사상 ⇄ 사
　교 회통 25, 158, 349

사교입선(捨敎入禪) 145

사구게 118

사기(私記) 79

사무사(思無邪) 226

사사무애 도리 138

사사무애 법계(事事無碍 法界) 136

사산비명(四山碑銘) 59

산상수훈 95, 327, 433

삼가귀감(三家龜鑑) 59

삼교 271

삼교 회통(三敎 會通) 24, 269

삼교융회(三敎融會) 249

삼교조화론(三敎調和論) 269

삼교평심론(三敎平心論) 60

삼단계 논법 ⇄ 삼부차 119

삼부차 ⇄ 세 가지 부차 118, 119

삼승(三乘) 246

삼위일체론(三位一體論) 314

서경(書經) 228

서장(書狀) 79

석전 박한영(石顚 朴漢永) 49

석주(昔珠) 53

선가귀감(禪家龜鑑) 95

선관(禪觀) 68

선교관(禪敎觀) 73

선교 회통(禪敎會通) 94, 128,
　145

선문염송(禪門拈頌) 51, 90

선문정로(禪門正路) 83

선문촬요(禪門撮要) 74, 76

선역 회통(禪易會通) 166, 171,
　179

선영(宣穎) 264

선체교용(禪體敎用) 145

설 사리(舌 舍利) 134

설괘전 400

설잠(雪岑) 131, 132

성(性)자리 ⇄ 성자리 97, 101

성기 사상(性起 思想) 114

성기(性起) ⇄ 성기관 36

성기관(性起觀) ⇄ 성기 121

성리학 100

성명규지(性命圭旨) 247

성문승(聲聞乘) 105

성자리 ⇄ 성(性)자리 97, 101

성철(性徹) ⇄ 퇴옹 성철 82

성학집요(聖學輯要) 211

성현영(成玄英) 266

세 가지 부차 ⇄ 삼부차 119

소강절 370

소여(蘇輿) 268

소요유(逍遙遊) 274

소자유(蘇子由) 224, 239
소황문노자해(蘇黃門老子解) 225
송상성(宋常星) 236
수선(修禪) 62
수선사(修禪社) 75
수심결(修心訣) 74
순자(荀子) 61
승가오칙(僧家五則) 147
승정원일기 391
시경(詩經) 226
신원견고(信願堅固) 78
신화엄경합론 53
심성(心性) 21, 96, 97
심재(心齋) 285
심통성정론(心統性情論) 100
십신(十信) 80
십종 십교(十宗 十敎) 111

【ㅇ】

아함부(阿含部) 112
안 사리(眼 舍利) 134
앙산(仰山) 90
양구(良久) 67
양생(養生) 284
양생주(養生主) 281
양지설(良知說) 218
여길보(呂吉甫) 239

여동빈(呂洞賓) 246
여성성불론 113
역학 166, 181
연담 이운규(蓮潭 李雲圭) 396
연독(緣督) 281
영성(靈性) 99
예수 323
예수관 323
오교 십종판(五敎 十宗判) 111
오시 교판(五時 敎判) 111
오종사업(五種事業) 188
오후보림(悟後保任) 86
왕복서(往復序) 126
왕양명(王陽明) 218
왕유 109
왕필주(王弼注) 238
요의경(了義經) 111, 112
우익 지욱(藕益 智旭) 19, 158,
    225, 368
원각경 47
원광(圓光) 59
원돈성불론 76, 119, 121, 128
원돈신해(圓頓信解) 83
원보산(元寶山) 74
원측(圓測) 59
원통(圓通) 19
원효 58
원훈(院訓) 68

월곡(月谷) ⇄ 차천자 45

위산(潙山) 90

유가칠서(儒家七書) 201

유교 100, 368, 432

유마(維摩) 67

유불회석(儒佛會釋) 201, 218

유선회통(儒仙會通) 176, 269

육신통 89

육조 혜능 85

육조단경(六祖壇經) 50, 65, 75, 153

운창화 34, 41

율곡 211

융회관통(融會貫通) 57

응제왕(應帝王) 295

의상(義相) 59, 132

이기이원론(理氣二元論) 128

이기일원론(理氣一元論) 128

이기호발설(理氣互發說) 125

이능화(李能和) 300

이동국 34

이서구(李書九) ⇄ 강산 이서구 396

이원석 30, 41

이종욱 ⇄ 지암 이종욱 74

이지함(李之菡) ⇄ 토정 이지함 46

이차돈 103

이천칠지(二天七地) 413

이태백 109

이토정 ⇄ 이지함 40

이통현(李通玄) ⇄ 통현 34, 50, 65, 103, 111

이혹론(理惑論) 60

인간세(人間世) 285

일불(一佛) 316

일세주천율려도수(一歲周天律呂度數) 406

일승 경전(一乘 經典) 104

일승 원교(一乘 圓敎) 108

일승(一乘) 78, 107, 243

일승경전(一乘經典) 104

일승 사상(一乘思想) 104

일승화엄(一乘華嚴) 80

일진법계(一眞法界) 300

임상희 31, 34

【 ㅈ 】

자장(慈藏) 59

장자 48, 52, 70, 94, 99, 206, 259

장자남해경해(莊子南華經解) 206

적자지심 335

전등록 51, 86

전등록(傳燈錄) 51

전신구(轉身句) 157

전지전능(全知全能) 314

점법 196

정감록 383

정감록(鄭鑑錄) 45

정병삼 31

정신(正信) 339

정역 팔괘 해설 373, 396

정역 팔괘도 401

정역(正易) 33, 40, 346, 377, 396, 426

정일집중(精一執中) 228

정혜쌍수 33

제물론(齊物論) 206, 278

조계종 93

조동오위도(曹洞五位圖) 172, 176, 179

조동오위군신도(曹洞五位君臣圖) 179

조동종 176, 180

조산 본적(曹山 本寂) 176

존이불론(存而不論) 207

종려전도집(鍾呂傳道集) 246

종리권(鍾離權) 246

종말론 374

종조론(宗祖論) 91

좌망(坐忘) 70, 291

주렴계 176, 180

주역 본의(周易 本義) 57

주역 선해(周易 禪解) 37, 57, 158

주역(周易) 94, 159, 166, 186, 388

주자(周子) 218

주자태극도(周子太極圖) 172

중(中) 19,

중간연기발(重刊緣起跋) 74

중간연기서(重刊緣起序) 74

중승(中乘) 105

중용(中庸) 19, 221

중화신설(中和新說) 223

증산(甑山) ⇄ 강증산 46

증산교 45, 46

증자(曾子) 191

지암 이종욱 ⇄ 이종욱 93

진공(眞空) 254

진관 스님 387

진심직설(眞心直說) 74, 75

진인(眞人) 292

진지(眞知) 25

진화론 185

【 ㅊ 】

차경석(車京石) ⇄ 차천자 45

차월곡(車月谷) ⇄ 차천자 45

차천자(車天子) ⇄ 월곡, 차경석, 차월곡 45

천(天) 313

천국(天國) 310

천선(天仙) 243

천태 지의(天台 智顗) 111

청량 국사(淸凉 國師) 134

청량 소(淸凉 疏) 116

청량 징관(淸凉 澄觀) 65

청량 화엄(淸凉 華嚴) 36

청허 휴정(淸虛 休靜) 59, 95

초발심자경문(初發心自警文) 77

최재목 31

최창규 40

축기돈(逐機頓) 88

치지(致知) 217

【 ㅌ 】

탄허 택성(呑虛 宅成) ⇄ 탄허 17,
  19

탄허(呑虛) ⇄ 탄허 택성(呑虛 宅
  成) 81

태고 국사 93

태고종조론(太古宗祖論) 91

태극도설 176

태상도덕경강의(太上道德經講義)
  236

토정 이지함(土亭 李之菡) ⇄ 이지
  함 40

통고각금(通古覺今) 361

통현 ⇄ 이통현 110

통현 화엄(通玄華嚴) 36

통현론(通玄論) 23, 51, 76, 114,
  116

퇴계(退溪) 199

퇴옹 성철(退翁 性徹) ⇄ 성철 19,
  82

【 ㅍ 】

포정해우(庖丁解牛) 282

【 ㅎ 】

학종(學宗) 21

한암(漢巖) ⇄ 한암 중원 73, 93

한암 중원(漢巖 重遠) ⇄ 한암 30,
  48

함허 득통(涵虛 得通) 59

해안범부지비(海眼凡夫之碑) 208

해주 스님 ⇄ 해주 전호련 31,
  133

향상선(向上禪) 156

향상일로 150

허심(虛心) 326

허응 보우(虛應 普雨) 59

현(玄) 256

현수 법장(賢首 法藏) 111

현정론(顯正論) 60

현판(懸判) 265

호락논쟁(湖洛論爭) 224

혼돈(渾沌) 295

화엄 사상(華嚴 思想) 103

화엄 성기 사상(華嚴 性起 思想)
    129

화엄경(華嚴經) 50, 65, 94, 103,
    104, 108, 111

화엄경문답 108

화엄경소초(華嚴經疏鈔) 65

화엄경합론(華嚴經合論) 103

화엄론(華嚴論) 50, 78

화엄론절요(華嚴論節要) 78

화엄선(華嚴禪) 82

화엄요해(華嚴要解) 72, 103, 110

화엄일승법계도주병서(華嚴一乘法
    界圖註并序) 132

화엄학 112

화엄현담 106

화엄회석(華嚴會釋) 103

화의돈(化義頓) 88

화쟁(和諍) 58

화회(和會) 57

황극경세서 188, 370

황벽(黃蘗) 90

회통 5

회통 사상 39

회합변통(會合變通) 57

민족사 학술총서 73

탄허 선사의 사교 회통 사상
呑虛 禪師의 四敎 會通 思想

초판 1쇄 발행 | 2020년 8월 25일
초판 5쇄 발행 | 2023년 2월 15일

지은이 | 문광(권기완)

펴낸이 | 윤재승
펴낸곳 | 민족사

주간 | 사기순
기획편집팀 | 사기순, 김은지
기획홍보팀 | 윤효진
영업관리팀 | 김세정

출판등록 | 1980년 5월 9일 제1-149호
주소 | 서울 종로구 삼봉로 81 두산위브파빌리온 1131호
전화 | 02)732-2403, 2404 팩스 | 02)739-7565
홈페이지 | www.minjoksa.org
페이스북 | www.facebook.com/minjoksa
이메일 | minjoksabook@naver.com

ⓒ 문광 2020

ISBN 979-11-89269-72-2 94220